# 교육학개론

INTRODUCTION
TO EDUCATION

# 교육학개론

박균달 · 정영교 · 최종진 · 심은영 · 박세진 공저

동문사

# 머리말

교직을 이수하거나 교육학을 입문하는 사람이라면 교육학 개론을 기초과목으로 이수하도록 되어 있다. 교육학개론은 교육학의 전체적인 윤곽을 형성하고 교육학의 핵심 정보와 지식을 이해할 수 있는 기반을 제공하기 때문이다. 본 교재는 방대한 교육학 영역 중에서 교육학을 이해하는 데 기본이 되는 내용을 쉽게 접근할 수 있도록 노력하였다. 이 책을 통하여 교직을 이수하고자 하는 예비교사들과 교육에 관심을 가지는 사람들을 위하여 교육현상을 잘 이해하며 탐색하도록 도와주고자 노력하였다.

교육학은 교육현상을 이해하며 탐구하는 학문이다. 교육학을 이해하고 공부한다는 것은 교육현상의 탐구 방법을 탐색하고 공부하는 것이다. 지금까지의 교육학 공부는 탐구 방법의 탐색보다는 탐구 결과를 습득하고 이해하는 데에 더욱 주력해왔다. 기존의 학자와 연구자들이 이미 구축해 놓은 교육학 지식과 정보들을 있는 그대로 습득하고 활용하며, 그렇게 구축된 기존의 지식을 바탕으로 교육현실을 바라보고 교육문제를 해결하려는 입장을 지속해 오고 있다. 제대로 된 교육현상을 담아내지 못한 교육학 지식과 정보는 의미가 퇴색될 수밖에 없다. 이제는 과거와 현재의 교육현상과 미래교육에 대한 관심을 지니고, 전문적인 교육학 지식과 정보를 활용하여 각종 교육 현상을 탐구하는 데에 관심을 가지고 참여하며, 궁극적으로는 참된 자신만의 교육적 안목과 해결 방법을 형성해나갈 수 있도록 이끌어주는 교육학 이해와 공부가 요구된다.

이 책은 열세 장으로 이루어져 있다. 제1장 교육의 개념적 기초, 제2장 교육의 역사적 · 철학적 이해, 제3장 교육심리학, 제4장 생활지도와 인성교육, 제5장 특수교육, 제6장 교육과정, 제7장 교수학습과 수업방법, 제8장 교육공학, 제9장 교육평가, 제10장 교육사회학, 제11장 평생교육, 제12장 교육행정과 교육경영, 제13장 교사론이 그 내용이다. 이를 통해 교육의 본질이 무엇인지 깨닫고, 교육문제에 관심을 가지며, 교육현상에 대한 올바로 이해하는 계기가 되길 소망해 본다.

더불어 예비교사로서 또는 교육에 관심 있는 사람들에게 도움이 되길 기대해 본다. 부족한 부분은 앞으로도 계속해서 보완해 나갈 것을 약속드리면서 본 저서가 출간되는 데 많은 도움을 주신 동문사 관계자분들께 깊은 감사의 뜻을 전한다.

2021년 11월

저자 일동

# 차 례

Chapter

01

# 교육의 개념적 기초

Introduction to Education

교육에 대해 이해하기 위해서는 교육의 어원을 살피고 이를 통하여 교육의 개념과 본질, 교육의 구성요소를 알아보고 교육의 가능성과 한계성을 살펴봄으로써 교육을 어떻게 할 것인지에 대해 생각을 해보아야 한다. 교육은 동양과 서양에서 모두 존재해왔던 개념으로서 '교육'이라는 단어의 의미를 살펴보면 동서양에서 바라보는 교육의 관점에 대해서 알 수 있다.

# 1절 교육의 어원

## 1. 교육의 동양적 어원

동양적 어원에서 교육이라는 한자어를 살펴보면 교육은 '가르치다'의 의미의 '교(敎)'와 '기르다'의 의미인 '육(育)'이 합쳐진 단어이다. 이처럼 동양에서 교육이라는 단어의 등장은 중국 고전「맹자」진심장(盡心章)의 군자유삼락에서 처음 사용되었고, 맹자는 인격자인 군자에게는 세 가지 즐거움이 있는데 부모와 형제의 아무런 어려움이 없는 삶, 스스로 세상과 사람에게 있어 한 점 부끄러움이 없는 삶, 그리고 하나를 천하의 영재를 얻어 교육하는 것이라고 하였다. 교육의 교(敎)의 글자를 살펴보면 본받을 효(爻), 아들 자(子), 칠 복(攴)으로 구성되어 있고 이것의 의미는 위의 사람을 본받는 과정에서 아랫사람에게 가르치는 것이 필요하며, 즉 윗사람은 아랫사람에게 베푸는 것을 행한다는 뜻이다. 기를 육(育)은 아들을 의미하는 자(子)와 고기를 나타내는 육(肉)이 합쳐져, 자식을 젖가슴으로 안아서 키운다는 의미가 담겨있다(신창호, 2003; 김대현 외, 2015). 따라서 가르치다의 '교'와 기르다의 '육'의 의미를 합쳐 살펴보면 윗사람은 아랫사람이 본받을 수 있도록 깨우침을 주고 부모와 같이 아랫사람을 양육하여야 한다는 뜻이 담겨있다.

우리말로 교육을 대표하는 말인 '가르침'은 '가르치다'의 명사형으로서 이는 '가르치다'의 어원으로 '지식을 가지게 하다'와 '할 수 있도록 지도하다'라는 의미를 지닌다. '가르치다'는 '갈다'와 '치다'의 합쳐진 말로서 '갈다'는 '길러 번식하다'라는 의미를 가지고 있고 '치다'는 '쓸모없는 것을 제거하다'라는 의미를 가지고 있다. 이를 종합하여 본다면 교육이란 쓸모없는 것은 제거하고 쓸모 있는 것은 기르게 하는 것으로 이해할 수 있다(강기수 외, 2013). 또한, '가르치다'를 '가르다'와 '치다'의 합성어로 보는 견해도 있는데 여기서 '가르다'는 '가라사대'라는 말처럼 '말하다' 혹은 '이르다'는 개념으로 해석하여 어떤 것을 '가리키다' 혹은 '지시하다'는 의미로 해석하기도 한다. 이밖에도 '나누다' 혹은 '분별하다'라는 의미로도 해석한다. '치다'는 '유용하고 쓸모 있게 만든다.'는 의미이며 결국 '가르침'이라는 것은 어른의 말과 지시를 통하여 분별이 없는 어린아이로 하여금 세상의 사물이나 현상을 분별할 수 있도록 하는 것이다.

이렇듯 교육의 동양적 어원은 가르치는 자와 배우는 자간의 수직적인 관계, 즉 윗사람은 아랫사람을 가르치고, 아랫사람은 윗사람이 베푸는 가르침을 받아들이는 교육관이 내포되어 있다. 우리나라를 비롯한 동양에서 교육의 의미를 '가르치고 배우는 것'이라고 생각하기보다는 주로 '가르치는 것'이라고 여기고 교사 중심의 교육으로 이루어져 오는 것은 오랫동안 동양의 관념 속에 자리 잡은 교육의 어원적 영향이 반영된 것이다.

## 2. 교육의 서양적 어원

서양에서 교육을 의미하는 대표적인 용어로는 '가르치다'의 의미를 가진 'pedagogy'와 'education'이 있다. 'pedagogy'는 그리스어의 'paidagogos'에서 유래하며, 'paidagogos'는 '어린아이'를 뜻하는 'paidos'와 '이끌다'의 의미를 가진 'agogos'의 합성어이다. 즉 어린아이를 이끄는 것을 서양의 교육이 갖는 의미라고 할 수 있는데, 이는 고대 그리스 사회에서 귀족의 자녀가 성인이 될 때까지 이들의 가정교육과 양육을 담당했던 노예를 일컫는 '교복(教僕)'에서 유래한 용어이다. 즉 그리스어에서 유래된 단어 'pedagogy'는 성숙하지 못한 어린아이를 가르치고 양육을 하는 것으로 이해할 수 있다.

서양에서 교육을 대표하는 또 다른 용어인 'education'은 라틴어 '양육하다'는 의미인 'educare'와 '이끌어내다'의 의미를 가진 'educere'에서 유래하였다. 보통 이 두 단어의 의미는 구분하지 않고 함께 사용하기도 하지만, 엄격하게 본다면 대립적인 교육관을 담고 있어 구분하여 이해할 필요가 있다. 이에 대해 설명을 해보면 'educare'는 부모가 미성숙한 상태에 있는 자녀를 성숙한 상태로 양육하는 것을 의미한다. 즉 앞서 살펴본 교육의 동양적 어원과 서양의 용어 'pedagogy'에서 나타나는 교육은 어른과 어린아이, 부모와 아동, 그리고 교사와 학생 간과 같이 수직적인 인간관계가 내포되어 있으며, 교육에서의 주체는 결국 주도적 역할을 하는 교사나 부모라고 할 수 있다. 이에 반해 'educere'는 자녀나 어린아이가 가지고 있는 타고난 잠재능력과 적성, 소질 등이 잘 발현될 수 있도록 안내하여 이끌어 내는 것을 뜻한다. 교사나 부모가 자녀나 어린아이에게 교육을 하여 그들이 원하는 대상으로 만드는 것이 아니라 아동이나 자녀가 이미 가지고 있는 잠재능력을 발현할 수 있도록 촉진시키고 도움을 주는 것이다. 즉 교육에서 교사나 부모의 역할보다 학생의 역할이 중요하다. 이러한 점에서 'educere'의 의미는 '성장'의 비유에 근접하고 어른과 어린아이, 부모와 아동, 그리고 교사와 학생 간의 수평적인 인간관계를 함의하고 있음을 알 수 있다.

한편 교육을 나타내는 독일어는 'Pëdagogik'와 'Erziehung'이 있다. 'Pëdagogik'은 영어 'pedagogy'와 마찬가지로 그리스어에서 유래하며, 'Erziehung'은 'erziehen'의 명사형이다. '밖으로 이끌어 내다'는 의미를 지닌 'erziehen'은 'er'와 'ziehen'의 합성어로서 영어에서의 라틴어 어원인 'educere'와 유사한 의미를 지닌다.

서양에서 교육의 어원은 두 가지 의미를 동시에 지니고 있다고 볼 수 있다. 하나는 부모나 교사가 자녀나 어린아이를 가르치고 양육하는 일이고 다른 하나는 그들이 가지고 있는 잠재능력이 잘 발현될 수 있도록 이끌어 내는 것을 도와주는 일이다. 이러한 두 가지의 의미가 담긴 서양의 교육관은 시대에 따라 어느 한쪽으로 특징지어져 두드러지는 현상이 나타나기도 했는데, 교사 혹은 교육내용을 강조한 고전주의 교육관이나 아동 혹은 교육방법을 강조한 낭만주의 교육관으로 나타났다.

종합해보자면 교육의 어원은 크게 동서양의 어원으로 구분할 수 있고 각각의 교육관은 차이가 있음을 알 수 있다. 교육의 동양적 어원은 윗사람이 아랫사람에게 무엇인가를 가르침으로써 깨우치도록 하고 아랫사람은 윗사람의 가르침을 받아들이는 의미이다. 반면 교육의 서양적 어원은 부모나 교사는 자녀나 아이들에게 무엇인가를 가르치고 양육하는 것과 그들의 내면에 있는 잠재능력이 잘 발현될 수 있도록 이끌어 내어 계발할 수 있도록 도와주는 것 두 가지 의미를 동시에 담고 있다.

## 2절 교육의 개념

교육에 대한 정의는 교육을 어떠한 관점에서 정의할 것인가에 대해서는 학자들의 각기 다른 학문적인 견해에 따라 다양하고, 이에 따라 교육의 정의는 학자들마다 다르게 나타나는 경향이 있다. 예로 교육을 개인의 관점 혹은 사회적 관점에서 개념화하기도 하고, 가시적이거나 비가시적 관점에서 교육을 정의하기도 한다.

학자들의 견해를 살펴보면 정범모(1994)는 교육을 인간 행동의 계획적인 변화라고 명시하며 사회에 따라 가치추구의 양상과 변화의 방향에 따라 가치중립적인 관점에서 정의가 필요하다고 하였다. 영국의 철학자 피터스는 교육에 대해서 과정과 활동 자체가 가치 있는 일에 기여를 해야 한다는 규범적 관점, 지적인 견식과 지식의 소유 및 이해 능력을 길러주어야 한다는 인지적 관점, 도덕적으로 옳은 방법의 교육을 강조하는 과정적 관점으로 정의한다. 배우는 자의 자발성이 존중되는 교육이 올바른 교육이라고 하였다(Peters, 1966). 뒤르켐은 사회학적 관점에서 교육을 통해 새로운 사회 구성원을 생산하고 사회에 통합될 수 있게 하여 사회를 유지시킨다고 정의하였다(김신일, 1993).

위에서 간략하게 제시한 바와 같이 교육을 정의하는 관점은 상이하지만 교육을 통해 피교육자 내면에 잠재된 능력을 이끌어 내어 발현시킬 수 있도록 하며 결국 미성숙한 사람을 성숙한 사람으로 이끌기 위해 도움을 주어야 한다는 교육의 어원과 어느 정도 서로 비슷한 면이 있음을 알 수 있다.

정확한 교육의 개념을 알기 위해서 먼저 교육을 정의하는 방식(Scheffler, 1960)을 나열하여 살펴보고, 교육의 대표적인 정의라고 할 수 있는 정범모와 피터스가 제시하는 교육의 개념을 통해 교육의 의미를 더욱 분명하게 살펴보고자 한다.

## 1. 교육의 정의

### 1) 교육의 조작적(operational) 정의

조작적 정의란 개념을 과학적으로 정의하는 방식으로서, 여기서 말하는 과학적 지식은 관찰이 가능하고 반복적인 조작과 경험을 바탕으로 하여 객관화가 형성되는 것이다. 직접 경험하거나 지각할 수 있는 구체적인 상황의 조작에 의해 의미가 드러나게 된다. 다시 말하면 어떤 것을 조작적으로 정의한다는 것은 특정한 기준이나 절차를 구체화하여 관찰되지 않는 것을 관찰 가능한 형태로 새롭게 정의를 하는 것이다. 온도를 예로 들어보자. 온도는 우리의 눈에는 보이지 않아 관찰할 수 없지만, 온도를 '수은주에 나타난 눈금'으로 조작적 정의를 하면 누구나 온도계의 수은주를 보고 구체적으로 온도를 관찰할 수 있게 되는 것이다.

이러한 조작적 정의는 교육을 정의할 때도 자주 사용한다. 교육적인 개념을 더욱 명확히 하고 이를 연계하여 교육의 부분적 요소들이 구체화되면 특정한 상황에서 작용하는 사실과정을 관찰할 수 있는 형태로 정의하게 되는 것이다. 대표적인 예는 교육을 '인간 행동의 계획적인 변화과정'이라고 개념화한 것이다. 즉 교육의 개념을 과학적이고 분명히 규정하고자 할 때 조작적 정의를 하며, 이는 교육의 개념이 담고 있는 추상성을 제거하고 의도하고자 하는 교육 활동을 명확히 규정하기 위해 경험적으로 관찰 가능한 속성으로 변형하여 사용한다.

### 2) 교육의 약정적(stipulative) 정의

약정적 정의란 의사소통을 위해 의미에 혼란이 있거나 복잡하고 서로 얽혀 있는 현상을 명시하여 부르자고 약속하는 정의를 말한다. 한 예로 대학에서 학점을 표기할 때 알파벳을 사용하는 것을 들 수 있다. 알파벳 'A'에 상응하는 교과의 성적을 90~94점 사이로 정하였을 때 누구나 자신의 성적표에 있는 알파벳 'A'를 보고 알파벳의 첫 글자로 보거나 혹은 어떠한 순서를 나타내는 것으로 받아들이지 않는다.

이처럼 약정적 정의는 언어가 가지는 의미 그 자체를 드러낸다기보다 일반적인 예상과는 다르게 의미를 구별 짓는 것에 목적이 있다. 또한, 약정적 정의는 복잡한 의미를 간단하게 표현하는 언어로 규정하는 것을 약속함으로써 언어를 간략히 하고 단순화하기 위해 주로 사용한다.

약정적 정의는 교육의 개념을 규정하기 위해 종종 사용된다. 교육학자와 경제학자가 교육개방 정책에 관하여 논의를 한다고 가정해 보자. 그들은 각자 토의에서 언급할 각각의 안건을 가지고 있을 것이고, 또한, 교육의 개념과 논리적 견해의 차이로 토의에 어려움을 겪을 것이다. 이런 상황에 '교육을 ~라고 하자'고 규정하게 되면 논의를 진행함에 있어 매우 수월해질 것이다. 또한, 약정적 정의는 교육에 관여하는 사람들 간의 논의를 할 때에도 매우 도움이 된다. 예로써 '스파르타식 교육'은 교육인가라는 주제에 대해 논의를 할 때 '교육'과 '훈련'의 개념 구분의 유무에 따라 의사소통에 영향을 미칠 수 있다. 이럴 때에 '교육은 훈련과 구분되는 개념이다'라고 약정적으로 규정하게 되는 것이다.

즉 약정적 정의는 단순하고 간략한 개념을 규정하기에는 지나치게 복잡한 교육 현상이거나 교육개념에 대한 합의가 진행되기 어려울 때 언어의 경제성과 논의의 편리성을 위해 사용한다(성태제 외, 2012).

### 3) 교육의 기술적(descriptive) 정의

기술적 정의는 '서술적 정의' 혹은 '보고적 정의'라고 하며, 어떠한 개념을 이미 알고 있는 다른 언어로 설명하여 그 개념의 의미를 알려주는 정의이다. 기술적 정의는 누가 어떤 맥락으로 사용하는 것과는 관련성이 적고 일반적으로 통용되는 의미를 규정할 때 사용한다. 그렇기 때문에 우리는 기술적 정의가 제대로 된 정의인지에 대해 질문을 던질 수 있으며, 이에 대한 판단은 그 개념이 갖는 일상적인 의미와 일치 여부에 따라 가능해진다. 또한, 기술적 정의는 가치판단보다는 사실판단을 기반으로 가치중립적인 관점에서 객관적인 의미를 규정한다. 예를 들어 '교육'은 '학교에서 하는 일', 혹은 '가르치고 배우는 일' 등으로 규정하는 것이다. 이러한 정의 방식은 개념의 폭을 확장하거나 활동을 함에 있어서 실제적인 지침을 주기에는 미약하다는 한계가 따른다.

교육과학자들은 교육의 가치를 제시하는 것보다 교육의 현상을 상세히 관찰하며 그 과정에서 나타나는 그대로의 객관적인 모습을 정확히 파악하는 것에 관심을 두기 때문에 이 정의 방식을 선호한다. 기술적 정의는 교육이 추구해야 할 가치나 목적이 제외된 정의이나 기능적 관점으로 접근하면 교육의 개념에 대해 전혀 모르는 사람에게 이에 대한 설명을 할 때 혹은 교육적 현상을 정확하고 상세하게 묘사할 때 이롭게 사용할 수 있다.

### 4) 교육의 규범적(normative) 정의

규범적 정의란 어떠한 정의 속에 규범이나 혹은 강령이 그 범위 안에 포함되어 있는 정의이고 이를 어떤 의미로 어떻게 사용하는지에 대한 관심이 있다. 객관적이고 가치중립적인 의미를 규정하는 데 관심이 있는 기술적 정의에 비해, 규범적 정의는 가치판단 혹은 가치주장에 대한 관심이 있다. 형식적인 측면에서 규범적 정의가 기술적 정의와 구분되는 것은 아니다. 본래 교육은 가치 지향적인 활동으로 규범적 정의가 자주 사용되는데, 그 이유는 교육활동이 갖고 있는 가치와 그 기준을 드러내는 일이기 때문이다. 교육의 규범적 정의의 예로 피터스는 '교육은 근본적으로 교육이라는 개념 속에 내재된 가치를 도덕적으로 적절한 방식에 따라 의도적인 전달을 하는 행위'라고 하였다.

이처럼 교육에서의 규범적 정의는 가치추구의 맥락이나 교육 의미를 제시할 때, 그리고 피터스가 제시한 교육의 정의와 같이 교육의 개념에 '내재적 가치'를 실현하거나 강조할 때 사용할 수 있다.

## 2. 정범모의 교육개념

정범모는 교육의 개념과 교육학의 성격은 과학적이어야 함을 강조하며, 교육의 개념과 교육학의 성격에 대해 상세히 밝혔고 한국 교육학의 체계화를 시도하였다. 또한, 교육은 '인간 행동의 계획적인 변화'라고 개념화하였고 관찰자적인 관점에서 교육에 대해 조작적·기술적으로 정의하여 제시하였다.

그는 교육의 현장에서 외관으로 관찰되는 '행동의 변화'에 관심을 가졌고 체계적으로 계획되어 이루어지는 교육은 인간의 행동을 변화시킬 수 있다고 하며, 교육의 강력한 힘에 대해 강조하였다. 따라서 교육의 정의에는 어떤 형태와 형식의 교육에 상관없이 모두 공통적으로 관찰되는 세 가지 요소인 '인간행동', '변화', '계획'에 대하여 살펴보고자 한다.

### 1) 인간행동

교육의 우선적인 관심사는 '인간'이다. 또한, 교육은 정치, 경제, 문화 등과 연관성이 높고 이에 대한 관심을 가진다. 다시 말하면 정치, 경제, 사회 발전 자체에 관심을 두기보다는 그러한 것들을 주체적으로 다룰 수 있는 인간을 기르는 것에 관심을 두는 것이다. 교육이 인간을 기르는 것에 주요 관심을 두고 있는 것은 명확하지만, 교육의 대상자가 어떤 측면에 초점을 맞추어 진행하는지에 따라 교육의 성격과 방법은 다양한 형태로 달라질 수 있다. 그렇게 때문에 인간을 보다 구체화할 필요성이 있다.

정범모는 교육에서 인간을 기른다고 할 때의 인간에 담긴 의미를 '인간행동'이라고 말하였다. 여기서 말하는 인간행동의 '행동'은 '행동주의(behaviorism)'의 어떤 종류로부터 발생하는 자극에 대한 신체적인 반응과 관련한 행동과는 구별되는 것이다. 즉 '행동'은 과학적 혹은 심리학적 개념으로서, 외부로 드러나는 외현적, 표출적인 행동까지 포함하고 그 밖에도 지식이나 사고력, 태도, 가치관, 동기, 성격 특성, 자아개념 등 내면적이고 겉으로 드러나지 않는 행동이나 특성까지도 포함한다. 이러한 특성까지 '행동'으로 다루는 이유는 과학적으로 의미 있게 인간의 포괄적인 행동을 파악하기 위함이다.

정리해보면 교육이 인간을 대상으로 이루어진다고 할 때 인간은 '인간행동'으로 구체화하여 다뤄져야 하며, 인간행동이란 일상적 의미 또는 행동주의적 방식으로 해석하는 것이 아닌 과학적으로 규정할 필요가 있다.

### 2) 변화

교육이나 교육학뿐만이 아니라 정치학, 사회학, 경제학, 심리학 등의 사회과학 분야도 인간의 행동을 다루며, 이때 각 분야에서 인간의 행동을 다루는 형태와 방법에는 차이가 있지만 하나의 공통점은 모두 인간의 행동에 관심을 가지고 있다는 것이다. 반면 교육이나 교육학이 다른 사회과학과의 차이점이 있다면 그것은 인간의 행동을 '변화'시키는 데 관심을 두고 있다는 것이다. 좀 더 부연 설명을 하자면 정치학은 인간의 정치적 행동에 관심을 두고, 사회학은 인간의 사회적 행동에 관심을 둔다. 또한, 경제학은 인간의 경제적 행동에 관심을 그리고 심리학은 인간의 심리적 행동에 관심을 가진다.

앞서 거론한 바와 같이 사회과학 분야에서 인간의 정치적, 사회적, 경제적, 심리적 행동을 관찰하여 기술 및 설명, 그리고 이것들을 일반화하고 예언하는 데 목적을 두기는 하지만 행동을 변화시키는 것에 대해서는 일차적 주요 관심은 아닌 것이다. 이에 반하여 교육과 교육학만이 인간의 행동을 변화시키는 데 근본적인 관심을 둔다.

교육을 '인간 행동을 변화시키는 것'이라고 할 때의 여기서 '변화'의 의미란, '육성, 조성, 함양, 계발, 교정, 개선, 성숙, 발달, 증대' 등을 모두 포함하는 포괄적인 개념으로 해석한다. '행동이 변화되었다'는 사실은 어떠한 행태든 변화가 일어났다는 것을 의미한다. 예로써 없던 지식을 갖추게 되는 것, 미숙한 사고력이 숙달되는 것, 몰랐던 기술을 알게 되는 것, 생각이나 관점에 변화가 일어나는 것 등 없던 것이 있게 되거나 있던 것이 없게 되는 것처럼 증감 현상 등을 모두 포함하는 것이다.

즉 교육 활동과 교육학 학문의 성립 기반과 존재의 이유는 '인간행동의 변화 가능성'이라고 할 수 있으며 참되고 의미 있는 교육이 되려면 인간 행동의 변화를 이끌어내야 하는 것이다. 이렇게 변화를 이끄는 힘을 우리는 '교육력'이라고 한다.

교육을 인간행동의 변화를 주요 관점으로 본다고 했을 때에는 몇 가지 논란을 불러일으킬 수 있는데 그것은 다음과 같다. '좋은 교육(good education)' 혹은 '나쁜 교육(bad education)'이 인간의 행동에 미치게 되었을 때 일어나는 변화에 대한 문제이다. 이러한 점은 과학적으로 접근하여 문제시하여 거론하기보다는 변화를 해야 하는 것에 대한 가치관에 따라 달라질 수 있으므로 행동에 대한 가치관의 관점으로 접근하여야 할 것이다.

또한, 인간의 행동을 효과적으로 변화시키는 영향력이 크게 미치는 교육이 있을 수 있고 반면 그렇지 않은 것이 있을 수 있다. 인간 행동이 변화할 가능성이 큰 교육은 교육목적에 도달하기까지 단시간에 이루어져야 하며, 이러한 행동 변화의 속성은 일반성과 지속성이다. 결론적으로 교육이 갖는 가장 중요한 것은 효과적이고 강하게 변화를 이끌어 내는지에 대한 여부이다.

### 3) 계획

교육을 통해 일어나는 인간 행동의 변화는 체계적인 계획에 의해서만 나타나는 것이 아니라 우연적으로 발생을 할 수도 있듯이 여러 경로를 통해서 일어날 수 있다. 설령 인간의 행동이 변화되었다고 할지라도 모두 '교육'이라고 할 수 있는 것은 아니다.

정범모는 '교육'과 '교육이 아닌 것'을 구분하기 위한 결정적인 기준을 제시하였는데 그것은 인간 행동의 변화가 '계획적'인가의 여부에 따른 것이다. 교육에서 말하는 '계획적'이라는 개념에는 충족해야만 하는 것들이 있다. 그것은 인간 행동의 변화에 대한 명확한 목표의식(교육목표), 이러한 변화를 시킬 수 있는 이론체계와 실증적인 방법(교육이론), 그리고 교육이론에 기반을 둔 구체적인 교육 프로그램(교육과정)이다. 이 세 가지를 충족한 '계획적' 인간 행동의 변화를 '교육'이라고 할 수 있는 것이다.

## 3. 피터스의 교육개념

피터스(Peters)의 저서인 「윤리학과 교육(Ethics and Education, 1966)」은 교육을 분석철학적인 방식으로 접근하였으며, 그는 교육 문제를 윤리학과 사회철학에 적용하여 교육개념을 제시하였다. 또한, 이 저서에는 교육윤리학과 사회철학의 다양한 논의점이 제시되어 있고 체계적으로 분석된 교육의 개념이 잘 드러나 있다. 교육을 '인간 행동의 변화'로 교육을 개념화한 정범모와는 달리, 피터스는 교육의 내재적 가치실현을 중요시하여 '마음의 획득 혹은 계발'로 교육을 규정하였다. 이것은 교육을 실제적으로 드러나는 효과나 수단적으로만 접근하기보다는 교육이 갖는 내재적 가치를 실현하는 것에 대해 강조하는 것이다.

피터스의 교육개념은 간단히 '규범적 준거(normative criterion)', '인지적 준거(cognitive criterion)', '과정적 준거(procedural criterion)'로 설명할 수 있다.

### 1) 규범적 준거

교육은 교육을 받는 사람에게 헌신할 가치가 있는 것을 전달해주는 일이라고 표현할 수 있다. 이 준거의 핵심은 '가치 있는 것'을 전달하는 것이며, 여기에서의 가치는 교육의 기본 개념에 포함되어 있는 '내재적 가치'를 의미한다. 교육에는 '가치 있다', '바람직하다', '좋다'라는 규범이 포함되어 있으며, 교육은 교육이 갖는 기본 틀 안에서 '내재적 가치(intrinsic value)'를 추구해야 하는 것이다. 교육의 내재적 가치는 교육의 외재적 가치(extrinsic value)와는 대비되는데 교육에서의 외재적 가치는 '수단적 가치' 혹은 '도구적 가치'라고 한다. 이는 교육을 다른 목적을 위한 수단으로써 지니는 가치이며, 이것은 교육의 개념 속에 포함되어 있는 기본적인 규범의 측면을 배제하고 교육을 다른 목적을 위한 수단으로 생각하며 교육의 본질을 왜곡할 수 있다.

즉 교육의 규범적 준거는 교육은 외재적으로 규정되지 않아야 한다. 교육은 교육의 가치 있는 것을 추구하는 활동이고, 그 활동은 교육의 개념에 내포되어 있는 바람직성, 규범성, 가치성, 좋음이 무엇인지 밝히는 것이다.

### 2) 인지적 준거

인지적 준거는 규범적 준거에서 말하는 교육의 내재적 가치가 '내용' 면에서 구체화된 것으로 보는 것이다. 교육의 인지적 준거이자 내재적 가치는 '지식, 이해, 인지적 안목'이며, 이는 피터스의 교육개념 핵심이다. 본 개념의 주요 핵심인 '지식, 이해, 인지적 안목'이 의미하는 것을 살펴보면 다음과 같다.

지식의 측면에서는 교육을 통해 습득한 지식, 정보, 사실 등은 서로 떨어져 별개의 개념으로만 남겨져서는 안 되는 것이다. 이해와 인지적 안목의 측면에서는 다양한 정보와 사실들을 넘어 사물 전체를 볼 수 있는 광범위한 이해와 통합된 안목이 필요하다. 이러한 교육의 내용을 기반으로 한 이해와 모종의 통합된 안목은 자신의 삶에 비추어볼 수 있고, 이렇게 소중히 여기는 상태에 있을 때 우리는 활동적인 지식을 소유할 수 있는 것이다.

즉 교육의 인지적 준거는 규범적 준거의 내용을 구체화한 것으로, 지식과 정보 등이 분리되어 있는 것이 아닌 사물 전체를 바라볼 수 있는 포괄적인 안목이 형성된 상태를 의미한다.

### 3) 과정적 준거

과정적 준거는 내재적 가치가 실현하도록 하는 방법상의 원리를 다루는 것으로, 이는 규범적 준거를 '방법' 면에서 세밀화된 것으로 볼 수 있다.

교육의 과정적 준거에서는 교육의 내재적 가치인 '지식, 이해, 인지적 안목'은 무조건적인 교육을 통해서 습득되는 것이 아니라 온전히 도덕적으로 온당한 방식으로 교육이 이루어질 때 가능하다고 하였다. 여기에서 도덕적으로 온당한 방식이란 학습자로 하여금 최소한의 의식과 자발성을 지닐 수 있도록 가르치는 것을 의미한다.

학습 현장에서 학습자의 의식과 자발성을 이끌어내기 위해서는 '흥미(interest)' 있는 자료나 내용이 전달되어야 한다. '흥미'는 두 가지 관점으로 볼 수 있는데 학습자가 하고 싶어 하는 것으로 보는 심리적인 의미와 학습자에게 이로움이 되는 것으로 보는 규범적인 의미가 있다. 더 나아가 흥미는 학습자로 하여금 내재적 가치가 있는 것에 접하게 하여 그 가치를 추구하도록 이끌며, 그 과정에서는 학습자의 흥미를 존중해야 한다는 의미로 더욱 확장하여 이해되어야 할 것이다.

정리를 해보면 과정적 준거는 규범적 준거의 방법상의 원리를 구체화한 것으로 교육은 학습자로 하여금 최소한의 의식과 자발성을 이끌어 낼 수 있도록 이루어져야 하는 것이다. 이 과정에서 교육은 학습자가 최소한의 이해를 수반할 수 있도록 이루어져야 하고 방법은 도덕적으로 온당한 방식이어야 하다.

## 3절 교육의 본질

교육은 가르치는 자와 배우는 자와의 끊임없는 상호과정을 통해 문화와 지식이 전달되고 획득된다. 이러한 과정을 통해 인간은 사회의 이상을 실현하여 비로소 인간형성이 되는 것이다. 따라서 교육은 개인과 사회의 연결 선상에 존재한다고 할 수 있다. 이러한 점으로 볼 때 교육의 본질은 개인의 잠재적인 능력을 최대한 이끌어 내어 개인의 발전을 꾀하게 하고, 그러한 인간은 속해있는 사회를 발전시키고 보존하게 되는 것이다.

교육의 본질을 좀 더 자세히 들여다보면 성장·상호작용·경험·변화·문화 전달·사회화 등으로 형성되어 있으며 이러한 교육의 본질에 대해 구체적으로 살펴보고자 한다.

### 1. 교육과 성장

인간은 인격의 완성을 위해 끊임없이 노력을 하며 이러한 노력의 과정은 타고난 선천적인 가능성과 함께 주어지는 교육에 의해 계속된다. 교육은 인간이 타고난 소질과 재능을 발견하여 밖으로 이끌어내고 이를 가치 있는 방향으로 발전할 수 있도록 도와주는 활동이다. 이러한 점으로 볼 때 교육은 가능성에 대한 성장의 과정으로 설명할 수 있다. 성장은 개인의 지(知)·덕(德)·체(體) 등 모든 면에서 바람직한 방향으로의 발전이며, 이는 완전한 의미에서 자기실현과 인격완성을 의미한다. 따라서 교육은 성장과 조력의 역할을 담당하며 진정한 성장을 이루도록 돕는 참된 의미의 교육이 이루어져야 하고 교육은 배우는 자가 명확한 목적을 세워 관심, 흥미를 가지고 적극적인 역할을 하여 그 목적을 이룰 수 있도록 자극과 격려를 해주어야 한다. 따라서 교육의 본질은 개인의 성장이라고 할 수 있으며 인간의 신체와 정신 모든 면을 조화롭게 발달하도록 돕는 것이다.

## 2. 교육과 상호작용

교육은 가르치는 자와 배우는 자의 상호작용에 의해 이루어지며, 이러한 상호작용은 학습자의 성장을 도와주고 자발적인 활동성을 지닌 존재로 발전할 수 있도록 자극과 격려를 통하여 방향을 제공해준다. 교육자는 교육을 통하여 피교육자로 하여금 미성숙한 상태에서 비교적 성숙한 존재가 되도록 조력의 역할을 하며 스스로 생활을 할 수 있도록 이끌어 주기도 한다. 또한, 교육은 인간의 삶을 능동적으로 개척하고 주체적인 삶을 살아갈 수 있도록 인생의 가치관과 태도, 능력의 향상을 제공하며 이러한 모든 교육은 가르치는 자와 배우는 자, 가르치는 것과 가르침을 받는 것의 상호작용으로 이루어지게 되는 것이다. 따라서 교육은 교육의 주체인 가르치는 자와 객체인 배우는 자의 상호작용으로 이루어지며, 배우는 자의 성장과 발전을 위해 자극과 격려, 방향 설정을 위해 보조해 주는 관계라고 볼 수 있다.

## 3. 교육과 경험

경험은 어떠한 사건을 직접적으로 관찰하거나 행동을 함으로써 얻어진 결과이다. 이것은 단순한 활동을 의미하는 것이 아니라 연속 선상의 활동으로 어떠한 결과를 받는 것을 말하고, 기술, 지식, 실천 등을 포함하여 개인의 삶을 형성하는 의식적인 사실이 된다. 이러한 활동이 이어짐에 따라 경험의 구조나 기능은 점차 특수화 및 고도화되어 재구성된다.

듀이(J. Dewey)는 축적된 경험의 재구성을 교육이라고 하였으며 교육은 경험 안에서 경험에 의한 경험을 위해 이루어진 발전이라고 교육과 경험의 관계를 설명하였다. 어떠한 것들의 속성이나 인과관계를 발견하게 되는 것은 경험으로부터 비롯되고 그 경험은 사물의 지각과 경험의 가치에 대한 인식까지도 포함되는 것이다. 그러나 듀이는 경험이라고 하여 모두 교육적이라고 하지 않았다. 교육적인 경험이란 목표에 이르는 성장을 하였더라도 이것이 보편성이나 타당성을 보여야 한다고 하였다. 즉 교육에서의 가치 있는 경험 획득은 폭넓은 경험과 또 다른 경험으로 이어지게 하고 이러한 경험은 교육적 효과의 증대와 교육으로서의 의의를 가질 수 있다.

## 4. 교육과 변화

인간은 잠재적인 가능성을 가지고 태어나며 생후에 겪는 경험이나 노출된 환경에 따라 무한한 성장과 변화를 이루게 되는데 이러한 인간의 가능성을 현실로 옮기는 과정이 교육이다. 가능성을 최대한으로 성장시켜 주며, 때로는 지향하고자 하는 이상과 방향에 해가 되는 요소들을 제거해주기도 하며 변화하도록 돕는다. 이러한 교육은 인간행동을 변화시키는 활동이며 바람직한 변화는 사회와 국가, 세계에까지 이를 수 있는 원동력이 되기도 한다. 그러므로 교육은 현재의 질서와 체제를 유지할 수 있도록 한다. 즉 교육은 궁극적으로 '변화'의 의미를 담고 있으며 교육의 본질은 인간의 행동 변화를 전제로 하는 것이라고 할 수 있다.

## 5. 교육과 문화전달

교육은 인간이 태어나면서부터 문화 속에서 성장하고 그 문화를 통해서 인간은 생활방식과 행동방식을 습득한다. 교육을 통해 문화는 어떤 부분은 존속하고, 반대로 어떤 부분은 소멸을 통해 계속적으로 변화하며 이러한 변화의 속도, 내용, 형태는 모두 다르지만 교육적 측면으로 접근하였을 때 인간은 학습과정, 즉 교육을 통해서 문화를 익히고 다음 세대에게 가치 있는 인류의 문화유산을 전달하고 계승 및 유지를 하게 된다.

따라서 교육은 문화의 창조와 발전을 위해 부족한 것은 더 나은 방향으로 개선하여 발전시키고, 그리고 새롭게 창조를 하게 되기도 한다. 이러한 과정을 가능케 하는 것이 바로 교육이며 교육은 문화적 성장과 변화를 이끌어 내는 역할을 하여 문화 발전의 수단이 되는 것이다. 이처럼 교육은 문화와 불가분의 관계이며 상호 의존 관계를 이루고 있음을 알 수 있다.

### 6. 교육과 사회화

교육은 사회 구성원을 사회화(socialization)하여 사회의 상황에 적응할 수 있는 생활인으로서의 자질을 갖추게 한다. 인간은 어느 한순간이라도 사회와 분리되어 존재할 수 없다는 것은 누구나 아는 사실이다. 교육을 통해 인간은 그가 속한 사회집단의 언어, 행동, 사고방식, 생활방식, 규범 등을 습득하고 그 사회가 요구하는 구성원으로의 역할을 하게 된다. 더하여 인간은 새로운 가치, 새로운 체제, 새로운 문화 등의 계획을 세워 이를 바탕으로 새로운 문화를 창출하여 보다 더 바람직한 사회로 발전할 수 있는 기반을 마련하게 된다.

따라서 교육을 통하지 않고서는 사회의 근본적인 변화는 불가하다. 그렇기 때문에 교육은 인간의 삶에 대한 생활 자체가 교육이며 사회화는 교육의 본질의 핵심이라고 할 수 있다.

## 4절 교육의 구성요소

### 1. 교육의 기본요소

교육 활동이 이루어지기 위해서는 일반적으로 가르치는 교사, 배우는 학생, 그리고 이들을 연결하고 상호작용할 수 있도록 돕는 교재가 필요하다. 교사를 교육의 주체라고 하며 학생을 교육의 객체, 그리고 교재를 교육의 매개체라고 한다. 교육활동을 할 때에는 이 세 가지 요소가 반드시 있어야 가능하고 이 중 하나라도 빠지게 된다면 교육이 성립될 수 없다. 그러므로 교육의 삼 요소인 교사, 학생, 교재는 교육활동이 성립되기 위한 필수적 요소이고 이 세 가지 요소를 교육의 삼 요소라고 한다.

교육은 가르치고 배우는 실천적 과정으로 필수적인 교육의 기본요소들이 갖추어져야 교육 성립이 가능하다고 앞에서 설명하였다. 그러나 학교를 벗어나 교육의 가치가 실현되는 교육의 장(field)에 따라서 교육의 기본 요소들 간의 관계는 달라진다. 학교에서는 교사가 주체, 학생이 객체, 교재가 매개체가 되고 가정교육에서는 부모가 주체, 자녀가 객체, 그리고 매개체는 가정의 언어생활, 예절, 가훈 등이 될 수 있다. 사회에서 이루어지는 교육도 같은 방식으로 생각해보면 주체는 전문요원, 객체는 국민, 매개체는 사회에서 요구되는 내용 등이 될 것이다. 이를 간단히 표로 나타내면 다음과 같다.

표 1-1 교육의 장에 따른 교육의 기본요소 관계의 변화

| | 가정교육 | 학교교육 | 사회교육 |
|---|---|---|---|
| 주체 | 부모 | 교사 | 전문요원 |
| 객체 | 자녀 | 학생 | 전 국민 |
| 매개체 | 가정의 언어, 예절 | 교재(학습경험) | 사회교육 내용 |

교육의 필수적인 구성요소의 관계는 계속적으로 변화해왔다. 학교 교육을 성립시키는 세 가지 요소 간의 관계는 전형적으로 교사 → 교재 → 학생으로 오랫동안 인식되어 왔으나, 20세기로 접어들며 많은 변화를 겪게 되었다. 따라서 학생이 학습 활동을 할 때에 교재에 대해 적극적으로 관심을 느꼈을 때는 일방적인 전형적 형식이 아니라 교사 → 교재, 학생→ 교재로 변할 수 있다. 즉 학생이 교사로부터 독립하거나 교사와 동등하기도 할 수 있다(이형행, 2012).

## 2. 전통적 교육

전통적인 학교 교육에서는 교육의 주체인 교사의 위주로 일방적인 교육이 이루어졌고, 교육의 객체인 학생은 대체적으로 수동적, 피동적, 타율적인 교육을 받았다. 또한, 전통적인 교육에서는 교육의 매개체인 교재를 중심으로 하는 교육, 즉 교과 중심적인 교육이 이루어졌다. 보편적으로 교재는 교육의 목표를 효과적으로 달성하기 위해 오랜 시간 동안 연구와 개발을 통해 축적된 지식물이고 교육 활동에 따라 가치 있는 내용을 담아낸 것이다. 따라서 전통적인 학교 교육에서는 교육의 주체인 교사에 의해 권위적으로 교재의 내용을 설명하거나 해석을 하는 방식의 설명적 교수법이 주로 이루어졌고, 평가방법으로는 학생의 행동 변화의

양을 평가하는 방식인 임의 평가방식으로 이루어졌다. 여기서 임의 평가방법이란 설명적 교수 방법의 결과인 학생 행동의 변화량을 임의적으로 평가하고 판단하는 방식이다(이형행, 2012).

## 3. 20세기 이후의 교육

전통적인 교육은 앞서 제시하였듯이 교육의 주체인 교사 위주의 교수활동이 이루어졌고 학생위주의 교육이 이루어진 것은 20세기에 들어서이다. 이러한 교육 활동의 변화는 심리학의 역할이 매우 컸다고 할 수 있는데, 그것은 교육과정에서 나타나는 학생 개인의 정서를 파악하고 이해할 수 있도록 한 것이다.

따라서 심리학은 교육과정에서 겉으로는 드러나지 않는 학생들의 감정이나 심리적인 부분까지 고려되고 존중될 수 있도록 하였다. 이로 인해서 교육의 주체였던 교사는 교육의 객체 위치로 물러나게 되었고, 교육 주체의 위치는 학생들이 대신하게 되었다. 더 이상 학생은 피교육자의 역할이 아닌 학습의 주체가 되었고, 교과 중심 교육에서 경험 중심 교육으로 교육과정의 변화로까지 이어졌다. 이로써 학생의 학습활동이 더욱 중요시되었고, 수동적이고 피동적인 이전의 교육의 객체의 모습이 아닌 능동적이고 적극적인 학습활동을 하는 교육의 주체로 점차 자리 잡게 된 것이다. 이때 교사는 학생에 의해 자발적인 학습목표를 수립할 수 있도록 돕고 더불어 효율적인 학습활동을 할 수 있도록 지도자의 역할을 수행하게 되었다(이형행, 2012).

## 4. 현재의 교육

1960년대에 들어서는 교수자인 교사가 교육 주체의 역할을 하고 학습자인 학생을 교육의 객체로 나누는 것을 시대에 따라가지 못하는 발상이라 생각하였다. 점차 교사와 학생은 대등한 입장에서 교수와 학습활동을 하게 되었고, 이러한 흐름에 따라 경험 중심 교육과정에서 지식의 구조를 중요시하는 학문중심 교육과정으로 다시 변화하였다. 20세기 후반에 들어서는 지식과 기술의 폭발적 발전으로 이것들 중 무엇을 가르칠 것인가를 정하는 기준을 문제 삼기도 하였다. 기준은 전이 가치가 높은 지식이고, 전이 가치가 높은 지식일지라도 이들 중에서 기본적이고 일반적 원리인 것을 가르치는 것이었다. 학교교육에서는 학생들이 자발적으로 학습에 참여하는 능동적인 학습의 필요성과 이를 이끌어 낼 수 있는 교사의 적절한 학습 계획의 필요성을 강조하였다. 또한, 학생들로 하여금 지식의 구조에 다가가도록 하기 위해서 교수–학습(teaching-learning) 활동을 내세워 효율적인 학습이 이루어지도록 하였다(이형행, 2012). 한편 교수–학습 활동의 결과를 측정하는 평가방법을 준거지향평가라고 하며 준거참조평가를 실행하여 결과 측정을 하게 된다. 평가 기준은 달성하고자 하는 수업 목표 그 자체만을 대상으로 삼고, 즉 다른 사람과의 비교가 아닌 수업 목표의 달성 여부가 평가의 기준이 된다. 여기에서의 수업 목표는 학습자가 성취하고자 하는 것을 의미한다.

따라서 전통적인 교육에서부터 현재의 교육에 이르기까지 학교 교육에서의 교육의 구성요소, 교육의 내용, 교육 방법, 그리고 교육 평가의 변화를 표로 나타내면 다음과 같다.

**표 1–2 교육의 구성요소 변화**(전통교육~현대교육)

| | ~1900 | 1900~1950 | 1950~ |
|---|---|---|---|
| 교육의 주체 | 교사 | 학생 | 교사와 학생 |
| 교육의 객체 | 학생 | 교사 | - |
| 교육 내용 | 교과 중심 교육과정 | 경험 중심 교육과정 | 학문중심 교육과정 |
| 교육 방법 | 교수활동 | 학습활동 | 교수-학습 활동 |
| 교육 평가 | 임의 평가 | 규준참조 평가 | 준거참조 평가 |

## 5절 교육의 가능성과 한계성

교육은 교육을 받는 자의 변화 가능성을 기대하며 인간의 변화 가능성은 교육 성립의 전제조건으로 이어진다. 인간이라는 존재는 고정불변의 존재가 아니며 인간은 지성의 작용에 의하여 스스로 환경을 선택하거나 변화할 수 있는 능력을 가진 가변적인 존재이다. 인간은 어쩔 수 없이 본능에 순응하는 동물과는 다르며 주변 환경에 적응하며 적극적이고 능동적으로 자신을 변화시켜 나간다. 이는 인간이 교육을 통해 변화할 수 있는 특성, 즉 인간이 가소성(plasticity)과 도야성(educability)을 가지고 있기 때문이고 가소성과 도야성은 인간을 교육할 수 있다는 가능성을 가지고 있음을 말해주는 것이다(김진규, 2008).

## 1. 교육의 가능성

인간의 교육 가능성에 대하여 다양한 관점에서 설명하는데 여기서는 생물학적 관점, 사회 존재론적 관점, 그리고 인격주의적 관점으로 인간 교육의 가능성에 대해 살펴볼 것이다.

### 1) 생물학적 관점

생물학적 관점에서 인간을 바라보았을 때 인간은 동물 중에서 가장 미숙한 존재로 태어나고 태어난 이후 스스로를 지킬 수 있을 정도로 성장하는 데까지는 다른 동물들보다 많은 시간이 걸린다. 이러한 점을 인간의 단점이라고 여길 수 있으나 오히려 인간은 미성숙한 존재로 태어났기 때문에 인간의 교육 가능성을 보여주는 것으로 해석할 수 있다. 즉 인간에게 교육은 필연적 존재임에 동시에 교육 가능적 존재이기도 한 것이다.

### 2) 사회 존재론적 관점

아리스토텔레스는 사회 존재론적 관점에서 인간을 사회적 동물이라고 규정하였다. 인간은 사회화 과정을 통해 그 사회에 적응하게 되고, 사회에 헌신할 수 있는 사회 구성원이 된다. 인간의 삶은 사회와 분리될 수 없기 때문에 결국 인간은 사회화해야 하며, 사회화는 교육을 통해 이루어지게 되는 것이다. 이렇듯 인간은 사회적 존재이자 교육적 존재이며, 이러한 사실을 증명하는 아베롱 숲속의 야생아에 대한 실험 사례로서 인간은 교육을 통해 사회화가 이루어지고 사회의 적응할 수 있는 능력을 습득하게 된다는 것을 보여준다.

1779년 프랑스의 아베롱 숲속에서 나이가 11세에서 12세로 추정되는 소년이 발견되었는데, 발견 당시 소년은 옷을 입고 있지 않았고 불결한 몸 상태였으며 몸에는 가시에 찔린 상처와 동물들에게 물린 상처가 있었다. 이러한 점으로 짐작해보면 소년은 어렸을 때부터 인간의 보살핌을 받지 못했으며 야생에서 오랫동안 살았을 것이라고 추측할 수 있다. 이후 이 소년은 파리의 국립농아원으로 옮겨져 치료와 교육을 받게 되었다. 당시 소년의 감각기능은 활발하지 않은 상태였고 눈 또한 불안정한 상황이었고 무표정한 상태였다. 들리는 음향 자극에 대해서도 무감각하였고 짐승의 울음소리를 내었다. 불결한 냄새에 대해서도 무감각의 반응을 보였고 낮은 지능과 기억력, 판단력 그리고 사고력까지도 모두 결여되어 있었다. 또한, 야생 소년은 인간을 두려워했으며 인간이 많은 곳에서는 발작과 경련이 일어나기도 하였다. 숲에서 오랜 시간 배회와 방황을 한 결과로 소년은 사회적인 관습과 태도를 습득하지 못한 것으로 파악됐으며 소년을 사회화시키기 위한 교육이 진행되었다. 5년간의 교육을 받은 소년은 자신의 이름을 인지하고 대답하였으며 간단한 단어 수준의 말과 읽기가 가능하게 되었다. 그러나 놀이나 생활에서는 정상적인 사람으로 되지는 못했다. 다음은 아베롱 야생 소년에 대한 실험연구 보고이다.

첫째, 인간은 고유의 기능과 감각을 빼앗기게 될 때 다른 동물에 비해 더 열등하다.

둘째, 인간이 본래부터 가지고 있는 것으로 생각되었던 사회성, 도덕성은 실은 문명의 혜택이다. 문명은 인간을 다른 동물의 생활로부터 이끌어 올린 것이다.

셋째, 기관의 발육, 언어의 습득은 나이가 어릴 때일수록 효과가 크다. 특히 음성의 결합은 유아기 이후가 되면 비능률적이며 많은 장애에 부딪히게 된다.

넷째, 인간의 욕구와 관념 사이에는 일정한 관계가 있으며, 욕구가 증가하면 관념의 범위도 확대된다. 문명은 인간의 욕구 때문에 만들어진 것에 불과하다.

마지막으로, 교육의 진보는 현대 의학에 의하여 이루어진다. 모든 과학 가운데서도 의학은 개인의 신체적, 지능적, 정서적 특질을 밝히고 인간을 사회적으로 높일 수 있다(이형행, 2012).

아베롱 야생 소년에 대한 실험연구 보고는 인간은 교육을 통해서만 인간다운 모습으로 성장할 수 있다는 것을 보여주고 있다. 즉 교육을 통해 사회화가 이루어져 사회 속에서 기대하는 인간상으로 성장할 수 있게 된다는 것이다. 어렸을 때 교육의 필요성과 문명사회일수록 교육의 중요성을 보여주는 사례라고 할 수 있다.

### 3) 인격주의적 관점

인격주의적 관점에서 인간은 자각적이고 자율적인 인격을 중요시하는 인격체이기 때문에 교육이 가능하다고 하였다. 인간은 가치 지향적 존재로서 인간이 속한 사회는 가치의 실재로 도덕과 윤리가 존재한다. 인간 사회에서 도덕과 윤리가 존재한다는 것의 의미는 인간 스스로 가치판단이 가능하다는 인격적인 존재임을 의미하는 것이다. 즉 인격주의적 관점에서 인간을 바라보았을 때 인간은 가치 지향적 존재이자 윤리적·도덕적 존재이기 때문에 인격적 존재인 인간은 교육의 가능성이 있다고 보았다(강기수 외, 2013).

따라서 인간에게 교육의 가능성이 있다는 것을 설명하는 관점에는 생물학적 관점, 사회 존재론적 관점, 인격주의적 관점이 있다. 첫째, 생물학적 관점에서의 인간은 미성숙한 존재로 태어나 성숙한 존재가 되기까지 교육은 반드시 필요하기 때문에 인간의 교육 가능성을 주장하였다. 둘째, 사회 존재론적 관점에서는 인간은 사회적 동물이며 인간이 속한 사회의 구성원이 되도록 사회화 교육은 필수적이므로 인간의 교육 가능성을 주장하였다. 마지막으로, 인격주의적 관점에서 인간은 스스로 가치지향 및 판단을 하고 주체적으로 도덕적·윤리적인 실재를 추구함에 있어 교육이 필요하므로 인간의 교육 가능성을 주장하였다.

## 2. 교육의 한계성

교육은 인간의 변화 가능성을 전제로 이루어지고 인간은 교육의 가능성을 지닌다고 하지만 이러한 가능성이 인간을 목적하는 대로의 방향으로 모두 변화할 수 있게 한다는 것은 아니다. 어느 정도의 가능성은 존재하지만 한계도 존재한다는 것이다. 교육의 효과나 결과가 어떤 수준까지는 미치지 못하게 하는 교육의 한계가 있는데, 이러한 한계는 선천적으로 타고난 소질인 유전적 영향과 후천적 교육 환경의 조건으로 나누어 볼 수 있다.

### 1) 유전적 영향

모든 생물은 태어나면서부터 부모로부터 받은 특별한 성질을 가지고 있는데 이러한 성질을 유전이라고 한다. 이러한 선천적인 특성은 선대 생물에서 후대 생물에게 전해지고 유전은 신체적 특성 외에도 생활의 구조와 활동상으로 나타나는 개인적인 소질, 성격, 경향 등을 포함한다. 태어날 때 부모로부터 물려받은 고유의 특질인 유전형질은 고정적이며 이는 변화하기 힘들다. 유전은 신체, 지능, 의지 등의 성장을 결정지어주는 중요한 요소라고 할 수 있으며 이러한 성장은 교육으로만은 불가능하고 다소 미약한 효과만이 있다. 즉 유전은 교육효과에 영향을 준다는 것이다.

유전과 관련한 대표적인 연구는 1860년대 유전학자 멘델(G. Mendel)의 유전법칙과 골턴(F. Galton)의 쌍생아 연구 등이 있고 이러한 연구들은 생물학적 측면뿐만 아니라 교육학적 측면에도 영향을 미쳤다. 인간이 성장하고 발달하는 과정에서 일어나는 교육의 효과가 유전적인 요소로부터 받는 영향에 대한 연구를 실험을 통해 입증하였다. 유전에는 신체적인 특징뿐만이 아니라 심리적, 정신적, 지능적인 측면까지의 특질을 의미이며 이러한 유전적인 측면을 고려해야 교육효과를 예견할 수 있다는 것을 시사해 준다.

### 2) 후천적 교육 환경

인간이 교육을 통해 성장하고 발달해가는 과정에서 받는 영향은 유전적인 요소 외에도 환경적인 영향이 있다. 자연적 환경, 사회적 환경, 문화적 환경 등의 환경적 요인인 후천적 영향은 인간 성장에 영향을 미친다. 타고난 기질과 지능이 아무리 뛰어나다고 하더라도 이를 실현시킬 수 있는 적절한 환경이 준비되지 않으면 선척적인 능력은 무력한 것이 된다. 따라서 환경의 중요성은 앞에서 언급했던 아베롱의 야생 소년 사례에서도 드러난다. 야생의 환경에 버려지고 오랫동안 숲속에서 지낸 야생 소년은 인간으로 태어났다 할지라도 그가 어떠한 능력을 가지고 태어난 것과는 별개로 교육으로부터 방치된 환경에 있었기 때문에 발견 당시에는 야생 동물과 같은 모습이었다.

그러므로 "자식은 나면 서울로 보내고, 말은 나면 제주도로 보내라."라는 우리나라의 속담에서는 환경의 중요성을 잘 보여주고 있다. 또한, 맹모삼천지교(孟母三遷之敎)라는 말에서 알 수 있듯이 어머니가 아들의 교육을 위해 환경을 세 번 바꿨다는 것은 인간과 환경의 상호작용에 따라 환경이 교육에 영향을 미치는 것을 단적으로 보여준다. 이에 교육 환경에 따라 교육의 효과는 제한될 수 있다는 것으로도 해석할 수 있다(강기수 외, 2013).

## 3. 유전 및 환경과 교육의 관계

인간성장 과정에 있어서 유전적인 요소와 환경적인 요소의 영향을 받으며 이들은 상호 역동적으로 작용한다. 유전과 환경의 영향 중 어느 것으로부터 받는 영향이 더 우세한가는 정확히 판단할 수는 없지만 전통적으로는 유전과 환경의 영향력을 개별적으로 구분을 하였고 1930년대를 이후로 환경적인 영향의 힘을 더욱 강조하게 되었다. 이유는 유전적인 것으로만 생각했던 부분이 후천적인 환경의 변화에 따라 개선될 수 있었기 때문이다.

유전의 영향력을 강조한 독일의 철학자 쇼펜하우어(A. Schopenhauer)는 "인간은 소질이 지배하는 것이며, 미래의 발전도 소질에 의해서 결정된다. 납을 금으로 변화시킬 수 없듯이 인간도 그 성격이 고정불변하여 모든 행위가 고정불변하게 나타나므로 교육으로는 어찌할 도리가 없다."라고 하여 유전의 중요성만을 주장한다.

브루코버(W. B. Brookover)는 "인간의 성장은 환경과의 상호작용에 의해서만 가능하다."라고 하였고, 내쉬(P. Nash)는 "인간은 제아무리 탁월하게 태어났다 해도 그가 성장하는 물질적, 문화적 환경이 좋지 않으면 자기의 잠재능력을 충분히 발달시킬 수 없다."라고 하였다. 칸트(I. Kant)는 "인간은 교육에 의해서만 인간이 될 수 있으며, 인간이란 교육이 만들어 낸 것에 불과하다."라고 했으며 이들은 모두 유전보다는 환경이나 교육을 강조하였다. 우드워스(R. Woodworth)는 유전과 환경의 관계를 다음과 같이 설명하고 있다. 유전을 사각형의 가로축으로 하고 환경은 세로축으로 보았다. 결국 인간의 성장 가능성은 가로축과 세로축으로 이루어진 사각형의 면적과 같다고 설명하였다. 이렇듯 유전과 환경은 상호작용의 함수로 나타낼 수 있다. 고트샬트(K. Gottschaldt)는 우드워스와 비슷한 관점에서 유전과 환경과의 상호관계를 설명하였는데 환경 극점을 E, 유전 극점을 H로 하고 인간의 성장 가능성을 E-H선상에 놓인 X와 $X_1$이라고 설명하였다. 유전의 힘보다 환경의 힘이 더 크게 작용하는 것은 X고, 반대로 유전의 힘이 더 크게 작용하는 것은 $X_1$이다.

인간형성에 있어서 유전과 환경 어느 쪽이든 한쪽에만 치우쳐 이루어지는 것이라고 판단하는 것은 매우 위험하다. 인간의 선천적인 능력은 한정적이기 때문에 어떤 교육을 통해서도 변화가 불가능하다는 이른바 소질만능론, 숙명론, 교육부정론에 치우쳐서도 안 되며, 또한, 교육을 통해 인간이 변화 가능하고 교육 환경에 의해서는 인간의 소질도 개조할 수 있다고 주장하는 환경만능론, 교육만능론에만 치우치는 것도 안 된다. 각각 독립된 개체로서 작용하기보다는 선천적인 소질과 후천적 환경적 요인 두 가지 힘이 합하여 상호작용 안에서 인간의 발달이 이루어진다는 사실이 중요하다. 즉 교육은 내적인 가능성과 외적인 실현성의 상호작용을 통하여 내재되어 있는 능력의 가능성을 최대한 실현해가며 확장해나가는 것이라고 할 수 있다(김태오, 1960).

인간의 능력은 내적 요인인 유전과 외적 요인은 환경에 의해 발달하고 변화한다. 이때 유전적인 소질을 실현시키기 위해서는 외적 요인 환경이 필요하고, 외적인 환경은 유전적 소질을 전제로 한다. 결론적으로 유전과 환경은 분리하여 생각할 수 없다는 것이며 두 가지 모두 상호작용이 이루어짐에 따라 인간의 성장발달에 영향을 미친다.

Chapter 02

Introduction to Education

# 교육의 역사적·철학적 이해

우리나라의 교육사를 보면 삼국시대의 교육부터 그 연구가 시작된다. 그것은 기록이 남겨진 시점이 역사시대, 즉 고대국가가 등장한 시대부터이기 때문이다. 동서양을 막론하고 고대국가 사회로 넘어가면서 역사서가 편찬되고 다양한 기록이 남게 되었다. 그렇기 때문에 우리나라뿐만 아니라 서양의 교육사를 살펴보면 고대국가가 시작된 이후의 교육을 연구하는 것은 당연한 일이며, 그것이 교육사의 한계라고 할 수 있다.

## 1절 우리나라 교육의 변천

### 1. 삼국시대의 교육

#### 1) 삼국시대의 문화와 교육

삼국시대는 약 1세기 초부터 7세기 중엽까지 한반도를 중심으로 고구려, 백제, 신라가 국가로서 존재했던 시기를 말한다. 삼국시대의 특징은 점차 국가적 체제를 완성하면서 중국의 문화를 수용하여 새로운 민족문화를 창신(創新)했다는 데 있다.

첫째, 삼국시대는 전제적·군사적 성격이 뚜렷했으므로 대내외적으로 전쟁에 활용될 힘세고 용감한 군인을 양성했다.

둘째, 강력한 주권을 정점으로 한 중앙집권적·관료적 정치 체제와 엄격한 계급제도를 갖고 있었기 때문에 교육제도 역시 체제 유지를 위해 활용되었다.

셋째, 삼국시대의 사상적 기반으로서 불교(고구려 소수림왕 2년, 372년에 전래)는 당시 비형식적 교육의 형태로 전반적인 영향을 주었다.

넷째, 삼국시대의 유교사상은 정치적·도덕적 측면뿐만 아니라 형식교육 전반에 걸쳐 그 내용과 제도를 지배했다.

삼국시대에는 삼국의 특성과 불교문화, 문과 무, 마음과 육체 등의 조화를 중시한 개성적인 교육이 출현하였다. 특히 불교는 교육을 대중화시켰으며, 도덕적 기준을 마련해 주었고 호국정신 확립과 문학의 발전을 견인했다. 또한, 이 시기는 유(儒), 불(佛), 도(道) 3학을 조화시키고 삼국에 토착화시켜 교육적 영향력을 극대화하였다(박영진, 2012).

## 2) 학교제도

삼국의 건국 초기에는 형식적인 교육기관이 없었다. 4세기 이후 고구려에 태학과 경당이 설립되고, 신라에서는 청소년 집단인 화랑도의 교육이 국가의 기간 교육 단체로 존립하였다. 그리고 신라는 삼국을 통일한 후에 국가적 필요와 당의 영향에 의하여 국학이 설립되었다. 삼국시대는 고구려의 태학과 신라의 국학이 유학(儒學) 교육기관으로 국가의 최고 교육기관이었다(피정만, 2010).

### (1) 태학(太學)

고구려의 학교교육에 관한 최초의 기록은 삼국사기 고구려본기에 '소수림왕 2년(372)에 태학을 세워 자제를 교육했다.'라고 한 데서 나타난다. 이것은 우리나라의 학교교육에 관한 기록 중 최초의 것이다. 또한, 이때는 전진의 왕 부견이 승려 순도를 파견하여 불교의 경전을 전했고, 다음 해(373)에는 율령(律令)이 공포되었다. 고구려의 제도는 전진의 영향을 받아 개편된 것으로 볼 수 있다. 이 무렵에는 전진에서도 태학을 중수하고 학자를 우대하며 유교를 장려하고 있었다. 태학의 조직에 대해서는 삼국사기 고구려본기에 "영양왕 11년에 이문진으로 태학박사를 삼다"라고 기록하고 있으며, 또한, 고구려의 직제에 관해서 "장래에 관에 나아갈 사람을 조의선인(早衣仙人)이라 하고, 그를 감독하고 교습시키기 위하여 조의두라는 벼슬아치를 두다."라고 한 것을 통해 태학의 총책임자는 조의두, 가르치는 사람은 박사, 배우는 학생들은 조의선인임을 알 수 있다.

삼국사기에는 태학을 설립해서 자제를 교육했다는 단편적인 기록만 있을 뿐, 교육 목적과 내용 등에 관해서는 자세한 기록이 없다. 고구려는 전진의 각종 제도와 문화적 영향을 받은 것을 보아서 태학의 교육내용은 북사(北史) 주서(周書)에 오경(五經), 삼사(三史), 삼국지, 진춘추 등 중국 고대의 경서와 사서를 중요한 교재로 하였고, 중국의 대학에서 가르친 역서, 의서, 산서, 악서, 병서 등도 읽었을 것으로 추정된다. 따라서 태학은 고급관리의 양성을 목적으로 귀족의 자제들을 교육했을 것으로 생각된다. 그리고 태학은 우리나라의 최초로 국가에 의하여 설립된 관학이며, 최초의 고등 교육기관이라는 교육사적 의의를 가진다(피정만, 2010).

### (2) 경당(扃堂)

고구려에는 사학으로 경당이 있었다. 경당에서는 독서와 습사(활쏘기)를 교육내용으로 하여 문무를 겸비한 인재를 양성하였다. 경당은 구당서 동이전 고구려와 신당서 동이전 고구려에 기록되어 있다. 구당서에서는 "풍속이 서적을 사랑하여 허름한 서민의 집에 이르기까지 거리에 큰 집을 지어 이를 경당이라 하고, 미혼의 자제들이 여기서 밤낮으로 독서를 하고 활쏘기를 익힌다. 그들이 읽는 책은 오경과 사기, 한서(漢書), 범엽의 후한서, 삼국지, 손성의 진춘추, 옥편(玉篇), 자통, 자림, 그리고 문선이 있는데 그것을 더욱 아끼고 소중히 여겼다."라고 기록하고 있다.

그리고 신당서에서는 "사람들이 배우기를 좋아해서 외딴 마을의 허름한 집에 이르기까지 부지런하여 큰길가에 모두 큰 집을 짓고 경당이라 불렀다. 미혼의 자제들이 거기 모여서 경서를 암송하고 활쏘기를 익혔다."라고 기록하고 있다. 이 기록에 의하면 고구려의 경당은 지방의 촌락에 이르기까지 설치된 사립학교로서 평민의 자제를 교육하기 위한 것이라 볼 수 있다(피정만, 2010).

### (3) 화랑도

신라는 지리적으로 한반도의 동남쪽에 위치하고 있어서, 고구려와 백제에 비해 중국문화의 수입이 늦었다. 그러나 신라는 고유한 문화를 가지고 있었을 뿐 아니라, 화랑도 조직을 통해 고유의 교육제도를 발달시켰다.

화랑도는 상고시대 소도제단의 무사에 그 기원을 둔다. 그 무사를 당시에는 '선비'라 칭하였으며, 고구려에서는 조의선인, 신라에서는 미모를 갖춘 화랑(花郎)이라고 불렀다(신채호, 1974). 또한, 화랑은 '부루교단'이라고 하며 부루는 상고 조선에 고유한 신앙인 태양숭배, 곧 '밝의 뉘'가 변한말이요, 이 '부루'가 한자로 적힐 때에 '풍류(風流)'로 변했다. 화랑도는 상고시대부터 존재하였으며, 우리 민족의 고유한 신앙과 결부되어 있었다. 그러나 화랑도가 국가적인 단체로 정비된 것은 진흥왕 때부터이다. 삼국사기 진흥왕 37년(576)에 화랑도의 설치에 대한 직접적인 기록으로 '남모와 준정의 설화'가 실려 있다. 이에 앞서 삼국사기 진흥왕 23년(562)에 화랑 사다함에 대한 기록이 있어, 이전부터 운영되어 오던 화랑 조직을 진흥왕 37년에 국가적인 조직으로 정비한 것으로 추측된다. 그리고 삼국유사에서는 진흥왕 대에 설원랑을 최초의 화랑국선으로 삼았다는 기록이 있다.

화랑도의 교육목적은 평시에 국가를 다스릴 정치적 지도자와 전쟁 시에 국방상의 문제에 대처할 군사적 지도자를 양성하는 데 있었다. 그것은 삼국사기에 신라본기 김대문의 화랑세기에 "어진 재상과 충성된 신하가 여기에서 나오고, 어진 장수와 용감한 군사가 이로 인해 생겨났다."라고 한 것을 보아 알 수 있다. 또한, 진평왕 때 원광법사가 내린 세속오계는 화랑들이 닦아야 할 도의의 주요 덕목들이었다. 화랑들은 사군이충에서 충을, 사친이효에서 효를, 교우이신에서 신을, 임전무퇴에서 용을, 그리고 살생유택에서 인을 배웠다. 이 충(忠), 효(孝), 신(信), 용(勇), 인(仁)의 덕목들은 신라의 정치적·군사적 지도자가 갖추어야 할 품성이었다.

### (4) 국학(國學)

신라는 삼국을 통일하기 이전에 형식적 학교 설립의 기록이 없다. 이를 보면 신라는 화랑도의 교육을 계속하여 시행하고 있었던 것을 추측한다. 신라는 당나라의 학교에 유학하는 학생이 상당히 있었다. 신라는 선덕왕 9년(640)에 자제를 당의 국학에 유학시켰다는 기록이 있다. 그리고 삼국이 통일되면서 당나라와 빈번한 교류를 하면서 중국의 당나라에 유학생이 증가하였던 것으로 생각된다. 신라의 학교 설립은 삼국이 통일된 후에 10여 년이 지난 31대 신문왕 2년(682)에 국학의 설립에서 비롯된다. 국학은 정부의 기관인 예부에 속하였다. 국학은 유교 사상에 입각한 관리의 양성과 유교 사상의 보급을 목적으로 하였다. 국학의 직제는 당시 당의 것을 모방한 것으로서 경 1명과 박사와 조교, 대사 2명과 사 4명을 두었다. 경은 국학을 총괄하고, 박사와 조교는 교육을 담당하며, 대사와 사는 국학의 행정을 맡았다(피정만, 2010).

## 2. 고려시대의 교육

고려시대는 시험문화가 시작되고 정착한 시기로 고려를 건국한 태조 왕건은 이전과 다른 국가통치이념이 필요했는데, 그것이 바로 유가였다. 고려는 유가의 이념을 교육제도에 적극 반영하여 관리 선발을 위한 과거 시험(광정 9년, 쌍기의 건의에 의해서 실시)에 유교경전을 출제하였다. 고려시대의 과거제는 무과가 없었으며, 제술업(시, 부, 송, 책 등의 문예과), 명경업(서, 역, 춘추, 시경 등의 경전과), 잡업(명법, 명서, 명산, 주금, 의업, 지리업의 기술과)으로 구분된다. 이 시기 독특한 '좌주문생제도'는 시험관과 급제자 사이의 은문 관계로, 과거 합격자가 평생 시험관을 아버지로 예우하는 제도였다. 과거시험의 단점은 입신양명에 치우쳐 일부 상고주의와 사대주의적 성격이 있다는 점이다.

국자감 이전의 교육제도로는 개경에 설립하고 6부의 생도를 모아 교육한 '학원'이 있었다. 또한, 지방인재를 육성하기 위해 지방의 자제를 수도로 불러 가르친 '유경습업'이 있었다. 한편 성종 9년에 전국 12목에 박사를 파견하여 지방의 인재를 가르친 '권학관' 제도도 있었다. 고려시대의 교육기관은 관학과 사학으로 구분할 수 있다. 먼저 성종 11년에 국가 최고 교육기관으로 세워진 국자감이 있었다. 국자감은 예부에서 관할하였으며, 6개의 학교와 4개 등급으로 구분하였다. 고려는 이 국자감을 관리하여 교육기관을 통한 왕권의 강화를 꾀하였으며, 장학재단으로 '양현고'를 설치하였다. 또한, 문묘를 두어 제사의 기능도 담당하였다. 학당은 중등교육기관으로 향교와 같은 수준이었으나 문묘는 없었다. 동서학당을 계승한 5부 학당은 동, 서, 남, 북과 중앙에 세워져 조선시대까지 지속되었다. 학당은 국자감에서 교육받지 못한 학생들을 대상으로 주로 유가의 경전을 가르쳤다. 국자감의 하급 교육기관이었으며 서민들도 입학할 수 있었다.

향교는 지방교육기관으로 유가 중심의 교육내용을 가르쳤던 지방교육기관이다. 문묘가 있었으며, 수도에서 지방으로 파견 형식으로 담당 학자를 파견하였던 것으로 보인다. 주로 유가의 전파와 지방민들의 교화를 위해 운영되었으며, 8품 이하의 자제와 서민들도 입학이 허용되었다. 십이도는 12공도라고도 하는데, 대표적인 사학이었다. 십이도 역시 유가의 경전을 주로 가르쳤으나 교육내용과 방법이 관학에 비해서 자유로운 편이었다. 십이도는 주로 과거시험을 위한 사교육 기관이기는 했지만, 교양과 인성을 쌓는 역할도 간헐적으로 담당했다. 대표적인 십이도는 최충의 9재 학당으로 '하과(여름에는 절에 가서 강습회를 함)'를 실시하여 계절에 따른 교육효과를 추구했다. 또한, '각촉부시제도(모의 과거시험제)'를 통해 경쟁을 통한 과거시험 준비에도 매진했다. 서당은 지방의 서민을 위한 초등교육기관이었다. 주로 개인이나 문중, 마을에서 민간 차원으로 운영했으며 서민교육과 교화에 많은 영향을 주었다. 서당은 전국 각지에 있었으며 비교적 자유롭고 다양한 내용과 방식으로 운영된 대중 교육기관이었다.

## 3. 조선시대의 교육

조선시대는 성리학의 시대였다고 해도 과언이 아니다. 조선을 건국한 이성계는 성리학을 통해 통치이념을 확고히 했기 때문에 교육 분야 역시 성리학을 중심으로 체계화되었다. 성리학은 도덕성을 갖춘 '성인'을 양성하는 데 교육목적이 있었으며, 사회적으로 '명인륜'을 통해 인간의 도덕성과 도덕적 관계를 명확히 하고자 했다. 성리학은 우주론과 심성론에 기초하여 경전의 학문적·철학적 의미를 중시했으며, 수양을 위해 '존양'과 '궁리(이치를 따져 지식을 확실히 함)'를 주장했다. 이를 통해 궁극적으로 성현의 자리에 오르는 '지어지선(止於至善, 지극한 선에 머무른다)'에 이르고, '수기치인(修己治人, 스스로 수양하고 다스림)'을 실현하는 데 주력했다(박영진, 2012).

### 1) 주요 교육기관

#### (1) 성균관

조선시대를 대표하는 최고 고등교육기관은 성균관이었다. 고구려와 신라에서는 국학 혹은 태학감이라고 했고, 고려시대에는 국자감이라고 했으며, 이후 성균감으로 고쳐 부르다가 성균관으로 이어졌다. 성균관에서는 두 가지 교육활동을 포함하고 있었는데, '명인륜'과 '성인재'였다.

성균관의 교육이념은 교화였으며 정원은 200명 정도였다. 입학자격은 소과인 생원진사시에 합격한 15세 이상인 자가 대부분이었다. 성균관에서는 주로 사서오경과 역사서를 공부하였으며 학칙이 매우 엄격했다. 일반적인 학칙은 '학령'에 따랐고, 이를 보완하는 '학교모범'도 있었다. 성균관 유생들의 성적을 평가하는 방법으로는 오늘날 논술시험에 해당하는 '제술'과 구두시험에 해당하는 '강경'이 있었다. 유생들에 대한 평가는 대통, 통, 약통, 조통으로 나눴으며, 낙제를 하게 되면 벌을 받았다고 한다. 성균관에는 유생들의 출석을 관리하는 '원점제'가 있었고, '양현고'를 통해 식량을 공급하는 장학기관을 유지하고 있었다. 또한, 명륜당(대강의실)과 문묘 외에 오늘날의 도서관에 해당하는 '존경각'과 기숙사인 '양재(동재와 서재)'가 있었다(박영진, 2012).

### (2) 사학(사부학당, 학당)

사학은 성균관에 예속된 중등교육기관으로 고려시대의 동서학당에서 유래했다. 정원은 동, 서, 남, 중앙에 각 100명이었으며, 이 중 성적이 우수한 자는 성균관에 입학하기도 했다. 주로 사서오경과 근사록, 역사서 등을 공부했으며 성균관의 교관이 파견되어 가르치고 관리하였다. 사학에서는 소학을 필수 과목으로 가르쳤는데, 이는 성균관보다 수준이 낮은 학교로서 '소학지도'를 추구했기 때문이다. 사학은 양반집 자제와 서민의 자제 중 선발된 자가 입학할 수 있었으며 교수관 2명과 훈도관 2명이 교원의 역할을 담당했다. 또한, 기숙제 학교로서 문묘를 가지고 있지는 않았으며, '승보'와 '사학합제' 등과 같은 특별시험도 있었다(박영진, 2012).

### (3) 향교

향교는 교궁, 재관이라고도 하는데, 고려시대의 지방교육을 계승한 중등교육기관이었다. 주로 문묘의 기능과 교육기능, 사회교육적 기능을 하였으며, 과거시험을 위한 교육기관이기도 했다. 성균관의 축소판인 향교는 감사의 책임 하에 운영되었으며, 소학, 사서오경, 역사서 외에도 여씨향약, 근사록, 정속2륜행실 등도 가르쳤다. 수도의 사학과 비슷한 수준이었던 향교는 임진왜란과 서원의 증가로 인해 16세기 중엽부터 쇠퇴하게 된다.

향교의 교수관과 훈도관은 국가 차원에서 파견했으며 40세 이상의 문과 합격자가 맡았다. 단, 자격 있는 교관을 파견할 수 없을 때에는 생원진사시에 합격한 '교도'를 파견하기도 했다. 이 외에 교도로도 부족할 때는 관찰사가 '학장'으로 선임하여 교관을 삼기도 했는데, 학장은 임시직이었다. 향교의 교생은 과거 응시자격을 얻고 생원진사시의 초시를 면제받았으며, 부역과 군역에서 면제받았다. 향교의 운영은 '학교등록'에 기재하게 하였으며, 중앙에서는 '제독관'이라는 장학관을 각 도에 임명하여 향교교육을 강화하기도 했다(박영진, 2012).

### (4) 서원

서원은 지방에 세워진 중등 수준의 사교육 기관이다. 조선 중기부터 지방을 중심으로 옛 성현을 기리고 후학을 양성하기 위해서 설립되었다. 조선시대의 최초의 서원은 백운동서원이었으며, 주자가 복원한 백록동서원을 계승한 것이었다. 서원 중에는 임금으로부터 서원의 명칭을 하사받고 지원받았던 서원도 있었는데, 이런 서원을 사액서원이라고 하며, 최초의 사액서원은 소수서원(퇴계의 건의로 명종이 현판을 내림)이었다. 서원은 '사우(선현에게 제사 지내는 곳)', '강당(강의하는 곳)', '양재(동재와 서재로 기숙사)', '정자(여가를 즐기는 곳)'로 구성되었다. 서원에서는 비교적 자유롭게 학문에 정진할 수 있었고 지방교육을 활성화시켰지만, 한편으로 당파 조장, 군역도피의 방편, 백성 착취기관, 유희의 장으로 전락하기도 했다(박영진, 2012).

### (5) 서당

서당은 고구려의 경당에서 유래를 찾을 수 있다. '훈장', '접장', '학도'로 조직된 서당은 대표적인 사학교육 기관이었다. 17세기 이후부터 본격적으로 나타난 서당은 해방 이후 의무교육제도가 정립되면서 사라지게 된다. 주로 초등교육기관이었으며 훈장의 학식과 서당의 규모도 일정치 않았다. 서당에서는 암기 위주의 학습방법을 통해 강독, 제술, 습자를 가르쳤으며, 자유롭게 설립이 가능했다. 그래서 능력별 개별학습이 가능했으며, 학생들의 수준과 필요에 따라 수업내용을 조절할 수 있었다. 학생 중 성적이 나쁘거나 품행이 불량할 경우 '초달(회초리)'에 의해 체벌하기도 했다.

서당의 유형은 훈장자영서당, 유지독영서당, 유지조합서당, 동리공동서당, 동족조합서당 등으로 나눌 수 있다. 서당은 기초교육기관이었기 때문에 향사(제사)는 하지 않았으며 국민교화와 지역활동 활성화에 이바지했다.

## 4. 근대의 교육

### 1) 근대시대와 교육

조선은 약 500년 동안 체제를 유지해 왔으나 19세기에 이르러 사회적 변화가 불가피하게 되었다. 이 변화의 원인은 서구열강과 문물이 전해졌다는 사실과 성리학에 대한 동학·서학(천주교) 등의 사상적 대립이라고 볼 수 있다. 이 시기는 교육적으로도 민족주의와 국민의식이 대두되었으며, 교육입국의 타당성이 제기되기도 하였다. 근대교육에 영향을 준 역사적인 사건은 동학농민운동이라고 할 수 있다. 동학은 유, 불, 선 3교와 천주교 민속종교 등을 혼합한 종교로 인내천 사상을 주장하며 평등한 세상을 건설하고자 했다. 특히 천인합일 사상을 통해 인간의 존엄성을 자각시켰으며 봉건제를 타파하고 근대적인 국가관념 형성에 기여하였다. 그리고 주체적인 인간상과 민족적 자긍심을 고취시킴으로써 개화기를 앞당기는 데 깊은 영향을 주었다.

조선은 개화기에 이르러 근대사회와 이에 적합한 교육의 필요성을 인식하였다. 그래서 교육을 통한 국가와 민족의 성장을 고취시키고자 했다. 대표적인 것이 '교육입국조서(1895)'였다. 특히 덕육·체육·지육을 3대 강령으로 제시하고 경전교육에서 탈피하여 국사와 국문 등 민족교육의 당위성을 내포하고 있어서 사회개조를 위한 새로운 교육의 지평을 열었다고 할 수 있다. 갑오개혁(1894)의 영향으로 조선사회의 봉건적 전통을 탈피하고 근대국가로의 변화를 추진하고자 반포된 교육입국조서는 근대 학제의 확립과 교육의 민주성, 국민교육의 필요성, 민족주의의 다원성 등을 제기하였다.

근대교육의 특징은 외국어 교육, 교원 양성, 실업교육에 대한 관심이 깊었으며, 점진학교에서 최초로 남녀공학을 실시하기도 하는 등 교육 기회가 확대되었다. 또한, 민족의 자주정신, 항일의식이 고취되는 가운데 초등교육을 의무교육으로 공헌하였으며, 기본 학제의 틀을 마련하였다는 의의가 있다.

이러한 사회적 변화는 근대적인 학교의 설립을 가져왔다. 정부가 설립한 근대학교로는 동문학, 육영공원, 한성사범학교가 있었으며, 민간 차원의 근대학교로는 원산학사, 흥화학교, 점진학교, 보성학교, 양정의숙, 대성학교, 오산학교가 설립되었다. 그리고 기독교에 의해 세워진 학교로는 베론신학당, 배재학당, 이화학당, 경신학교, 정신여학교 등이 있었다. 근대학교는 교육체제와 학제를 확립했으며 남녀평등, 의무교육, 인본주의, 평등의식 등을 고취시키는 데 기여했다. 조선은 을사늑약(1905)을 기점으로 사실상 일본의 영향력 아래의 암흑기에 접어들었다. 그 후 1910년 8월 29일 경술국치를 통해 일제는 노골적인 민족말살정책과 우민화정책 등으로 식민교육을 심화했다. 교육 분야의 대표적인 식민정책은 학교를 감시, 탄압, 감소시켰으며, 군사적인 목적으로 학교를 운영했고, 교사와 교육내용을 통제했다는 것이다. 대표적인 통감부의 우민화 정책은 6년제 소학교를 4년제로, 중등교육의 수업연한을 4년으로 고정했다는 점이다. 또한, 한국인의 교육기관 설립을 불허했으며, 저급 실업학교만을 양성했고, 고등교육의 기회를 제도적으로 제한했다. 나아가서 통감부는 일선 학교에 일본인 교사를 의무적으로 배치하고 친일교육을 강화하였다. 이를 위해 일본어 교육을 의무화했으며, 일본에서 편찬된 교과용 도서를 사용하게 하고 1908년 사립학교령과 교과용 도서검정을 규정하여 친일교과의 확산을 추진했다. 그러나 안창호, 남궁억, 이승훈 등과 같은 선각자들의 교육활동으로 인해 반일정신과 민족의 정기가 지속될 수 있었다(박영진, 2012).

## 2) 주요 교육정책

### (1) 갑오개혁과 교육의 변화

가) 예조 대신 학무아문과 의무아문을 설치하여 근대적인 관리체제 추구

나) 학무아문의 고시(1894년 8월): 평등의식, 교육기회 균등, 영재교육의 필요성, 소학교와 사범대학교의 시급성, 고등교육의 필요성을 강조

다) 홍범 14조 발표(1895년 1월 7일): 최초의 헌법적 의의를 가지는 국정개혁의 대강으로, 외국에 파견하여 학술과 기예를 전습시키고자 노력

라) 의정부 소속 관청 전국고 설치(1894년 8월): 과거시험을 대신할 조례로, 문벌과 귀천에 차별을 폐지하고 신지식으로 평가

마) 학무아문은 대내적인 선포, 홍범 14조는 대외적인 선포

### (2) 식민시대 교육정책의 변화

가) 조선교육령(1911): 학제를 보통, 실업, 전문학교로 구분

나) 제1차 교육개정령(무단통치기, 1910~1919)

- 충량한 국민, 천황에게 충성스러운 신민을 만들고 저급 수준의 생산노동자를 양성하기 위해 고등교육은 억제하고 실업교육을 강화
- 교육연한을 보통학교 4년, 고등보통학교 4년, 여자보통학교 3년, 실업학교 2~3년, 전문학교 3~4년으로 지정(일본인보다 수업연한이 1~2년씩 짧음, 대표적인 차별교육)
- 일본어를 국어라 하고 수신교과를 중시했으며 영어를 선택과목으로 편성하여 상급학교 진학을 통제
- 외국어 학교 폐지, 조선인의 해외 진출과 교류 억제, 성균관을 폐지하고 경학원으로 대치, 서당을 통제하여 전통교육 말살
- 사립학교 규칙을 통해 학교설립 · 폐쇄, 교원 채용 및 학사 전체를 총독부의 인가사항으로 규정하고 교과서도 총독부 편찬 혹은 검정을 거친 것만을 사용

다) 제2차 교육개정령(문화 통치기, 1919~1938)

- 외형상 일제와 동일한 학제를 적용(수업연한 포함)
- 일부 조선인에게도 상급학교 진학을 부분적으로 허용
- 조선인과 일본인의 공학을 허용했으며, 사범교육을 실시해 교원을 양성

라) 제3차 교육개정령(황국식민화 교육기, 1938~1945) 및 전시 동원기

- 조선인의 해외 진출과 교류 억제, 조선을 병참기지로 활용하고 전시체제를 확립하기 위한 시기
- 식민지교육의 3대 강령(국체명징, 내선일체, 인고단련) 강요
- 종래의 보통학교, 고등보통학교, 여자 고등보통학교의 이름을 바꿔 일본인을 위한 학교의 이름과 동일하게 소학교, 중학교, 고등 여학교로 변경(사범학교도 소학교, 보통학교 교원으로 구분하다가 통합함)
- 4년제 보통학교를 6년제 소학교로 승격시키려고 했으나 재정상의 문제로 점진적으로 연장
- 조선어는 수의과로 편성하여 사실상 개설이 어려운 과목(일본어는 가장 중요한 과목으로 강조)
- 1941년 '국민학교령'을 발표하여 '심상소학교'를 '국민학교'로 개칭(교육이념의 식민지화 추진)
- 1943년 중등학교령에 따라 수업연한을 5년에서 4년으로 단축시키고 군사적 목적으로 학교를 활용(징병유예제를 폐지하고 학병제를 추진, 여자정신대권무령을 공포해 12~40세 미혼여성을 징용함)(박영진, 2012; 조화섭, 2007; 주영흠 외, 2010)

### (3) 미군정기의 교육

- 1945년 우리는 광복을 맞았으나 미국과 소련의 군정에 의해 남북은 갈라지게 되었음. 이후 3년간 남한은 미군정을 통해 문교정책을 확립
- 군정청은 1945년 '한국교육위원회'를 심의하여 일제 잔재 불식, 평화와 질서 유지, 생활과 실제에 적합한 지식과 기능 연마를 교육방침으로 결정
- 학무국 산하에 '조선교육심의회'를 구성하고 홍익인간의 교육이념과 6-3-3-4제의 단선형 학제를 채택(1946년 9월 의무교육제 실시 및 새 교과서 편찬, 대규모의 교사양성과 재교육 실시)

- 한국인의 주체성, 민주성, 한국어 사용, 지방 자치 및 분권화, 문맹 퇴치를 위한 성인교육이 강조
- 새교육운동 전개(계급주의, 차별, 인간의 도구화, 억압주의, 획일주의, 지식주의 등을 배격하고 자유, 평등, 인간화, 실생활, 전인교육, 산교육을 추구)(박영진, 2012)

## 2절 서양 교육의 변천

### 1. 고대 그리스의 교육

일반적으로 서양의 고대는 인간의 역사가 기록되기 시작한 시점부터 5세기경 서로마제국이 멸망하기까지를 말한다. 그 당시 그리스에는 20개를 훨씬 넘는 도시국가들이 있었다. 아테네, 스파르타, 코린드, 테베, 밀레투스 등이 그 주요한 국가이었다(H. G. Good, 1969). 그래서 그리스의 도시국가는 오늘날의 여러 나라가 문화적인 경쟁을 하듯이 상호경쟁을 하였다(최미리, 2016).

#### 1) 스파르타의 교육

스파르타는 기원전 11세기경 북쪽 발칸반도에서 이주해 온 도리아족이 라코니아에 세운 도시국가이다. 이들은 장기간의 전쟁을 통해 기원전 6세기에는 가장 강성한 도시국가가 되었다. 스파르타의 교육은 군국주의적인 훈련을 통해 강하고 호전적인 시민을 양성했다. 이러한 교육방식은 리쿠르고스(Lycurgus)가 제정한 'Lycurgus 법전'에 근거한다. 정신적으로는 극기, 규율, 애국심, 용기, 인내, 복종 등을 가르쳤으며, 신체적으로는 창던지기, 씨름 수영, 활쏘기, 말타기 등을 익혔다. 리쿠르고스가 제정한 법은 군병의 강력한 신체훈련을 목표했다. 그러므로 스파르타는 '지혜의 사람'보다 '행동의 사람'을, '약한 사람'보다는 '힘센 사람을 요구하였다. 스파르타의 교육목적은 군국주의의 과제를 수행하기 위하여 강한 힘, 용기, 복종력, 인내력을 기르면서 또한, 조국에 대한 애국정신을 함양하여 신체적인

활동에 의하여 강하고 민첩한 육체를 훈련시키는 것이었다.

### 2) 아테네의 교육

아테네는 이오니아족이 중부 아티카에 세운 대표적인 폴리스, 그리스의 문화적 중심지이자 수도이다. 기원전 6세기 초까지 아테네는 귀족중심의 체제였으나 차츰 민주주의적 정치형태로 전환되었다. 귀족과 평민 간의 갈등이 심화되자 솔론(기원전 639~559)은 평민에게도 토지와 참정권을 허용하는 등 민주정치체제를 위한 개혁을 단행했다. 이후 아테네의 교육은 주로 솔론의 헌법을 기초로 하여 형성되었으며, 이 법에 의하면 국민의 자유와 권리가 인정되어 있었고 부모에게는 자녀교육에 대한 의무가 규정되어 있었다.

아테네의 교육은 스파르타와 같이 사회의 일원인 시민의 양성을 목표로 하고 교육이 국가를 위한 것이라는 생각에서는 같았으나, 국가의 통제가 없었고 학교가 모두 사립이었다는 점에서는 달랐다. 그러므로 아테네인들은 시민의 양성이라는 목표를 가진 동시에 인간성의 조화로운 발전과 풍부한 교양을 지닌 자유인의 양성이라는 관점을 강조한 점에서 스파르타와 대조를 이루었다. 그들의 학교(schole)라는 말의 어원도 교양을 위한 여가라는 뜻이다. 전기 아테네의 교육목적은 국가와 사회에 유용한 개인으로서 양심이 조화롭게 발달된 인간양성이었다. 심신의 균형, 도덕적 교양, 시민적 책임 등이 자유인의 자질로서 중시되었고 이것이 바로 교육적 인간상이기도 하였다.

## 2. 고대 로마의 교육

고대 로마는 기원전 8세기경 이탈리아 중부의 작은 도시국가에서 시작해 지중해를 아우르는 거대한 제국을 이룬 고대 문명으로 고대 그리스, 오리엔트, 셈족, 서유럽 켈트, 게르만 등 문화의 용광로였다. 고대 로마의 문화, 법, 군사 체제는 서구 유럽, 동구권을 막론하고 현대 사회의 법, 정치, 전쟁, 예술, 문학, 건축, 기술, 언어 분야의 기틀이 됐다. 로마시대는 '왕정–공화정–제정' 시대로 구분할 수 있다. 로마인들은 원리 실용적이고 현실적이어서 건축, 법, 웅변이 발달하였다. 이 시기의 교육목적은 좋은 시민, 좋은 군인, 좋은 일꾼을 양성하는 것으로, 도덕교육, 넓은 문화, 설득능력 배양을 중시하였다.

왕정시대에는 학교교육이 없었으며, 주로 모방교육과 생활교육 정도가 있었다. 공화정시대에는 주로 로마의 전통적인 교육이 이루어졌고, 제정시대에는 그리스의 문화가 유입되어 사상·문화·교육적으로 조화되었다. 공화정시대의 교육은 애국심을 바탕으로 전통적인 로마의 실제, 실용, 청빈 등을 강조하였다. 특히 국가에 유용한 시민을 양성하는 것을 교육의 목적으로 삼았기 때문에 용감한 군인, 애국심과 준법정신이 투철한 국민, 덕을 갖춘 선인을 양성하고자 했다.

공화정시대는 가정에서 3R's(읽기, 쓰기, 셈하기)를 중심으로 기초교육이 이루어졌다. 또한, 사회에 필요한 인물이 되는 것과 법률을 익혀 가정에서부터 국가와 사회의 중요성을 가르쳤다. 물론 농사, 종교, 도덕성, 체육활동도 주요 교육내용이었는데, 대부분 절대적 지위를 갖지 않고 아버지와 이에 준하는 어머니로부터 배웠다. 이 시기 로마는 국가가 교육에 관여하지 않았기 때문에 부모를 통한 가정교육이 매우 중시되었다. 그렇다고 학교교육이 없었던 것은 아니다. 사립학교가 간헐적으로 있었으며, 공화정 말기에는 그리스로부터 영향을 받아 문법학교, 수사학교 등이 세워졌다. 이 중에 초등교육기관인 루두스(Ludus)에서는 고대 로마의 최고 성문법인 12동판법과 3R's를 가르쳤으며, 문법학교에서는 문법, 호머(Homer)의 시와 라틴어를, 수사학교에서는 15~16세의 학생들에게 웅변술을 가르쳤다.

제정시대는 그리스의 문화가 유입되었기 때문에 학교교육을 중심으로 지와 도덕성을 갖춘 유능한 웅변가를 양성하는 것을 교육목적이라고 생각했다. 이 시기 6~7세의 아동들은 사립 초등교육기관인 루두스에 입학하여 12동판법과 3R's를 배웠다. 루두스를 수료한 12~15세의 아동들은 중등교육기관인 문법학교에서 문법, 문학 및 7자유과(3학: 문법, 수사학, 변증법 + 4과: 산술, 기하, 천문, 음악)를 배웠다. 문법학교는 사립이었으나 국가의 보조가 있었으며 외국어 학교였다는 특징이 있다. 문법학교를 수료한 16세 정도의 아동들은 고등교육기관인 수사학교에 입학할 수 있었다. 수사학교에서는 웅변가 양성을 목적으로 문학, 철학, 과학, 외국어 문법 등을 가르쳤으며 국가의 지원으로 운영되었다.

이 당시 로마는 학교를 지원하고 다양한 도서관을 건립하였다. 학자들의 연구를 장려하기 위해 문법학자, 수사학자, 철학자에게 연구비를 지급하였을 뿐만 아니라 재판권을 부여하고 병역을 면제해 주기도 했다.

## 3. 중세시대의 교육

중세시대는 일반적으로 서로마제국이 멸망한 476년부터 동로마가 멸망한 1453년까지 약 10세기 동안을 일컫는다. 이 시기의 교육은 크게 기독교교육(종교교육)과 세속교육(비종교교육)으로 구분할 수 있다. 중세시대는 기독교의 영향으로 인간의 원죄설, 내세주의, 박애주의, 평등사상 등이 보편화되었다. 중세 전기의 교육(5~11세기)은 기독교 사상을 바탕으로 종교교육이 발달하였다. 스콜라철학과 수도원 교육의 금욕주의가 교육의 근간이었다. 중세 후기의 교육(12~15세기)은 세속교육이 대두되기 시작한 시기였다. 특히 기사교육, 대학교육, 시민교육 등은 문예부흥의 단초가 되었다.

중세시대 교육의 특징은 교육내용과 방법이 고려될 때 신과 신앙의 영역이 반영되었다는 점이다. 또한, 종교적인 정서를 중시하는 주정주의의 강조와 더불어 체계적인 교육기관이 형성되었으며, 오늘날 학교 교과의 원형이 조성되기도 했다(박영진, 2012).

### 1) 기독교 교육

기독교는 유일신관을 바탕으로 내세주의, 주정주의, 세계주의를 사상적 특징으로, 신에 복종하고 봉사할 인간을 양성하는 것을 교육목적으로 삼았다. 이는 중세 이후 국가보다 강한 권력을 가지게 된 교회가 기독교의 사상과 교육이념을 통합시켜 기독교 교육의 정당성과 체계화를 추구했음을 나타내 준다. 중세의 문답학교는 교리문답과 3R's를 가르쳤던 초등교육 수준의 문답학교와 그리스어, 철학, 수사학, 천문학 등을 가르치고 문답학교의 교사를 양성하기 위해 운영된 고등교육 수준의 고급문답학교가 있었다. 스콜라철학을 바탕으로 성직자를 양성하기 위한 본산학교(감독학교, 사원학교, 기부학교)는 성서, 신학, 철학, 과학, 그리스 문학 등이 주요 교육내용으로 운영된 스콜라철학의 중심교육기관이었다. 수도원학교는 성직자의 타락을 방지하기 위해 설립되었으며, 내세를 위한 교육을 수행할 수도사 양성을 목적으로 운영되었다. 오늘날의 지역사회 학교의 역할을 어느 정도 담당하여, 초등교육에서는 3R's와 성경을, 중등교육에서는 7자유과를 가르쳤다. 이 외에도 오늘날 기독교의 주일학교와 유사한 교구교회학교가 있었는데, 가난한 집 아동들도 교육받을 수 있었다는 의의가 있다(박영진, 2012).

## 2) 세속교육

세속교육은 기사교육과 시민학교로 구분할 수 있다. 비록 세속교육이라고는 하나 중세시대는 종교의 영향이 매우 강했기 때문에 기독교로부터 직·간접적으로 영향을 받았다.

### (1) 기사교육

중세시대 기사는 선망의 대상이었다. 기독교 사상을 가진 무인으로 교회와 영주, 약자를 보호하는 것을 보람으로 여겼던 기사는 신라의 화랑도처럼 귀족적인 생활교육을 통해 양성되었다. 기사교육은 매우 엄격했는데, 가정교육기(0~6세)에는 예의범절과 신앙심, 신체단련을 배웠고, 시동기(7~13세)에는 군주나 귀족, 종교 지도자의 시동 역할을 하면서 예의범절, 윤리, 음악, 3R's, 체육 등을 배웠다. 시종기(14~20세)에는 기사를 추종하는 사람으로서 기사로부터 7가지 기예(승마, 활쏘기, 수영, 검술, 수렵, 서양장기, 시)를 배웠다. 그 후 21세에 이르러 '기사입문식'을 거쳐 기사가 될 수 있었다.

### (2) 시민학교

중세시대는 십자군 원정으로 인해 이탈리아를 중심으로 신흥 상업도시가 발달하였다. 이 과정에서 시민계급은 기존의 종교교육 외에도 현실적인 교육을 요구하게 되었다. 중세 초기에는 일부 수도원학교가 현실적인 교육을 담당하였으나 점차 각 도시 고유의 초등교육 수준의 시민학교들이 세워졌다. 시민학교는 시민계급에 필요한 직업교육과 생산교육에 중점을 두었다. 시민학교의 의의는, 아래로부터 필요한 교육을 특수한 목적으로 실시했다는 점, 교육대상을 시민계급까지 확대했다는 점, 실생활 중심의 교육을 바탕으로 상공인들의 조합까지 직업교육을 습득시켰다는 점에 둘 수 있다. 시민학교는 주로 현실적인 교육내용을 가르쳤는데, 상류계급을 위한 문법학교, 공중학교, 라틴어학교 등이 있었으며, 하층시민을 위한 조합학교, 모국어학교, 습자학교 등이 있었다(박영진, 2012).

## 4. 르네상스 시대의 교육

14~15세기를 전후하여 이탈리아를 중심으로 문화 전반을 복구하고자 시작된 각성운동을 '문예부흥(르네상스)'이라고 한다. 이 시기에는 종교적 굴레에서 벗어나지 못한 중세의 세계관에서 벗어나 인간중심의 세계관과 인간 본연의 모습을 되찾자는 자각이 대두되었고 기독교가 지배했던 사회적 통념을 극복하고 '인간'과 '인문'을 중흥했던 것이다. 따라서 르네상스 시대 교육의 특징은 중세적 사고를 반성하고, 인간성을 회복하고자 노력했다. 르네상스 시기에는 자연주의, 개인주의, 언어주의, 미적 귀족주의적인 경향을 나타냈고 합리적, 과학적 사고와 인본주의의 기초가 되었다. 또한, 자유와 더불어 체육과 도덕교육을 중시했으며, 특히 라틴어 등의 언어능력이 강조되었다. 한편으로 고대의 언어를 지나치게 중시했다는 점, 직업인보다는 예술인을 선망한 점, 언어교육에 치우쳐 현실교육을 소홀히 한 점 등의 한계를 나타내었다.

## 5. 종교개혁기와 교육

종교개혁은 왜곡된 신앙과 부패한 교회를 바로잡고자 독일과 스위스를 중심으로 일어난 운동이다. 오직 성서를 통한 신앙의 가치관 확립과 종교적 속박에서 인간을 해방시키기 위해 시작된 종교개혁은 문예부흥운동의 영향을 받아 인간의 자율성에 주목하였다. '오직 믿음, 오직 은혜, 오직 말씀'을 구호로 기독교의 신학과 교리를 체계화시킨 종교개혁기에는 다음과 같은 변화가 나타났다.

첫째, 누구나 종교지도자 없이 직접적으로 신의 계시를 받고 성서를 읽을 수 있다는 만인제사장설로 인해 교육의 장이 넓어졌다.

둘째, 성서중심의 교리가 확립됨에 따라 성서에 대한 해석과 교육이 중시되었다.

셋째, 교육의 중요성이 보편화되면서 국가 차원의 공교육과 기초적인 모국어 교육이 발전하였다. 즉, 초등교육의 의무화, 보통의무교육의 실시로 국가 차원의 공교육제도가 확립된 것이다.

이러한 변화로 인해 종교개혁기는 교회의 지배하에 있던 교육기관이 시정부하에 들어가게 되어 공교육제도가 확립되었다. 특히 독일에서는 초등교육이 서민교육으로 발전했으며, 시민계급과 빈민 아동을 위한 직접교육도 실시하게 되었다. 또한, 중등교육은 공영화가 추진되었으며, 대학준비를 위한 교육으로 고전중심의 교육이 실시되었으며, 대학은 인문주의가 주목받아 학문적 발전의 원동력이 되었다.

## 6. 17~20세기의 교육

### 1) 17세기의 교육

17세기는 실학주의(리얼리즘)로 대표되는 시기였다. 르네상스와 종교개혁의 영향으로 인간과 이성을 중시하는 사조가 대두되었다. 또한, 현실을 직시하는 가운데 객관적이고 합리적인 사고가 보편화 되었으며 점차 종교보다는 과학이, 관념보다는 이성이, 학술성보다는 실용성이 강조되었다.

17세기 교육에는 코페르니쿠스, 갈릴레이의 지동설, 뉴턴의 만유인력, 아시아, 아프리카, 아메리카 대륙의 발견과 이해, 절대국가의 성립 등이 배경이 되었다. 이로 인해 인류는 분야별로 보다 과학적이고 체계적인 학문을 구성하였고 국가에 유용한 신민, 합리적인 인간을 배양하는 것이 교육목적이었던 17세기는 실제성과 실용성을 중심으로 모국어와 생활교육이 발전한 시기였다(박영진, 2012).

### 2) 18세기의 교육

18세기는 계몽주의로 대표되는 '이성'의 시대였다. 그래서 18세기의 유럽과 계몽주의를 이성주의라고도 표현하기도 한다.

이 시기 교육의 특징은 영국을 중심으로, 국가보다는 자선단체나 종교단체에서 교육을 주관했다는 데 있다. 특히 상류층에게 순종하는 노동자를 양성하는 데 교육목적이 있었다. 한편 프랑스는 공교육 이념을 제도적으로 실현하였고, 교육에 대한 국가의 통제권을 강화했으며, 교육을 인간의 기본권 중 하나로 보는 시각이 보편화 되었고, 18세기는 온 국민이 교육에 관심을 기울였던 교육의 시기로 이성주의, 합리주의, 자연주의, 실리주의 등이 시대적 특징이었다고 할 수 있다 (박영진, 2012).

### 3) 19세기의 교육

18세기 말부터 유럽은 계몽주의와 더불어 이에 대항하는 낭만주의 사조가 나타났다. 계몽주의가 이성, 합리성, 과학성을 강조했다면 낭만주의는 감성, 비합리성, 우연성을 강조하였다. 이러한 사조를 바탕으로 계몽주의와 낭만주의를 조화시키려는 시대가 바로 19세기였으며, 신인문주의 시대라고도 한다. 이 시기는 인간 본성의 조화적 발달에 관심을 갖고, 정의적 측면, 인간성, 민족성, 역사관 등을 중심으로 고대 그리스와 이를 계승한 르네상스 시대를 재현하려고 했다.

이 시기의 특징은 '지, 정, 의', '신체, 지성, 도덕성', '이성, 감성, 신체' 등의 구분을 극복하고 조화를 통한 전인교육과 인간교육을 지향했다는 점이다. 이러한 점으로 인해 교육학은 오늘날의 학문적 기초를 형성할 수 있었다(박영진, 2012).

### 4) 20세기의 교육

20세기는 교육개혁에 관한 관심이 지대했던 시기이다. 각 나라에서는 다양한 형태의 교육개혁 운동이 성행했으며, 이를 통해 교육계는 더욱 이론적, 실천적 성장을 할 수 있었다. 이러한 교육개혁 운동은 주로 전통교육에 대한 비판과 아동중심의 교육을 두 축으로 전개되었다.

다양한 20세기 서양 교육의 맥락을 찾기란 쉽지 않지만, 일반적으로 다음과 같이 거시적인 분류는 가능하다. 주지주의에 대한 주의주의의 반동, 개인주의에 대한 사회주의의 도전, 경험주의와 이상주의의 대립, 자연과학적 교육설과 정신과학적 교육설의 대립이다.

### (1) 독일의 교육

독일은 주로 전원기숙학교 운동, 노자학교운동, 예술교육운동을 중심으로 교육개혁이 진행되었으며, 이러한 운동들은 이후 대안학교운동에 많은 영향을 주었다.

### (2) 미국의 교육

미국은 국민교육제도, 공교육제도를 중심으로 교육이 발달하였다. 그래서 미국의 교육은 시기별 교육사적 사건이나 법안을 기초로 현대화되었다. 예를 들어, 교육과 종교를 분리한 '아카데미'의 설립(1749), 3년간의 무상교육과 전민 취학을 내용으로 하는 '버지니아주 교육법안(1779)', 신정국가의 이상과 의무교육을 강조한 '매사추세츠 교육법(1852)', '무상초등학교제도(1876)' 등이 있었다(박영진, 2012).

## 3절 교육의 철학적(哲學的) 이해

'삶'이란 무엇이며, '가치'란 무엇인가. 또 계승하여야 할 참다운 '지식'이란 무엇이며 그것은 어떠한 탐구과정을 거쳐 얻어지는 것인가. 이러한 문제들에 대한 우리의 자각이 없다면 우리는 가치로운 삶과 그 이상 실현의 대열에 참여하고 기여할 수 없게 될 것이다. 철학이란 '삶'과 '앎'과 '탐구'에 대한 이러한 근본적인 문제들을 그 연구대상으로 하고 있다. 때문에 교육에 있어서 철학적 기초가 없다면 우리는 참다운 교육을 받을 수도 없고 할 수도 없게 된다. 여기에서는 철학이 무엇이며, 그 하는 일들은 어떤 것이며, 철학의 주요 이론이 주는 철학에서의 시사는 어떤 것인지 살펴보고자 한다.

## 1. 교육철학의 의의

교육철학은 철학적 방법으로 철학적 수준에서 교육의 기본적인 문제를 다루는 학문이라고 할 수 있다. 현학적 방법의 교육에의 적용은 교육의 문제를 그 전제와 그것이 내포하고 있는 의의까지 분석하고, 어떤 교육문제에 대한 논의를 엄밀히 검토하여 모순점을 발견하며, 교육적 논의에서 사용되는 정의와 용어와 의의를 명확히 하고, 여러 출처에서 오는 논거를 통합하며, 어떤 논점에 관한 상이한 견해를 비판적으로 비교하는 역사를 뜻한다. 그리고 교육 문제를 철학적 수준에서 다룬다는 말은 감정적, 무비판적, 사실적, 설명적 수준에서 탈피하여 문제를 심층부까지 탐색하여, 그것이 철학의 내용인 실제·지식·가치·논리 등에 어떻게 관계되어 있으며 어떤 의의를 가지고 있는가를 파악하려는 노력을 뜻한다. 교육은 실천과학으로서 교육현장에서 교육의 목적, 지향점, 방법, 평가 등의 원리적 체제의 필요성을 말하여 그런 의미에서 교육 관계자의 가장 중요한 근본적인 자질의 조건이라 할 수 있다.

## 2. 교육철학의 기능

교육은 삶의 한 활동이며, 삶의 한 중요한 활동으로서의 교육은 그 자체가 의미 부여의 과정으로 점철되어 있다. 예컨대 우리는 교육을 하면서 교육이 삶에 있어서 어떤 역할과 중요성을 갖는지 그 '의미'를 부여하며, 또한, 교육이라는 말의 '의미'를 어떤 식으로 규정하고 부여한다. 그러고 나서 교육의 의미를 충족시키지 못하는 활동에 대해서는 교육이 아닌 것으로 그 의미를 부여하는 것이다. 그리고 그러한 목적을 달성하기 위해 어떤 교육내용을 의미 있는 것으로 선정하고, 또한, 교육의 결과에 대해서도 어떤 의미 있는 기준에 의해 평가한 다음 그 평가의 결과에 대해 모종의 의미를 부여한다.

교육의 개념을 규정하고, 교육목적을 설정하고, 그에 따라 교육의 내용과 방법, 평가의 방식을 결정하는 과정에 있어서 뿐만 아니라 교사나 아동 그리고 학교와 사회 등 교육에 관련된 요소에 대해서도 우리는 의미를 부여한다. 그리고 그러한 의미에 더해서 교육을 하게 된다. 예컨대 우리는 교사는 전문적인 권위와 자율성을 지녀야 하는 존재라고 그 '의미'를 규정하고, 아동은 그 자체가 하나의 인격적인 존재로서 '의미'를 지녀야 한다고 생각한다. 그리고 학교는 아동들에게 의미 있는 경험을 제공하는 학습의 장(場)이 되어야 한다고 학교의 의미를 규정하며, 가정과 사회는 학교교육과는 뗄 수 없는 밀접한 관계를 갖는 것이라고 그 의미를 규정한다. 이와 같이 교육에 관련하여 이루어지는 모든 의미 부여에 의해 교육은 그 의미가 이해되고 교육의 실제 또한 결정되는 것이다. 여기에서 교육에 관련된 각각의 요소나 측면에 대해 어떤 의미를 부여하느냐에 따라 교육이 실제적으로 어떻게 이루어지느냐 결정된다는 점은 굳이 설명하지 않아도 쉽게 이해할 수 있을 것이다.

교육철학은 바로 이와 같이 교육에 관련하여 이루어지는 의미 부여와 그 기준에 대해 과연 그것들이 어떠한 신념과 가치관, 동기와 관심, 지식과 이론 위에서 이루어지고 있는가를 분석하고, 그것들의 타당성을 비판적으로 음미하고 검토하는 작업이다. 그리고 그러한 작업의 결과 때때로 새로운 대안적인 의미체계를 제시하기도 한다. 이러한 교육 철학적 탐구활동 또는 그에 따른 기능을 흔히 분석적 기능, 평가적 기능, 사변적 기능, 그리고 종합적 기능으로 구분한다.

### 1) 분석적 기능

분석적 기능은 이론적 또는 일상적 언어의 의미와 이에 포함된 논리적 근거를 명백히 하여 가치기준을 밝히는 것을 말한다. 개념이나 술어가 가지고 있는 애매성, 모호성을 제거하여 의미를 명백히 하고, 진술들의 동의 반복이나 모순을 피하게 한다. 교육에서의 역할은 교육이론이나 실천에 쓰이는 좌표나 원리를 명확히 한다. 즉 '교육이란 무엇인가'의 문제에서부터 학습, 인격, 성격, 습성, 동기, 태도 등에 이르기까지 거의 모든 개념들은 이론적·개념적 분석이 필요하다.

### 2) 평가적 기능(규범적 기능)

평가적 기능은 교육의 가치기준이나 준거에 비추어 실천, 이론, 주장, 원리의 만족도를 밝히는 행위를 말한다. 분석적 기능을 바탕으로 진행된다. 평가에서는 평가 준거를 명백히 밝히는 일로써, 이는 개념의 의미를 명백히 하는 것으로 분석적인 과정이다. 평가대상을 가지는 일로써, 현황을 조사하여 실태를 파악하는 것이므로 경험적인 과정이기도 하다. 실제 평가하는 일로써 일종의 가치판단으로 경험적 관찰을 하는 과학적 과정이라기보다는 일종의 철학적 과정이다. 교육에서의 역할은 교육이론이나 실천에 쓰이는 좌표나 원리대로 교육을 이루고자 하는 것으로 교육이론과 실천원리의 당위성을 규명해준다.

### 3) 사변적 기능

사변적 기능은 어떤 문제를 해결하기 위하여 생각에 잠기는 것, 즉 사변적 추론행위를 말한다. 교육이론이나 문제에 대해 제언을 하는 정신적 기능을 뜻한다. 교육이 이론이나 실천에서 문제해결의 새로운 방향을 모색하고, 가치를 제언하는 사고과정을 말한다. 분석적 기능, 평가적 기능을 바탕으로 진행된다. 교육에서의 역할은 개별이론이나 실천을 전체적, 통합적으로 묶어준다. 교육목표를 설정할 때 사용한다.

### 4) 종합적 기능

종합적 기능은 교육에 관한 현상이나 과정을 전체로 파악하고, 여러 부분과 차원을 종합적으로 이해하려는 것을 말한다. 교육에서의 역할은 교육의 일관성을 유지하게 해 준다.

## 3. 교육철학의 가치

교육자는 왜 교육철학을 공부하여야 하는가에 관한 가치를 다음과 같이 정리해 볼 수 있다.

### 1) 교육의 내포한 주요 문제 해석 제공

교직은 단순한 생계의 수단이 아니라, 바람직한 인간의 형성에 주도적 역할을 하는 동시에, 인간사회의 개선에 기초적인 공헌을 하는 중대한 사업이라면, 교사는 마땅히 그가 종사하고 있는 교육에 내포하고 있는 중요한 문제에 대한 올바른 이해가 필요하다. 교육철학은 이러한 문제에 대한 해석을 제공한다.

### 2) 인간생활과 사회의 관계 파악

교육철학은 인간생활과 사회의 전체에 있어서의 위치와 그들과의 관계를 파악하는 데 도움이 된다. 자칫하면 교육은 인간의 전 관심사, 사회의 전면적인 이해관계에서 고립된 불모지대가 되기 쉽다. 교사의 임무가 인간생활 전반적인 판도 안에서 어떠한 역할을 하고 있는가를 전망할 때, 이는 그 참된 생명을 찾고 그 역사의 중대성을 보게 된다. 이것이 교육철학 연구에서 얻는 결실이다.

### 3) 교육에 대한 신념 확정 및 원리 수집

교육철학은 현존하는 잡다한 교육이론을 비판적으로 검토함으로써 교사의 교육에 대한 신념을 확정하고 원리를 수집하는 데 기여한다. 20세기에 들어서면서 교육을 둘러싼 논의는 실로 갈피를 잡을 수 없을 만큼 분분하다. 따라서 교육이 지향하는 바가 구구하며, 그 수단의 양상이 잡연하여 교육자가 취하여야 할 길을 어둡게 한다. 여기에 확고한 견해와 판단이 서지 않는 한, 교사는 혼미 속에서 방황하지 않을 수 없다. 적어도 교육철학은 이러한 상태에 명확한 사례의 자료를 제공함으로써 교사가 가야 할 길에 어느 정도의 광명을 주리라 믿는다.

### 4) 교사의 시정과 비판정신 자극

교육철학은 교사의 지성과 비판정신을 자극하여 교육의 새로운 경지를 개척하는 데 중요한 구실을 할 것이다. 교육철학의 궁극적인 기능은 현존하는 문제에 해답을 주기보다는 새로운 문제를 제기하는 데 있다. 우리는 한국에 교육철학이 없다는 비평을 자주 듣는다. 아마도 우리나라의 독자적인 교육철학이 없는 말일 것이다. 학문은 국경을 초월한다. 우리가 희구하는 것은 한국에만 국한되어 있는 편협한 교육철학이라기보다 더욱 폭넓은 새로운 것일 것이다. 이러한 탐구는 교육철학의 연구 없이는 기대하기 어렵다. 철학연구의 기능은 사고를 도발하고 자극하는 데 있다. 이것이 결여되어 있는 한, 새로운 교육철학의 발견은 불가능할 것이다.

# 4절 현대교육사상

## 1. 포스트모더니즘 교육론

### 1) 포스트모더니즘(Postmodernism)의 발생 배경 및 정의

1970년대 이후 지구촌의 사회 문화적 환경은 매우 크게 변하고 있다. 정치적으로는 인간 삶의 양식을 규정짓는 가장 중요한 틀이었던 이데올로기 대립구도가 동구 공산권의 몰락과 함께 해체되었다. 이에 이데올로기에 눌려 지엽적인 문제로 무시되었던 환경문제, 여성문제, 레저문제, 패션문제 등 사소한 주제들이 사람들의 관심사로 부각되어 이에 대한 담론들이 쏟아져 나오기 시작하였다.

#### (1) 경제적

경제적으로는 생산중심의 사회에서 소비중심의 사회로 변하면서 과거 생산 중심의 사회에서는 악덕 중의 하나로 여겨졌던 소비 및 그와 관련된 레저, 유행, 축제 등이 다국적 자본주의 체제를 유지하고 발전하는 데 필요한 미덕으로 평가되기 시작하였다.

#### (2) 문화적

문화적으로 정보통신 기술의 비약적인 발전이 모든 사람과 사물을 정보통신망 속에서 디지털 부호의 형태로 존재하게 하였다. 인터넷 ID, 핸드폰 번호, 신용카드 번호, 주민등록번호 등이 없으면 정상적인 일상생활을 할 수 없게 된 것이다. 그리고 영상 사회화는 사람들의 정보 습득이 논리적 사고를 요구하는 활자매체 대신에 감성적 직관을 요구하는 영상매체를 통하여 이루어지게 한다. 이에 문자 정보보다 더 많은 정보를 담고 있는 영상정보의 범람은 기표의 과잉공급 현상을 가져왔고, 사람들을 감성적이게 하였다.

### (3) 사회적

사회적으로 신중간계층이 등장함에 따라 고학력에 디지털식 전자매체에 익숙하고, 세련된 심미적 감수성에 소비활동 및 여가활동에 관심이 많은 이 계층의 사람들은 기존의 사회규범 및 금기사항에 도전하고 그것을 해체하려고 하였다.

### (4) 학문적

근세 이래 학문의 전형으로 인정되었던 뉴턴식 고전물리학 패러다임이 해체되고 있다. 물질의 근본인 소립자가 전일적(holistic)·상대적·유기체적이라는 소립자 물리학, 물리적 자연세계는 비가역적·비결정론적이라는 카오스이론, 정교한 수학체계도 그 자체만으로는 무모순적일 수 없다는 괴델의 정리에 의하면, 기계적·환원적·결정론적인 고전물리학은 불완전하여 결코 학문의 전형일 수 없다.

### (5) 예술적

모더니즘적 예술관이 한계에 봉착하게 되며 모더니즘은 예술의 본질을 인간 주체성 구현을 위한 창의적 독창성에 두었으나, 역사 이래 수없이 시도된 실험적 시도로 예술의 각 장르에 더 이상의 실험 가능 영역이 사라져 버렸다. 이에 기존의 예술작품을 활용하는 패러디나 파스티슈(Pastiche, 파스티셰)와 같은 기법들이 예술의 정당한 기법으로 인정되었다.

#### (6) 포스트모더니즘

포스트모더니즘은 이 같은 20세기 후반기의 인간 생활양식의 변화를 설명하고 정당화하기 위하여 등장한 문화논리이자 사상체계이며 사회운동이다. 포스트모더니즘은 탈이데올로기 사회, 후기 자본주의적 소비 사회, 디지털 영상정보화 사회, 신중간계급 사회, 신과학(new science) 사회의 문화적 패러다임인 것이다.

### 2) 포스트모더니즘의 교육학적 전개

포스트모더니즘을 교육의 영역에 도입함에 가장 우선적으로 적용될 수 있는 부문은 N세대의 생활지도이다. 사실 기존의 중세기적인 전통적 생활양식 혹은 합리적인 모던적 생활양식에 익숙한 교사 및 학부형은 N세대의 외모, 사고방식, 말투, 행동을 잘못된 것이라고 판단하여 그것들을 통제, 억압하는 한편, 중세기적이고 모던적인 교사 및 학부모의 생활양식을 따르도록 강요한다. 그 결과 기성세대와 N세대 간은 서로 대립하고 갈등하며 대화는 사라진다. 이러한 과정 속에서 교사나 학부모가 학생 및 자녀들에 대하여 가지는 교육적 통제력은 약화되며, 그 결과로서 드러난 현상 중의 하나가 교실 붕괴이다. 교실 붕괴는 교사가 수업에서 학생에 대한 통제력을 상실하는 현상인 것이다.

좋은 교육은 교사가 학생을 이해하는 것에서 시작한다는 중요한 교육적 상식에 의거할 때, 기성세대인 교사 및 학부모가 자신과는 다른 N세대 학생들을 이해하는 일이 매우 중요한바, 교사와 학부모가 N세대 학생들을 이해할 수 있도록 도와주는 이론적 틀이 바로 포스트모더니즘이다. 포스트모더니즘에 입각하여 보면 나쁘다고만 생각되던 N세대의 소위 '튀는' 행동도 이해 가능해진다. 예컨대, 학생이 방학 중에 하는 머리염색 행위나 귀걸이를 하는 행위는 기성세대의 안목에서 보면 생활지도의 대상이 되는 비행이지만, 감성과 창의적 변신을 중요시하는 포스트모던적 안목에서 보면 이해 가능한, 그래서 생활지도가 필요치 않은 행위가 되는 것이다.

포스트모더니즘이 학생의 생활지도에 있어서 어떠한 의미를 갖느냐 하는 것은 비교적 명백하지만, 포스트모더니즘이 학습지도 측면에서 어떠한 의미를 갖느냐

하는 점에 있어서는 아직 명백하지 않다. 일부 학자들이 포스트모던적 교육과정론을 제시하고 있기는 하지만, 어떠한 교육목적 아래, 어떠한 교육내용을 가지고, 어떠한 방법의 교육을 실시해야 하는가 하는 것이 명백하지 않은 것이다.

학습지도 측면에서 포스트모더니즘의 교육학적 전개는 포스트모던 교육론이라는 이름으로 직접 전개되기보다는 다문화 교육론이나 구성주의 교육론이라는 이름으로 전개된다. 다문화 교육론의 이론적 토대가 되는 문화상대주의는 포스트모던 현상의 대표적 특징 중의 하나이며, 구성주의는 포스트모더니즘의 인식론이기 때문이다.

## 2. 다문화 교육론

### 1) 다문화 교육론의 정의와 필요성

한국인과 프랑스인은 다르다. 피부색이 다르고, 눈의 색이 다르다. 먹는 음식도 다르고, 주거지 형태도 다르다. 그뿐만 아니라 사고방식, 가치관이 다르고, 행동하는 것도 다르다. 한 한국 여성이 프랑스 초등학교의 교사가 되어 프랑스 어린이에게 한국의 전래동화인 '토끼와 거북이' 이야기를 들려주고 거북이처럼 근면 성실한 인간이 되도록 권유했었다. 그런데 이 이야기를 들은 프랑스 어린이는 거북이와 같은 어린이가 되지 않겠노라 하였다고 한다. 토끼가 자고 있는 사이에 혼자 달린 거북이의 행동은 너무나 비겁하다는 것이다. 근면 성실을 중요하게 여기는 한국인에게는 거북이의 행동이 귀감이 되지만, 신사적인 공정성, 즉 페어플레이를 중요하게 여기는 유럽사회에서 거북이의 행동은 비난의 대상이 되는 것이다. 이와 같이 동일한 행위를 두고서도 한국인과 프랑스인의 평가는 다르다. 생활양식과 가치관은 문화권마다, 지역마다 다른 것이다. 생활양식과 가치관 및 신념체계는 동일한 지역에서의 세대 간에도 다르다. 기성세대에게는 '흥부와 놀부'에서 흥부는 선한 인간, 놀부는 악한 인간으로 각인되어 있으나, 신세대는 흥부가 무능하고 무책임한 인간인 반면, 놀부는 진취적이고 적극적인 인간으로 평가하기도 한다. 남자아이의 귀걸이 착용에 대해서도 기성세대는 부정적인 생각을 가진 반면, 신세대는 긍정적인 평가를 한다.

문화권 간, 지역 간, 세대 간에 생활양식, 가치관, 신념체계가 다르다고 하는 것은 우리가 쉽게 접하는 일상적인 일이며, 이 시대를 살아가는 현대인들은 그것을 당연한 것으로 생각한다. 그리고 더 나아가 서로 다른 생활양식과 가치체계의 진위판단 및 우열비교는 있을 수 없다고 생각한다. 서로 다른 생활양식, 가치체계를 비교할 객관적인 기준은 없으며, 따라서 서로 다른 생활양식, 가치체계는 그대로 존중되어야 하고, 그 진위의 판단 또한 자체 기준에 따라 이루어져야 한다는 것이다.

이 같은 관점을 우리는 문화상대주의라 한다. 그리고 이 문화상대주의의 교육학적 맥락의 논의는 다문화 교육(multi-cultural education)이라는 이름 아래 이루어진다. 다문화 교육의 근거가 되는 문화적 다원주의는 문화상대주의를 전제로 하여 성립한다. 다문화 교육은 다원적 문화사회에 적합한 교육이론 및 실천을 말한다. 크게는 지구촌, 작게는 개인 간의 우열을 판단할 수 없는 생활양식, 가치관, 신념체계가 공존하고 있는 반면, 현재의 가정교육 및 학교교육은 다원적 문화 가운데 특정한 한 문화에 편중되게 학습자를 사회화시키기 때문에 기존의 교육체계를 다원적 문화사회에 적합한 형태의 것으로 바꿀 필요가 있는 것이다. 다문화 교육에 대한 논의는 다인종, 다문화 사회의 대표적인 국가인 미국 교육학계에서 가장 활발하게 이루어지고 있다. 미국에서 다문화 교육에 관한 논의가 본격적으로 시작되던 1970년대 초반 미국 사범대학연합회(AACTE)는 문화다원주의를 위한 교육은 다음의 네 가지 중심축을 갖는다고 주장하였다.

첫째, 문화적 다양성과 개인적 유일성을 뒷받침하는 가치를 가르친다. 둘째, 현존하는 각 인종 단위의 문화제가 미국사회의 주류적인 경제적, 정치적 삶 속으로 질적인 팽창을 시도하도록 격려한다. 셋째, 대안 및 새로운 삶의 양식에 대한 탐색적인 지원을 한다. 넷째, 다문화주의, 다언어주의, 다방언주의를 장려한다. 그런데 다문화 교육은 이제 미국만의 것은 아니다. 세계화 시대를 맞이하여 우리 한국인들도 직접적 대면이든, 정보 매체를 통한 간접 대면이든 간에 외국인 및 외국문화를 대하는 일이 거의 일상화되어 있다. 국제결혼, 이민, 유학, 해외취업, 해외여행 등이 일상화되어 있는 것이다. 그리고 나라 내에서도 세대 간의 문화격차, 지역 간의 문화 격차가 크고, 특히 미래 통일 이후 남북 간의 문화격차는 우리가 대비해야 할 교육적 과제이다.

## 3. 생태교육론

### 1) 생태학의 등장배경 및 정의

지구온난화, 이상 기후, 수질오염, 공해, 광우병, 환경 호르몬 등은 인류가 생존을 위하여 극복하여야 할 환경문제들이다. 이 난제에 관심을 가진 사람들이 문제해결을 위해 만든 이론이 환경론 및 생태론이고, 생태론을 교육의 영역에까지 확장한 것이 생태교육론(ecological education)이다.

생태론자에 의하면 생태 환경문제가 등장한 근본 원인은 서구 유럽의 인간중심주의이다. 인간중심주의는 인간의 존엄성을 과잉 강조하여 인간 이외 것은 생물·무생물 가릴 것 없이 인간을 위한 도구로 전락시켜 결과적으로 자연환경의 파괴를 불러왔다는 것이다. 특히 인간은 인간 존엄성의 근거라고 주장하는 이성 능력을 발휘하되, 자연을 지배하고 정복하는 도구적 이성의 것으로 사용하여 과학 및 공학이라는 이름으로 자연환경의 파괴에 몰두하였다고 생태론자들은 주장한다. 인간과 자연은 다르다는 이분법적 사고, 자연은 인간의 풍요로운 삶을 위한 도구라는 생각, 인간은 자연을 정복할 권리를 가진다는 생각이 인류의 생존을 위협하는 생태 환경문제를 불러왔다는 것이다.

이에 본격적인 생태론이 등장하기 전 단계에서 환경파괴를 거론하던 환경론자들은 환경문제에 대하여 교육적으로 접근할 필요가 있다고 판단하여 환경교육론의 구축과 그 실천을 시도하였다. 자연환경이 얼마만큼 파괴되어 있고, 어떻게 파괴되고 있으며, 그 파괴가 인간생활에 어떤 영향을 미치는지에 대한 객관적인 정보지식을 학생들에게 제공하고, 그 정보 지식에 의거하여 학생들의 환경 문제 의식을 일으키고자 한 것이다. 이 같이 환경교육은 학습자에게 자연환경에 대한 정보를 제공하고 그 결과로 환경의식을 갖게 하는 것을 목표로 하는 교육이다.

그런데 환경론 및 환경교육은 인간중심주의에 완전히 벗어나지 못하였다는 점에서 불완전하다는 평가를 받는다. 다시 말해 환경론 및 환경교육론은 인간의 이해관계와 연계된 환경문제 의식을 갖게 하는 인간 중심적 사고방식을 벗어나지 못한 것이다. 여기에 더하여 환경운동은 환경의식의 영역에서 무생물을 배제한다는 또 다른 문제점도 갖고 있다. 환경운동 및 환경교육을 통하여 지키고 보호해야 하는 자연환경을 식물이나 동물과 같은 생물에 한정 지우는 것이다.

이러한 환경운동 및 환경교육의 한계를 극복하기 위하여 등장한 것이 생태학 및 생태교육론이다. 환경이라는 개념이 '생명체가 생존을 위하여 접하는 주위 여건'을 지칭하는 것으로, 인간이라는 생물 중심의 개념이라면, 생태는 '생물이 살아가는 모양이나 상태'를 지칭하는 개념으로, 인간을 포함한 생명체와 무생물체의 유기적 관계를 지칭하는 개념이다. 생태계라는 개념에는 존중되고 보호되어야 할 자연환경에 토양, 암반 등 비생물학적 요소들까지 포함되는 것이다.

환경주의를 넘어서 비생물학적 요소까지 포함하는 생태주의가 대두하게 된 것은 러브록(J. Lovelock)이 주장한 가이아(Gaia) 이론의 영향이 컸다. 지구 위의 생명체와 비생명체 모두는 자체의 삶을 살아가는 데 필요한 조건들을 유지하는 자기체계를 가지고 있으며, 이에 지구 또한 자기유지체제를 가지고 있는 초유기체라는 요지의 가이아 이론이 생태주의의 중요한 이론적 토대가 된 것이다.

이에 생태학은 생물과 환경의 유기체적 관계를 규명하는 학문으로 정의된다. 생태학은 인간, 생물 그리고 무생물을 수평적으로 상호 연계된 유기적인 관점에서 보기 때문에, 환경론이 벗어나지 못했던 인간 중심주의 및 생물 중심주의를 넘어서는 것이다. 이런 이유로 네스(A. Naess)는 유기적 관계지향적인 생태학을 '심층생태주의'라고 명명하며, 인간 중심주의를 벗어나지 못한 환경론을 '표피 생태주의'라고 명명하여 둘을 구분한다.

## 2) 생태교육론의 문제점

생태교육론은 교육을 통하여 생태에 관한 정보 지식을 전하여 학습자로 하여금 생태환경 의식을 갖고 생활하게 하는 것에 대한 이론이다. 이 같이 생태교육론은 교육을 생태의 유지와 발전을 위한 수단으로 보았다. 그런데 역사적으로 보면 교육을 수단이나 도구로 보는 사회나 국가는 비민주적인 폐쇄사회로 귀결하였다. 교육을 군인양성의 수단으로 보았던 고대 스파르타 사회가 그러했고, 교육을 종교를 위한 도구로 사용하였던 서양 중세 사회, 교육을 혁명 완수의 수단으로 보았던 프랑스 혁명기의 프랑스 사회와 과거 사회주의 동유럽 사회가 그러했다. 교육은 그 어떤 이유로도 수단이어서는 안 되고, 그 자체가 목적이어야 하는 것이다. 이런 맥락에서 보면 교육을 — 비록 생태계 보존을 위한 것이라 하더라도 — 수단으로 대하는 생태교육론의 입장은 정당하지 않다.

## 4. 비판교육론

### 1) 비판교육론의 기본 관점

분석철학적 교육론의 입장은 보수적이다. 분석철학적 교육론은 기존 교육체제를 옹호하고, 정당화하여 기존 교육체제의 영속화를 추구하는 입장이다. 이 같은 보수적 교육론 및 교육전통의 입장을 비판하면서 1980년대 부각된 교육론이 '비판교육론(critical education)'이다. 비판교육론은 20세기 중반기 독일과 미국을 중심으로 활동하였던 프랑크푸르트학파의 비판이론을 교육학적 영역에 적용한 교육론으로서, 신교육사회학(new sociology of education)이라 불리기도 한다.

프랑크푸르트학파의 비판이론은 마르크스이론을 발전적으로 재해석한 이론으로, 정통 마르크스이론은 한 개인의 의식구조, 가치관, 태도는 그 개인이 처하여 있는 하부적인 물적 토대, 다시 말해 경제적 여건에 의하여 결정되는 계급성에 의하여 전적으로 결정된다고 보나, 비판이론은 물적 토대뿐만 아니라 상부적인 비물질적 토대, 다시 말해 사회 문화적 여건도 개인의 의식구조, 가치관, 태도 형성에 큰 영향을 미치는 것으로 본다. 이에 인간형성에 있어서 사회문화적 요인을 강조하는 비판이론가들은 인간다운 삶을 방해하고 왜곡시키는 사회 문화적 구조를 비판적으로 성찰하고자 하였다.

이와 같은 비판이론에 보조를 같이 하는 비판적 교육학자들은 자본주의 사회에서의 학교교육은 개인으로 하여금 인간다운 삶을 누리지 못하도록 개인의 의식구조, 가치관, 태도 등을 왜곡하고 속박하는 사회문화기관 중의 하나라고 단정짓고, 학교교육이 인간다운 삶을 왜곡하는 메커니즘을 규명하려 한다. 다시 말해 현재 자본주의 사회 속의 학교교육은 이론과 실제에서 중·상류 계층의 학생에게 유리한 계급 편향성이 내재해 있는바, 이론과 실제에 내재 되어있는 계급 편향성을 규명하고자 하는 것이다.

예컨대 교사가 학생에게 절약·저축하라고 가르칠 때, 그 가르침에는 계급적 편향성이 전혀 없어 보이지만 비판적 안목에서 보면 그것에도 계급 편향성이 내재되어 있다. 돈이 없어 결식을 해야 하는 빈민 아동들은 끼니를 걱정해야 하는 처지임에도 불구하고 절약·저축하라는 가르침은 그들에게 소외감과 절망감만 가져다줄 뿐이다. 절약·저축하라는 가르침이 저축할 여력이 있는 중상류 계층 아동들에게만 의미 있는 가르침이 되는 셈이다.

Chapter

03

Introduction to Education

# 교육심리학

교육심리학이 어떠한 학문인지 한마디로 정의를 내리기는 쉽지 않으나 교육심리학이란 학문이 형성된 초기에는 넓은 뜻에서 심리학적 지식, 즉 여러 가지 심리학적 개념, 법칙, 이론과 방법을 적용하여 교육 문제를 연구하는 학문이라고 보았다. 다시 말해서 심리학적으로 교육 문제를 발견하고 이를 해결하려는 학문이라고 할 수 있다.

넓은 의미에서 교육심리학은 심리학적 연구결과 얻어진 지식을 이용하여 교육 현상을 이해하고 설명하려는 노력을 집대성한 학문이라고 할 수 있다. 그러나 이러한 관점에서만 교육심리학을 정의하면, 교육심리학은 독자적 탐구 분야가 없는 단순한 심리학의 응용학문처럼 보인다. 그렇게 되면 일반 심리학과 교육심리학의 구분이 대단히 모호해진다.

이러한 경향은 초창기의 교육심리학에서 볼 수 있었다. 그러나 교육심리학도 독자적 연구영역을 확보하여 대단히 빠른 속도로 발달하고 있다. 최근에는 교육심리학이라 하면, 교육이 일어나는 대표적 상황인 학교에서 교사는 가르치고 학생은 배우는 교수(teaching)와 학습(learning)에 대한 심리학적 연구를 일컫는다. 교사가 가르치는 상황은 교실 안일 수도 있고, 교실 밖일 수도 있다. 또한, 가르치는 내용도 지식, 정서적 태도, 운동 기능뿐 아니라 행동방식까지도 포함된다. 따라서 교육심리학은 교사의 학생에 대한 학습지도뿐만 아니라 생활지도에도 관심을 가진다고 볼 수 있다. 그러나 교육심리학을 더욱 좁게 볼 때는 대체로 학습지도라고 할 수 있는 수업, 즉 교수-학습과정에 대한 심리학적 탐구라고 할 수 있다.

다음에서는 교육심리학의 학습이론과 학습에 영향을 주는 원인에 대해 살펴보고자 한다.

## 1절 학습이론

학습이론이란 학습의 주요한 특징이 되는 변화의 '무엇'과 '어떻게'라는 심리적 기제를 설명하는 법칙이나 이론체계를 말한다. 따라서 학습이론은 학습의 성질을 밝혀주며 행동의 대부분이 학습의 결과이기 때문에 행동이 어떻게 형성, 유지되는가도 알려준다. 여기서는 학습이론을 행동주의 심리학, 인지심리학, 학습과 교수에 관한 세 가지 관점, 구성주의, 사회학습이론으로 구분하여 알아보겠다.

## 1. 행동주의 심리학

현대의 행동주의 심리학자들(흔히 자극-반응 심리학자)은 외적 환경요인을 '자극(stimulus)'이라고 보며 결과적 행동을 '반응(response)'으로 본다. 그들은 행동은 외적 보상이나 강화 같은 환경적 유관성에 의하여 통제되며 그것은 행동적인 반응과 행동의 영향 사이의 연결되어 있음을 입증해 보이려고 한다. 행동주의 견해를 받아들이는 교사들은 학생들의 행동은 그들의 과거와 현재의 환경에 대한 반응이며 모든 행동은 심지어 청소년 비행 같은 일탈 행동까지도 학습된다고 가정한다. 이 범주에 속한 대표적인 이론은 손다이크(E. Thorndike)의 S-R 결합설, 파블로프(I. Pavlov)의 고전적 조건 반사설, 헐(C. L. Hull)의 체계적 행동이론, 그리고 구드리에(E. R. Guthrie)의 S-R 접근설 등이다.

### 1) S-R 결합설

자극-반응 결합설은 단순히 결합설 또는 시행착오설로 불리고 있는 대표적인 자극-반응 이론으로 손다이크에 의해 체계화되었다. 손다이크는 학습이 시행과 착오의 과정을 통해 특정한 자극과 특정한 반응이 결합된 것으로 보고 있다.

손다이크는 주로 고양이를 사용해 문제상자 실험을 하였다. 고양이를 문제상자에 가둔다. 상자의 한쪽에는 빗장이 걸린 출구가 있다. 고양이가 어떠한 방법이든지 이 빗장을 누르면 문이 열려 밖으로 나올 수 있다. 처음 우리 속에 갇힌 고양이는 빗장이 어디에 있는지 모르기 때문에 여러 가지 시행착오적인 반응을 할 따름이지만, 여러 번 반복을 하면 마침내 상자 속에 들어가기만 하면 곧 빗장을 누르고 밖으로 탈출하게 된다. 그러나 손다이크는 여러 번의 반복을 지속시키기 위해서는 고양이가 밖으로 나올 때마다 먹이를 갖고서 보상해야 한다는 점을 발견하였다. 이에 따라 손다이크는 S-R 연합으로서의 학습은 시행착오적인 반응의 반복만으로는 불가능하고, 반드시 먹이와 같은 보상이 주어져야 한다고 주장하게 되었다. 손다이크에 의하여 관념의 연합은 S-R 연합으로 바뀌었을 뿐만 아니라 연합의 조건으로도 인접 이외에 보상이 추가되게 하였다.

이러한 일련의 실험을 통하여 손다이크는 세 가지 학습법칙과 그 후에 여러 가지 실험을 통해 하위 법칙을 제시하게 되었다. 그가 밝힌 세 가지 기본법칙은 효과의 법칙(law of effect), 연습의 법칙(law of exercise), 그리고 준비성의 법칙(law of readiness)이다.

### (1) 효과의 법칙

효과의 법칙은 사태의 만족스러운 상태 바로 전에 발생하는 반응은 각인(학습)되는 경향이 있고, 사태의 불만스러운 상태 바로 전에 일어났던 것들은 배제되는 경향이 있다고 하는 것이다. 따라서 효과의 법칙은 학습이 단순히 접근보다는 행동의 결과에 의해 달라진다는 것을 의미한다. 나중에 손다이크는 이 법칙을 수정하여 불쾌는 반응을 소멸시키고, 쾌는 각인시키는 데 영향을 준다고 주장하였다.

### (2) 연습의 법칙

연습의 법칙은 빈도의 법칙으로 불리기도 하는데, 하위 법칙으로 사용의 법칙과 불사용의 법칙을 포함한다. 이 법칙은 연습의 횟수나 사용 빈도가 높을 수록 결합은 강화되고, 횟수가 적거나 사용되지 않을 때에는 결합이 약화된다는 것이다. 이것은 자극–반응 결합의 반복이 그 결합을 강화시킨다는 생각에 근거를 두고 있다. 간단히 말해, 연습은 완전하게 하지는 못하지만, 학습한 것을 잊어버리지 않도록 하는 데 작용한다는 것이다.

### (3) 준비성의 법칙

준비성의 법칙은 어떤 반응들은 학습자의 준비성에 따라서 학습이 달라질 수 있다는 것이다. 손다이크는 어떤 사람이 무엇인가를 할 준비가 된 상태에서 그것을 하도록 허용되어 있을 때 쾌한 상태, 즉 보상이 결과된다고 주장한다. 마찬가지로, 준비성을 갖추었을 때 무엇인가를 하도록 허용되지 않다거나, 준비성을 갖추지 못할 때 무엇인가를 하도록 강요되는 것은 불쾌한 상태, 즉 벌로 결과된다.

### 2) 고전적 조건 반사설

고전적 조건화에 관한 체계적인 연구는 파블로프에 의해 이루어졌다. 파블로프의 실험은 **그림 3-1**과 같은 장치를 하여 메트로놈을 약 30초 들려주고 음식을 준다. 이와 같은 방법을 5분 또는 10분 간격으로 6~10회씩 매일 혹은 격일로 반복하면, 나중에는 음식을 주지 않고 메트로놈 소리만 들려주어도 침이 나오게 되어 있다. 우리는 이때 조건 반사가 성립되었다고 한다. 이때 메트로놈은 조건 자극(CS)으로 지칭되고, 음식은 무조건 자극(UCS), 그리고 음식에 대한 반응으로서의 타액 분비는 무조건 반응(UCR), 그리고 메트로놈에 대한 반응으로서의 타액 분비는 조건 반응(CR)이라고 지칭된다.

그림 3-1 파블로프(Pavlov)의 실험

### 3) 체계적 행동이론

헐의 이론은 파블로프, 왓슨(J. B. Watson) 등의 조건화이론과 손다이크의 효과의 법칙을 도입하였으나, 기계론적인 자극-반응 모형에서 벗어나 자극(S)-유기체(O)-반응(R)의 모형을 제시하였다. 인간의 행동은 외부로부터 주어진 자극에서 시작되고, 반응, 즉 환경과의 상호작용에 의하여 끝난다고 보며 그 자극과 반응 사이에 직접 관찰할 수 없는 유기체라는 매개 변수를 가정한다. 그리하여 이 삼자 간의 관계에서 유기체가 환경에 적응하는 행동에 관한 학습의 법칙을 확립하려고 하였다.

### 4) 자극-반응 접근설

구드리에의 조건화 모형은 학습은 자극과 반응의 반복된 인접을 요하는 것이 아니라 일회 인접 후에 일어난다는 신념에 근거하고 있다. 달리 말하면, 어떤 자극에 대한 반응에서 한번 수행해 본 사람은 자극이 반복되면 동일한 형식으로 다시 반응한다는 것이다. 이러한 신념은 일회 시행학습의 법칙으로 알려지게 되었고, 구드리에의 이론은 일회 시행학습의 이론으로 지칭되고 있다.

## 2. 인지심리학

인지심리학자들은 이런 설명에 만족하지 않는다. 그들의 기본 가정은 인간 행동은 항상 인지, 즉 행동이 일어나는 환경에 관한 지식과 사고의 작용, 즉 앎과 지각의 과정·작용, 내용에 기초한다는 것이다. 결과적으로, 그들의 지식의 조직, 정보처리 그리고 의사결정 행동 등과 같은 인지적 영역의 측면에 몰두하고 있다. 인지이론의 선봉이라 할 수 있는 것은 게슈탈트(Gestalt) 심리학이다. 형태심리학은 현상학적 입장에서 연합주의와 행동주의를 비판하면서, 심리학은 경험론과 실증주의라는 허구적 선입견에서 벗어나 사실에 충실한 과학이 되어야 한다는 점을 강조하였다. 형태심리학에서 말하는 사실이란 일종의 직접 경험이다. 행동주의는 이러한 직접 경험은 주관적이기 때문에 과학의 자료가 될 수 없다고 함으로써 의식을 심리학에서 추방하였지만, 형태심리학은 이러한 행동주의의 입장이 주관과 객관을 잘못 구별한 오류에서 비롯되었다는 점을 지적하고 있다. 지각이론을 근거로 한 학습이론으로서 학습을 인지구조의 성립 또는 변화로 보는 이론을 인지이론이라 할 수 있는데, 이들은 학습을 대뇌 중추과정으로 추론하며 분석적인 입장보다는 전체적인 입장에서 학습을 논하고 있다는 점이 자극-반응 이론과는 근본적으로 다르다. 인지론적 학습이론에는 여러 가지가 있지만 여기서는 쾰러(W. Kohler)의 통찰설, 레빈(K. Lewin)의 장이론, 톨만(E. C. Tolman)의 잠재적 학습설, 앤더슨(J. R. Anderson)의 정보처리이론 등을 살펴보겠다.

### 1) 통찰설

통찰설(insight theory)은 넓게는 형태심리학의 학습이론을 뜻하고 좁게는 쾰러의 유인원 실험을 통한 학습이론을 말한다. 쾰러의 유인원 지각실험은 우회로 실험, 도구사용의 실험, 형태파악 실험 등으로 구분된다. 다음은 쾰러가 했던 몇 가지 실험의 예이다.

우리 속에 상자가 하나 있고 천정에는 바나나가 끈에 매달려 있다. 침팬지의 과제는 먹이 바로 밑에 상자를 옮겨놓고 그 상자 위에 올라가 뛰어올라 바나나를 손에 넣는 것이다. 이 실험에서 실험한 침팬지 중 가장 영리한 한 마리가 그 과제를 해결했고, 나머지 여섯 마리는 서로 도움으로 해결하였다. 다른 하나의 실험은 두 개의 막대를 이용하여 우리 밖에 떨어져 있는 먹이를 끌어당기는 과제이다. 침팬지는 우리 속에서 짧은 막대를 가지고 있어 우리 밖의 과일을 끌어 놓을 수 없었다. 우리 밖에는 기다란 다른 막대가 놓여 있었는데, 침팬지는 처음에 작은 막대기로 과일을 끌어당기려 하였고, 다음에 우리 안의 철사를 끌어보려고 시도하다가 실패했다. 그 후 우두커니 바라보던 침팬지는 갑자기 작은 막대기로 긴 막대기를 끌어당기고, 이 긴 막대기를 이용하여 과일을 끌어당겼다. 그가 긴 막대기를 보는 순간에 문제를 해결한 것이다.

이러한 실험에서 보듯이, 먹이를 얻기 위해 상자나 막대를 사용해 문제를 해결한다고 하는 것은 통찰이 생겼기 때문에 가능하다는 것이다. 그렇다면 통찰이란 어떤 현상인가? 그것은 목적(바나나)과 수단(막대기), 전체와 부분의 관계 개념의 성립을 말하며, 그것은 어디까지나 대뇌 중추적 기제이고, 돌연적이고, 그 과정이 비약적이라는 것이다. 시행착오의 과정을 거치지 않고 침팬지는 바나나와 막대를 하나의 전체로서 새로운 관계 속에서 구조적으로 파악하였다는 설명이다.

## 2) 장이론

장이론(field theory)은 사물의 지각은 그 사물이 포함된 전체적 장에 있어서의 역학적 관계로서 결정된다고 보는 데서 시작된다. 레빈은 학습이론을 깊이 체계화시키지는 않았으나 행동이 일어나는 변화의 종류를 기술하고, 그것을 인지적 구성, 분화, 체계화, 통합 및 동기 등과 같은 구성개념에 귀착시키고 있다. 그리하여 그는 다음과 같은 네 종류의 학습을 열거하고 있다. 첫째, 신체적 통제로서의 학습, 둘째, 동기의 변화로서의 학습, 셋째, 인지구조의 변화로서의 학습, 넷째, 이데올로기의 변화로서의 학습이다.

## 3) 잠재적 학습

동물실험을 통하여 연합주의 이론을 비판하는 또 다른 인지이론가는 톨만이다. 그는 행동주의 이론가들이 도구적 학습에서 자극-반응의 연합을 강조하는 데 대해서 동물은 연합을 학습하는 것이 아니고 인지를 획득한다고 주장하였다. 복잡한 미로의 출발 지점에 선 쥐는 목표지점을 향해 전진할 때, 다양한 방향의 갈림길에서 어떤 올바른 길을 선택해야만 하는 상황에 놓인다. 톨만은 쥐는 미로를 통과하면서 특정한 선택 지점에 놓일 때마다 목표상자로 가는 인지도를 뇌 속에 그려간다고 주장하였다. 그는 쥐가 새로운 자극이 나타날 때마다 신념과 기대를 학습한다고 하였다. 즉 새로운 자극은 목표상자로 가는 길이 맞는지 틀리는지의 신념을 갖게 하고, 올바른 길로 찾아들면, 다음에 어떤 자극이 나타날 것인지, 즉 기대(expectation)를 학습한다는 것이다.

톨만과 혼지크(C. H. Honzik)는 잠재적 학습이 존재한다는 매우 유명한 실험을 하였다. 여기서 잠재적 학습이란 수행으로 전환되지 않은 학습을 의미한다. 즉 학습된 것이 행동으로 나타나기 이전에 상당 시간 동안 잠재되어 있는 상태를 말한다. 그들은 미로학습을 실험하는 데 세 집단의 쥐를 사용하였다. 제1 집단의 쥐들은 미로를 정확히 지나가도 결코 보상을 주지 않았고, 제2 집단의 쥐들은 항상 보상을 받았고, 제3 집단의 쥐들은 처음부터 계속 보상을 주지 않다가 실험 시작 11일째 되는 날 보상을 주었다. 이 실험의 결과는 다음 그림 3-2와 같다.

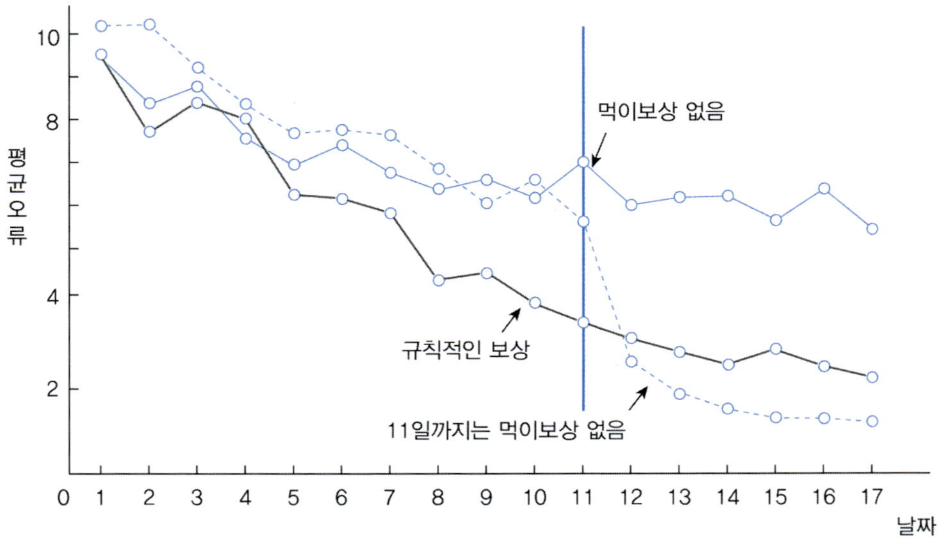


**그림 3-2** 톨만과 혼지크(Tolman & Honzik)의 실험결과

그림을 분석하여 보면 다음과 같다.

첫째, 결코 보상을 받지 않았던 집단에서도 약간의 향상이 있다.

둘째, 17일간 계속해서 보상을 받은 집단은 꾸준한 향상을 보였다.

셋째, 이전에 결코 보상을 받지 않던 쥐들에게 11일째부터 보상을 주었을 때, 이 집단의 수행은 크게 향상되었다. 특이한 현상은 실험기간 내내 보상을 받은 집단보다 제2 집단의 쥐들이 훨씬 수행을 잘했던 것이다. 톨만은 이러한 결과에 대해서 보상은 수행변인이지 학습변인이 아니라고 주장하며, 이미 11일 동안 잠재적으로 학습되었던 것이 보상이 주어짐으로써 나타난 것으로 설명한다.

### 4) 정보처리이론

정보처리이론은 컴퓨터 기술의 발달에 기원을 두고 컴퓨터에서 유추하는 것을 기초로 한다. '인간-컴퓨터 유추'는 인간을 복합적인 기계로 보고, '사고-컴퓨터 프로그램'과 같은 것으로 본다. 따라서 이 이론은 전형적인 학습 이론과는 다음 세 가지 측면에서 다르다.

첫째, 한 명의 이론가나 특별한 조사 접근에 의해 구성된 것이 아니라 인간 지능, 시각·청각, 기억, 인공 지능의 기술 모델, 초보자와 숙련자의 문제 해결에서의 차이점 조사, 컴퓨터 프로그램 등에 관한 다양하고 광범위한 이론을 포함한다.

둘째, 다른 학습 이론이 인지, 지각과 기억의 연구, 과제를 동시에 해내는 능력을 알기 위한 실험적인 접근인 반면 정보처리 이론은 실질적인 상황에 있어 정신적인 활동을 조사한다.

셋째, 정보처리이론은 학습을 가장 중요한 초점으로 다루지는 않았지만 학습과정의 이해에 큰 공헌을 했다.

인간의 학습을 학습자 외부로부터의 정보(자극)를 획득하여 저장하는 과정이라고 가정한다. 인간에게는 보고 듣고 느끼는 일 등과 관계있는 감각 기관이 있는데, 이들 감각기관을 통해서 들어온 정보를 체계적으로 정리하여 두뇌라는 저장고에 보관하는 과정을 학습의 과정으로 보았다. 이러한 정보처리과정에서의 학습은 「감각기억단계 → 단기기억단계 → 장기기억단계」를 거치게 된다.

## 3. 학습과 교수에 관한 세 가지 관점

학습이론은 행동주의 학습이론, 인지주의 학습이론, 구성주의 학습이론의 관점에 대해 각각의 효과적인 교수활동 전략에 대해 살펴본다.

### 1) 행동주의 학습이론의 관점에 의한 효과적인 교수활동전략

행동주의 학습이론의 관점에 의하면 학생들이 수업을 통해서 이전에 학습하지 못했던 새로운 행동을 학습하게 되거나 잘못 학습했던 행동이 수정될 수 있다면 효과적인 교수전략이라 할 수 있을 것이다. 따라서 바람직한 행동 유발에 필요한 조건들을 도입하는 교수전략을 하여야 한다. 이 이론에서 교수의 역할을 환경 통제자나 조정자로서 학생들의 바람직한 행동을 강화시키고, 바람직하지 않은 행동을 소거하여 학습 환경을 변화시키는 역할을 해야 한다.

### 2) 인지주의 학습이론의 관점에 의한 효과적인 교수활동전략

이 이론에 교수의 역할은 학생들의 능동적인 참여가 수반되도록 학습내용은 새 정보를 기존지식에 의미 있게 연결하여 조직할 수 있도록 도와주어야 한다. 학습에서의 목표는 학생들의 사고과정과 탐구과정을 중시하고 이를 발전시키며, 학습내용은 주로 문제를 어떻게 해결하는지에 초점을 맞추어야 한다.

### 3) 구성주의 학습이론의 관점에 의한 효과적인 교수활동전략

구성주의 학습이론에서 보는 학생들은 능동적·창의적·자기주도적이며, 학습에 대한 스스로의 책임을 중시함으로 교수는 학생들의 학습을 돕고 촉진시키는 퍼실리테이터(Facilitator)의 역할이 강조된다. 또한, 구성주의 이론은 교수가 주도하여 개발하고 제시하는 학습방식보다는 학생들이게 더 많은 선택권과 자율권이 부여되는 학습방식이 강조된다. 구성주의 관점에서는 학생들이 학습내용에 대해서 단순히 암기하는 것이 아니라 학생들이 생각하고 동료와 토론하며 적극적으로 질문을 하게 하는 교수활동이 필요하다.

## 2절 구성주의

산업사회 패러다임에서 정보사회 패러다임으로의 전환은 교육에서도 변화를 요구한다. 산업사회의 학문적 정당성을 부여하던 객관주의 패러다임은 지식이 고정적이고 확인할 수 있는 대상이라고 보는 반면, 구성주의 패러다임은 지식이 개인의 사회적 경험을 바탕으로 하여 개인의 인지적 작용에 의해 지속적으로 구성, 재구성되는 것으로 본다.

구성주의 교수·학습 원칙으로는 학습자의 학습에 대한 주인 의식, 반성적 실천, 협동학습 환경의 활용, 학습의 조언자 및 동료 학습자로서의 교사의 역할, 구체적 상황을 배경으로 한 실제적 과제에 초점을 둔다. 구성주의 교수–학습이론은 의과대학 교수 베로우스(H. Barrows)가 시도한 문제중심학습(problem-based learning)에서 크게 시사 받았다. 먼저 학생들이 스스로 당면한 문제를 분석하여 학습목표를 결정하고, 가정에서 각자 자율학습 단계를 거쳐 맡은 분야를 철저하게 학습한 후 다시 모여 토론을 통해 문제를 해결하고, 이후 동료평가, 자기평가를 거치는 학습법이었다. 이 방법들은 학생들로 하여금 실제로 사회에 나와서 그들이 대면하게 될 가제나 활동들과 유사한 과제를 통해 그들의 사회적응력을 높일 수 있는 학습 환경을 제공하는 데 있다.

## 1. 인지적 도제이론

이는 중세의 도제제도와 같이 장인(교사)과 도제(학생)라는 두 축을 중심으로, 특정 사회집단에 참여하여 지속적으로 실제적 과제들을 해결해 나가는 과정을 통해서 문제해결을 하고 학습해 나가는 것을 말한다. 실제적 과제를 갖고 전문가(교사)가 문제해결의 전 과정을 시범보이는 모형화(modeling) 단계가 있고, 연이어 교수적 도움을 주는 비계(scaffolding) 단계, 그리고 마지막으로 교수적 도움의 중지라는 용암(fading) 단계의 세 단계로 진행된다. '도제'라는 용어에는 학습이나 지식획득은 활동을 통해 이루어져야 하며, 또한, 그 특정 사회집단의 문화적 양상이 내재되어 있는 특정 상황과 맥락에서 이루어져야 한다는 것을 특징으로 한다.

인지적 도제이론에서 추구하는 기술과 지식은 단순히 외부에서 관찰가능하고 정형화될 수 있는 과정만으로는 충분히 획득될 수 없다고 본다. 그러므로 인지적 도제이론에서는 이런 인지적 기술을 획득하고 배양하기 위한 방법으로서 학습자의 내부 인지작용과 활동을 자극하는 '지속적인 반성'을 강조한다. 지속적 반성은 첫째, 내부 인지작용을 필요로 하는 실제적 과제에 참여함에 있어서 자신의 행동을 관찰하고 조정하며, 둘째, 자신의 행동을 전문가의 행동과 비교해 보고, 셋째, 교사와 학생들의 역할을 바꾸어 실행해 봄으로써 자신들의 제한적 시각을 넓히는 것을 의미한다.

인지적 도제이론이 가장 잘 적용되는 교과로 국어영역을 들 수 있다. 예를 들어, 국어과에서 독해 문제를 다룰 때, 상보적 교수법(reciprocal teaching method)에서는 학생들로 하여금 소리 내어 내용을 요약하게 하고, 혼동을 초래하는 부분을 확실히 설명하게 하며, 읽은 내용에 대해 질문을 만들거나 예상을 하게 한다. 이때 교사는 먼저 이러한 과정을 시범을 보여주고, 나중에 교사의 역할을 학생들에게 넘긴다. 이후 교사는 학생들을 지도하거나 학생들의 노력을 보조해 주고, 학생들이 점차적으로 자신들의 독해에 익숙해지면 스스로 해결하도록 놓아준다. 인지적 도제이론에 의한 수업은 학생들로 하여금 주어진 자료를 이해하는 데 도움을 주고, 나아가 학생들이 직면한 새로운 상황에서 그들이 갖고 있는 지식과 기능을 적용할 수 있도록 한다.

## 2. 정착 교수이론

정착 교수이론은 교사와 학생들로 하여금 복합적이고 실제적인 문제들을 설정하고 해결하는 것을 북돋아 주는 것으로서, 교수-학습 활동이 학생들에게 관심이 되는 문제나 쟁점들이 들어있는 이야기, 모험담, 상황 등과 같은 정황들을 중심으로 이루어진다. 정착교수 이론의 두 가지 원리는 첫째, 교수-학습 활동은 이야기, 사례, 학생들의 관심사와 관련된 주제 또는 문제 등과 같은 정황을 중심으로 설계되고, 둘째, 교육과정 자료는 학습자에 의해 문제가 탐구될 수 있어야 한다. 정착 교수이론에서 비디오 자료들은 일반적인 비디오와는 달리 학생들로 하여금 새로운 지식을 구성할 수 있도록 고안된 것이다. 따라서 단순한 어떤 강의 형식이 아니라 하나의 이야기로 주어진다. 그리고 이 이야기를 학생들은 비디오를 통해 탐색할 수 있도록 하는 것이다. 이는 쉽게 구조화되고 정형화될 수 없는 성격을 지닌 과제를 여러 가지 다른 상황과 시각에서 접근해 상황 의존적 인지구조의 연합을 형성하도록 하는 인지적 유연성 이론과도 유사하다.

정착교수는 주로 초등학교의 읽기, 쓰기, 수학의 수업에 많이 활용될 수 있는데, 그 대표적인 예로는 Jasper Woodbury Problem Solving Series가 있다. 이 프로그램에서 학생들은 모험을 하면서 문제를 하나하나 풀 때마다 수학적인 개념들을 하나하나 익혀 가게 된다. 이러한 특징들은 정착 교수이론이 문제해결학습의 한 형태라고도 볼 수 있게 한다.

### 3. 상황학습 이론

상황학습(situated learning)이론은 학습이 학습자가 실제적인 생활맥락에 참여함으로써 이루어진다는 레이브(J. Lave)의 주장을 받아들인 것이다. 상황학습에서는 사회적인 교류가 학습의 중요한 요소를 이룬다. 학습자들은 특정한 신념과 행동이 획득될 수 있도록 하는 실천사회에 참여하게 된다. 겉으로 맴돌던 초심자나 낯선 학습자가 이러한 사회에 옮겨옴으로써 이들은 새로운 문화에 점점 활동적으로 참여하게 된다. 그리하여 전문가가 되거나 고참이 된다. 상황학습 이론의 원리는 첫째, 지식은 실제적인 생활 맥락에서 제시되어야 하고, 둘째, 학습은 사회적인 교류와 협동을 필요로 한다. 교사와 학생으로 구성된 지식 탐구 팀 간의 협동적 노력을 통해 문제해결의 전 과정, 즉 문제 자체를 형상화하여 문제의 해결책을 제시하기까지의 전 과정이 학생들 주도로 이루어지는 생산적 학습이 강조된다.

## 3절 사회학습이론

자극에 대한 경험을 통해 행동이 학습되는 스키너(B. F. Skinner)의 이론은 직접적 경험을 통한 학습이다. 반면에 개인과 환경의 상호적 관계를 강조하는 반두라(A. Bandura)는 환경 안에 있는 모델에 대한 관찰을 통해 학습하는 관찰학습을 다루고 있다. 학습은 환경에 대한 직접적인 경험을 하지 않고서 단순히 보는 것으로도 발생한다. 관찰학습은 관찰자가 모델의 행동이 강화되거나 처벌받는 것을 봄으로써 행동을 유지하거나 소거하며 또한, 새로운 행동을 습득한다. 관찰자는 모델이 처벌받거나 강화 받을 수 있는 상황을 관찰한다. 관찰학습에서 모델은 직접적인 경험을 통해 학습하지만 관찰자는 모델을 관찰함으로써 간접적인 경험을 통해 학습한다. 따라서 관찰학습은 간접적 경험을 통한 대리학습이다. 이와 같은 관찰학습은 학습과정에서 학습자들이 상호 간에 영향을 주고 있다는 중요성을 강조한다. 학습자 이외에 사회적 환경에 있는 다른 사람들이 학습과정에 관련되어 있다. 이런 의미에서 그의 학습이론을 사회학습이론이라고 한다. 반두라는 가치, 도덕, 행동 기준을 포함한 인지 발달도 관찰과 다른 사람과의 상호작용에 기초한 것이라고 설명한다.

사회학습이론은 개인이 환경 안에 있는 타인과 상호적 관계를 맺는 관찰행동과 환경에 대한 개인의 인지적 해석을 강조하고 있다. 또한, 학습과정에서 행동주의가 완전히 배제했던 인지적 요인을 중요한 학습의 요인으로 다룬다. 사회학습이론에서 사고, 기대, 깨달음과 같은 관찰될 수 없는 인지적 과정과 관찰은 학습의 중요한 요인이 된다.

교사의 질문에 열심히 대답하는 동료의 행동을 관찰한 학생은 교사의 질문에 적극적인 자세를 보인다. 컴퓨터 게임에 관심이 없던 학생이 친구가 게임하는 것을 보고 게임에 흥미를 갖게 된다. 가치관, 신념, 태도는 부모, 형제, 친구의 신념이나 태도를 관찰함으로써 학습한다. 개인이 속한 사회집단 속의 다양한 모델(부모, 교사, 친구)의 행동을 관찰함으로써 발생한 학습을 관찰학습, 모델학습, 모방학습, 대리학습이라고 한다.

사회학습이론은 학습에 영향을 주는 환경적 모델을 다룬다는 점에서 행동주의다. 그러나 사회학습이론은 학습자가 모델(자극)에 대해 갖게 되는 주의나 의미의 내적 특성에 의해 관찰학습이 일어난다고 설명하고 있다. 즉, 관찰학습에서 학습은 개인이 모델에 대해 주의하거나 의미를 부여했을 때 일어난다. 휴지를 줍는 모델의 행동이 보상받는 것을 관찰하더라도 관찰자가 그 모델에 주의하지 않는다면 모방행동은 일어나지 않는다. 관찰자의 인지적 특성을 강조하는 사회학습이론을 사회적 인지이론(social cognitive theory)으로 부르기도 한다.

## 1. 관찰학습의 과정

관찰학습은 모델에 관심을 두고, 모델로부터 얻은 정보를 유지하고 그것을 재연하며 또한, 그 행동이 동기화됨으로써 발생한다. 주의–유지–재연–동기화 과정을 정리하면 다음과 같다.

표 3-1 주의 과정-유지 과정-재연 과정-동기화 과정

| 유입 | 주의 과정 | 유지 과정 | 재연 과정 | 동기화 과정 | 유출 |
|---|---|---|---|---|---|
| 모델 | 모델의 특성<br>- 독특성<br>- 인기 종합<br>- 정서적<br>- 균형<br><br>관찰자의 특성<br>- 감각능력<br>- 각성수준<br>- 지각 상황<br>- 과거 경험 | - 상징적 부조화<br>- 인지적 조직<br>- 상징적 재연<br>- 행동적 재연 | - 신체적 능력<br>- 종합적 반응의 유용성<br>- 재연에 대한 자기관찰<br>- 정확한 피드백 | - 외적강화<br>- 대리강화<br>- 자기강화 | 행동 |

## 2. 관찰학습에 영향을 주는 요인들

모델에 대한 관찰을 통해 학습활동이 일어나려면 다음과 같은 기본적 과정이 전제되어야 한다.

### 1) 관찰을 통한 학습(learning by observation)

학습이 일어나려면 모델을 관찰할 기회가 있어야 한다. 다른 사람을 관찰하는 것만으로도 학습이 가능하다. 행동주의 조건화에서 학습은 학습자가 자극에 대해 반복적인 경험을 통해 습관화된 것이다. 그런데 학습은 자극에 대해 직접적으로 반응하여 성취될 뿐 아니라 단지 모델의 행동을 관찰함으로써 성취되기도 한다. 예를 들어 교사가 한 아동에게 '연필을 영어로 뭐라고 하지?'라고 질문했을 때 아동이 'pencil'이라고 대답했다면 다른 아동들도 연필이 영어로 'pencil'이라는 사실을 알 수 있다. 미니 농구대의 바스켓 안으로 공을 던지는 형을 보고 있던 어린 동생이 장난감을 바스켓 안에 집어넣으려고 애쓴다. 유아가 최초로 배우는 말들은 바로 엄마의 목소리를 귀 기울여 듣고 입의 모양을 주의 깊게 관찰하여 학습한 것이다. 따라서 관찰학습에서 바람직한 모델을 관찰할 수 있는 기회를 갖는 것은 그 무엇보다 중요하다.

### 2) 내적 과정으로서의 학습(learning as an international process)

학습결과가 반드시 외적 행동의 변화로 나타나는 것은 아니다. 알고 있는 것(지식)과 행동이 반드시 일치하는 것은 아니기 때문이다. 노약자 지정석의 의미를 알고 있는 것과 자리를 양보하는 행동과는 별개의 문제일 수 있다. 즉 학습은 그 결과가 행동으로 표출되기 전 내부에서 발생하는 내적인 과정이라고 할 수 있다. 지식이 즉각 행동에 반영되기도 하지만 이와 다르게 행동에 전혀 반영되지 않을 수도 있다. 미국인에게 'thank you'라는 말 한마디로 예를 갖출 수 있다는 것을 알고 있는 사람도 부끄러워서 입을 다물고 있을 수 있다.

조건화에서 학습은 행동의 성취이기 때문에 행동이 표출되지 않으면 학습이 발생하지 않은 것이다. 그러나 사회학습이론에서 학습과 행동은 분리된다. 학습이 행동변화의 결과를 가져올 수도 있지만 반드시 학습결과가 행동변화로 나타나는 것은 아니다. 이런 의미에서 사회학습이론에서 학습은 내적 과정이다. 학습의 효과는 언제나 즉각적으로 나타나는 것은 아니며 나중에 학습자의 행동에 반영될 수 있다.

### 3) 인지적 과정의 영향(influence of cognitive processes)

인지적 과정은 무엇을 학습하느냐를 결정하는 데 중요한 역할을 한다. 사회학습이론에서 학습은 정신적 과정이다. 학습자가 외부환경에 대해 어떻게 생각하고 인식하느냐에 따라 학습이 일어날 수 있으며 그렇지 않을 수도 있다. 따라서 관찰학습에서는 학습에 대한 학습자의 내적 사고과정의 역할에 관심을 두고 있다.

### 4) 목표 지향적 행동(goal-directed behavior)

사회학습이론에서는 사람들이 개인적 목표와 일치하는 방향으로 행동을 지향한다고 주장한다. 즉 스스로 목표를 설정하고 목표를 성취하기 위해 일정한 방향으로 행동한다는 것이다. 마찬가지로 학습자들도 성적을 향상시키거나 학급에서 가장 힘이 센 대장이 되거나, 인기를 얻게 되는 것과 같은 희망하는 목표를 설정하며 자신의 목표와 일치하는 모델행동을 관찰하고 학습한다. 그러나 모델이 학습자의 목표와 무관하다면 관찰학습은 일어나지 않을 것이다. 방학 동안 미국을 방문할 계획이 있는 학생은 영어 교사의 설명과 발음에 주의를 기울일 것이다. 따라서 교사는 학생들이 각기 자신에게 적합한 목표를 설정하도록 하고 그들의 목표성취와 학교활동이 관련되어 있음을 이해시켜야 한다.

### 5) 행동의 자기규제(self-regulation of behavior)

조건화에서 행동은 강화에 의해 통제되지만 사회학습에서는 사람들이 자기 스스로 행동과 학습을 규제한다고 보고 있다. 학습자는 외적 통제가 없어도 자신의 행동이 일정한 목표수준에 도달하여 만족을 할 수 있을 때까지 연습할 것이다.

### 6) 강화와 처벌의 간접적 효과(indirect effects of reinforcement and punishment)

조작적 조건화에서는 처벌과 보상에 대한 직접적인 경험을 통해 학생들의 행동이 강화되거나 소거된다. 그러나 사회학습 이론에서는 학생들이 모델행동이 강화 또는 처벌받는 것을 관찰함으로써 행동의 결과를 예측할 수 있다. 즉, 처벌과 보상에 대한 관찰은 대리적으로 강화나 처벌을 받는 대리경험을 통해 대리강화와 대리처벌이라는 간접적 효과를 가진다. 교사가 질문에 적극적으로 대답하는 학생을 칭찬하고 떠드는 학생에게는 처벌을 준다면 이때 처벌과 보상은 학급의 다른 학생들에게도 간접적인 보상과 처벌의 효과를 갖게 된다. 즉 모델행동이 강화되거나 처벌되는 것을 관찰하는 것만으로도 관찰자의 행동이 강화되거나 소거된다.

## 4절 학습에 영향을 주는 요인

학습문제에 관심을 기울이는 연구자들이 학습에 영향을 주는 몇 개 요인들이 있다.

### 1. 충동 및 동기

학습자에게 충동이나 동기가 없으면 활동이 일어나지 않는다. 학습실험에서는 여러 가지 충동이나 동기의 효과를 알려고 하고, 또 같은 충동이라도 정도와 양에 따라 결과가 어떻게 달라지는가를 알려는 목적을 갖는 일이 많다. 충동은 직접 측정하지 못한다. 연구실이나 실험사태 내에서 생물체에게 식료, 식수, 이성 등을 제공하지 않거나, 전기충격이나 다른 자극을 주거나 인간의 경우 표정(주로 언어적) 동기를 제공함으로써 어떤 통제된 척도를 얻는다. 동기(motive) 자체만으로는 학습을 일으키는 데 불충분하므로 보수나 어떤 강화가 있어야 한다. 따라서 결핍된 쥐는 미로 끝에 놓인 식료품을 얻고, 산술문제를 해결한 아동은 물리적·언어적인 칭찬을 받는다.

### 2. 반복과 연습

단위적 활동이나 극히 간단한 활동 외에는 작업을 성공적으로 해결하거나 작업이 증진되고 완성되려면 대개 활동의 반복이 필요하다. 학습을 하려면 행동을 되풀이해야 하므로, 반복이 없으면 학습이 이루어지지 않고 오히려 망각현상이 나타난다.

### 3. 일반화와 훈련전이

여기서 훈련전이란 한 활동에서 과거에 연습한 효과가 다른 활동을 하는 데 영향을 준다는 것을 의미한다. 초기에는 훈련전이를 일종의 정신능력이라고 설명했다. 전이에는 선행학습을 용이하게 하는, 즉 도움을 주는 긍정효과가 있고 선행학습이 후행학습을 방해, 제지하는 부정적 효과도 있다.

## 4. 심상 또는 방향 지향성

분리해서 검증하기는 어렵지만 학습자의 심상이 전이된다는 것은 대부분의 전이 실험에서 명백하게 밝혀지며, 이것이 동일요소나 원리 등을 찾게 하는 지향적 요인이다. 이것은 학습자의 학습태세로써 학습이 학습자의 선행경험과 성질에 의한다는 것으로써 어떠한 개인도 주어진 학습장면에 대해서 동일한 학습태세를 갖추고 있지 않다는 것을 시사하는 것이다. 따라서 학습의 성과가 '장면의 성격'에 의존하는 것이 아니고 학습자의 학습태세와 그 학습자의 조건에 의존한다는 것이다.

학습-교수 과정에 해답은 없지만 위에서 살펴본 학습-교수 과정에 대하여 확실히 이해하고 학습에 영향을 주는 원인인 충동 및 동기, 반복과 연습, 일반화와 훈련전이, 심상 또는 방향 지향성을 고려하여 학습을 실시한다면 높은 효과를 얻을 수 있을 것이다.

Chapter

04

Introduction to Education

# 생활지도와 인성교육

현대사회와 같이 급격하게 변화되는 환경에서 살고 있는 학생들은 많은 문제들에 직면하게 됨으로써 긴장과 스트레스가 쌓이고 정신건강에도 심각한 문제가 야기된다. 또한, 학생들 자신의 능력만으로는 당면한 문제들을 해결하는 데 어려움을 겪고 있을 뿐만 나이라, 학생들 자신의 삶의 목표나 정체성을 발전시키기도 어렵다. 생활지도와 상담은 바로 이러한 학생들의 당면한 문제나 어려움을 해결하는데 도움을 준다.

이 장에서는 교과교육과 더불어 학교교육의 중요한 축을 이루고 있는 생활지도와 상담에 대해서 다룬다. 생활지도의 개념과 필요성 및 생활지도의 원리와 영역 그리고 생활지도의 활동에 대해서 알아보고자 한다. 또한, 생활지도의 핵심활동인 상담에 대해서 상담의 개념과 기본원리와 조건 그리고 상담을 접근하는 다양한 이론들에 대해서 살펴보고자 한다.

## 1절 생활지도

### 1. 생활지도의 개념

생활지도는 '가이던스(guidance)'를 우리말로 번역한 것이다. 어원적 측면에서 보면 'guidance'는 동사 '가이드(guide)'에서 유래하며, '안내하다'. '인도하다', '교도하다', '지시하다', '방향을 가리키다' 등의 뜻을 가지고 있다. 따라서 포괄적 의미에서 생활지도는 학생들의 성장·발달과 성숙을 바람직한 방향으로 안내하고 지도하며 조언하는 뜻이 포함되어 있다. 그러면 생활지도란 무엇인가? 먼저 생활지도 개념에 관한 여러 학자들의 정의를 살펴보면 다음과 같다.

존스(A. J. jones, 1970)는 생활지도는 개인이 일상생활에서 당면하는 여러 문제를 해결해 나갈 수 있도록 도와주는 것이라고 하였으며, 세르체르와 스톤(B. Shertzer & S. C. stone, 1981)은 생활지도를 개인들이 자기 자신과 자신의 세계를 이해할 수 있도록 도와주는 과정이라고 하였다. 황응연·윤희준(1983)은 생활지도를 학생 개인의 성장·발달을 극대화시키고 잠재능력을 계발하여 현재는 물론 장차 어떠한 난관에 부딪히더라도 자기 문제를 자신의 힘으로 해결해 나가도록 힘을 길러주는 것이며 일상생활에서 당면하는 문제, 즉 가정적·교육적·직업적·신체적·정서적·성격적인 여러 문제를 자력으로 해결할 수 있도록 지도하기 위한 조력적인 활동이라고 하였다. 이영덕·정원식(1994)은 생활지도를 한 학생이 자신의 문제의 성격을 정확히 파악함으로써 보다 안정되고 통합된 성장을 할 수 있도록 도움을 받는 과정, 즉 모든 학생이 그들의 일상생활에서 당면하는 여러 가지 문제를 자력으로 해결함으로 스스로 건전하게 성장·발달할 수 있도록 도와주는 봉사활동의 과정으로 보았다. 박성수(2002)는 생활지도란 인간 개개인의 인지적·정의적·신체적 특성과 잠재 가능성을 바르게 이해하고 발달시켜서 개인이 교육적·직업적·사회적·심리적 발달을 가능성의 최고 수준까지 도달할 수 있도록 원조하는, 즉 봉사활동에 관한 학문적 이론과 실제적 연구의 총체로서, 이 봉사활동의 과정과 절차를 모두 말하며, 그런 목적을 달성하기 위해서 제공하는 모든 교육적 경험을 포함한다고 하였다. 또한, 이재창(2005)은 개인으로 하여금 자기 자신과 주위세계를 잘 이해하여 현명한 선택과 적응을 하므로 건전한 사회일원으로 성장·발달할 수 있게 하는 일련의 지속적인 조력과정이라고 하였다. 이상에서 여러 학자들이 정의한 생활지도의 개념을 종합해보면 생활지도는 하나의 과정이자 조력활동이고 개인에 관심을 갖고 있으며, 또한, 자기 자신과 환경과의 올바른 적응과 이해를 돕는 것을 특징으로 하고 있음을 알 수 있다.

## 2. 생활지도의 기본 원리

생활지도를 효율적으로 운영하기 위한 지침으로서 알아야 할 원리는 다음과 같다.

첫째, 생활지도는 모든 학생을 대상으로 한다.

둘째, 생활지도는 주로 개인의 존엄성과 개성발달에 초점을 둔다.

셋째, 생활지도는 상제가 아니라 협동적 방향으로 이루어져야 하며 학교교육계획이 통합된 일부가 되어야 한다.

넷째, 생활지도는 자아발견과 자기발전을 북돋아주고 자율적인 지도능력을 기본으로 삼는다.

다섯째, 생활지도는 치료나 교정보다 예방에 역점을 두어야 하고 또한, 과학적 근거에 기초한 판단에 역점을 두고 있다.

여섯째, 생활지도는 참되고 진정한 사랑에 기초한 지도를 중시해야 하며 처벌보다 선도 혹은 예방지도가 선행되어야 한다.

## 3. 생활지도의 필요성

현대사회는 그 어느 때보다 문화변천의 속도가 빠른 시대이다. 우리가 경험하는 생활문화의 변화와 다양성은 과거 어느 시대에도 찾아볼 수 없을 만큼 급변하고 있으며, 이러한 변화는 개인의 사회적 적응에 여러 가지 심각한 문제를 제기하고 있다. 따라서 지난날의 사고방식과 행동양식으로는 도저히 해결할 수 없는 문제들이 속출하고 있으며, 이에 따라서 각 개인이나 집단은 보다 창조적이고 자율적인 문제해결력의 필요성을 절실히 느끼고 있는 것이다.

학교는 단순히 문화를 전달하는 것만으로 변천하는 문화와 사회의 도전을 감당해 낼 수 없게 되었다. 교육이 개인적인 차원에서는 개인의 최대한의 바람직한 성장과 발달을 도우며 사회적인 차원에서는 이상적인 사회와 문화의 창조를 돕는 데 그 의의가 있다고 볼 때, 학교 교육은 한정된 교과내용의 지식을 넘어서 개인의 최대한의 자율적 성장과 조화로운 발달을 도와서 책임 있는 민주시민의 한 사람으로서 사회의 개선과 문화 창조에 공헌할 수 있도록 돕지 않으면 안 된다.

이와 같은 교육의 목적과 기능으로 보아서 또한, 교육의 사회화라는 입자에서도 아동 학생 개개인의 필요와 문화 및 사회적 필요를 충족시키기 위해서 생활지도는 학습지도에 못지않은 중대한 의의를 지니고 있는 것이다. 그러므로 현대교육에 있어서 생활지도는 필수적인 교육활동으로 간주되고 있다.

복잡하고 변화가 심한 환경 속에서 학생들은 많은 문제에 부딪히고 있으며 이러한 문제들은 학생들의 전인적 발달을 저해하고 왜곡시키는 힘으로 작용한다. 따라서 생활지도는 학생들이 스스로 문제를 해결하고 건전한 발달을 하도록 도와주기 위해 필요하다고 할 수 있다. 이러한 필요성을 위해 이형행(2004)의 개인적 측면과 사회적 측면을 살펴보면 다음과 같다.

### 1) 개인적 측면

첫째, 통합된 전인적 존재로서 균형 있는 삶을 영위할 수 있도록 도와준다.

둘째, 학생 개개인의 일상생활에서의 적응문제를 효율적으로 해결할 수 있도록 도와준다.

셋째, 학생의 문제행동을 올바르게 바로잡아 줌으로써 건전한 삶을 누릴 수 있게 도와준다.

넷째, 학생 개개인의 부적응을 예방하고 적극적인 이해를 통해서 학생의 성장 및 발달을 도와줄 필요가 있다.

### 2) 사회적인 측면

첫째, 학교교육의 양적 팽창에서 야기되는 사회적 부적응을 예방하고 지도할 필요가 있다.

둘째, 취업기회의 확대로 인한 적성의 발견과 직업선택의 지도가 필요하다.

셋째, 가족제도가 달라짐에 따라 가정문제에서 기인하는 부적응 문제를 지도할 필요가 있다.

넷째, 청소년의 일탈행동을 학교가 책임지고 예방하고 해결해줄 것을 사회가 기대하고 있다.

## 4. 생활지도의 목표

생활지도는 학생들의 건전한 성장, 발달을 돕기 위한 교육적인 활동으로 '개인을 돕는다.'라는 의미에는 이의가 없다고 본다. 그러므로 정상적인 학교 교육을 통하여 학생들이 현명한 선택과 문제 해결과 건전한 적응을 하도록 도움으로써 자기 지도력을 함양하는 데 궁극적인 목표가 있다. 일반적인 목표를 제시하면 다음과 같이 요약할 수 있다(정현숙 외, 2001).

첫째, 모든 학생으로 하여금 그들 자신을 정확히 이해하도록 돕는다.

둘째, 모든 학생이 가능한 자신의 노력으로써 자기가 가지고 있는 능력과 흥미와 기타 여러 자질을 발견하고, 그것을 최대한으로 발전시키도록 돕는다.

셋째, 모든 학생으로 하여금 수시로 당면하는 자신의 문제를 정확히 파악하고 자기 힘으로 해결할 수 있도록 돕는다.

넷째, 급격히 변화하는 복잡 다양한 환경 속에서 모든 학생이 현명한 선택과 적응을 할 수 있도록 돕는다.

다섯째, 모든 학생으로 하여금 앞으로의 성장과 생활을 위하여 보다 건전하고 성숙된 적응을 할 수 있는 영구적인 기초를 마련하도록 돕는다.

여섯째, 모든 학생이 신체적, 지적, 사회적, 정서적인 모든 면에 있어서 잘 조화되고 통합된 인생을 즐길 수 있도록 돕는다.

일곱째, 모든 학생으로 하여금 자신이 소속해 있는 사회를 위하여 자기 나름의 독특한 공헌을 할 수 있도록 돕는다.

생활지도가 학생들의 자율적 성장을 돕는 과정이며 봉사의 의미를 가지는 활동이기 때문에 학생과 학생의 행동에 직결하는 직접적인 목표가, 그리고 교사를 돕고 학교계획에 영향을 줌으로써 학생들의 성장·발달을 도모하는 입장에서의 간접적인 목표로 나누어 살펴볼 수 있다(이영덕, 정원식, 1994; 이재창, 2005).

### 1) 직접적인 목표

첫째, 학생 개개인의 자기 자신을 정확하게 이해하도록 돕는다.

둘째, 학생 개개인이 가능한 스스로의 노력으로 자기가 지닌 능력과 소질을 발견하여 이를 최대한으로 발달시키도록 돕는다.

셋째, 학생 자신이 당면한 문제를 정확하게 파악하며, 자신의 문제는 자력으로 해결할 수 있도록 돕는다.

넷째, 복잡하고 다양한 환경 속에서 현명한 선택과 적응을 할 수 있도록 돕는다.

다섯째, 보다 건전하고 성숙한 적응을 할 수 있는 계속적인 기초를 닦도록 돕는다.

여섯째, 개인의 신체적, 지적, 정서적, 사회적 모든 면을 포함하여 조화롭고 통합된 인생을 즐길 수 있도록 돕는다.

일곱째, 학생 본인이 속한 사회를 위하여 자기 나름대로 공헌할 수 있도록 돕는다.

### 2) 간접적인 목표

생활지도의 간접적인 목표는 교사나 상담자로 하여금 생활지도 활동을 원활하게 수립할 수 있도록 함으로써 생활지도의 직접적인 목표를 달성하는 데 도움을 주는 것을 말한다. 이를 열거하여 보면 다음과 같다.

첫째, 교사로 하여금 학생을 보다 정확하게 이해하도록 돕는다.

둘째, 여러 형태의 현직 교육활동을 통하여 교사에게 필요한 생활지도의 태도와 기능을 가지도록 돕는다.

셋째, 생활지도 프로그램은 교육계획의 수립이나 지도에 있어서 교육행정가나 교사의 상의에 응하고 필요에 따라서는 학급교사의 능력을 벗어나는 특정한 지도의 문제를 취급하면서 전문적인 사람(counselor)에게 위임할 수 있도록 돕는다.

### 3) 종합적인 목표

학교의 생활지도의 직접적인 목표와 간접적인 목표를 기초로 종합적인 생활지도의 목표를 제시해 보면 다음과 같다.

첫째, 전인적 발달을 위해 성장과정에 있는 학생들이 지적, 정서적, 사회적으로 통합된 발달을 이루도록 돕는다.

둘째, 자기이해 및 잠재능력의 계발을 위해 학생들의 성격과 흥미, 적성 들을 평가함으로써 자신의 존재를 정확하게 이해하고 현재의 능력 및 잠재능력을 최대한 계발하도록 돕는다.

셋째, 자율적 문제 해결 능력을 신장하기 위해 다원화되고 복잡한 산업자원 생활에서 직면하는 다양한 문제를 스스로 해결할 수 있도록 자기 통제능력을 기르도록 돕는다.

넷째, 끊임없이 변화하는 사회와 인생과정 속에서 학생들은 한 개인으로서뿐만 아니라 가정, 학교, 사회의 일원으로서 끊임없이 선택을 하며 살아간다. 따라서 타인에 의해 강요된 적응이 아니라 자율적으로 현명한 선택을 하여 사회에 보다 만족스럽게 적응해가도록 돕는다.

다섯째, 민주시민 육성을 위해 사회의 일원으로서 건강한 성격과 원만한 대인관계를 통해 개인이 지닌 자질과 역량을 발휘하여 그 사회에 기여할 수 있도록 돕는다.

## 2절 생활지도의 영역

생활지도는 원래 직업지도에서 시작되었으나 그 영역이 점차 확대되어 학생 개인의 전인적 발달을 지향하고 있으므로 학교에서 수행하는 모든 교육활동에 관심을 가지게 되었다. 그 결과 오늘날 생활지도는 활동내용이 확대되고 그 방법도 다양화되었다.

### 1. 생활지도의 영역

생활지도의 영역으로 학생조사, 상담활동, 자문활동, 진로계획, 정치, 추수활동, 평가활동 등을 들고 있으며, 김충기(1993)는 교육지도, 직업지도, 성격지도, 건강지도, 사회성지도, 여가선용지도, 도덕지도, 종교지도 등을 생활지도의 문제별 영역으로 다루고 있다.

#### 1) 학업지도

학업지도는 교육적 측면의 지도로서 신입생을 위한 오리엔테이션 및 학업부진아의 효과적인 학습방법 지도, 학습동기 유발 방법 등을 포함한다. 또한, 학업지도는 단지 이와 같은 학력향상을 위한 지도분만 아니라 상급학교 진학과 학교생활 적응 문제도 지도한다.

### 2) 진로지도

진로지도는 크게 진학지도와 직업지도로 나눈다. 이는 학생의 적성, 능력, 흥미, 주위 환경적 조건에 따라 상급학교 진학이나 직업의 선택, 계획, 준비, 적응을 돕는 활동이다. 상급학교에 대한 정보와 직업 세계에 대한 정보 제공, 진학 및 취업을 위한 상담, 개인에 대한 인적 조사, 기능계발, 현장지도, 실습지도, 추후지도 등이 여기에 속한다.

### 3) 인성지도

인성지도는 개인이 일상생활에서 잘 적응할 수 있도록 건전한 심리적 인성적 발달과 조화로운 생활을 할 수 있도록 도움을 주는 것이다. 여기에 포함되는 문제에는 긴장, 불안, 욕구좌절, 무관심 등의 정서적 문제, 대인관계, 사회활동 등과 같은 사회적 문제, 부모, 형제, 친척과의 관계 등을 가족관계 문제, 그리고 태도, 흥미, 도덕성 등의 가치관에 관한 문제가 여기에 포함된다.

### 4) 건강지도

건강지도에는 신체적 건강과 정신적 건강에 관계되는 문제를 지도하는 활동이다. 이를테면 신체적 장애에 대한 상담, 심한 불안, 노이로제, 정신질환에 대한 이해 및 예방을 위한 정신 위생 및 정신건강 교육이 포함된다. 또한, 신체 및 정신적 건강 모두에 관련된 흡연, 음주, 약물 복용에 대한 지도 역시 여기에 속한다.

### 5) 여가지도

여가지도는 학교에서 수행하는 교과활동 이외에 개인의 여가를 보람 있게 보내도록 돕는 지도를 말한다. 건전한 여가활동을 통해서 자기 성장을 추진해 나가는 새로운 경험을 가질 수 있도록 지도를 해야 한다.

### 6) 사회성지도

부모 또는 형제자매들과의 원만한 관계 유지를 비롯한 가정생활에서의 적응문제를 지도하는 것이 가족관계지도이다. 이에 대한 바람직한 지도는 우선 학교와 가정과의 유기적인 관계의 설정에서부터 시작되어야 하며, 정기적인 상담을 통하여 가정에서의 부적응 원인을 찾아내고 이를 치유하고 극복하는 방안들을 체험하게 하는 것이다.

## 2. 생활지도의 활동

생활지도 활동은 다음과 같은 다섯 가지 주요 활동으로 구성된다.

### 1) 학생조사활동

학생조사활동(student inventory service)은 학생이해활동 또는 학생평가활동이라고도 하며, 학생들의 현재나 미래 활동에 대한 정확한 판단을 목적으로 학생에 관한 정보를 수집하는 과정이다.

생활지도에서 가장 중요한 것은 학생에 대하여 보다 과학적이고 정확한 실제를 파악하는 일이다. 이러한 각 학생에 관한 정보는 심리검사를 통해 수집할 수 있다. 심리검사에는 표준화 검사와 비표준화 검사로 구분된다. 표준화 검사에는 질문지법, 기록법(누가기록법, 일화기록법), 평정법, 자서전법, 면접법, 사회성측정법, 사례연구법 등이 있다. 이 검사들은 생활지도 활동에서 기초가 되며 상담의 기초자료로 활용된다. 학생조사활동에서 유의해야 할 점은 다음과 같다.

첫째, 검사 또는 조사는 객관적이고 신뢰도가 높은 방법을 사용한다.

둘째, 여러 가지 가능한 방법이나 기법을 종합적으로 활용해야 한다.

셋째, 생활지도의 목적에 부합되거나 일치해야 한다.

넷째, 조사결과는 기록, 정리, 보관하여 실제 지도에 활용될 수 있도록 해야 하며, 필요에 따라 상담활동으로 전개될 수 있어야 한다.

## 2) 진로정보활동

진로정보활동(information service)은 정보활동이라고도 하며, 학생들이 바라고 원하는 각종 정보 및 자료를 제공하여 학생들의 발달과 적응을 돕는 활동이다. 학생들에게 제공되는 정보는 교육정보, 직업정보, 개인적 및 사회적 정보의 세 영역으로 구분할 수 있다.

### (1) 교육정보

학생들이 학습활동에 필요한 정보를 말하는 것으로서 일반적인 학교생활에 관한 정보, 상급학교 진학에 관한 정보, 장학금에 관한 정보, 학습방법 및 전략에 관한 정보, 과외활동에 관한 정보, 도서관 이용방법에 관한 정보 등이다.

### (2) 직업정보

직업에 관련된 문제를 합리적으로 계획하여 자신에게 적합한 직업을 선택할 수 있도록 도움을 주는 유용한 자료를 말한다. 직업, 지위, 직장 등에 관련된 정보로는 직업군 또는 직업의 종류에 관한 정보, 직업에서 요구되는 기능이나 적성에 관한 정보, 직업교육 참여에 관한 정보, 직업선택 방법에 관한 정보, 직업조건 및 전망에 관한 정보 등 보수, 승진, 근무시간, 신분보장 충원계획 등이 포함된다.

### (3) 개인적 및 사회적 정보

자기 자신이나 타인에 관련된 이해를 증진하기 위한 정보로 자기이해에 관한 정보, 타인이해에 관한 정보, 인간관계 및 프로그램 참여에 관한 정보, 지역사회 기관 이용에 관한 정보, 가족관계에 관한 정보, 성교육에 관한 정보, 성취동기 및 욕구에 관한 정보, 가치관, 예의범절, 종교관 등에 관한 정보 등이 있다.

### 3) 상담활동

상담활동(counseling service)은 생활지도 활동의 중핵적인 활동이라고 할 수 있다. 상담활동은 앞서 전개된 객관적인 학생조사활동과 각종 정보제공활동을 통하여 획득한 종합적인 자료와 정보를 근거로 상담자와 내담자 간의 친밀한 관계 속에서 전문적인 대화가 진행된다. 상담활동은 내담자에게 충분한 도움을 줄 수 있는 전문적인 자격을 갖춘 상담자와 도움을 필요로 하는 내담자와의 만남을 통해서 내담자의 문제해결을 돕는 활동이다. 상담활동의 목표는 학생들로 하여금 최대한으로 자율적인 발달 즉, 책임감과 독립심을 키우고 현실적인 자기이해를 성취할 수 있도록 돕는 데에 있다.

### 4) 정치활동

정치활동(placement service)이란 상담의 결과로 학생들을 적재적소에 배치하는 활동이다. 즉 취업지도, 부직알선지도, 진학지도, 진급지도, 교과지도 등에 있어서 자신과 진로를 정확하게 이해하여 자기 자신의 정치를 현명하게 선택하도록 조력하는 활동이다. 정치활동에는 교육적 정치활동과 직업적 정치활동으로 구분할 수 있다. 교육적 정치활동은 진학, 진급 학과목 선택, 특별활동 선택, 학생자치활동이나 동아리활동 부서의 선택 등이며, 직업적 정치활동은 직업선정 및 소개, 진로선택, 부직 소개 등이다. 이와 같은 정치활동은 개인과 사회의 필요에 따라 이루어지므로 각종 조사활동이나 정보활동에서 얻을 자료를 근거로 해야만 합리적인 정치활동을 기대할 수 있다.

### 5) 추수활동

추수활동(follow-up service) 또는 사후지도란 정치활동 결과 학생들이 적재적소에서 잘 적응하는지를 살피며 부적응에 대한 조력과 보다 나은 적응활동을 위해 재배치하는 조직적인 봉사활동이다. 즉, 사후점검활동인 것이다. 만약 부적응의 경우라면 그 원인이 무엇인지 분석하고 확인하여 원만한 적응생활을 할 수 있도록 재배치 혹은 배려해야 한다. 추수활동의 대상은 재학생, 중퇴생 및 제적생, 졸업생을 포함한다. 추수활동의 목적은 상담 또는 생활지도의 효과성 즉, 학생들의 발전 상태를 지속적으로 점검하여 문제의 재발을 예방하고 계속적인 성장 발달을 촉진하는 데에 있다.

## 3. 인성교육

### 1) 미국의 인성교육

현재 미국학교들은 각자의 상황과 여건에 맞게 다채로운 프로그램들을 운영하고 있기 때문에 이를 간략히 일반화하기는 어렵지만, 그 전반적인 동향과 추세를 소개하면 아래와 같다.

#### (1) 전국적인 교육개혁 운동으로서의 인성교육

현재 미국 인성교육의 두드러진 추세는 그것이 광범위하고 대대적인 교육개혁 운동으로 전개된다는 점이다. 미국 학교에서 인성교육은 문제해결을 위한 단기적 방편이나 일회성 행사가 아닌, 모든 학생들을 대상으로 하는 교육의 핵심으로 간주한다. 그리고 인성교육을 최우선시해야 한다는 인식은 학부모와 지역사회 그리고 교육자들 사이에 널리 확산되어 있다. 여기서 교육개혁 운동의 확산과 전개에 기여한 정치적 리더십도 주목할 만하다.

#### (2) 덕목교육의 강화

미국에서 1990년대부터 부활하기 시작한 인성교육의 중요한 동향 중의 하나는 보편적인 덕목과 가치의 전수다. 현재 미국의 학교들은 인성교육을 통해 문명사회가 공유하는 핵심적 가치, 즉 사회적 합의를 바탕으로 한 정직, 친절, 공정, 책임감 등의 덕목을 가르치고 있다.

인성교육을 통해 전수되는 구체적인 덕목의 내용은 주별로, 그리고 학교별로 다양하다. 인성교육에 대한 입법을 통해 주에서 명시한 덕목들이 있으나 이는 일반적인 지침이라고 봄이 타당하다. 개별학교에서 가르치는 덕목이나 가치는 일방적으로 부여되는 것이 아니라 교사, 학부모, 학생 등을 포괄하는 학교공동체가 추구하고 규정하는 것이 일반적인 추세다.

#### (3) 도덕적 인성과 수행인성

현재 미국학교에서 실시되는 인성교육의 의미 있는 동향은, 인성이라는 개념이 폭넓게 해석된다는 점이다. 달리 말해, 인성의 외연이 가치와 인격은 물론 태도나 행동특성에까지 확대된다. 이 같은 해석은 인성을 '도덕적'인 것과 '수행적'인 것으로 분류하고, 전자에 공정성, 관용, 공감, 박애 등의 윤리적 가치를 그리고 후자에 근면, 노력, 절제, 인내 등의 수행가치를 포함한다. 인성의 개념이 이처럼 확대 해석될 때, 인성교육의 목적은 단순히 옳은 일을 하는 것을 넘어서 삶에 있어서 최선을 다하는 것까지 포함된다.

#### (4) 개인과 사회의 조화를 강조하는 인성교육

현재 미국의 인성교육은 개인적 삶의 효능감과 사회적 기술을 동시에 강조함으로써 개인과 사회 간의 조화와 균형을 추구하고 있다. 미국의 학교가 사용하는 인성교육 프로그램들은 책임감, 의사소통, 배려 등을 중시하는 사회적 정서적 학습프로그램과 상당한 점도 중복된다.

### 2) 시사점

첫째, 미국의 사례에서와 같이 인성교육의 강화를 광범위한 교육개혁 운동으로 추진되어야 한다. 인성교육은 모든 학생들을 대상으로 하는 교육의 핵심이라는 인식을 확산시켜야 한다.

둘째, 인성교육의 중대성에 대한 정치권의 각성과 이에 따른 제도적 지원이 있어야 한다.

셋째, 인성교육에 대한 학교단위의 계획과 전략이 있어야 한다. 인성교육에 대한 행정적 지원으로부터 교육계획의 수립, 교육내용의 개발 및 방법의 선정 등의 전 과정에 걸쳐 개별학교의 주도적 역할이 중요하다.

넷째, 인성교육의 내실화를 위해 교사들에 대한 전문적 훈련이 보다 체계화되고 활성화되어야 한다.

다섯째, 인성교육에 대한 동기부여가 강화되어야 한다.

여섯째, 다양한 프로그램의 개발, 효율적인 전략의 수립, 인성교육의 결과에 대한 평가 및 분석 등을 위한 연구 활동이 진행되어야 한다.

일곱째, 인성의 개인적 측면과 사회적 측면을 동등하게 중시하는 인성교육이 실시되어야 한다.

여덟째, 인성교육에 관한 학교와 가정 간의 갈등 해소를 위해 양자 사이의 보다 빈번한 접촉과 원활한 의사소통이 필요하다.

교육은 지덕체의 균형 있는 발달을 추구하는바, 덕성의 함양을 목적으로 하는 인성교육은 교육의 핵심적 요소다. 또한, 인성교육은 사회의 질서를 유지하고 보다 나은 공동체를 이루기 위해 필요하다. 이제 우리의 학교들은 인성교육을 강화함으로써 대학진학을 위한 학력평가 위주의 편협성에서 벗어나 능력과 인성을 겸비한 인간을 육성에 주력해야 한다고 본다.

## 3절 상담

### 1. 상담의 의미

#### 1) 상담의 사전적 정의

상담이라는 용어는 영어의 counseling을 번역한 것으로서 우리가 전통적으로 사용해온 용어라고 할 순 없다. 한자로는 相談으로 '서로 이야기한다'라는 뜻이며, 국어사전에서는 '문제를 해결하거나 궁금증을 풀기 위하여 서로 의논함'으로 풀이되어 이야기의 목적이 있음을 암시하고 있다. 그러나 상담이라는 용어가 전문적 활동으로서의 counseling을 충분히 담아내기 어렵다고 보아 상담 대신 counseling 용어 그 자체를 그대로 사용하는 경우도 많다(김계현, 1997).

### 2) 상담활동 분석에 따른 상담의 의미

상담활동 분석에 따른 상담의 의미를 살펴보면 다음과 같다.

첫째, 심리상담·치료는 치료적 모험을 통해 변화할 의미가 있는 두 사람 간의 계약 과정이다.

둘째, 심리치료는 양자 사이에서 이루어지는 공식적인 상호작용 과정이다. 인지적 기능(사고의 장애), 감정적 기능(정서적 고통) 또는 행동적 기능(행동의 부적절성) 중 일부 영역이나 전체 영역에서 생기는 고통을 개선하려는 목적을 지닌다.

셋째, 상담은 정상적인 사람을 대상으로 태도상의 문제와 심리적 갈등의 문제에 대하여 새로운 학습을 하도록 도움을 주는 과정이다.

넷째, 상담은 도움을 필요로 하는 사람(내담자)이 전문적 훈련을 받은 사람(상담자)과의 대면관계에서 생활과제의 해결과 사고, 행동, 감정 측면의 인간적 성장을 위해 노력하는 학습과정이다. 이러한 상담에 대한 이해를 바탕으로 다음과 같이 상담을 정의하였다.

상담은 인간을 자유롭게 하는 만남의 과정으로 상담에 대한 구체적 기법과 함께 그 목적이나 기대 효과를 위해서 상담은 명료화, 재진술, 반영, 해석, 직면 등의 전문적인 대화 방법을 통해 내담자와의 작업동맹을 토대로 사고, 행동 혹은 감정의 변화를 위한 작업과정을 거쳐 변화를 촉진하여 내담자의 자기이해, 문제해결, 의사결정을 도움으로써 인간의 성장을 도와주는 제반 활동을 한다.

학자들의 상담에 대한 정의에서 공통적으로 나타나는 것은 만남의 과정을 통한 변화와 성장이라는 점이다. 여기에 학자에 따라 상담참여자, 상담방법, 상담영역, 상담장면 등이 선별적으로 추가되어 있다. 즉, 상담은 상담자와 내담자의 만남을 통해 변화와 성장을 이루어 가는 과정이라는 점에서 공통적인 이해를 하고 있다고 할 수 있다.

### 3) 전문적 의미의 상담

일상생활 속에서 일어나는 상담 현상을 발견하고 파악하는 것은 상담의 이해와 발전을 위해서 필수적인 것이지만 상담이 전문적 활동으로 자리 잡고 상담직의 사회적 위상을 확보하기 위해서는 일상적 활동과 구별되는 전문적 활동의 특성이 제시되어야 한다. 현재 우리 사회의 상담 분야에서 필요한 것은 상담의 전문성 확보이며, 이는 전문적 상담을 무엇으로 이해하는가와 직결된다. 상담이 전문성을 확보하여 전문직으로 자리 잡지 못한다면 지금 우리 사회에서 일어나고 있는 상담에 대한 큰 관심과 참여는 곧 상담에 대한 실망과 거부로 이어져 상담의 독자적인 영역이 사라질 수도 있을 것이다.

상담을 상담자와 내담자의 만남을 통해 내담자의 변화와 성장을 이루어 가는 과정이라고 보는 여러 학자의 입장이나, 인격적인 만남을 통해 생활 세계 곳곳에서 사람들의 바람직한 변화를 돕는 과정으로 보는 박성희의 입장, 인간을 자유롭게 하는 만남의 과정으로 보는 김용태의 입장 등은 일상생활 전반에 나타나는 상담 현상을 기술하여 상담이 인간의 모든 삶에 관여하고 있음을 나타내지만, 전문적 활동으로서의 상담을 드러내 주지는 못한다.

박성희(2001)는 상담의 수준에도 급수와 경지의 차이가 있어 일반인이 부지불식간에 수행하는 상담과 전문교육 및 훈련을 받은 사람이 수행하는 상담에는 분명 전문성에 차이가 있으며, 훈련과 교육 그리고 상담 기능상의 단계를 설정하고 그 결과에 따라 일정한 자격과 권위를 부여하는 일은 상담이 전문 활동으로 자리매김 되기 위해 꼭 필요한 사항으로서 전문성의 수준에 따라 상담자의 급수를 적절히 나누는 것이 가능하다고 하였다. 그러나 어디서부터 전문적 상담으로 볼 것인지와 어떻게 그 전문성을 나눌 수 있는지는 제시하지 않았다. 김용태(2006)도 상담을 수준에 따라 정보상담, 과학상담, 예술상담, 철학상담으로 구분하고 한 영역에서도 다양한 수준의 상담이 이루어질 수 있음을 제시하였으나, 어느 수준부터 전문가들이 수행하는 상담으로 볼 것인지를 언급하지는 않았다. 이장호, 정남운, 조성호(2005)는 전문적 상담과 일반적 상담의 차이점을, 자격을 갖춘 상담자 여부, 내담자 문제에 대한 체계적 평가 여부, 변화를 유발하기 위한 구체적인 절차와 방법 동원 여부, 상담의 규칙성(정기적 반복) 여부로 제시하였으나 그 구체적인 기준을 제시하지는 않았다.

사전적 의미로서가 아니라 학문적·사회적·제도적인 상담의 의미는 사회마다, 시대마다 달라질 수 있다. 상담의 의미를 파악하고 전문상담의 고유 영역과 전문성을 확보하기 위해 적극적으로 상담의 의미를 창조해 가는 노력이 필요하다고 할 수 있다. 이에 다음과 같이 상담과 전문 상담을 구분하여 이해하는 것이 필요하다. 상담은 인격적인 만남을 통해 사람들의 바람직한 변화를 돕는 과정이며, 전문상담은 국가 수준의 제도와 법률에 기초하여 제도적으로 공인된 상담교육과 검정과정을 거쳐 전문상담자 자격을 취득한 상담자가 학문적 기초가 있고 경험적으로 검증된 이론에 근거하여 공식화된 상담목표를 효과적인 절차와 방법을 활용하여 윤리적인 규범을 준수하며 달성해 나가는 과정이다.

## 2. 상담의 원리와 과정

### 1) 상담의 원리

웰펠과 패터슨(Welfel & Patterson, 2005)은 효과적 상담의 원리로서 다음 6가지를 제시하였다. 첫째, 사회적 문화적 맥락에서 인간 행동을 이해하기, 둘째, 성공적 상담의 정의로서 내담자가 원하는 성숙, 셋째, 내담자 변화의 근간으로서 상담자와 내담자의 긍정적 관계, 넷째, 강렬한 경험으로서 상담, 다섯째, 상담과정에서 적극적 파트너로서 내담자, 여섯째, 기본적인 전문적 책임감으로 윤리적 행위이다.

### 2) 상담자의 신념과 태도

#### (1) 변화에 대한 확신을 가져라

내담자가 변화하지 않을 것이라 생각하고 행해지는 상담은 내담자에게도 상담자 자기 자신에게도 올바른 태도가 아니다. 상담자는 내담자의 변화를 확신하고 상담에 임해야 한다.

#### (2) 윤리적 책임감을 인식하라

상담자는 내담자에게 특정한 윤리적 책임감을 지닌다. 이는 비밀유지, 이중관계의 금지, 내담자를 도울 수 없을 때 다른 상담자에게 의뢰, 내담자에게 자신의 가치 강요 금지 등이 있다.

#### (3) 자각을 확장하라

상담자 스스로 자신의 장점과 약점을 인식하여야 한다. 내담자가 제기하는 어떤 문제에 자기도 모르게 민감하게 반응하는지, 반응을 회피하는지 알아차리는 것이 중요하다.

#### (4) 본보기를 보여라

상담자 스스로 내담자에게 상담과 관련된 본보기를 보여야 한다. 또한, 학습과 재학습의 활동을 통한 상담효과의 증진을 도모하여야 한다.

#### (5) 내담자를 위해 함께 함을 보여주라

상담자는 내담자에게 든든한 조력자로서 내담자의 곁에서 그를 올바른 방향으로 이끌어줄 수 있는 사람이라는 점을 인식하도록 해야 한다.

### 3) 내담자의 이해와 문제파악

#### (1) 적극적 경청을 하라

상담자는 내담자의 문제를 경청할 필요가 있다. 상담자가 내담자의 문제에 귀를 기울이고 경청한다면 내담자는 자각의 확장을 통해 스스로 문제를 해결할 수 있다. 잘 경청한다는 것의 의미는 이해이다. 음성언어(귀로만 듣는 것)와 신체언어(눈으로 듣는 것)를 이해하는 것이라 할 수 있다. 대부분의 상담자는 신체언어를 훨씬 신뢰한다. 눈과 귀로 잘 경청하여 이러한 내담자의 불일치를 지적하는 것이 필요하다. 또한, 상담자가 적극적 경청을 통해 내담자를 잘 이해하여 내담자의 문제에 공감해주는 것이 필요하다.

### (2) 내담자의 시간 관리를 잘 살펴라

인간에게 시간은 실존을 가능하게 하는 가장 중요한 요인이다. 만약 내담자가 시간약속을 지키지 못하거나, 게임에 빠져 밤을 새워 다음 날 할 일을 못 하거나, 할 일 없이 방황하거나, 자기를 파괴하는 활동에 참여하고 있는지 파악하는 것이 그를 이해하는 것에 있어 중요하다. 상담자는 내담자가 최근 일주일, 최근 한 달의 생활을 어떻게 보내며 지냈는지를 확인하여야 한다.

### (3) 내담자의 이해를 위해 '반복'이란 말을 명심하라

반복하는 행동을 습관이라 한다. 내담자의 문제를 파악하기 위해 인간의 세 가지 체계인 감정, 행동, 생각의 반복, 즉 습관을 이해하는 것이 중요하다. 감정의 반복에서는 내담자가 호소하는 문제 중 반복해서 나타나는 부적절한 감정, 예를 들어 불안과 같은 감정을 확인하여야 한다. 행동의 반복에서는 내담자가 반복하는 자기 파괴의 역기능적 행동을 파악하여야 한다. 상담자는 학습된 좋은 행동이 반복해서 나타나도록 원하는 행동을 강화해 주고 나쁜 행동을 없애기 위해 처벌을 하는 식의 방법을 병행하여야 한다. 생각의 반복에서 비합리적 생각의 반복은 비합리적 정서적 및 행동을 초래한다. 실패정체감을 가진 사람은 습관적으로 부정적이고 파괴적인 생각을 하기 쉽다. 따라서 상담자는 내담자가 이러한 특성을 지니고 있는지 잘 살펴보아야 한다.

### (4) 경험을 통한 육감을 발달시켜라

상담에서 구체적인 문제영역에서 내담자와의 많은 경험은 상담자의 육감을 발달시킨다. 이러한 상담사의 육감은 내담자의 문제를 정확히 파악하기 위한 가설이다. 상담자는 육감을 바탕으로 육감을 입증할 증거를 찾고 내담자가 보이는 감정, 행동, 생각을 바탕으로 충분한 증거들이 수집되었을 때, 상담자의 육감은 지지될 수 있다. 육감을 지지할 만한 준거들이 불충분할 때 가설은 폐기된다.

#### (5) 내담자의 가족에 대한 생각을 확인하라

내담자의 문제는 대부분 가족구성원과 직·간접적으로 관련된다. 내담자가 갖는 가족이나 가족구성원에 대한 생각을 확인하여 그의 문제와의 관련성을 파악하고 내담자가 지각하는 가족구성원과의 심리적 거리를 확인하는 것이 중요하다. 상담자는 내담자의 생활양식조사, 예를 들어 초기기억, 출생순위, 가족구조파악 등을 확인하여야 한다.

#### (6) 내담자의 언어에 함축된 의미를 파악하라

내담자가 사용하는 언어에서 나타나는 비합리적 신념이나 부정적인 자동적 사고를 파악하고 변화하는 데 주력할 필요가 있다. 내담자가 자주 표현하는 언어 중, '항상' 혹은 '하지 않으면 안 된다' 등은 완벽주의나 강박적인 문제로 고통받고 있을 가능성이 있다. '나는 ~ 할 수 없어'의 표현은 자기 패배 지향이거나 책임감 결여로 시달리고 있을 가능성이 있다. 상담자는 내담자가 자주 사용하는 언어에 함축된 의미를 파악하여 그의 강박성보다 유연성, 책임회피보다 책임감, 자기 패배 지향성보다 자기 건설 지향성으로 살아갈 수 있도록 조력하여야 한다.

#### (7) 내담자의 심리평가를 정확히 하라

내담자가 자신의 심리상태에 대해 잘 알고 있을 것이라는 가정을 버리고 전문가로서 내담자를 평가하려고 노력하여야 한다. 심리평가의 세 가지 전략인 면담법, 심리검사법, 행동 평가법을 적극 활용하여야 한다.

### 4) 내담자 조력활동

#### (1) 경험을 통해 느끼게 하라

'경험은 나의 최고의 권위이다.'라는 말이 있다. 상담자는 내담자에게 경험을 통해 그들 스스로 느끼고 변화할 수 있는 방향으로 나아갈 수 있도록 조력하여야 한다.

### (2) 자신의 인간관과 성격에 부합한 상담을 개발하라

상담가는 스스로 상담을 개발하여야 할 필요가 있다. 그를 위해 상담가는 주요한 상담이론을 섭렵한 후 자신의 인간관과 성격에 대하여 이해하고 이를 바탕으로 자신의 인간관과 성격에 부합한 상담이론을 개발하여야 한다.

### (3) 상담면접기법을 숙달하고, 상담기법 적용의 적절한 시점인가를 파악하라

상담은 과정을 강조하는 학문이기에 상담과정은 내담자에게 하는 반응기법에 따라 좌우된다. 효과적인 상담자는 전체적 조망 속에서 조화된 미를 창조해내는 예술가처럼 상담기법 적용의 적절한 시점을 파악하여 내담자를 조력할 수 있다. 상담자들은 일반적으로 충분한 지지를 바탕으로 내담자와의 상담관계가 형성된 후에 직면기법을 사용할 것을 권한다.

### (4) 현재 진행되는 경험을 다루어라

지금-여기(here & now), 현재 내담자에게 진행되는 경험을 강조하여야 한다. 내담자가 기억하고 있는 사건들이 시간적으로 과거에 일어났지만, 여전히 영향을 주고 있다면 그것은 기억 속의 현재이다. 내담자가 기대하는 미래의 일들이 아직 일어나지 않았지만 영향을 주고 있다면 그것은 기대 속의 현재이다.

### (5) 대부분의 상담기법이 역설적임을 명심하라

상담을 통한 내담자의 변화는 부정적인 것 내에서의 정도의 변화를 의미하는 일차적 변화가 아닌, 부정적 차원에서 긍정적 차원으로 변화하는 이차적 변화이다. 상담자의 역설은 내담자가 오관을 통한 경험에 의해 새롭게 문제를 해결하도록 한다. 이는 문제를 가진 내담자로 하여금 그의 의도에 상반되는 행동을 하게 하여 문제 해결이 가능하게 하는 것이다.

#### (6) 내담자를 끊임없이 격려하라

격려는 내담자에게 아무리 힘이 들더라도 용기를 잃지 않도록 북돋는 것을 말한다. 칭찬은 인간의 수행 결과에 초점을 맞추지만, 격려는 수행의 결과보다는 인간에게 초점을 맞추어 추진력을 잃지 않도록 하는 것이다.

#### (7) 구체적인 상담목표를 설정하라

상담자는 내담자가 상담을 통해 달성하고자 하는 구체적인 목표가 무엇인지 확인하여야 한다. 상담에 대한 내담자의 바람을 바탕으로 내담자와 함께 달성할 단기목표와 장기목표를 설정하고 상담목표를 달성하는 데 걸리는 시간제한을 설정하여 상담을 진행한다. 이는 시간제한을 두어 상담을 할 때, 내담자의 동기유발을 촉진하여 상담목표를 달성하는 데 보다 효과적이기 때문이다.

## 3. 상담의 과정

상담의 과정은 6단계로 구분되지만 이는 임의적인 것이며, 그 경계가 분명히 구분되는 것도 아니다. 하지만 이런 구분을 통해 상담의 전체적인 맥락을 이해하면 상담의 진행과정을 파악하여 상담이라는 복잡한 현상을 좀 더 체계적으로 이해할 수 있게 된다. 그래서 상담의 진행과정을 알 필요가 있고 그 과정은 다음과 같다.

### 1) 의뢰와 사전준비 단계

의뢰는 본인의 자발적인 경우와 타인에 의한 경우가 있다. 의뢰가 들어오면 상담자는 정보 수집을 하여 내담자와의 상담 여부를 정한다. 이 단계에서는 정보 수집이 이루어지는 데 처음부터 많은 정보를 수집하려 하기보다는 내담자와의 합의 하에 필요한 정보만을 수집하는 것이 좋다. 상담자는 선입견에 얽매이지 않고 열린 마음으로 내담자를 만나야 한다.

### 2) 첫 만남

내담자를 이해할 수 있는 정보, 예를 들어 인상이나 복장 등의 정보를 수집한다. 첫 만남에서 내담자에게 큰 부담을 주면 다시 상담자를 찾지 않을 수 있기 때문에 상담자는 있는 듯 없는 듯 편안한 분위기를 조성하여 내담자가 상담실을 나설 때 마음이 편해지도록 한다.

### 3) 상담 초기

구체적으로 개입을 시작하기 전까지의 단계로서 이때 상담자는 내담자의 문제를 이해하고 배경 자료를 수집하며, 내담자와 신뢰를 형성하고 비밀 보장, 상담 횟수, 시간, 장소 등 상담을 구조화한다. 또 상담 후의 결과에 대해서도 자연스러운 대화를 한다. 상담자는 내담자를 전체적으로 보아 내담자라는 사람 자체를 이해할 필요가 있다. 이때 내담자의 마음을 얻는 것이 중요하다. 이 시기 발생할 수 있는 문제점으로는 내담자의 지나친 의존성, 진단명 요구, 개방 수준에 대한 고민 등이 있을 수 있다.

### 4) 상담 중기

심층적 탐색과 내담자의 자각이 이루어지는 시기로 문제의 핵심으로 들어가는 단계이다. 이 단계는 상담의 성패가 좌우되는 단계인 만큼 가장 중요한 단계라 할 수 있다. 긍정적 피드백보다는 부정적(교정적) 피드백이 사용된다. 사용 기법으로는 심층적 공감, 피드백, 직면(지적) 기법, 즉시 반응, 해석(재구조화)이 있다. 이 단계에서는 상담에 대한 저항이 일어날 수 있다.

### 5) 상담 후기

중기에서 얻은 자각을 바탕으로 내담자의 생활에 적용해보는 단계이다. 이때 행동 계획은 구체적이고 세밀하게 세우도록 한다.

### 6) 종결과 추후 면접의 단계

종결은 점진적으로 준비하여 종결에 대한 내담자의 불안을 다루어야 한다. 이 시기에는 상담자에 대한 내담자의 의존성을 극복하고 면역력을 기르고, 가능한 문제증상과 재발에 대한 대비할 필요가 있다. 또한, 추후 상담에 대한 논의가 이뤄진다.

## 4. 상담이론

### 1) 정신분석 상담이론

프로이트의 정신분석은 최초의 체계적인 상담이론이라 할 수 있다. 이는 신체 중심의 의학에서 정신의학이 분화되어 나오는 데 지대한 영향을 미쳤고 이후의 대다수 상담이론은 정신분석적 기반 위에서 발전하였다. 정신분석 상담이론은 6가지의 기본 가정을 들고 있는데, 이는 첫째, 동기론, 무의식론, 둘째, 성격, 성격구조, 발달단계, 결정론, 셋째, 성욕과 공격욕, 넷째, 불안, 방어기제, 자아기능, 다섯째, 결정론, 여섯째, 정신분석이다.

### 2) 행동주의 상담이론

행동주의 상담이론은 과학적 전통에서 시작하였다. 즉 심리적 문제도 물리적 문제들처럼 과학적으로 기술하고 설명하며, 예측하고 통제하려는 시도의 결과로 나타난 이론이다. 일반적으로 과학, 상호작용, 문제행동, 학습, 학습 원리의 가정을 공유하여 제시한다. 현대 행동주의 상담이론은 크게 세 가지 학습이론에 기반하며 내용은 다음과 같다.

#### (1) 파블로프의 고전적 조건화

특정 반응을 불러일으키는 무조건 자극과 중립자극을 동시에 반복적으로 제시하면 무조건 자극 없이 중립 자극만으로도 특정 반응을 불러일으킬 수 있다는 원리이다.

#### (2) 스키너의 조작적 조건화

반응과 결과 간의 연합원리를 설명하는 이론으로, 특정 반응 이후의 후속자극(결과)에 따라 특정 반응이 증가하거나 감소한다는 원리를 설명하는 이론이다. 다시 말해 특정한 행동을 한 이후 강화(보상)를 받으면 행동이 증가하고, 특정 행동 이후 처벌을 받으면 행동이 감소하는 원리를 설명하는 이론이다.

#### (3) 반두라의 사회학습이론

사회적 조건에서 타인의 행동과정을 인지적으로 관찰하여 학습하거나 행동을 따라 하는 모방을 통해서도 학습할 수 있다는 원리를 설명하는 이론이다

### 3) 인본주의 상담이론

인본주의 상담이론에서는 정신분석과 행동주의 이론이 '실존 그리고 인간 본성과 가치에 대한 철학적 성찰이 부족하였다는 점'을 지적한다. 그리하기에 이 이론에서는 세상과 인간의 본성을 실존주의 철학, 인간 존중의 인본주의 철학, 그리고 현상학적 방법으로 파악하고자 하였다. 일반적으로 인본주의 상담이론은 첫째, 인본주의, 둘째, 본성, 셋째, 비결정론, 넷째, 현상학적 접근, 다섯째, 문제, 여섯째, 이해, 선택, 책임이라는 6가지 가정을 공유한다. 로저스의 인간중심적 상담이론과 펄스의 게슈탈트 상담이론, 그리고 실존주의 상담이론이 인본주의 상담이론의 대표 이론이다.

### 4) 인지적 상담이론

인지적 상담이론은 인간의 문제를 이성적 사고로 해결하고자 했던 철학적 전통과 밀접하게 연관되어 있다. 4가지의 기본 가정을 공유하는데 첫째, 인지적 존재, 둘째, 인지과정, 셋째, 인지과정 오류, 넷째, 인지수정이 그 네 가지의 가정이다. 현재 인지적 상담이론은 행동주의 상담, 정신분석 상담, 인본주의 상담 등과 절충 및 통합되는 추세에 있고, 특히 행동주의 상담과의 절충 및 통합이 두드러

져 독자적인 인지행동 상담이론으로 발전하였다. 현대의 인지적 상담이론은 크게 엘리스(A. Ellis)의 합리적-정서적 행동 치료와 벡(A. Beck)의 인지치료의 두 가지 모형에 기반하고 있다.

### 5) 체계적 상담이론

체계적 관점에 기반한 상담이론으로서 가족상담이론, 지역사회상담이론, 여권주의상담이론, 문화적 상담이론 등이 포함된다. 가족상담이론은 개인의 문제 행동을 가족 체계의 관점에서 이해하고 개입하는 상담이론이다. 지역사회상담이론은 개인의 문제 행동을 지역사회 관점에서 이해하고 개입하는 이론이다. 여권주의 상담이론은 남성 중심의 사고와 행동 그리고 남성 중심의 사회문화적 구조와 기능이 개인 및 사회 문제를 유발한다고 가정한다. 문화적 상담이론에서는 인간 행동의 맥락으로써 문화적 요인을 상담과정에서 고려하는 이론이다. 일반적으로 체계, 항상성과 변화성, 역기능 상위체계와 하위체계, 상위체계 자원 부족, 체계 변화의 5가지 가정을 공유하고 있다.

### 6) 초월영성 상담이론

초월영성 상담이론은 종교와 연관하여 발달한 이론이다. 종교적 영역 안에서 이루어지는 종교적 상담이론과 직접적으로 종교와 관련은 없는 초종교적 상담이론이 이에 포함된다. 종교적 상담이론이란 기독교, 불교 등과 같은 종교와 관련하여 만들어진 상담이론으로 대체로 상담을 종교 활동의 수단으로 이해한다. 초종교적 상담이론은 종교적 배경을 가진 영성수련전통과 상담이 통합하는 과정에서 발달하였는데, 이에는 자아초월상담이론, 명상치료이론, 아사지오리(R. Assagioli)의 정신통합요법, 요시모토(I. Yoshimoto)의 나이칸(Naikan) 요법, 모리타(S. Morita)의 모리타(Morita) 요법, 본성실현 상담 등이 있다. 기본적으로 본성, 세계, 문제, 초월, 영성, 영적 전통 6가지의 기본 가정을 공유하고 있다.

### 7) 생물학적 상담이론

생물학적 상담이론은 의학적 전통에서 시작된 이론으로 대부분 정신의학에 포함된다. 즉 정신생물학, 정신신체의학, 신경학, 신경정신학 등이 포함된다. 기본적으로 첫째, 생물학적 결정론, 둘째, 정신장애의 생물학적 원인, 셋째, 생물학적 치료의 세 가지 가정을 공유한다. 일부 정신장애는 유전 또는 유전인자와 일부 정신장애는 신경생리적 구조나 기능의 결함과 밀접한 상관이 있는 것으로 알려져 있다. 그 정도의 차이는 있지만, 현재 거의 모든 정신장애에는 신경생리적 이상이 추정되고 있다. 생물학적 관점에 기반한 뇌신경학은 최근 눈부신 발전을 거듭하여 정신장애의 기제들을 밝혀냈고 이런 현상은 심리사회적 토대 위에서 심리상담을 하는 상담자들에게 큰 도전이 되고 있다.

### 8) 절충 및 통합적 접근

절충 및 통합적 접근은 기존의 상담이론을 활용하는 이론으로 이들을 절충 및 통합하여 파악하는 것이다. 따라서 별도의 독립된 이론을 찾기는 쉽지 않지만, 굳이 포함할 수 있는 이론적 모형을 찾아보자면 개인의 역기능적 행동이 개인이 가진 취약성과 환경적인 스트레스 간의 함수임을 설명하는 취약성 스트레스 모형과 시스템 이론에 근거하여 인간의 문제 행동을 바르게 이해하고 조력하려면 개인의 하위체계인 생물학적 기반의 신체체계와 심리학적 기반의 심리체계를 이해해야 한다고 주장하는 생물심리사회적 모형이 있다. 절충 및 통합적 접근은 첫째, 공통요인, 둘째, 절충 및 통합, 셋째, 이론의 기능, 넷째, 대상자 다양성, 다섯째, 전문성 발달의 가정을 공유하고 있다.

# 4절 인성이론의 필요성 및 개념

## 1. 인성이론의 개념(이문연, 2015)

인성이론이란 인성교육에 영향을 미치는 것들을 이론화시켜 분석한 것이다. 크게 정서지능 이론, 도덕성 발달 이론, 자아실현 이론, 사회학습 이론의 네 가지로 분류된다.

### 1) 정서지능 이론

정서란 “사람의 마음에 일어나는 여러 가지 감정 또는 감정을 불러일으키는 기분이나 분위기”이다. 그러나 정서의 의미를 제대로 파악하기 어렵다. 정서치료를 창안한 캐나다의 그린버그(L. S. Greenberg)는 정서를 인간관계의 신호체계와 같은 정보전달과 행동화 경향성으로 개념 정의하고 있다. 정서지능은 다음의 네 가지 능력을 포함하는 지능인데 ‘정서를 정확히 지각하고 평가하며 표현하는 능력, 사고를 촉진하는 감정을 발생시키는 능력, 정서와 정서에 관한 지식을 이해하는 능력, 정서적이고 지적인 성장을 증진시키는 데 도움이 되는 정서조절능력’을 포함한다(Salovey & Mayer, 1996). 즉 이성적 사고 능력을 촉진시켜주는 역할을 하는 것이 정서지능이라 할 수 있다.

### 2) 도덕성 발달이론

피아제(J. Piaget)는 도덕 단계들은 아무렇게나 존재하는 것이 아니라 위계화되어 있고 동시에 발달상 불변의 계열을 이루고 있는 것으로 파악했다. 여기서 위계화되어 있다 함은 낮은 단계와 높은 단계가 있고 불변의 계열을 이루고 있다 함은 어떤 도덕적 단계에 이르면 더 낮은 단계로 퇴행은 불가하고 또 단계를 건너뛰는 법도 없으며 언제나 한 단계씩 순차적으로 발달한다는 것을 말한다. 콜버그(L. Kohlberg)는 4세부터 성인기까지 아동의 도덕적 사고를 설명하고 있다. 도덕성 발달을 전 관습(4~10세), 관습(10~13세), 후 관습(13세 이상)의 세 가지 수준으로 제시하는데 이 세 가지의 각 수준은 2개의 구체적 도덕성 단계를 포함하고 있다. 그는 연구 과정에서 사람들이 특정 상황에서 매우 다르게 반응하는 것을 발견하고 이를 세 가지 수준으로 나누고 각각을 2단계씩 구분하여 3수준 6단계의 도덕발달 단계를 구분하였다. 리코나(T. Lickona)는 인격이 도덕적 인지, 감정, 행동을 어떻게 포함하는지를 설명하였다. 이를 바탕으로 0단계에서 5단계까지의 도덕적 추론의 발달 단계를 구분하였다. 0~1단계는 유치원생 이전, 2~3단계는 초·중학생, 그리고 고등학생 이후의 4~5단계로 구분된다.

### 3) 자아실현이론

매슬로(A. Maslow)는 인간의 본능적 욕구를 결핍욕구와 자아실현욕구의 두 가지로 설명하였다. 결핍욕구는 결핍으로 인한 극도의 긴장을 유발시키기에 동기의 부정적 형태를 나타내고 자아실현욕구는 잠재능력, 기능, 재능을 발휘하려는 욕구로 결핍욕구가 충족 된 후 성장욕구를 가지게 되어 동기가 유발되어 간다고 설명한다. 매슬로는 하위에서부터 생리적 욕구, 안전의 욕구, 소속감과 애정의 욕구, 자존감의 욕구, 자아실현욕구의 욕구체계를 제시하였다. 이 욕구들에는 몇 가지 원칙이 있는데, 이는 다음과 같다.

첫째, 욕구위계에서 하위에 있는 욕구가 더 강하고 우선적이다.

둘째, 욕구 위계에서 상위의 욕구는 인생의 나중에 나타난다.

셋째, 욕구 위계에서 상위의 욕구는 생존을 위해 덜 필요하기 때문에 그러한 욕구의 만족은 지연될 수 있다.

넷째, 욕구위계에서 상위의 욕구는 생존을 위해 덜 필요하지만, 그러한 욕구는 생존과 성장에 기여한다.

다섯째, 욕구위계에서 상위의 욕구만족은 생리적, 심리적으로 생산적이고 유용하다.

여섯째, 욕구위계에서 상위의 욕구 만족은 하위의 욕구만족보다 더 좋은 외적 환경을 요구한다.

일곱째, 어떤 욕구는 위계 다음의 욕구가 중요하기 되기 이전에 충분히 만족될 필요가 있다.

### 4) 사회학습이론

인간은 사회 속에서 불안전한 존재로 태어난다. 사회적 존재로 성장하는 과정에서 다른 사람들과의 관계를 형성하고 유지하며 보상과 기대를 하지 않고 타인을 돕기 위해 스스로 행동하는 친사회적 행동이 나타나는데, 이를 발달시킬 수 있는 가장 중요한 시기는 유아기라 본다. 이러한 친사회적 사회 행동의 발달 단계는 6가지 단계로 구분되는데 첫째, 순응–구체적으로 언급되는 강화, 둘째, 순응, 셋째, 내적 주도성–구체적 보상, 넷째, 규범적 행동, 다섯째, 일반화된 상호 호혜성, 여섯째, 이타적 행동이다.

반두라는 사회적 상황에서 타인의 행동을 단순히 관찰만 하여도 그들의 행동을 학습할 수 있다고 봤다. 이는 인간의 내부과정 또는 외부 환경적 요인만으로 인간의 행동을 설명하는 데는 한계가 있으므로 상호 결정주의적 입장을 취한다. 또 처벌, 보상 등 외적 강화물이 우리 행동에 미치는 직접적 역할은 많지 않다고 본다. 그리고 인간은 창조적이며 자기생성적인 모습을 가진다는 것을 강조한다. 반두라는 사회적 학습을 크게 세 가지 유형으로 구분했다.

첫째, 모델링 학습은 가장 단순한 형태의 사회적 학습으로 인지적 개입 없이 자동적으로 이루어지는 학습이다.

둘째, 대리학습이 있는데 이는 다른 사람들이 새로운 행동을 시도할 때 어떤 결과가 나타나는지를 관찰함으로써 자신이 그러한 행동을 했을 경우에 초래될 결과를 예상하는 학습법이다.

마지막으로 관찰학습이다. 이는 사회적 상황에서 다른 사람의 행동을 관찰해 두었다가 유사한 행동을 나타내는 학습과정을 의미한다.

## 2. 인성이론의 필요성

박영태(2002)는 인성이란 다음 두 가지로 정리하였다. 하나는 개인이 지닌 특성으로서 타인에게 주는 뚜렷한 인상을 의미하고 다른 하나는 사회적 기술 혹은 능숙함의 정도를 의미한다. 여기서 인성이란 한 개인이 자기 자신을 둘러싸고 있는 대상과의 특정한 형태의 상호작용으로 표출되는 내면적 특성으로, 상호 작용 기술의 집합이다. 인성의 개념을 바탕으로 하는 인성이론은 인성교육의 활성화와 밀접한 관계가 있다. 바꿔 말하면 인성이론은 인성교육을 활성화시키기 위해 필요하다고 할 수 있다. 따라서 인성교육이 왜 필요한가가 인성이론의 필요성을 잘 설명해준다.

인성교육의 활성화는 우리 사회가 산업화 시대를 거쳐 후기 산업화 시대로 진행하는 과정에서 나타나는 각종 사회적 문제, 특히 인성과 관련된 문제를 더 이상 미룰 수 없다는 진지하고 심각한 인식에서 출발한다. 최근 사회에서 일어나고 있는 각종 부조리 등과 비인간적 사건 등은 우리 사회에 심각한 경종을 울리고 있다. 우리가 소중하게 여기는 사회적 가치의 경시와 황폐화는 바람직한 가치의 추구와 인성함양을 더 이상 미룰 수 없는 시점에 우리 사회가 처해 있다는 방증이다. 이제 산업화와 후기 산업화 과정에서 소홀했던 인성의 덕목인 존중, 배려, 책임, 진실성, 정의, 공정성, 시민성, 공동체 의식 등을 교육하고 강조하여 바람직한 사회를 만들어 가야 한다. 현대 사회는 상대적으로 인간의 내적 가치를 중시하는 인성교육보다 외적 가치를 중시하는 지식 교육을 강조하고 있는데 이는 전통 사회와는 반대되는 상황이다. 이처럼 현대에서는 지식을, 전통적 사회에서는 도덕 교육을 강조하면서 각 시대의 교육은 지식과 인성의 이분법적 단절의 양극단에 머무르면서 균형을 잃었다. 이 불균형은 다양하고 심각한 개인적 혼란과 사회적 부조리 현상의 심화로 이어지고 있다. 이를 극복하고 바람직한 삶과 사회를 이루기 위하여 그동안 부족했던 인성교육을 활성화할 필요가 있다(이문연, 2015).

## 3. 인성교육의 내용 및 방법(정창우, 2015)

인성교육이 무엇인가 하는 질문은 그 답변을 제대로 찾아내기가 힘든 근본적인 물음이다. 학자들은 나름의 논리를 가지고 인성을 정의하였다. 대체로 인성은 '개인의 내면을 바르고 건전하게 가꾸는 데 필요한 인간다운 성품과 역량 및 타인, 공동체, 자연과 더불어 살아가는 데 필요한 인간다운 성품과 역량'을 포함하는 말이라 할 수 있다. 인성교육은 '그러한 인간다운 성품과 역량을 길러주는 일'로 규정될 수 있다. 이러한 인성교육의 성격, 목표, 핵심 덕목, 핵심인성역량 등을 간략하게 정리하면 다음과 같다.

### 1) 인성교육의 성격 및 개념

인성교육은 건전하고 올바른 인성을 갖춘 시민을 육성하여 개인의 행복과 안녕을 증진시킬 뿐만 아니라, 개개인의 존엄과 가치가 존중되는 세계로의 진보를 이루어내는 데 이바지할 수 있는 인간을 육성하는 데 목적을 두고 있다. 인성교육이란 개인의 내면을 바르고 건전하게 가꾸고 타인, 공동체, 자연과 더불어 살아가는 데 필요한 인간다운 성품과 역량을 길러주는 교육을 말한다.

### 2) 인성교육의 목표

지적 인성, 도덕적 인성, 시민적 인성을 통합적으로 발달시키는 것이며, 각 인성 요소별로 인간다운 성품에 해당하는 핵심 덕목을 함양하고 좋은 인간성 및 훌륭한 시민성을 갖춘 사람이 되기 위해 보편적으로 요구되는 핵심 인성역량을 길러주는 것이다.

### 3) 핵심 덕목

지적 덕목, 도덕적 덕목, 시민적 덕목은 긍정적 성품을 갖춘 사람이자 훌륭한 사람이 되기 위한 근본적이고 필수적인 덕목들이다. 이러한 덕목들은 학생들에게 옳고 그른 것을 분별하는 준거와 정신적인 나침반을 제공하고, 공동체 구성원으로서 자신의 역할을 보다 분명하게 인식하도록 안내한다.

### 4) 핵심 인성역량

지적 인성역량, 도덕적 인성역량, 시민적 인성역량을 포함한다. 이러한 인성교육은 학교, 가정과 지역사회에서 이루어지고, 다양한 교육 방법 혹은 활동을 통해 매우 다양하고 광범위한 인성 내용을 교육한다는 포괄적인 특성을 지니고 있다. 우선 학교에서는, 교과 활동을 통해 인성교육을 실시할 수 있다. 학교 교육에서 거의 대부분을 차지하는 교과교육과정의 운영을 통해 인성교육에 기여할 수 있다. 또한, 교과 외 활동을 통해 인성교육을 할 수 있는데 창의적 체험활동을 통해 학생의 창의성을 자극하고 그 성취의 과정에 있어 인성교육의 필수적 요소를 동반하는 방법을 찾아야 한다. 학생들에게 인성함양을 촉진시킬 수 있는 환경을 의미 있게 그리고 적극적으로 구축하도록 노력하여야 한다. 가정과 공동체는 학교와 연계를 통해 인성교육을 실시할 수 있다. 학교와 가정, 공동체는 원활한 소통과 상호 이해를 바탕으로 올바른 인성함양을 위해 협력적인 노력을 기울여야 한다. 바람직한 삶의 모습을 제공하고 그러한 생활을 실천하면서 몸에 익히도록 하는 것이다.

다양한 교육 방법 및 활동을 적용하는 것 또한 인성교육의 한 방법이 될 수 있다. 교훈적인 이야기, 모범 감화 학습 등 학습자에게 직접적으로 가치를 가르치거나 심어주기 위한 '가치전수방법'과 토론학습, 프로젝트 학습, 협동학습 등 학습자의 능동적인 참여와 의미 구성을 중시하는 '가치탐구방법' 등이 포괄적으로 적용될 수 있다.

Chapter

05

# 특수교육

특수교육이라는 용어에서 오는 부담감과 평소에 많이 만날 수 없는 장애학생을 교육해야 한다는 두려움, 이질감 때문에 특수교육학이라는 학문에 대해 거리감을 느끼고 더 어려운 학문이라고 생각하는 학생들이 많다고 한다. 특수교육학은 어떤 학문인지, 특수아동을 어떻게 이해하고 진단 평가해야 하는지에 대해서 알아보고 그 거리감을 좁혀보고자 한다.

## 1절 특수교육의 이해

### 1. 특수교육의 정의

특수교육을 올바르게 이해하기 위해서는 먼저 특수교육의 정의를 살펴보아야 한다. 특수교육은 신체적, 정신적으로 특별한 아동과 장애나 두드러진 재능으로 교육적 조치가 필요한 아동에게 특별한 교과, 또는 환경적 수정을 가하여 행해지는 교육이다(김이영 · 김선영, 2015; 김미숙 · 김향지, 2014).

아동들의 학습과 교수의 문제를 일반교육현장에서 해결할 수 있다면 구태여 특수교육이라는 새로운 체제를 만들 필요가 없다. 그러나 지금까지 일반교육에서는 학습에 특별한 요구나 필요성을 가진 아동에 대해 적절한 조치를 취할 수 없었기 때문에 이러한 요구에 대처하기 위하여 특수교육이 만들어졌다. 사회가 장애를 갖고 있거나 어려운 처지에 놓여 있는 소수 사람들의 문제를 어떻게 대처하는가는 그 사회 사람들이 가지고 있는 인간의 본성과 가치에 대한 근본적인 생각과 성숙도를 반영하는 것이며, 사회가 시민 개개인에 대하여 어떤 책임을 지고 있는가에 대한 기본 입장을 나타낸다고 하겠다. 특수교육이란 어느 날 갑자기 생겨난 학문이 아니라 오랜 시간 많은 역동적인 변화를 거치면서 성장한 학문이며 역사적인 산물이다. 한마디로 특수교육은 '특수아동'을 위한 교육이다.

특수아동이란 신체적 속성이나 학습능력이 높거나 낮은 상태로 규준에서 벗어난 정도가 심하여 개별화된 교육이 필요한 아동을 뜻한다. 현재의 교육이 일반교육 중심이기 때문에 특수아동이 적절하고 충분한 혜택을 받을 수 없었고, 이러한 요구에 대처하기 위해 특수교육이 만들어졌다(송준만 · 유효순, 2011). 따라서 특수교육은 어원적, 사상적, 중재적 정의로 나누어서 살펴볼 수 있다.

### 1) 특수교육의 어원적 정의

특수교육의 어원적 정의를 살펴보면, '특수'와 '교육'으로 나누어서 탐색해야 한다. 특수교육과 관련하여 사용되는 '특수'라는 개념에는 세계보건기구(WHO)에서 분류하고 있는 손상, 무능력, 불이익 또는 사회적 불리 등과 같이 장애의 다양한 의미가 포함되어 있다. 장애를 손상이라는 관점에서 바라보면 인간의 심리적, 신체적, 또는 해부학적 조직이나 기관에 결함이 생겨 나타나는 일시적 혹은 영구적인 병리 상태를 의미한다. 장애를 무능력이라는 관점에서 보면 손상으로 인해 특정 과제를 수행할 때 다른 사람이 보편적으로 수행하는 방법으로 수행하기 어렵거나 일상생활의 기능적 능력이 감소된 상태를 의미한다. 장애를 불이익 또는 사회적 불리라는 관점에서 바라보면 손상이나 무능력으로 인하여 여러 분야에서 개인이 문제나 불이익을 경험하여 불리하게 된 상태를 의미한다.

### 2) 특수교육의 사상적 정의

특수교육은 사상적 관점에 따라 정의할 수도 있다. 교육이 담고 있는 사상적 관점은 세 가지로 살펴볼 수 있는데 첫째, 교육은 교육받는 사람에게 가치 있는 것을 전수해 주는 일이라는 의미를 포함하고 있다. 둘째, 교육의 의도성과 계획성이 드러나 있는 '인간 행동의 계획적 변화'가 교육이다. 셋째, 교육에는 '인간의 성장 가능성을 최대한 신장시켜 자기실현을 돕는 일'이라는 의미가 내포되어 있다. 이러한 사상적 관점을 반영하면 특수교육은 특별한 특성을 지닌 아동에 대하여 의도하고자 하는 방향으로 계획적인 변화 혹은 그들이 지닌 잠재력을 최대로 계발하는 것이다.

### 3) 특수교육의 중재적 정의

특수교육을 중재적 정의 측면에서도 살펴볼 수 있는데, 중재적 정의 측면에서의 특수교육은 장애아동이 학습하고 학교와 사회에 적극적으로 참여하는 것을 저해하는 방해물이 발생하지 않도록 예방하며, 장애아동으로 하여금 방해물을 극복하도록 하는 중재이다.

여기에서 말하는 중재는 세 가지 형태가 있다.

첫째, 예방적 중재는 장애를 초래할 수 있는 잠재적인 문제에 대해 중재하는 것이다. 둘째, 교정적 중재는 장애아동에게 독립적인 생활을 수행하는 데 필요한 기술을 가르치는 것이다. 셋째, 보상적 중재는 장애아동에게 자신의 장애에도 불구하고 과제를 수행할 수 있도록 대체기술을 가르치는 것이다(김이영 · 김선영, 2015).

장애인의 다른 점 혹은 결함에 더 초점을 두고 그 점을 정상으로 교정하는 데 교육의 목적을 두어 왔다. 그러나 장애인들은 그들의 장애를 제외하고는 일반인과 똑같은 감정 욕구가 있으며 삶의 목표도 같다는 점에 더 주목하여야 한다. 특수교육은 특수한 자료, 교수방법 및 장비를 필요로 하며 특히 중요한 것은 장애학생의 능력을 발견하고 그것을 최대한 활용하여 그들의 잠재력을 최대한 키워주어야 한다. 특수교육이란 일반교육보다 더 정밀하게 지도의 속도와 강도를 조절하고, 지도내용에 대한 집중적인 훈련을 필요로 하며, 교육의 환경과 방식을 구조적으로 조절하고, 다양한 강화제를 사용하며, 교사 대비 학생의 비율을 줄이고, 교육과정을 수정하며, 성취를 지속적으로 평가하면서 미세한 발전의 정도를 파악해 나가며 개별 교육화 계획의 목표가 달성되고 있는지를 평가해 나가는 방식이다. 진단명과 장애 종별에 구애받지 않고 적절한 특별한 교육적 지원이 필요한 대상에게 적절한 지도를 실시하여 장애학생의 능력을 극대화하고 그들을 일반사회에서 독립된 존엄한 시민으로 살아나갈 수 있게, 자립하여 살아갈 수 있도록 장애를 극복 개선하며 사회적 제도적 제한과 편견을 제거하며 보편주의적 환경을 만들도록 해야 한다(박숙자 외, 2012).

## 2. 특수교육의 목적과 필요성

특수교육은 일반학교에 준하는 교육목적을 달성함과 동시에 실생활에 필요한 지식과 기술을 함양하는 데 있다. 즉, 특수교육을 받는 장애아동은 독립된 생활과 생산적인 생활, 그리고 통합된 생활을 할 수 있도록 해야 한다(김이영·김선영, 2015). 국민 모두의 교육에 대한 권리와 의무가 헌법에 엄연히 명시되어 있으나 현대에 이르기까지 일반교육은 특수아동에 대한 교육을 회피하거나 마치 교육의 대상이 아닌 것처럼 행동하면서 공교육의 책무를 제대로 수행하지 못했다. 그러나 많은 교육자와 학부모들의 헌신적인 노력으로 특수교육은 계속적으로 발전하여 왔으며 특수아동에 대한 교육이 더 이상 개인 차원의 문제가 아니라 국가 차원의 문제라는 것을 인식하는 시대가 되었다. 우리나라의 특수교육은 공적으로 시행된 기간은 아주 짧지만 지속적인 발전을 해 오고 있다. 그러나 특수아동에 대한 교육기회 확충 및 교육권 보장을 위해 나아갈 길은 아직도 멀고 특수교육의 발전, 나아가 한국교육의 정상화를 위해 일반교육과 특수교육이 해야 할 일은 여전히 많다. 최근 세계적인 추세를 보면 많은 국가에서 출생부터 성인기까지의 전 과정에 걸쳐 국민의 건강과 복지에 관심을 쏟고 있으며, 유아에서 아동 및 청소년기에 장애나 이상이 발생하는 것을 조기에 막기 위해 노력하고 있다.

장애인올림픽은 장애인들이 한 사회의 구성원으로서 누릴 수 있는 모든 권리를 가지고 있다는 것을 보여 주는 장이다. 전 세계의 장애인들이 모여 그들이 가지고 있는 여러 형태의 장애의 벽을 넘어 의미 있는 삶을 영위할 수 있다는 가능성을 보여주는 것은 장애인은 물론 모든 사람에게 장애인에 대한 새로운 인식을 심어주기에 충분하다. 불가능이란 그들의 신체조건에 있는 것이 아니라 오히려 우리의 생각 속에 자리 잡고 있는 것이다. 특수교육은 이러한 불가능에 대하여 가능성으로 도전하는 학문이다. 신체나 정신적인 제한 때문에 정상적인 방법으로는 극복하기 어려운 학습과 생활상의 문제를 해결하고 교육하는 것이 특수교육의 목표이다. 장애는 개인이 가지고 있는 어려움이라기보다는 사회가 만들어 낸 가공적인 차별 구조이며, 이로 인해 사회는 장애인을 편견이나 고정관념을 갖고 바라보게 되고 장애인을 교육이나 사회의 현실에서 제외하거나 소외시킴으로써 사회나 교육에 참여할 응분의 기회를 박탈하는 경우가 많다. 그 사회가 장애인에 대하여 어떠한 생각을 가지고 있느냐가 실제로 장애인이 가지고 있는 무능이나 어려움보다도 장애인들에게 더 많은 어려움을 가져다주는 원인이 된다.

자유민주주의 원칙에 입각한 우리의 헌법은 모든 시민에게 균등한 교육의 기회를 부여하도록 보장하고 있고, 이를 바탕으로 교육법에도 이러한 정신이 명시되어 있다. 따라서 장애인도 교육 및 학습할 정당한 권리를 가지고 있으나 실제 교육현장에서 일어나고 있는 교육기회의 균등에 관한 정신이나 기대와는 상당한 차이가 있으며, 획일적인 기회의 부여가 반드시 균등하고 공평한 교육기회의 부여로 이어지는 것은 아니다. 특수아동에게 일반아동에게 부여되는 것과 같은 동등한 교육적 기회와 질을 제공하기 위해서는 교육과정을 그들의 특성에 맞게 변형시켜야 한다. 즉, 학생 개개인의 고유한 특성과 신체적 구조에 맞추어 가장 적절한 형태의 교육적 서비스를 제공해야 한다. 각 개인은 인간적 권위와 존경을 받을 동등한 권리를 소유하고 있으므로 그 잠재력을 충분히 발휘할 수 있도록 가능한 조치를 마련해 주어야 한다. 이는 한 인간을 좀 더 생산적이고 사회적으로 유용하게 만들기 위해서가 아니라 그것이 바로 인간이 마땅히 갖고 있는 생득적 권리이기 때문이다. 다시 말해서, 교육의 주된 목적은 최대한의 생산을 끌어내는 것이 아니라 알맞은 인간적 성장을 돕는 것이다(송준만 · 유효순, 2011).

특수교육에서 강조하고 있는 목적을 보다 구체적으로 살펴보면 다음과 같다.

첫째, 다양한 영역에서의 자원을 확인하여 양육지원에 대한 능력을 강화받고자 하는 장애아동 가족의 목적이 성취되도록 돕는 것이다.

둘째, 특수아동의 참여와 독립성, 그리고 새로운 기술의 습득을 촉진해야 한다.

셋째, 결함을 보이는 지체된 발달영역만을 교정하는 차원이 아니라 전인적 발달을 촉진해야 한다.

넷째, 전 생애에 걸쳐 중요한 기술인 사회성 발달을 지원해야 한다.

다섯째 습득된 기술이 실제 상황에서 유용하게 사용될 수 있도록 기술의 일반화를 촉진해야 한다.

여섯째, 통합된 환경에서의 적응능력을 기르기 위해 정상화된 생활경험을 제공 및 준비시킨다.

일곱째, 기술 습득이 이루어지지 않았을 때 발생하게 될 미래의 문제나 장애를 예방하는 것이다(김이영 · 김선영, 2015; 김미숙 · 김향지, 2014; 신현기 외, 2005; 이소현, 1995; 조윤경 · 김수진, 2014).

## 3. 특수교육 대상

특수교육의 대상은 「장애인 등에 대한 특수교육법」 제15조에 따라 특수교육을 필요로 하는 사람으로 선정된 사람을 말하는데 우리나라는 특수교육 대상자 선정기준을 10영역으로 정하고 있다. 선정 기준은 다음과 같다(박숙자, 2012).

**1. 시각장애를 지닌 특수교육대상자**
시각계의 손상이 심하여 시각기능을 전혀 이용하지 못하거나 보조공학기기의 지원을 받아야 시각적 과제를 수행할 수 있는 사람. 시각에 의한 학습이 곤란하여 특정의 광학기구, 학습매체 등을 통하여 학습하거나 촉각 또는 청각을 학습의 주요 수단으로 사용하는 사람

**2. 청각장애를 지닌 특수교육대상자**
청력 손실이 심하여 보청기를 착용해도 청각을 통한 의사소통이 불가능 또는 곤란한 상태이거나, 청력이 남아 있어도 보청기 착용 후에 청각을 통한 의사소통이 가능하여 청각에 의한 교육적 성취가 어려운 사람

**3. 정신지체를 지닌 특수교육대상자**
지적 기능과 적응행동상의 어려움이 함께 존재하여 교육적 성취에 어려움이 있는 사람

**4. 지체장애를 지닌 특수교육대상자**
기능, 형태상 장애를 가지고 있거나 몸통을 지탱하거나 팔다리의 움직임 등에 어려움을 겪는 신체적 조건이나 상태로 인해 교육적 성취에 어려움이 있는 사람

**5. 정서, 행동장애를 지닌 특수교육대상자**
장기간에 걸쳐 다음 각 항목의 어느 하나에 해당하여, 특별한 교육조치가 필요한 사람
1) 지적, 감각적, 건강상의 이유로 설명할 수 없는 학습상의 어려움을 지닌 사람
2) 또래나 교사와의 대인관계에 어려움이 있어 학습에 어려움을 겪는 사람
3) 일반적인 상황에서 부적절한 행동이나 감정을 나타내어 학습에 어려움이 있는 사람
4) 전반적인 불행감이나 우울증을 나타내어 학습에 어려움이 있는 사람
5) 학교나 개인 문제에 관련된 신체적인 통증이나 공포를 나타내어 학습에 어려움이 있는 사람

**6. 자폐성장애를 지닌 특수교육대상자**
사회적 상호작용과 의사소통에 결함이 있고, 제한적이고 반복적인 관심과 활동을 보임으로써 교육적 성취 및 일상생활 적응에 도움이 필요한 사람

**7. 의사소통장애를 지닌 특수교육대상자**
다음 각 항목의 어느 하나에 해당하여 특별한 교육적 조치가 필요한 사람
1) 언어의 수용 및 표현 능력이 인지능력에 비하여 현저하게 부족한 사람
2) 조음능력이 현저히 부족하여 의사소통이 어려운 사람
3) 말 유창성이 현저히 부족하여 의사소통이 어려운 사람
4) 기능적 음성장애가 있어 의사소통이 어려운 사람

**8. 학습장애를 지닌 특수교육대상자**
개인의 내적 요인으로 인하여 듣기, 말하기, 주의집중, 지각, 기억, 문제해결 등의 학습기능이나 읽기, 쓰기, 수학 등 학업 성취 영역에서 현저하게 어려움이 있는 사람

**9. 건강장애를 지닌 특수교육대상자**
만성질환으로 인하여 3개월 이상의 장기입원 또는 통원치료 등 계속적인 의료적 지원이 필요하여 학교생활 및 학업수행에 어려움이 있는 사람

**10. 발달지체를 보이는 특수교육대상자**
신체, 인지, 의사소통, 사회정서, 적응행동 중 하나 이상의 발달이 또래에 비하여 현저하게 지체되어 특별한 교육적 조치가 필요한 영아 및 9세 미만의 아동

## 2절 특수아동 심리의 이해

### 1. 장애발생 요인들

장애를 유발하는 요인들은 생명체가 형성되기 이전부터 성장해 가는 전 과정을 통하여 작용하고 있다. 개체로서 형성되기 이전에 부모들이 가지고 있는 유전적인 조건에 의하여 많은 부분이 결정되며, 심지어 부모들이 그들의 부모로부터 받은 잠재적 유전인자가 개체 형성에 영향을 미치기도 한다. 환경의 요인에 의하여 파괴되거나 변할 수도 있으나 유전인자는 그 강도가 매우 강하여 망치로 두드려도 잘 끊어지지 않을 정도이며, 변하지 않는 속성을 지니고 있다. 그렇기 때문에 같은 형질이 수천 년 동안 유지될 수 있는 것이다. 돌연변이는 유전변화의 중요한 요소이며 환경적 요인인 방사선과 공해물질인 납, 수은, 그 밖의 화학 방사성 물질이 유전인자에 영향을 미칠 수 있으며 원자탄 피해자가 기형 아동을 출산한 경우 등이 여기 속한다고 볼 수 있다. 환경적 요인은 생명체의 생성, 성장 전 기간에 걸쳐 영향을 미치며 점차 환경 공해나 약품 등 화학 물질의 사용이 늘어가고 있고 방사선 등 핵물질의 사용이 늘어가고 있어 문제가 점점 심각해지고 있다. 이러한 환경적 요인에 대한 적절한 대책이 마련되지 않는다면 장애인의 발생은 증가할 것으로 예측된다.

임신 기간은 태아가 자궁 내에서 성장하는 기간으로 모든 기관이 형성되는 시기이다. 이 시기 중 부모의 연령이라든가, 건강 상태, 신진대사나 심리적인 상태 등이 태아에 지대한 영향을 미친다. 일생을 통하여 가장 짧은 기간인 출산의 순간은 그 짧은 시간성에도 불구하고 장애 유발에 관련하고 있는 정도가 매우 크다. 분만 시의 여러 문제는 아동과 산모에게 지울 수 없는 상처를 남기며, 그로 인하여 평생 동안 고통을 당하기도 하기 때문에 매우 중요하다. 출생 직후 인간은 자유롭게 활동할 수 없으므로 아동은 주어지는 모든 성장환경에 의하여 영향을 받게 된다. 육아법이라든가 영양 상태, 각종 질병, 그리고 트라우마 등 많은 요인들이 장애유발의 가능성을 가지고 있지만, 대부분의 인간 유기체는 이러한 장애요소를 넘어서서 건강한 아동으로 자라고 있다. 그러나 그중에는 이러한 것들에 의하여 정상적인 발달을 할 수 없게 되는 경우가 생긴다. 많은 학자들은 초기의 3~4년을 가장 중요한 시기로 보고 있으며, 이 기간 동안에 일어나는 성장의 정도가 추후의 아동행동발달에 절대적인 영향을 미친다고 강조하고 있다. 환경적 요인은 이 전과정을 통하여 작용하며 어떤 경우에는 우리가 인식하지 못하는 사이에 인체에 막대한 영향을 주고 있다. 산업화의 급격한 발전은 이러한 환경적 위험성을 가중시키고 있다(송준만 · 유효순, 2011).

### 1) 유전적 조건과 장애

우리 몸의 구조는 단순한 세포들로 구성되어 있으나 그것들이 이루는 다양한 조합은 우리가 수많은 능력을 수행하는 데 아무런 불편이 없을 정도로 정교화되어 있다. 정자와 난자의 단일 세포가 수정되면서 수많은 분열 과정을 거쳐 수천억의 세포를 만들어 내어 우리의 온갖 감각과 운동 기관을 형성하고 그 기능을 유지시켜 가고 있다. 이렇게 작은 세포에서 커다란 인간으로 성장하는 데는 수많은 변화를 거치게 되며 이 변화 기간 동안에 아무런 손상 없이 정상적으로 성장한다는 것은 기적에 가까운 일이다. 완전히 성장한 인간의 골격이나 기관은 단단하고 많은 시련에도 잘 견뎌낼 수 있으나 작은 세포들이 짝을 지어 인간을 형성해 가는 초기에는 연약하기 짝이 없다. 이렇게 취약한 기간 동안에 입은 작은 상처는 나중에 커다란 변화를 가지고 오는 근본 원인이 되기도 한다. 이러한 성장 발달기간 동안에 일어날 수 있는 장애는 어떤 것들이 있는지 살펴보자.

유전현상에 대한 우리의 이해는 놀랄 만한 속도로 증가하였으며 21세기의 획기적인 연구 분야가 되었다. 유전인자가 인간의 성장과 발달과정을 지시하고 통제한다는 것은 분명하게 되었으며 그러한 지시와 통제는 복잡한 생화학적 과정에 의하여 일어나서 그것을 통해 단백질의 구조와 합성비율을 결정한다. 많은 단백질은 효소로 작용하고 세포 내에서 일어나는 모든 생명현상은 효소가 결정하며 이 효소를 만드는 데 결정적 역할을 하는 것이 유전인자이다. 이러한 유전인자의 근본이 되는 물질은 염색체 속에 있는 DNA이다. 인간은 총 46개의 염색체를 보유하고 23개는 부친, 23개는 모친으로부터 받은 것이다. 이러한 유전인자는 수정 시 결정되며 생명체가 성장하기 시작할 때 계획을 결정하여 일사불란하게 우리 몸의 조직과 기관을 만들어 성장시킨다. 실상 유전적인 장애는 근본적으로 신진대사의 장애인 셈이며 타고난 대사 장애로 유전인자가 만들어 낸 단백질이 어떤 효소작용을 하느냐에 따라 정상적인 성장을 할 수도 있고 잘못된 경우에는 많은 문제를 불러일으킨다.

유전적 영향은 여러 형태로 행동에 영향을 미친다. 즉, 구체적으로 신체의 여러 기관에 적절한 구조를 생성하지 못하게 함으로써 해부학적인 결함이 지능이나 그 밖의 인간의 능력에 제한을 가져오는 경우와 앞에서도 언급한 생물적 조건에 영향을 미치어 신경계나 그 밖의 손상 때문에 장애를 가져오는 경우가 있다. 또한, 선천적인 농아나 맹아의 경우 이러한 것이 학습상황에 적응하는 데 어려움을 가져오기도 하며 남녀의 성차에 따르는 특성을 결정해 주기도 한다. 부모들이 어떤 유전인자를 자손에게 나누어 주었느냐에 따라 자손의 성장, 발달이 결정되며 여러 가지 선천적인 질병이나 기형을 낳을 가능성도 결정된다는 것이다. 선천적 농, 맹, 각종 질병, 결절성 경화, 성염색체 이상, 다운증후군 등 다양한 형태의 장애가 직접적인 유전인자의 결함에서 생겨나 특수교육의 대상이 되고 있다(송준만 · 유효순, 2011).

### 2) 출산 후의 발달과 장애요인

임신 초기에 받은 영향이나 출산 중 충격, 조산 등으로도 장애가 올 수 있으나 출산 후에도 중추신경계에 상처를 입을 수 있는 경우가 다양하다. 폭행, 아동학대, 질식, 독물 중독, 종양, 질병, 신진대사작용 부진 등을 들 수 있다. 출산 전이나 중에 일어날 수 있는 위험한 사태는 출생 후에도 똑같이 적용되며 질병에 의하여 두뇌가 감염되면 어떤 외상보다 더 치명적이다.

직접적으로 장애를 불러일으키는 요인 중 두드러진 것은 외상성 뇌손상이다. 교통사고나 아동학대는 뇌손상의 주요한 두 원인이며 추락이라 충돌 등으로 일어나는 손상 또한 흔히 일어날 수 있다. 두뇌가 상처를 입으면 의식회복 후 심한 정신병을 일으키며 만성적 행동장애의 경향이 특징적이다. 발작 증세도 있고 실어증, 기억상실, 지적 감퇴 등 두뇌기능의 결손을 나타내기도 한다고 카너(Kanner, 1957)가 지적하였다. 손상 시기가 어릴수록 회복의 가능성이 높다. 두뇌종양에 의해서도 손상받을 수 있고 질병 중에서도 뇌염과 뇌막염, 뇌수증 등이 위험하다. 뇌염은 홍역, 수두, 백일해, 인플루엔자, 백신 등에 의하여 생기며 항생제로 처치되지 않는 경우가 많다. 그리고 고열은 가장 치명적인 뇌손상의 원인 중 하나이다(송준만 · 유효순, 2011).

## 2. 가족과의 협력

### 1) 장애아 가족의 이해

가정은 아동이 자신의 주위환경과 상호작용을 하는 일차적 영역이다. 가족구성원의 급격한 변화에도 불구하고 대부분의 아동은 부모와 형제자매와의 상호작용을 통하여 최초의 경험과 훈련을 받게 된다. 즉, 장애아동이든 비장애아동이든 아동의 발달에 가장 중요한 영향을 주는 요인이 가족이다. 장애아동과 그 가족과의 관계, 즉 장애가족을 이해하는 데 최근 많은 관심을 받고 있는 것이 가족체계이론이다. 이 이론의 기본적 주장은 가족은 독특한 특성과 욕구를 가지며 상호관련을 갖는 하나의 사회체계라는 것이다. 가족은 상호작용을 하는 동시에 상호

의존적인 단위이다. 모빌의 어느 하나를 움직이면 전체가 움직이듯 가족 중 어느 한 사람에게 영향을 주는 사건이나 경험은 다른 가족구성원에게도 영향을 준다. 이러한 관계 때문에 교사나 서비스 제공자들은 가족을 전체로 보아야 한다.

가족의 특성은 한 가족을 독특하게 하는 면모이다. 여기에는 가족의 크기, 형태, 문화적 배경, 사회경제적 수준, 그리고 지리적 위치 등이 포함된다. 또한, 가족구성원의 신체 및 정신건강, 각 구성원의 적응유형, 그리고 장애의 특성과 정도 등이 포함된다. 마지막으로 그 가족이 직면한 여러 가지 특수한 도전, 예를 들어 빈곤, 약물남용, 부모 자신의 장애 등이 포함된다. 종합적으로 볼 때 이러한 변인은 각 가족만의 독특한 동일시를 형성하게 하고, 구성원 간의 상호작용에 영향을 주며, 가족이 한 구성원의 장애에 대하여 어떻게 반응할 것인가를 결정하게 한다.

가족의 상호작용은 가족의 여러 하위체계 간의 상호작용이나 관계를 말하는데, 가족이 어떻게 상호작용을 하는가는 가족의 결속력과 적응력에 따라 다르다. 가족의 결속력은 각 구성원들이 갖는 자유와 독립성의 정도로 가족의 문화적 유산에 영향을 받는다. 결속력은 연속선상에서 나타나게 되는데, 어떤 가족은 결속력이 매우 높다. 이러한 경우 개인의 자율성과 독립성이 침해를 받을 수 있으며 이러한 가족은 과잉 보호적인 가족으로 보인다. 반면 결속력이 낮은 가족은 장애를 가진 구성원이 필요한 지원을 받지 못할 수도 있다. 기능을 잘 하는 가족은 결속력에서 균형을 이루는 가족이다.

### 2) 부모와 가족에게 주는 장애아동의 영향

교사와 전문가들은 한 가정의 구성원이 장애판단을 받으면 그것이 전 가족구조에 영향을 미치며 가족구성원은 다양한 반응과 감정을 나타낸다는 것을 아는 것이 중요하다. 다음에서 각 가족구성원의 장애에 대한 반응과 영향을 알아본다. 부모의 반응은 한마디로 이야기하기 어렵다. 많은 학자들(Anderegg, Vergason, & Smith, 1992)은 장애진단에 대한 부모의 반응을 단계이론으로 설명한다. 이 주장은 자녀가 장애아동이라는 소식에 대해 부모가 일련의 반응을 보이게 된다는 것이다. 비록 모든 가족이 똑같이 반응하지는 않으나, 연구자들은 부모가 보이는 반응에는 공통된 단계가 있다고 하고 학자에 따라 3단계 또는 5단계로 설명한다.

### (1) 충격과 부인의 단계

부모는 전문가들에게 장애판정을 받기 이전에 이미 자녀가 장애를 가지고 있음을 알았음에도 불구하고 커다란 충격을 받고 부인과 부정을 하게 된다. 이러한 반응은 고통스러운 현실을 피하려는 충동에서 나오는 자연스러운 반응이며 새로운 진단이나 효능이 증명되지 않은 새로운 치료방법을 찾아내서 필요한 서비스를 조기에 받지 못하게 할 수도 있다. 부인과 부정 후에는 죄의식이 나타난다. 자신의 잘못 때문에 벌을 받는 것이라고 생각하는데, 이때 교사는 그러한 느낌이나 감정이 정상적이라는 점을 부모에게 이해시켜야 한다.

### (2) 화와 원망의 단계

더 이상 자녀의 장애를 부정할 수 없을 때 부모는 화를 내고 원망을 하게 되고 다른 사람을 부러워하게 된다. 지적으로는 자녀의 문제를 인정하나 정서적으로는 자녀의 문제에 긍정적으로 접근하지 못한다. 이 단계에서 교사가 전문성을 나타내어 아동이 발전할 수 있다는 믿음을 심어주어야 한다.

### (3) 흥정의 단계

부모가 아직 자신의 운명을 받아들이기를 미루는 단계인데 '당신들이 하라는 대로 하면 우리 아이의 문제는 없어지겠죠?'라는 식인데 기대한 만큼의 변화가 없으면 좌절과 낙담의 단계로 넘어간다.

### (4) 좌절과 낙담의 단계

자녀가 진전을 보이지 않으면 희망을 잃게 되고 무기력함을 느끼는데 이러한 감정이 자녀를 있는 그대로 수용하게 하여 자녀의 문제를 보다 생산적으로 해결하도록 한다.

#### (5) 수용의 단계

여러 단계를 거쳐 부모는 마지막으로 수용의 단계에 도달하게 되는데, 이 단계의 부모는 자녀가 장애를 가졌음을 인정하며 더 이상 죄의식을 가지거나 사회를 원망하지 않는다. 이제 이들은 무언가 이루어질 수 있음을 깨닫고 자녀를 위해 무언가 배우고자 하며 새로운 지식을 적용하고자 한다.

한 가족이 구성원의 장애를 받아들이고 적응해 가는 방식에는 가족마다 차이가 있다. 장애아동의 형제자매 또한 여러 문제를 겪는데 대부분의 경우는 부모가 갖는 태도와 비슷한 태도를 갖는 동시에 장애형제가 있다는 사실로 인한 여러 의문을 가지며 걱정을 한다. 부모가 장애형제를 돌보는 데 더 많은 시간을 할애하는 것에 대하여 머리로는 이해하지만 감정적으로 화를 내고 때로 자신도 장애형제처럼 행동하여 부모의 관심을 끌려 한다. 또는 보상하기 위해 더 공부를 잘 해야 한다고 생각하고, 친구들의 비웃음을 걱정하기도 한다(송준만 · 유효순, 2011).

장애아 부모들에게 도움을 주기 위해서는 전문가나 교사가 기본적 자질과 능력을 갖추어야 할 뿐만 아니라 이들과 효율적 관계를 형성할 수 있어야 한다. 효율적 관계를 형성하기 위해서는 적극적 청취, 신뢰와 친밀감의 형성, 민감성 및 가족의 역동성에 대한 이해가 필수적이다(송준만 · 유효순, 2011).

## 3절 특수아동의 진단 및 평가

### 1. 발달지체

우리나라에서 발달지체에 대한 법적 정의는 2007년 처음 등장하였다. 발달과정에 있는 유아들에게 발달지체라는 개념을 적용하게 되면 장애 범주별 명칭이 아닌 발달 상태를 제시함으로써 발달상 적합한 환경에 배치하게 되며, 배치된 환경에서 유아의 욕구와 능력에 맞는 서비스를 제공할 수 있게 된다. 이러한 혜택은 장애 표찰에 따른 분리된 서비스보다는 통합된 서비스를 제공하기 때문에 장애 유아의 통합교육을 촉진하게 된다. 또한, 발달지체 정의는 되도록 이른 시기에 교육을 제공하여 문제가 심각해지는 것을 예방해 주기 때문에 정부는 장애가 명확하게 나타나기 전에 서비스를 제공하게 되고 추후 발생할 서비스 비용을 절감하게 된다(박숙자 외, 2012).

어린 연령의 유아들은 성별, 인종, 문화적 차이에 의해서 발달의 범위가 다양하게 나타난다. 일부 영유아는 발달과정 중 극단적인 변화를 보여서 쉽게 문제점이 파악될 수 있으므로 범주별 장애 분류에 부합되기도 하지만 대부분의 영유아들은 서로 다른 발달 양상을 보이므로 하나의 장애 범주에 맞아떨어지지 않는다. 이러한 경우 발달지체의 범주에 포함시키는 것이 낙인에 따른 부정적인 효과가 줄어들고 일반적인 발달 과정을 따라 발달을 촉진시키기에 적합하다(박숙자 외, 2012; Stephen, R. & Warren. U., 2009). 우리나라의 장애인 등에 대한 특수교육법(제10조 관련)에서는 발달지체의 정의를 다음과 같이 규정하고 있다.

> 신체, 인지, 의사소통, 사회·정서, 적응행동 중 하나 이상의 발달이 또래에 비하여 현저하게 지체되어 특별한 교육적 조치가 필요한 영아 및 9세 미만의 아동
> 발달지체 영유아는 아래의 항목 중 한 가지 이상에 해당되어 특별한 교육적 조치가 필요한 자를 의미
> 1. 적절한 진단도구와 절차에 의해 인지발달, 신체발달, 의사소통발달, 사회성 또는 정서적 발달, 적응행동 발달 중 한 가지 이상의 영역에서 지체를 보이는 자
> 2. 발달지체를 일으킬 가능성이 높은 정신적, 신체적 조건이 이미 형성되어 지닌 것으로 진단된 자
> 3. 생물학적 또는 환경적 위험요인으로 발달지체의 잠재적인 가능성을 지닌 자

발달지체의 진단은 발달과정에 있는 유아라는 특성으로 인해 전문가에 따라서 매우 다양하게 이루어지고 있다. 발달영역에서의 지체 특성은 다음과 같다.

### 1) 언어 및 의사소통 발달의 지체

정상적으로 언어발달을 이루기 위해서는 체계적으로 조직된 필수 요소들이 필요한데 불충분한 신경체계나 손상된 감각체계, 지적 능력의 부족, 낮은 사회경제

적 환경은 언어 및 의사소통 발달에 부정적인 영향을 준다.

### 2) 인지발달의 지체

인지란 주변 사건을 이해하여 적절하게 행동하도록 하는 정신 활동을 말한다. 인지발달의 기초는 사물과 사건을 상징 형태로 뇌에 저장할 수 있는 개인의 능력이다. 정보를 습득 저장하고 조작하는 것은 언어, 사회성, 의도적인 운동기술과 관련되므로 지능이 낮은 유아는 인지발달에 지체를 보이게 된다. 또한, 주의집중에 어려움을 갖거나 지각능력, 기억에 결함을 갖고 있다면 인지발달의 지체를 가져올 수 있다.

### 3) 사회성 발달의 지체

정서는 구체적인 생리반응을 동반하는 감정, 욕구, 욕망의 표현이다. 정서능력은 표현, 이해 조절의 세 요소로 구성된다. 영아기의 단순한 정서는 유아기의 인지 및 언어발달과 결합되면서 사회성으로 연결된다. 사회적 능력은 또래에게 흥미를 보이는 행동에서부터 발달하기 시작하여 다른 아이가 반응을 하면 사회적 상호작용으로 발달한다.

### 4) 신체 발달의 지체

운동기능의 발달은 아동의 성장에 매우 중요하다. 조산아의 근육발달은 정상발달에서 벗어나는 경우가 많은데 뇌손상, 근육구조, 협응력, 힘의 차이에 의해 운동발달지연을 보이게 되며 부적절한 자세조절력과 중력에 대항하는 신체조절력에서의 지체를 나타내기도 한다. 발달적으로 행동이 불완전하거나 협응이 안 되는 아동은 환경이나 자신의 신체로부터 오는 감각정보들을 제대로 통합하지 못하므로 비습관적인 운동과제들을 개념화하고 계획하는 능력에 어려움을 보이는데 이를 통합운동장애라 한다.

발달지체 아동의 교육은 일반 아동을 위한 교육과정을 기반으로 운영되어야 한다. 이것은 장애가 있는 아동이 장애가 없었다면 가졌을 모든 경험을 동일하게 함으로써 성장과 발달 과정 중에 장애로 인한 불이익을 받지 않게 하기 위한 최소한의 배려라고 할 수 있다. 따라서 발달지체 아동의 교육은 일반 교육과정이 운영되는 중에 개별 아동의 필요에 따라 적절한 지원이 삽입되는 형태로 운영된다(박숙자 외, 2012).

## 2. 자폐성장애

자폐는 사회적 상호작용과 의사소통에 있어서의 비정상적인 발달을 보이면서 활동과 관심 영역이 제한된 특성을 보이는 장애이다. 자폐범주성 장애는 사회적 상호작용 기술에서 일생 동안 전반적인 어려움을 겪으며 극도의 제한된 관심과 행동은 물론 의사소통 기술에서의 어려움을 수반한다. 그러나 이들이 나타내는 기능은 낮은 수준에서부터 높은 수준에 이르는 연속선상에 존재한다는 점에서 범주성(또는 스펙트럼) 장애로 명명하기도 한다(박숙자 외, 2012).

카너(L. Kanner)가 처음 사회성과 의사소통, 자기만의 행동에 빠져 있는 자폐성장애를 진단한 이후 지속적으로 자폐성장애의 정의를 체계화하려는 노력이 이어지고 있다. 그러나 자폐성장애의 경우 그 범위와 특성이 매우 다양하여 아직까지 논란을 보이는 영역이 남아 있다. 자폐성장애 학생은 「장애인 등에 대한 특수교육법」에서 타인과 의사소통이나 사회적 상호작용이 어렵고, 일과 변화를 지나치게 싫어하며 특정 행동을 계속해서 반복하거나 사물의 특정 부위에 지나치게 관심을 갖고 집착하는 행동을 하는 학생이라고 정의하고 있다. 진단 및 통계편람(DSM-IV)에서는 광범위한 발달장애의 하위유형인 자폐성장애의 명칭을 자폐스펙트럼장애로 통합하여 자폐성장애, 아스퍼거장애, 아동기 붕괴성장애 등과 같이 분류기준상의 진단명을 포함한다. 이후 진단 및 통계편람(DSM-5)에서는 자폐스펙트럼장애를 신경발달장애의 하위유형으로 분류하고 있으며 진단 기준을 다음과 같이 정의한다.

1. 현재 또는 과거 병력상 다양한 맥락에 걸쳐 사회적 의사소통과 사회적 상호작용의 지속적인 결함이 나타나며 사회적·정서적 상호성/비언어적 의사소통/대인관계의 발전, 유지, 이해에 결함이 나타남.
2. 현재 또는 과거 병력상 제한되고 반복적인 패턴의 행동, 흥미 및 활동에 있어서 정형화 된 반복적인 근육운동이나 말, 물체의 사용/동일성, 일상적인 것에 대한 경직된 집착/언어적 혹은 비언어적 행동의 의식화 된 반응/비정상적인 강도 또는 몰입의 매우 제한되고 고정된 관심사/감각자극에 과한 민감성 또는 둔감성/주변 환경의 감각적 측면에 보이는 비정상적 흥미 등의 증상이 최소 2가지 이상 나타나야 함.
3. 초기 발달기간 동안 증상이 나타나야 함.
4. 증상이 사회적, 직업적 또는 현재 기능 중 여타의 중요한 영역에서 임상적으로 유의한 손상을 초래함.
5. 이러한 장애가 지적장애 또는 전반적 발달지연으로 더 잘 설명되지 않음.

자폐스펙트럼 장애는 심각도 수준에 따라 3단계로 분류되며 아동의 직접관찰, 부모 및 관계자 면담, 검사도구를 활용한 검사 등으로 판별한다(김이영·김선영, 2015). 자폐성 장애는 3세 이전에 나타난다는 것이 진단 기준에 포함되어 있는데 아스퍼거 증후군 아동들은 보다 높은 연령(보통 11세 전후)에 진단되는 경향이 있다(박숙자 외, 2012). 모든 자폐성장애 아동이 인지적 결함을 보이는 것은 아니며 자폐성장애 아동의 10% 정도는 서번트증후군으로 특정 영역에서 천재적인 재능을 가지고 있다. 따라서 자폐성장애 아동의 인지적 결함 및 천재성에만 집중하기보다는 이러한 다양한 인지적 특성을 고려하여 교육적 계획을 수립하고 적합한 환경을 제공해 주는 것이 필요하다(김이영·김선영, 2015).

## 3. 시·청각 장애

### 1) 시각장애

시각장애는 일상적인 생활을 영위하는 데 장애를 줄 수 있는 시력이나 시 기능에 문제가 있는 모든 경우를 포함한다. 시각계의 손상이 심하여 시각기능을 전혀 이용하지 못하거나 보조공학기기의 지원을 받아야 시각적 과제를 수행할 수 있는 사람으로서 시각에 의한 학습이 곤란하여 특정의 광학기구, 학습매체 등을 통하여 학습하거나 촉각 또는 청각을 학습의 주요 수단으로 사용하는 사람을 시각

장애로 정의한다. 범주는 네 가지로 나뉘는데, 나쁜 눈의 시력이 0.02 이하, 좋은 눈의 시력이 0.2 이하, 두 눈의 시야가 각각 주시점에서 10도 이하로 남은 사람, 두 눈의 시야 2분의 1 이상을 잃은 사람으로 분류하고 정도에 따라 장애등급을 나눈다. 시 기능은 환경 빛의 조건, 활동에 따라 변하는데, 따라서 교사나 상담가는 아동의 시력장애의 원인에 대해서는 잘 모르더라도 아동의 특수한 시력 문제가 교실에서 과제를 수행하는데 어떻게 영향을 미치는지에 대해서는 파악해야 한다. 또한, 아동의 시각 손상 시기를 아는 것도 필요하다. 후천적으로 시각을 잃은 아동에 대해서는 정서적 지원도 필요하기 때문이다(박숙자 외, 2012). 시각장애 아동에게는 적절한 교육을 제공해 주면 높은 학업성취도를 보일 수 있기 때문에 풍부한 경험학습을 제공하고, 아동이 보유한 잔존시력을 최대한 활용할 수 있도록 해주며, 시각 외의 사용 가능한 모든 감각수단을 활용하도록 하여 학습에 필요한 정보를 습득하고 이를 적극적으로 활용할 수 있도록 지도하는 것이 중요하다(김이영 · 김선영, 2015; 박순희, 2014).

### 2) 청각장애

청각장애를 구분하는 가장 보편적인 방법은 농과 난청의 구분이다. 그러나 대부분의 농인은 잔존 청력이 남아 있고 농과 난청의 정의는 여러 가지가 있다. 의학적인 기준으로는 농은 보청기를 사용하거나 사용하지 않은 상태에서 귀만으로 말을 들어 이해할 수 없는 정도로 청각에 장애가 있는 사람을 의미하고, 난청은 보청기를 착용하거나 착용하지 않은 상태에서 귀만으로 말을 들어 이해하는 것이 불가능하지는 않으나 어려운 정도로 청각에 장애가 있는 사람을 말한다(박숙자 외, 2012). 시각장애와 비슷하게 잃은 데시벨로 급을 나누어 장애인복지를 실행 중이다. 청각장애는 일반적으로 4개의 검사로 구성된다. 선별검사, 순음청력검사, 어음검사 및 기타 대안검사이다. 선별검사는 영아와 학령기 아동에 대해 있는데, 신생아의 93%는 청력 선별검사로 청음반출측정을 받는다. 많은 학교에서는 초등 시절에 정규적인 선별 프로그램을 갖는다. 선별검사는 집단으로 측정되어 정확도가 떨어지므로 이러한 검사를 통하여 문제가 있다고 판단되는 경우 좀 더 종합적인 검사에 의뢰된다.

순음청력검사는 여러 강도와 주파수에서 소리를 들을 수 있는 청력역치를 파악하고 어음청력검사는 개인이 언어의 음에 대한 탐지와 이해능력을 파악한다. 측정하기 어려운 아동에 대한 대안검사는 소리를 듣게 되면 공을 잡는 등의 아동들의 흥미를 끌 방법(유희청력검사)으로 청각능력을 평가하기도 한다(박숙자 외, 2012).

청각장애인의 인지 특성을 이해하는 관점은 시대에 따라 변화되어 왔다. 한국 청각장애 아동의 인지는 전반적으로 건청 아동의 발달패턴과 비슷하지만 발달속도는 지체된 양상을 보였다. 그러나 임호찬·송진숙(2001)의 연구에서는 동작성 지능검사 수행에서 둘 간에 유의한 차이가 없었으며, 현재는 청각장애 이외의 다른 부가적인 문제가 없다면 청각장애 아동의 인지능력은 열등하지 않다는 인식이 수용되고 있다.

청각장애 아동은 '듣기 어려움' 때문에 어떤 의사소통 방법을 사용하여 가르칠 것인가에 초점이 모여 왔는데, 현재는 이중문화-이중언어 접근을 지향하고 있다. 대부분의 청각장애 아동은 음성언어를 수용할 때 청각채널과 시각채널을 모두 사용한다. 구화법에서는 청인의 음성언어를 잘 이해하고 구사하도록 가르치는 데 목표를 둔다. 잔존청력 활용에 독화를 더해 보면서 이해하는 것을 강조하며, 표현 측면에서 발화를 강조한다. 청능훈련을 하기도 하고 보청기, 인공와우 등의 도움을 받는다. 또한, 수화를 사용하여 의사소통하는 방법도 가르쳐 농인의 언어인 수화와 청인의 언어인 구어를 모두 사용하여 두 문화를 배울 수 있도록 교육한다(김이영 · 김선영, 2015). 이 외에도 지체장애, 정신지체, 학습장애, 정서 행동장애, 의사소통 장애 등이 있고 각각에 맞는 특수한 교육방법이 시간이 지나면서 발전해 오고 있다.

Chapter

06

# 교육과정

Introduction to Education

교육과정은 교육학의 핵심적인 연구 영역 가운데 하나이다. 그렇지만 일상생활 속에서는 그리 친숙하게 사용되는 용어가 아니다. 비록 교육자들 간에는 널리 통용되고 있지만, 일반인들에게는 '교과', '커리큘럼'이 오히려 더 빈번하게 쓰인다. 이 용어는 '학문적 탐구로서의 교육과정'이라는 의미를 지니고 있는가 하면, 하나의 구체적인 교육 행위 혹은 현상을 가리키는 것으로 사용되기도 한다. 이 장에서는 교육과정의 어원 분석과 학자들의 정의를 개관하고 여러 유형의 교육과정을 비교해 봄으로써 전문용어로서의 교육과정을 명료화하고자 한다.

## 1절 교육과정의 의미

### 1. 교육과정의 의미

교육과정은 학교가 '무엇을 어떻게 가르칠 것인가'를 결정하는 교육학의 한 분야이다. 그렇지만 이를 결정하는 일은 그리 간단하지 않으며, 더군다나 누구나 합의하는 교육과정을 만들기란 거의 불가능할 것이다. 그만큼 교육과정은 한마디로 정의하기 어려운 속성을 지니고 있다. 그러나 교육과정의 의미에서는 어원적 의미와 원초적 의미에 대해 살펴보고자 한다.

#### 1) 어원적 의미

'교육과정'은 'curriculum'을 우리말로 옮긴 것이다. 'curriculum'은 라틴어 단어로부터 직접 차용한 영어이다. 라틴어 'curriculum'은 일차적으로 달리기 경주, 경주, 코스를 의미하였고, 부차적으로 경주-코스, 이력을 의미하였다. 이건(K. Egan)의 분석에 따르면, 원래 교육과 직접적인 관련이 없던 'curriculum'은 시간이 지남에 따라 차츰 지적인 맥락에서 사용되면서 교육적인 의미를 획득하게 되었다. 이것은 키케로(Cicero)의 전·후기 저술 속에 등장하는 'curriculum'의 사용 용례를 비교·분석하면서 그의 이러한 주장을 뒷받침하였다.

우선 '경주-코스'와 '달리기'에서 '지적인 경주'로의 의미 확장이 있었고, 다음으로 일이 발생하는 제한적 경계에서 그 경계 안에서 발생하는 사건이나 내용으로의 의미 확장이 있었다. 이렇게 해서 'curriculum' 개념의 범위가 '달리기 코스'에서 '지적인 경주로'로 넓어졌을 때, 우리는 경주로와 관련해서 묻는 질문들인 '경주는 얼마나 오랫동안 계속되는가?'와 '경주의 과정에서 어떤 장애물들이 찾아지는가?'를 지적인 경주로의 확대·적용해 '지적인 경주는 얼마나 오랫동안 계속되는가?'와 '지적인 경주로는 어떤 내용물로 채워지는가?'라고 물을 수 있다(김성훈, 2014; Efan & Kieran, 1978). 지적인 교육과정, 즉 지적인 달리기로서의 교육과정의 의미는 오늘날 영미권을 대표하는 두 사전에 반영되어 있다. 옥스퍼드 사전에서 'curriculum'이라는 단어는 'A course; spec. a regular course of study or training, as at a school or university.'로 정의되어 있다.

### 2) 원초적 의미

교육과정이라는 용어는 어원적으로 두 가지의 원초적 의미를 품고 있다. 그것은 오늘날까지 다양한 교육과정 정의들의 전통기능으로 기능해 왔다. 한쪽에서는 '교육과정을 계획 행위 혹은 계획된바'를 가리키는 것으로 주장하였으며, 또 다른 한쪽에서는 일정한 계획을 초월하여 나타나는 '고유하고 다양한 경험'의 중요성을 강조하였다. 미국의 '교육학 사전'에서는 교육과정의 의미를 세 가지 측면으로 구분한 바 있다. 어원이 아닌 일상 어법에 근거한 만큼 오늘날의 다양한 교육과정 정의들을 범주화하는 데 좋은 지침이 될 수 있다.

첫째, 교육과정은 특정 전공 분야에서 졸업하거나 수료하기 위해서는 반드시 이수해야 할 복수의 과목들이나 교과의 계열을 말한다. 가령, 사회과 교육과정, 체육 교육과정 등과 같이 필수적으로 학점을 취득해야 할 학습 내용들의 편제를 말한다.

둘째, 교육과정은 학생이 졸업하거나 수료하여 특정 전문직이나 여타의 직접 분야에 입문하는 데 필요한 자격요건을 갖추려 할 때 학교가 그에게 반드시 개설해야 하는 내용이나 구체적인 수업 자료를 일반적인 수준에서 전체적으로 계획한 것을 말한다.

셋째, 교육과정은 학생이 학교나 대학의 안내를 받으면서 겪는 복수의 과목들 혹 계획된 경험이다.

따라서 교육과정은 과목, 구체적인 학습 자료, 더 나아가 경험에 이르기까지 어떤 의도와 목적성을 갖고 계획한 것을 가리킨다는 뜻이다. 이와 같이 애당초 교육과정은 가르치고 배울 것에 대한 체계적 계획을 의미하였다(최호성 외, 2012).

## 2절 교육과정의 개념과 유형

교육기관을 중심으로 실제적인 교육이 이루어지려면 교육활동은 교육목표, 내용, 학습경험 과정, 평가를 통하여 이루어진다. 여기에서의 교육과정은 교육목적을 결정하고 이를 달성하기 위해 교육목적을 결정하고 이를 달성하기 위한 교육적 경험을 선정하고 조직하는 것을 말한다.

### 1. 교육과정의 개념

#### 1) 교과 내용 혹은 교재로서의 교육과정

교육과정을 생각할 때 가장 오래된 이미지로서 교과목을 연상하게 된다. 이때 교육과정은 가르칠 교과목을 의미한다. 가령, 현장 학교에서 행정가에게 교육과정을 설명해달라고 요청했을 때, 대부분의 경우 가르칠 교과목이나 시간표 목록을 제시하는 것과 같다. 즉, 교육과정은 단순히 특정 과목의 교과내용을 가리킨다. 교과내용은 필연적으로 교과의 형태를 띠며 조직될 수밖에 없다. 내용은 교과라는 분명한 구획 내에 담겨 있는 상태를 연상시킨다. 무기력하고 수동적이며 고정적인 인상을 준다. 이런 입장에서는 계획 여부와 상관없이 학생 경험의 중요한 부분을 차지하는 '교과 외 활동'들을 설명하기가 어렵다. 사실, 교과목에서 다루어 주는 학습 주제만을 설명해 줄 뿐 인지발달이나 창의적 표현, 개인적 성장과 같은 중요한 차원들을 설명하지 못한다. 학교에서는 가르칠 교과목 이외에도 계획할 것이 많다. 학교의 복도에서나 놀이터에서 그리고 점심시간에 학생들끼리 일어나는 역동적인 상호작용 등을 교육과정의 의미 속에 포함시키기가 어려운 것이다.

### 2) 학문적 지식으로서의 교육과정

1950년대 말 학문 구조 중심의 교육과정 개혁 운동에서 강조하는 입장이다. 과학이나 수학과 같이 오래된 학술 교과는 학문의 본질적인 구조를 지니고 있으며, 특정 학문을 교과로 삼는 경우 학습자는 그 학문의 본질적 구조를 형성하고 있는 근본 원리를 성취할 수 있어야 한다. 해당 학문의 구조는 그 분야의 최전선에 있는 전문학자들에 의해 결정된다. 이 당시는 대학을 중심으로 한 해당 학문 분야의 전문가들이 결정한 교육과정을 현장의 학교에 부과하는 형태를 띠었다. 심지어 사회과, 시각 및 행위 예술, 언어과 등에서도 수학이나 과학과 마찬가지로 학문의 기본 구조 즉 학문성을 찾아내려고 애를 썼다. 피닉스(Phenix, 1964)는 "교육과정은 학문에서 비롯된 지식으로 모두 채워져야 한다."고 주장하기도 했다. 항존주의나 본질주의자와 마찬가지로 학문 구조주의자들도 지식의 정통을 강조한다. 그렇지만 전자가 지식의 항상성과 안정성을 강조하였다면 후자는 지식의 역동성과 변환 가능성을 주장하였다. 제아무리 학문 분야의 전문가라고 하더라도 해당 학문의 공통적이고 보편적인 지식의 구조를 합의하는 것은 사실상 불가능한 듯이 보이며, 동시에 교육과정은 학문의 갈래와 같이 철저히 분과화(파편화)되어 버린다.

### 3) 의도한 학습 성과를 계획한 프로그램으로서의 교육과정

교육과정은 활동이 아니라 의도한 학습 성과에 직접적인 초점을 두어야 한다. 다시 말해서 '수단으로서의 활동'으로부터 '목적으로서의 결과 혹은 성과'를 더 중시하려는 것이다. 추상적이고 일반적인 목적 진술로부터 구체적인 학습 성과를 명시하는 쪽으로 바뀐다. 가령, 고등학교 사회과 수업에서의 의도한 학습 성과를

"북한이 핵무기로 무장하는 데 대한 찬반 주장들을 파악할 수 있다."라고 설정하였을 때 학생들로 하여금 이 목표를 성취할 수 있도록 도와줄 수 있는 모든 자료, 계획, 제반 준비를 상세하게 설계하는 것이 교육과정이다. 결국, 이 입장은 학생에게 무엇이 제공되는지 가시적으로 명료화하는 데 초점을 두고 있다.

이 입장은 학생에게 전달하려고 계획한 모든 활동에 초점을 맞추고 있어, 스코프(scope), 스퀀스(sequence), 교과내용의 해석과 균형, 동기 유발책, 교수법, 그 밖에 미리 계획할 수 있는 것들을 다루고 있다. 이를 자세히 들여다보면 교육과정을 '서면의 문서로 간주하는 입장'과 비록 염두에는 두고 있지만 '문서로 작성하지 않은 계획'이라는 두 가지 입장으로 구분할 수 있다. 어느 것이건 간에 교사-학생 간의 상호작용을 사전 계획하는 데 초점을 두고 있음은 동일하다. 수업계획서는 물론이고 누구나 목표와 내용을 쉽게 파악할 수 있도록 사전에 교육활동을 계획해 놓은 교육과정 지침서가 그 좋은 예라고 할 수 있다. 국가 교육과정 문서와 같이 대강의 일반적인 성격을 띤 것이 있는가 하면 교사용 지침서나 단원 및 수업계획서와 같이 세밀하고 구체적인 요소를 담고 있는 문서도 있다. 그렇지만, 이 입장은 문서로 작성되었건 마음속에만 품고 있건 간에 교육과정이 계획적 활동이라는 점을 강조한다.

물론 의도한 학습 성과나 사전 계획에만 초점을 맞추다 보면 의도하지 않았던 성과를 소홀히 하기 쉽다. 간혹 의도하지 않는 성과들이 학생의 학교생활에 큰 영향을 미치기도 한다. 이를 '잠재적 교육과정' 혹은 '학교 교육 문화의 성과'라고 부르는데 학생들 모두가 당초의 의도한 교육성과를 달성하였더라도 이 부분에 대해서는 학생마다 상당한 차이를 보일 수밖에 없다. 특히 학교의 조직 문화나 수업 방법 등이 많은 영향을 미치는데, 중요한 점은 의도한 결과와 실제 간에 상당한 차이가 날 수 있다는 것이다. 예를 들어 한 학급의 아동들이 동일한 창작 글짓기 활동에 참여하였다손 치더라도 학생 수 만큼이나 다양한 반응이 있을 수 있다. 그래서 사전 계획된 활동 그 자체보다는 학생 개개인의 경험에 초점을 맞추는 것이 더 의미 있게 느껴질 수도 있다.

### 4) 측정된 수업 성과로서의 교육과정

새로운 수업 공학이나 표준화 성취도 검사의 발전이 교육과정에 상당한 영향을 미치기 시작했다. 학생의 성취도에 따라 학교나 교사의 역량을 평가하는 추세가 형성되면서, 교사는 평가나 검사를 염두에 두고 가르칠 수밖에 없다. 결국 교육과정은 양적으로 측정된 수업 성과로 간주되어 학교교육의 과정은 공장의 기술공학적 생산 체제로 환원되었다.

역사적으로 이러한 논점은 20세기 초 교육에 도입된 "과학적 관리기법"에서 비롯되었으며, 특히 행동주의 이론이나 수업 공학의 발달과 응용으로부터 큰 영향을 받았다. 특히 보비트(Bobbitt, 1924)나 차터스(Charters, 1922)가 주창한 '활동분석법'(activity analysis)은 교육과정을 과학적으로 구성하는 기법으로서 널리 소개되었다. 보비트는 "교육과정은 성인의 삶을 구성하고 있는 일상들을 잘 실행할 수 있도록 아동이나 청소년들의 능력을 발달시키는 가운데 그들이 반드시 실행하고 경험해야 할 일련의 일이다."라고 정의하였다.

이 입장을 따르자면, 교육에서의 목표가 무한정으로 많아질 수 있다. 또한, 성인의 일상이 모두 배울만한 가치가 있는 것도 아니며, 교육적 문제나 교육과정의 주제가 공장에서의 공학이나 생산체제에서 겪는 것과 일치할 수도 없다. 그럼에도 불구하고 교육행정가나 사회 일각의 정치가들은 이런 입장의 매력을 쉽게 떨치지 못한다. 왜냐하면 측정된 성과를 통해서 책무성을 확인해 낼 수 있기 때문이다. 마치 공산품이 마지막의 검사필을 취득하듯이 교육에서의 성과도 특정 표준이나 기준에 비추어 책무성을 찾아낼 수 있다는 것이다.

### 5) 학습자에게 일어난 경험으로서의 교육과정

학습자에게 일어난 경험으로서의 교육과정은 교육과정을 사전에 계획된 일련의 활동이나 목표로서 정의하는 것에 반박한다. 수단과 목적의 이분법적 사고에 갇혀 있다는 것이다. 오히려 교육의 수단과 목적은 하나의 연속성 속에 존재하며 서로 분리해서 생각할 수 없다. 개인의 경험을 성찰하는 자세로 주의 깊게 살펴보고 개인마다 지닌 고유한 생각과 행위의 결과를 예측하고 관리하는 일이 교육과정의 기본 과업이다. 교사는 개인의 성장을 촉진하는 조력자의 역할을 수행하게 될 것이며, 교사와 학생 간의 대화에서 생겨나는 의미를 경험으로서의 교육과정이다.

학습자는 마치 저수지에 비유할 수 있듯이 무한한 잠재력을 지닌 고유하고 가치 있는 존재이다. 교사와 학습자는 활동이 아니라 가치 있는 학습 경험에 대해서 논의해야 한다. 학습경험이란 학생이 실제로 인식하고 실현하는 교육과정을 가리킨다. 교육의 목적이나 수업 내용, 교육시설 및 환경, 평가의 방식, 심지어 교육자의 희망이나 열의와 철학 등의 영향을 동시에 받게 된다. 비록 동일한 교육계획서에 따라 학습을 하였더라도 학습자는 지식, 기능, 태도, 가치 등에 있어서 다양한 결과를 나타낼 수밖에 없다.

교육과정을 경험으로 간주하는 이유는 사전의 계획이 제아무리 치밀하다손 치더라도 결코 학습자에게 실현된 성과와는 일치할 수 없기 때문이다. 교육과정은 학습자가 경험하는 의미의 덩어리를 가리킨다. 교육의 목적과 수단은 지속적으로 상호작용하고 있어서 지각 있는 교육자라면 학습자와 협동하는 자세를 견지하면서 학습자의 개인적 성장을 도울 수 있는 경험을 촉진해 주어야 한다.

원론적으로 개인적 성장이나 경험으로서의 교육과정은 그럴듯해 보이지만 실제에서는 불가능할 수도 있다. 수업 사태를 두고 볼 때, 한 명의 교사가 수백 명의 학생들을 상대로 매일같이 의미 있는 상호작용을 어떻게 할 수 있을까? 또한 이 입장은 교육과정을 지나치게 광범위한 뜻으로 해석하고 있어서 장단기적인 교육과정 계획이나 연구를 원천적으로 어렵게 하고 있다.

### 6) '개인의 성찰적 경험'으로서의 교육과정

1970년 이후 교육과정의 동사적 의미, 즉 '쿠레레(currere)'를 강조하는 입장이 생겨났다. 교육과정의 어원적 의미를 '경주로'가 아니라 '경주하는 달리기 행위 그 자체'에서 찾아내려고 한다. 당연히 개인의 삶에 대한 자서전을 스스로 재개념화할 수 있는 능력이 부각된다. 피나르(Pinar)와 크러밋(Crumet, 1976)에 따르면, 개인은 현재의 사건들이 소용돌이치는 가운데 자신의 과거에 대해 역사적으로 되돌아가서 뿌리와 기원을 되찾고 미래의 방향을 창조적으로 상상해낼 수 있는 존재이다. 유사한 이해를 쫓아 노력하는 사람들과 자신의 자서전적 경험을 공유함으로써 삶에 대한 자기만의 관점을 되살펴 보는 것이 바로 교육과정이다. 개인은 상호 간의 재개념화 노력을 통해서 자신과 타인과 세계를 더욱 잘 이해할 수 있게 되며 이것이 바로 사회적 과정인 것이다. 이런 상호성은 직접적으로 친밀하게 교류하는 사람들뿐만 아니라 문서 기록을 확보하거나 문학이나 예술 표현에 친숙해짐으로써 가능하다. 그렇지만 자서전적인 것이 초점이며, 교육과정은 그 속에서 살아있는 경험을 해석하는 일이다.

학생들은 자신이 알고 깨달은 바를 자전적으로 글짓기를 한다. 교사와 학생들은 서로의 경험을 공유하면서 자신과 타인과 세상에 대해 새로운 관점을 형성해 가는 것이다. 바로 이 재개념화의 행위가 바로 교육과정이다. 재개념화의 근본적인 목적은 인습, 이데올로기, 심리적 일차원성 등 개인의 의식을 제약하는 각종 한계로부터 개인을 해방시키려는 데 있다. 개인의 상호 재개념화의 과정을 통해 다른 의미의 영역을 탐색할 수 있고 더 나아가 새로운 가능성을 엿보며 자신과 타인과 세상에 대해 새로운 방향성을 제시한다.

그렇지만 자기 지식을 추구하는 일은 교사나 학생들이 학교에서 쉽게 할 수 있는 게 아니다. 고도의 전문성을 요구한다. 설사 학교에서 할 수 있다 하더라도, 그것은 학교의 기능과 목적을 넘어선다. 학교는 그 사회와 문화의 지식, 기능, 가치를 전수해야 한다. 학생들은 객관적 지식을 필요로 하는 것이다. 자기 이해는 부모나 자신의 책무이며 학교를 후원하는 정부나 여타 기관의 일이 아니라는 비판들을 받고 있다.

### 7) 문화 경험을 통한 지식의 선정과 조직으로서의 교육과정

교사가 학생들에게 전달하고 가르쳐야 할 교과들을 교육과정으로 간주하는 전통주의적 입장이다. 항존주의나 본질주의 교육 철학자들처럼, 교육과정은 후속 세대에게 전달되어야 할 잘 조직된 지식의 전통을 가리킨다. 누구나 친숙해져야 할 항구적 지식이 존재하며, 이는 학습자의 개인적 흥미나 관심과는 무관하다.

학교의 사명은 학습자들의 거친 정신과 마음을 갈고 닦아서 문화의 세계로 입문시키는 일이다. 역사와 문화와 전통 속에 내축되어 온 본질적 지식과 삶을 전수하는 것이 바로 교육과정의 기본 책무인 것이다.

문화에서 지식은 필수적이지만 그것은 한 사회의 문화 전체를 구성하는 일부분에 해당한다. 스미스(Smith), 스탠리(Stanly), 그리고 쇼어스(Shores, 1957)에 따르면 교육과정은 아동이나 청소년들로 하여금 여러 가지 방식으로 사고하고 행위가 가능하도록 훈육할 목적으로 학교에서 확립한 일련의 잠재적인 경험을 말한다. 다분히 문화인류학적인 입장이다. 마찬가지로 로턴(Lawton, 1975)의 입장에서도 교육과정은 한 사회의 문화로부터 고의적으로 선정해 낸 것이라는 의미를 찾을 수 있다. 우리의 삶의 문화 가운데 특정한 부분은 특별하게 다루어져야 할 필요가 있다. 즉, 특정한 삶의 방식, 특정한 종류의 지식, 특정한 태도나 가치는 너무나 중요해서 다음 세대에게 우연히 전수되도록 내버려 둘 수 없다는 것이다. 그러므로 사회는 학교라는 전문 기관에 교육자라는 전문가에게 그 문화 전수의 과업을 위탁하게 된다.

하지만, 민주사회에서의 교육과정은 단순히 문화 재생산 기능에 그치지 않는다. 사회 구성원이 보다 폭넓은 사회 책임감을 가지고 독자적으로 사고할 수 있는 역량을 길러 가도록 요구한다. 이는 교육과정이 문화 전수 과정의 기능에 그치지 않고 문화 변혁과 전환에 역점을 두어야 한다는 새로운 과점들의 도전을 받아 왔다.

### 8) 문화 재생산으로서의 교육과정

학교교육은 중요한 지식과 가치를 후속 세대에게 재생산하는 일을 수행한다. 교육과정 전문가들은 아동이나 청소년들에게 전달될 만한 가치가 있는 기술, 지식과 태도 등이 교육과정 속으로 알맞게 전환되고 있는지를 점검한다. 가령, 국사교과에서 나오는 애국지사의 활동, 지배적인 경제 체제, 문화 관습 등이 모두 교육과정에 속하는 것이다. 원래 부모가 감당했던 사회화 조력 과정은 산업사회가 진보하면서 제도화된 전문 교육기관으로 옮아오기 시작했다. 자식들에게 문화를 재생산할 수 있는 특수 기관을 필요로 하였던 것이다.

그렇지만, 교육과정을 문화 재생산 자체라고 주장하는 경우 결국 교육과정은 기존 사회의 현상을 유지시키는 데 기여할 뿐이다. 현재 상태를 영속화할 수도 있다. 부유층이나 권력층으로 하여금 기득권을 유지하여 중산층 이하의 집단을 효과적으로 통제할 수 있도록 도와줄 뿐이다. 만약 학교가 사회의 기존 질서를 변화시키는 데 무기력할 수밖에 없다고 생각하면 현재의 불공평한 사회는 변혁되기보다 영속화된다. 이에 교육사학자인 버트(Butt, 1978)는 자본주의 체제하에서 미국의 공립학교가 기득권층을 대신하여 억압의 한 수단으로 전락해 있다고 비판한 바 있다.

이와 같은 입장은 갈등주의 교육사회학자들에 의해 더욱 강화되어 왔다. 그들은 교육과정이 사회적으로 불평등을 재생산해 온 기제에 초점을 맞추고 있다. 1970년대 이후 발달해 온 교육과정 재개념주의자들이 그 대표적인 집단에 해당한다.

### 9) 사회재건 제안자로서의 교육과정

사회재건 제안자로서의 교육과정은 '학교가 감히 새로운 사회 질서를 이룩할 수 있는가?'라는 카운트스(Counts, 1932)의 물음에서 시작한다. 일찍이 듀이의 철학으로부터 영향을 받으면서 1940년대와 50년대 브라멜드(T. Brameld)에 의해 더욱 발전된 입장이다. 학교는 학생들에게 더 나은 사회를 건설하는 데 필요한 지식, 태도 및 가치를 가르칠 수 있는 계획을 마련해야 한다. 그 출발점이 바로 학교이다. 학교 안에서 그들의 생활을 개선할 수 있는 계획을 수립하고 실천해 보는 것이다. 국가와 인류의 쟁점을 파악하고 함께 고민하는 것이다.

한편으로 교사와 학생은 그들이 생각하는 유토피아적 세상을 설계하기도 한다. 문화 재건주의자들은 이 세상에서 완벽한 사회나 문화를 결코 가정하지 않는다. 교육의 목적은 개선에 있으며, 보다 나은 사회를 건설하는 데 주력한다. 학생들에게 비판적 사고의 능력을 길러 주어 바람직한 사회변화의 모습을 제안해 보도록 한다. 그렇지만 과연 학교가 정치적으로나 문화적으로 사회변화에 큰 영향을 미칠 수 있는 조직인지에 대해서는 여전히 회의적이다. 한편, 교육자들이 사회변화와 재건의 열망에만 갇혀 자신들의 정치적 신념이나 가치관을 학생에게 강하게 심어주려 한다면 자칫 그것은 교육의 정도를 벗어나 세뇌로 전락해 버릴 위험성도 있다.

## 2. 교육과정의 유형

교육과정의 유형은 실질적 유형과 내용조작에 따른 유형으로 구분할 수 있다. 먼저, 교육과정의 실질적 유형을 살펴본 후, 내용조작에 따른 유형을 살펴볼 것이다.

### 1) 교육과정의 실질적 유형

#### (1) 공식적 교육과정

공식적인 교육과정이란 국가교육과정 기준을 담은 문서, 시·도교육청의 교육과정 지침, 지역 교육청의 장학자료, 교과서를 비롯한 수업용 교제, 학교 교육과정 운영계획, 교사의 수업계획, 실시된 수업, 특별활동, 조회 등을 공적인 문서 속에 담긴 교육계획을 말한다. 이는 표면적 교육과정, 가시적 교육과정과 혼용되어 사용하는데, 교육적 목적과 목표에 따라 분명하게 의도되고 계획된 실천으로 학습자들이 뚜렷이 경험하는 교육과정을 말한다.

#### (2) 실제적 교육과정

실제적 교육과정은 가르친 교육과정, 학습된 교육과정, 평가된 교육과정 등으로 나누고 있다. 우선, 가르친 교육과정은 교사들이 교실에서 실제로 가르친 교육내용을 의미한다. 학습된 교육과정은 학생들이 실제로 학습과 교육내용을 말하며 교육과정의 모든 유형 중에서 가장 중요하지만 가장 통제하기 어려운 부분이다. 예를 들면, 수학 교사가 한 시간 내내 함수개념(가르친 교육과정)을 가르쳤는데, 학생들이 개념에 대한 이해는 하지 못하고 선생님의 말씀을 바른 자세로 들는 참을성(학습된 교육과정)을 배웠다면 가르친 교육과정과 학습된 교육과정은 판이하게 다른 것이다. 평가된 교육과정은 중간고사나 기말고사, 지필평가나 관찰평가, 서술식 평가나 객관식 평가, 자격고시나 선발고시 등의 평가를 통하여 사정되는 교육 내용을 가리킨다. 평가된 교육과정은 공식적 교육과정보다 가르친 교육과정과 학습된 교육과정에 큰 영향을 미칠 때가 많다. 예를 들면, 대학입학 수학능력시험에 출제되는 문제는 공식적 교육과정에 관계없이 고등학교 교사들이 가르치게 되고 학생들은 이에 대한 학습을 철저히 하게 된다.

### (3) 잠재적 교육과정

잠재적 교육과정은 학교와 같은 교육기관의 공식적 교육과정에서 의도, 계획하지 않았으나 수업이나 학교의 관행으로 학생들이 은연중에 배우는 가치, 태도, 행동양식과 같이 교육결과로 경험된 교육과정이다. 잠재적 교육과정에서는 학교를 단순히 교육의 장이 아니라 학생들이 생활하는 공간으로 간주한다. 학생들의 인지, 태도, 행동변화는 공식적인 교육과정을 통해서뿐만 아니라 학교 안의 눈에 띄지 않는 힘, 즉 학교의 물리적 조건, 제도 및 행정 조직, 사회 및 심리적 상황에 의하여 일어난다. 잠재적 교육과정은 비공식적, 비형식적, 문서화되지 않은 교육과정으로서 학교의 의도적인 계획에 담겨 있지 않은 것을 배우는 것으로 교육과정의 실천에서 학생들의 삶에 지속적인 영향력을 미치는 것을 의미한다.

잭슨(Jackson, 1968)은 그의 저서 '교실에서의 생활'에서 잠재적 교육과정이라는 말을 처음 사용하였으며 학생이 학교 안에서 경험하는 모습을 관찰하고 군집, 상찬, 평가하는 등의 학교 특성이 학생들의 삶에 미치는 영향력을 제시하였다. 학생은 학교에서 교사와 동료 학생들에 의해 끊임없이 평가되고 그것에 준하여 상과 벌이 주어지며 가족이 사는 주거환경과 다르게 교실의 물리적 환경을 살펴보면 좁은 공간에서 많은 학생이 생활하게 된다. 이러한 학교에서의 경험은 학생들의 삶에 영향을 미친다는 것이다. 이러한 잠재적 교육과정은 학교에서의 상황들이 학생들의 삶에 긍정적 혹은 부정적으로 미치는 영향력을 이해하는 데 도움을 주게 된다.

잠재적 교육과정은 공식적 교육과정과 비교되는 개념이지만 잠재적 교육과정과 공식적 교육과정이 상호 보완적으로 서로 돕고 강화하는 역할을 할 때 가장 이상적인 형태로서 학습효과는 강력해지게 된다. 하지만 학생에게 있어 잠재적 교육과정을 통해 배운 내용은 쉽게 잊히지 않고 오래 지속되므로 잠재적 교육과정과 공식적 교육과정의 갈등과 대립이 일어날 때는 잠재적 교육과정의 영향이 더 크게 작용하게 된다.

## 2) 교육과정의 내용조작에 따른 유형

### (1) 파이데이아 교육과정

교과중심(파이데이아) 교육과정은 12년간에 걸친 주요한 세 개의 일반적이고 포괄적인 교육목표군의 달성을 위해 구성되고 전개되었다. 교육과정은 학생이 성장하면서 가장 쉬운 것에서부터 복잡한 것으로, 덜 어려운 것에서 좀 더 어려운 것의 순으로 이행시켜야 한다.

파이데이아 교육과정에서는 수업일수나 각 교과의 시간 배당에 대한 제한은 없으나 가능하면 방과 후에 다양한 과외활동을 할 수 있도록 배려해야 하며 현재와 같이 많이 설정된 과목 수, 특히 선택과목 수의 조절이 필요하다. 대부분의 선택과목 설정은 교육과정상의 시간 배당을 어렵게 만들고 있으며 일반적인 교양과목에 별로 도움을 주지 못하기 때문이다.

### (2) 경험중심 교육과정

항존주의적 교육과정(교과중심 교육과정)의 반동으로 나타난 경험중심 교육과정의 철학적 배경은 듀이를 중심으로 하는 진보주의 철학이다. 경험중심 교육과정은 듀이에 의하여 설립된 실험학교의 운영을 고찰함으로써 쉽게 파악할 수 있다. 듀이는 시카고 대학에 부임한 지 2년 후인 1896년에 그의 부인과 같이 하나의 실험학교를 설립하였다. 이 실험학교는 시카고 대학 부속학교로서 듀이의 진보주의적 교육이론을 실천에 옮겨 그 결과를 실험하기 위한 것이었다. 이 실험학교의 교육과정의 개발에서 강조되어 착안된 사항은 지식을 체계적으로 정리한 성격으로서의 교과보다는 배우는 학생에 중심을 두었다는 점이다. 즉 지식에서 활동으로, 학문에서 생활로 그 중심을 옮겨놓았다. 듀이의 핵심적인 가설은 생활자체, 특히 사회적 필요에 부응하는 직업생활이 교육과정의 중심이 되어야 한다는 것이다. 두 번째 가설은 표현의 자유는 성장을 위해 필요한 조건이며 이는 교사에 의해 안내되어야 한다는 것이다. 자유와 비형식은 그 자체로서의 목적을 가지는 것은 아니며 다면 지적개발을 위한 수단이다.

### 듀이의 실험학교

듀이의 실험학교는 문명화된 경험을 잘 조직한 교육과정을 가지고 있었다. 이 경험주의 교육과정은 4세나 5세 아동들이 가정에서 이미 경험한 친숙한 활동에서부터 시작하여 이 활동과 관련된 초기 직업교육으로 이행시키도록 설계되었다. 사회적 진화의 길을 따라 학생들이 직접 경험할 수 있도록 교육과정에서의 경험의 계열성을 유지하여 학생들이 현재의 사회직업과 조직을 발견하고 창출하는 과정을 따르도록 되어 있다. 이런 과정을 거친 후에 아동들은 중등학교에 입학하여 좀 더 세분화된 학습내용을 경험하게 된다. 듀이는 어린 아동들에게 그들이 익숙해 있는 활동에서부터 학습하도록 하는 목적은 가정에서 이미 학습한 내용과 똑같은 내용을 학습시키기 위한 것이 아니라고 한다. 그 진정한 목적은 가정이나 이웃에서 자연적으로 경험한 흥미를 학교에서도 똑같이 느끼도록 하는 데 있다. 학교교육에서 경험하게 되는 활동은 그 자체를 위하여 전개되는 것이 아니고 다른 데 상당한 목적이 있다.

듀이의 실험학교는 아동의 호기심을 유발시키는 문제를 해결하도록 하며 그 해결을 위하여 아동의 창의성을 이끌어 내는 데 학교활동의 목적이 있다. 이러한 목적을 위하여 아동이 의사소통의 수단으로써의 정보를 얻기에 필요한 기능, 즉 읽기, 쓰기, 셈하기, 철자법에 관한 기본적인 기능의 학습이 요구된다. 이러한 학습에 필요한 시간은 연습이나 단편적인 지식의 암기에 필요한 시간보다 더 많이 요구되기는 하지만 목적적이고 기본적인 학습이라는 점에 가치가 있다. 교과는 모든 문제해결을 위한 자료를 제공한다는 점에 의의가 있을 뿐 그 자체가 중요한 것은 아니어서 학생들에게 부과되는 수많은 종류의 교과부담을 덜어 줄 수 있다. 학생들이 학습활동을 주도해 나가며 학생과 교사는 인간에 의하여 누적되어 온 무한한 지식군으로부터 현재의 문제해결에 도움이 되는 적합한 지식들을 선택하여 교육과정을 구성한다. 해볼 만한 가치가 있는 경험이나 적절한 교과의 선택은 개인의 역량을 개발하고 사회적 관계에서 책임을 질 수 있도록 해야 한다는 관점에서 이루어진다.

홉킨스(L. T. Hopkins)의 경험중심의 교육과정을 정리하면 다음과 같다.

첫째, 교육과정의 중심을 교과에 두지 않고 학생에 둔다.

둘째, 교재와 결부된 교수 방법보다는 학생의 흥미에 중점을 둔다.

셋째, 교재를 가르치는 데 중점을 두지 않고 학생의 원만한 성장에 초점을 둔다.

넷째, 교재를 미리 선택하여 조직하지 않고 학습의 장에서 결정한다.

다섯째, 단편적인 지식을 가르치는 것보다 유용한 의미의 체험에 중점을 둔다.

여섯째, 기능이나 습관을 다른 학습에서 분리하지 않고 종합적인 경험의 일부로 가르친다.

일곱째, 모든 학생에게 일률적인 학습을 시키지 않고 개인의 흥미와 개인차를 고려한다.

여덟째, 일정한 형에 맞추지 않고 개개인의 창조적인 능력을 육성하고자 노력한다.

아홉째, 교육을 교수나 수업이라 하지 않고 끊임없는 성장과정이라고 생각한다. 이와 같이 경험중심 교육과정은 항존주의적 교육과정(교과중심 교육과정)에서 교사의 제시방법이 강조되었던 것과는 크게 대조를 이루어 교사에 의해 안내된 실제적인 경험이나 경험이 강조되었다. 끊임없이 변화하는 사회에 잘 적응하려면 어떠한 환경에서 직면하는 문제를 잘 해결할 수 있는 능력이 필요하며, 이 점이 바로 경험중심 교육과정의 개발에서 착안된 사항이다.

### (3) 학문중심 교육과정

학문중심 교육과정은 지식의 구조와 탐구학습을 강조하는 교육과정이라고 정의할 수 있다. 1960년대에 출연한 학문중심 교육과정의 교육철학적 기반은 1930년대에 대두된 지식과 기능의 핵을 중요시하며 학교교육을 통해 생산적인 시민을 양성하는 것을 강조하는 본질주의와 가장 관련이 깊다 할 수 있다. 다만 1960년대의 사회적 상황이 1930년대의 세계적인 최대의 경제공황과 같은 상황과 상당히 다르고 1957년 소련이 첫 인공위성인 스푸트니크를 발사한 이후이기 때문에 학문중심 교육과정은 신본질주의에 철학적 배경을 두고 있다고 볼 수 있다.

학습이론에 관한 한 브루너의 입장은 인지학습이론에 속한다고 볼 수 있다. 교육과정을 개발하는 목적은 교사에게 주어진 교과를 어떻게 교수하도록 기술하느냐에 있다. 이 목적을 달성하기 위하여 그는 구조, 계열 또는 준비도, 직관적 사고, 학습동기 등 네 가지 주요 개념을 상정하였다. 이를 좀 더 부연하여 설명하면 첫째, 교육자는 단편적으로 흩어져 있는 개별적인 지식이나 사실보다는 일반적인 특성, 즉 교과의 구조를 가르치는 데 전력을 경주해야 한다. 이는 교육목표의 설정, 교육내용의 조직과 밀접하게 관련된다. 둘째, "어떤 교과도 지적으로 정직한 형태로 표현된다면 어떤 발달단계의 어떤 아동에게도 가르칠 수 있다(Bruner, 1977)". 이러한 도전적인 주장은 학습을 위한 준비도와 관련이 있어 피아제의 감각운동기 단계, 전조작기 단계, 구체적 조작기 단계, 형식적 조작기 단계와 같은 인지발달단계에 대응하는 학습 자료의 동작적 제시, 표상적 제시, 상징적 제시와 같은 교수방법의 활용을 시사한다. 셋째, 브루너는 학습에 있어서 직관적 사고의 중요성을 강조하였다. 그에 의하면 직관이란 교육받은 사람이 할 수 있는 추측능력, 즉 하나의 문제해결 능력으로 이를 통하여 아동은 계획된 논리적 분석보다는 통찰하거나 또는 즉각적인 이해를 할 수 있다는 것이다. 마지막으로 그는 학습동기에 관한 외부의 자극에 의하는 외적동기보다는 내적동기가 더 효과가 있다고 믿어 지적 호기심이나 지적 희열에 관심을 두었다(장봉석 외, 2016).

## 3절 교육과정의 개발 모형

교육과정의 개발 모형과 교육과정의 종류에 대해 작성하기에 앞서 교육과정의 정의를 먼저 알아보려고 한다. '교육과정(curriculum)'이라는 용어는 매우 다양한 방식으로 사용되며, 그 의미도 다양하게 정의되고 있다. 따라서 '교육과정'의 용어상의 의미를 파악하기 위해서는 '교육과정'이라는 용어가 교육학 연구문헌들 속에서 어떻게 사용되는지를 살펴보는 것이 도움이 된다. 교육과정에 관한 문헌들을 통하여 살펴볼 때 '교육과정'이라는 용어가 사용되는 방식은 크게 다음과 같이 두 가지로 나누어 볼 수 있다. 첫째로는 학습자들의 교육을 위한 계획을 개략적으로 이르는 말로 사용되며, 둘째로는 교육학 내에서의 학문의 전문분야를 나타내는 말로 사용된다(Zais, 1976).

교육과정이 학습자의 교육을 위한 계획을 뜻하는 경우는 교육부에서 발행하는 『교육과정』 또는 『영어 교육과정』, 『수학 교육과정』 등을 예로 들 수 있다. 그리고 교육과정이 학문의 연구 분야를 나타내는 경우로는 '교육과정 이론', '교육과정 개발', '교육과정 설계', '교육과정 시행', '교육과정 평가', '교육과정 변혁' 등의 교육과정 탐구 절차와 교육과정 실제에 관련된 과정들을 예로 들 수 있다. 즉 교육과정이라는 용어는 교육 실행의 계획 자체를 의미하거나, 그러한 부문에 대하여 연구하고 실천하는 경우를 함께 일컫는 말이다. 최근에는 '교육과정학'이라는 용어를 사용하기도 한다.

## 1. 타일러의 목표중심 교육과정 모형

교육과정 영역을 새로운 학문탐구 영역으로 개척한 대표적인 학자가 바로 타일러(R. W. Tyler)이다. 그가 저술한 『Basic principles of curriculum and instruction』은 타일러 이후의 교육과정 연구의 방향을 결정하는 것에 결정적인 역할을 하였다. 그의 책은 구미를 포함한 전 세계의 교육과정과 수업 부분의 대표적인 교재로 널리 읽히고 있다. 또한, 많은 교육과정 개론서의 제1장에서 교육과정 개발 모형을 소개할 때에 대표적 학자로서 언급되고 있다.

타일러가 그의 책에서 개념화한 교육과정 개발의 네 단계 모형에 대하여 살펴보고자 한다. 네 단계 모형은 교육과정 영역에서 연구하고 활동하고 있는 교육자들에게 명료한 개발 지침과 방법을 제시하고 있다. 미래 교사가 될 학생, 교육 프로그램을 개발할 계획에 있는 설계자라면 타일러의 모형에 의존할 것이다. 교육과정과 수업 분야의 가장 기초적인 고전적 지식으로 자리 잡았다는 점에서 그의 책에 담겨 있는 개발 모형의 핵심 내용을 중점적으로 살펴보고자 한다.

### 1) 타일러의 교육과정 개발 모형

타일러의 교육과정과 수업 계획의 개발 원리는 다음 네 가지 물음에서 출발한다.

첫째, 학교는 어떤 교육목적을 달성하기 위해 노력해야 하는가?

둘째, 이러한 교육목적을 달성할 수 있도록 하기 위해서 어떤 교육경험이 제공될 수 있는가?

셋째, 이러한 교육경험은 어떻게 효과적으로 조직될 수 있는가?

넷째, 이러한 교육목표가 달성되었는지의 여부를 우리는 어떻게 결정할 수 있는가?

하지만 그의 연구는 네 가지 물음에 대한 해답이 아니고, 답을 찾아가기 위한 과정에 대한 설계이다. 이는 그가 교육의 수준에 따른 단계와 실재하는 교육현장의 다양성을 전제하고 있기 때문이다. 수많은 상황과 교육이론 속에 처한 교육과정 개발자가 교육과정에 필요한 것을 선택하고 교육과정을 개발하기 위한 방법적 체제에 대한 종합적인 안내를 받을 수 있다.

위의 물음에 근거한 타일러의 연구에서 교육목표와 학습경험, 그리고 평가의 세 가지 요소를 추출할 수 있다. 교육목표는 학습경험과 평가를 선정, 조직하는 기준으로 작용하며, 학습경험을 고려한 교육목표의 선정은 교육목표와 평가가 학생들에게 실제성을 제공하는가를 제고할 기회를 부여한다. 평가활동은 교육목표와 학습경험이 효과가 있는 것인지와 목표가 달성되는 정도를 보여준다. 목표는 교육과정을 결정하는 기준이 되며 평가는 교육과정으로부터 분리된 것이 아니라 통합된 한 부분으로 간주되어야 한다는 것이다.

타일러의 교육과정 원리는 교육의 목표, 학습경험과 평가가 궁극적으로 교육목표를 효과적으로 이룰 수 있도록 계획되는 방법에 대한 것이다. 타일러의 교육과정과 수업지도의 기본원리는 교육목표 설정, 학습경험 선정, 학습경험 조직, 학습 성과의 평가 순으로 나타난다. 교육과정의 네 가지 구성 요소는 교육과정의 개발과 실행에서 순차적인 과업으로서 나타나는 것이고 목표중심 교육과정 모형은 '교육목표 → 학습경험 → 평가'가 유기적으로 단계별 과업의 논리적 연결로서 정립되는 '체제'의 특성을 본질로 갖는다.

### (1) 교육목표의 설정과 진술

타일러는 교육목표의 원천, 즉 가르칠 내용의 원천으로 '학습자에 관한 사실', '사회에 관한 사실', '교과 전문가의 견해' 세 가지를 제시한다. 즉, 학습자에 관해서는 학습자의 필요와 흥미를 알아보고, 사회생활에 관해서는 성인들의 사회에서의 활동과 생활조건, 가치관 등을 알아보고, 교과 전문가들이 각각의 교과목에 대해서 제시하는 의견을 살펴봄으로써 교육목표를 설정하는 것이다.

가) 학습자에 관한 사실 : 제시된 학습자의 필요와 흥미는 진보주의 교육철학에서 강조하는 아동중심 교육이 내세우는 제일의 슬로건이다.

나) 사회에 관한 사실 : 교육목표의 두 번째 원천인 사회생활은 학교교육의 실용성 내지는 실효성의 문제와 밀접하게 관련이 있다. 이는 학교에서 배우는 교육내용과 사회생활의 제반 활동 사이에 내용적 일치와 전이의 정도를 높이기 위한 것으로, 사회생활의 여러 영역 가운데 일반적인 시민생활이나 직업생활 또는 지역사회에서의 생활을 학습자들에게 준비시키려는 취지를 가진다.

다) 교과 전문가의 견해 : 교육목표 도출의 세 번째 원천인 교과교육에서는 개별 교과의 일반적인 기능과 특수한 기능을 고려한다. 여기서 다시 교과의 전이 문제가 등장한다. 개별 교과는 그 교과를 배움으로써 얻게 되는 일반적 사고와 행동 능력에 관한 '일반 전이'와, 그 교과를 배움으로써 얻게 되는 특정한 기능과 능력에 관한 '특수 전이'의 두 가지 전이 효과를 가진다. 그런데 교육내용을 결정하는 문제인 교육목표를 설정하는 문제는 가르칠 만한 가치가 있는 것을 결정하는 가치판단의 문제이기도 하다. 타일러는 교육목표의 설정에서 이러한 가치판단의 문제를 해결하는 장치로 '철학' 혹은 '교육철학'을 상정하고 있다. 앞에서 말한 세 가지 원천으로부터 도출해 낸 교육목표가 과연 가르칠 만한 가치를 지닌 것인지를 교육철학을 통해서 재고하는 것이다. 설정된 교육목표가 실제로 가르칠 수 있는 것인지를 확

인하는 장치로서 타일러는 '교육심리학' 혹은 '학습심리학'을 제시했다. 타일러는 잠정적으로 설정된 교육목표를 걸러내는 체의 역할을 교육철학과 교육심리학에 부여하고 있었다.

타일러의 목표 모형이 지니는 가장 중요한 특성은 목표를 내용보다 우위에 두고 내용은 목표를 달성하는 수단으로 간주하는 '목표–수단 접근방식'이었다. 사실상 이 접근방식에서 평가의 사태에 최대한 근접된 형태로 목표가 설정될 경우, 그러한 목표를 달성하기 위한 수단이 되는 교육내용을 선정하고 조직하는 작업은 기계적인 일이 된다. 그러한 이유로는 목표 진술 체제에 맞는 교육내용을(그것이 학습자에게서 뽑은 것이든 성인들의 사회생활에서 뽑은 것이든 기존의 교과에서 뽑은 것이든) 교육목표와 상응하도록 만드는 일은 교육목표를 분류하고 설정하고 진술하는 일보다 어렵지 않을 것이기 때문이다.

### (2) 학습경험의 선정

타일러는 교육목표에 상응하여 목표를 달성하는 수단이 되는 교육내용을 마련하는 문제를 '학습경험(learning experience)의 선정과 조직'이라는 공학적 절차의 문제로 바꾸어서 다룬다. '교육내용'이라는 일반적 용어는 타일러에게 있어서 '학습경험'이라는 공학적 용어로 개념화된다. '학습경험'이라는 것은 학습자와 그를 둘러싼 외부의 학습 환경 사이의 상호작용을 총체적으로 말하는 것이기 때문에 학습경험을 선정하는 문제는 교사가 학생들로 하여금 갖게 되기를 바라는 학습경험을 최대한으로 보장해 줄 수 있는 환경적 조건을 마련하는 문제라고 할 수 있다. 이 점에서 타일러의 목표 모형은 '경험중심 교육과정'이라는 명칭에 정확하게 부합된다.

타일러는 학습경험을 선정할 때 고려해야 하는 일반적인 원칙으로 다섯 가지를 살펴보면 다음과 같다.

첫째, 학습경험은 교육목표가 의미하는 행동을 학생이 실지로 해볼 수 있는 기회가 내포된 경험이어야 한다(기회의 원칙).

둘째, 학습경험은 학생이 교육목표가 가리키는 학습경험을 하는 과정에서 만족감을 느낄 수 있는 것이어야 한다(만족의 원칙).

셋째, 학습경험은 바라는 학생의 반응이 학생 자신의 능력 범위 내에 있는 것이어야 한다(가능성의 원칙).

넷째, 하나의 교육목표를 달성하는 데에는 여러 가지 학습경험이 사용될 수 있다(동목표 다경험의 원칙).

다섯째, 한 가지의 학습경험은 반드시 한 가지의 목표 달성에 유용하거나 한 가지의 학습성과를 가져오는 것이 아니라 동시에 여러 가지 목표를 달성하게 하거나 여러 가지 학습 성과를 가져올 수도 있다(동경험 다성과의 원칙).

앞서서 타일러는 아동의 흥미와 관심이라는 심리학적 소재와 동시대의 사회생활이라는 사회학적 소재, 교과지식이라는 인식론적 소재의 세 가지를 교육목표를 도출해 내는 원천으로 보았다. 학습 경험도 이러한 심리학과 사회학 그리고 인식론적 소재에 상응하는 것으로 이루어져 있다. 타일러(Tyler)가 제시한 학습경험에는 지식을 습득하기 위한 학습경험과 사고력을 기르기 위한 학습경험, 사회적 태도를 함양하기 위한 학습경험 그리고 흥미를 개발하기 위한 학습경험의 네 가지 종류가 있다.

학습경험(지식을 습득하기 위한)은 지식을 독립적으로 다루기보다는 문제해결의 과정과 관련시켜서 다루는 것을 말한다. 사고력을 기르기 위한 학습경험은 문제해결을 위한 구체적인 사고의 과정인 귀납적 사고와 연역적 사고, 논리적 사고, 비판적 사고 등의 다양한 사고 유형이 해당된다. 사회적 태도를 함양하기 위한 학습경험은 학습자의 정의적 태도와 인성을 형성시켜 주는 것인데, 일반적으로 교사와 교재 그리고 교육장면 등과 같은 교육환경이 학습자에게 제공하는 정서적·정의적 영향력을 의미한다. 마지막 네 번째의 흥미를 개발하기 위한 학습경험은 학습을 지속적으로 유발하는 학습동기를 제공하려는 것이다. 이를 위해서는 학습의 과정에서 학습과제와 학습활동에 대하여 학습자가 적절한 만족감과 성취감을 갖도록 학습경험을 학습자의 지적·정의적 발달 수준에 맞추어 다양한 형태로 구성해야 한다.

### (3) 학습경험의 조직

학습경험을 선정하는 다섯 가지의 일반적 원칙을 고려해서 선정된 학습경험은, 의미 있는 학습 성과를 가져오기 위해서 여러 학습경험들이 서로를 보충해 주고 강화해 주는 관계로 짜여야 한다. 학습경험을 '조직(organization)'하는 이유는 학습경험의 제공을 통한 학습자의 학습이 단절되거나 파편화되지 않고 통합적이고 총체적인 형태로 이루어질 수 있도록 하기 위함이다. 학습경험을 조직할 때는 반드시 여러 학습경험들 상호 간의 순서와 범위를 어떻게 정할 것인가를 고려해야 한다. 학습경험을 조직할 때는 순서에 관련된 수직적 조직과 범위에 관련된 수평적 조직이 동시에 이루어져야 한다. 수직적 조직은 학습경험 상호 간의 순서를 정하는 것으로 무엇을 먼저 가르치고 무엇을 나중에 가르칠 것인가를 다룬다. 수평적 조직은 학습경험들 상호 간의 범위를 정하는 것으로 소정의 학습경험을 과연 어떤 영역에서 다룰 것이며, 학습경험과 다른 영역에서의 학습경험을 어떻게 관련지을 것인가를 다룬다.

타일러는 수직적 조직에서는 계속성과 계열성, 수평적 조직에서는 통합성을 학습경험을 조직할 때 따라야 할 준거로 제시했다. 계속성은 특별한 학습 요소들에 대한 학습자의 경험을 반복해서 강조하는 것이고, 계열성은 학습자의 발달을 점점 더 넓히고 심화시키는 것이며, 통합성은 관련 요소들에 연관시켜서 학습자의 행동에 통일성을 증가시키는 것을 말한다. 이러한 계속성과 계열성에 따른 수직적 조직과 통합성에 따른 수평적 조직을 통해 조직된 학습경험들은 작게는 과(lesson)와 주제(topic) 그리고 단원(unit)의 형태로부터 시작해서 크게는 교과목이나 프로그램의 형태에 이르기까지 다양한 형태로 구성되고 구조화된다.

### (4) 교육목표 달성도의 평가

목표중심의 교육과정 모형에서 실행의 제일 마지막 단계는 '평가(evaluation)'이다. 평가는 교육과정과 수업 프로그램을 통해 소정의 교육목표가 실제로 어느 정도로 실현되었는지를 결정하는 과정이다. 따라서 평가는 교육 프로그램의 실행을 통해서 학습자 행동의 변화가 어느 정도로 일어났는지를 확인하고 평정하는 작업이라고 말할 수 있다.

교육평가는 일반적으로 학습자의 학업성취도를 측정·평가하는 '학업성취도 평가'와 그 결과를 통하여 교육과정과 프로그램의 장·단점을 파악하는 '교육과정 평가'의 두 가지 차원을 가진다. 교육평가의 목적은 궁극적으로 교육과정의 개선을 위한 환류 정보를 수집하는 데 있다. 교육평가는 학습자의 학업성취를 알아보고, 교육 프로그램의 적실성과 효과성을 검증하며, 결과를 교육목표 설정 단계로 환류해서 후에 새로운 교육 프로그램을 개발하는 데 필요한 사전 정보를 마련하기 위함이다. 이러한 점에서 교육 실천의 '마무리' 활동이면서 동시에 '시작' 활동이기도 하다.

### 2) 목표중심 교육과정 모형의 교육적 의미

타일러의 논리에서 목표의 원천으로는 '학습자', '사회생활', '교과'의 세 가지가 제시되고 있다. 하지만 이 세 가지 원천으로는 목표 모형에서의 교육내용의 성격과 특질을 확연하게 밝혀낼 수가 없다. 타일러의 논리에서 세 가지 목표 원천은 병렬적 형태로 진술되고 있기 때문이다. 학습자와 사회생활과 교과의 절충과 종합이 타일러식 교육내용이긴 하지만 이 세 가지 원천에 더해서 좀 더 깊이 생각해 봐야 할 것이 있는데 그것은 목표 모형에서 교육내용을 선정하는 작업의 밑바탕에 스며있는 기본적인 사고로써 이것을 함께 살펴보아야 목표 모형이 제시하는 교육내용을 좀 더 명확히 알 수 있다.

목표 모형에서 교육내용의 가치를 규정하는 기본적인 사고 틀은 실용성과 평가 가능성이다. 실용성은 실생활에 유용한 지식을 가르쳐야 한다는 생각이고 평가 가능성은 가르치는 내용은 학생의 성취 여부를 확인할 수 있는 것이어야 한다는 준거를 가진다. 목표 모형에서의 교육은 학습자, 사회생활, 교과 모두에 관련된 것이면서 동시에 실생활에 유용하여야 하고 평가할 수 있는 것이어야 한다는 준거를 가진다. 실용성과 평가 가능성을 염두에 두면서 각각 학습자와 사회생활과 교과에서 적절한 교육내용을 뽑아냄을 뜻하기도 한다.

이러한 특성과 준거를 충족시키는 교육내용을 우리는 '하는 능력'을 본질로 하는 '실제적 지식'으로 규정했다. 목표 모형에서 교육 내용은(그것에 지식이라는 이름을 붙인다면) 실제적 지식으로 이루어져 있다고 할 수 있다. 실제적 지식은 교육목표 세 가지 원천 가운데서도 사회생활과 가장 밀접하게 관련되어 있는데 실제적 지식을 중핵적인 교육내용으로 삼는 교육과정을 경험중심 교육과정 또는 생활중심 교육과정이라고 한다. 경험주의 교육과정은 아동의 경험을 중시하며, 경험의 성장을 목적으로 삼는 듀이의 진보주의 교육철학을 기본 바탕으로 삼고 있다. 즉, 아동 경험의 성장을 중시하는 교육을 우리는 살아있는 교육이라고 말한다. 다시 말해서 살아있는 교육은 교육내용이 학습자의 삶과 밀접히 관련된 교육이다. 교육을 학습자의 삶과 관련시키는 작업은 필연적으로 학습자와 그의 사회적 삶이라는 두 차원을 교육이라는 관점에서 동시에 조망하는 작업을 요청하기 때문에 생활 영역의 분류와 규명과 결정의 작업이 반드시 수반된다.

하지만 두 가지의 중대한 문제를 생활중심 교육과정은 야기한다. 두 가지 문제는 다시금 우리의 논의를 '무엇을 왜 가르치는가'라는 교육내용의 본질과 정당화의 문제로 되돌린다. '성인들의 사회생활의 여러 활동들이 과연 교육적으로 바람직하고 적합한 것이냐'라고 하는 것과 '교육내용으로서의 사회생활에 대해서 시간상의 기준을 어디로 잡을 것이냐'하는 것은 간단하게 해결될 수 있는 문제가 아니다. 교육내용의 가치를 판단하는 일은 물론, 변화의 시간적 주기가 점점 짧아지고 있는 현대사회에서 오늘 학교 교육에서 배운 사회생활의 여러 활동 경험들이 내일은 쓸모없는 것이 되는 사태를 막을 근본적인 방도가 이 생활적응 교육 담론에는 없다. 그렇다고 하지만 타일러에 의해 완성된 교육과정의 과학화와 종합화의 작업이 갖는 교육학적 의의는 과소평가되어서는 안 될 것이다. 엄밀한 의미에서 타일러가 정립한 교육과정 모형은 교육과정의 개발과 실행에 이르는 일련의 절차와 방법을 기술공학적으로 진술해 놓은 것인데, 체계적인 준거와 과정에 의거하여 이루어지지 못하고 주먹구구식으로 이루어져 왔던 교육과정 개발을 본격적인 실천 지향의 학문적 작업으로 정립시키는 데 커다란 공헌을 한 것이라고 보아야 할 것이다.

## 2. 브루너(J. Bruner)의 내용중심 교육과정모형

교육과정 분야에서는 블랙박스 모형을 타일러의 종합적 교육과정 모형이라고 부른다. 교육과정의 내용과 교육의 과정에 대해서는 상세한 언급을 하지 않고 있기 때문인데 교육내용의 가치를 효율성과 실용성의 잣대로만 판정할 경우에는 교육이란 단지 무엇을 이루기 위한 수단적인 가치만을 갖는 것으로 자리 잡을 것이고, 교육이 인간에 대하여 갖는 본질적인 가치는 부차적이고 주변적인 관심사로 밀려날 수밖에 없다. 교육의 수단적 가치가 중요하지 않은 것은 아니지만, 교육에서 인간성을 형성하는 일차 담론으로서 기능하는 교육과정은 궁극적으로 인간의 이성적, 실천적 행위 능력의 계발이라는 교육의 계몽적 본질과 떼어 놓고는 논의할 수 없다. 이러한 점에서 교육은 하는 능력 못지않게 보는 능력을 중요시하지 않을 수 없으며, 교육에서 가르치려고 하는 바도 이 보는 능력, 이성의 힘을 길러주는 데에서 그 본질적인 의미를 찾아야 할 것이다.

지성의 계발에 적합하고 인간의 이성에 계몽하는 교육내용에 명칭을 붙인다면 우리는 그것을 지식이라고 불러야 할 것이다. 지식은 인간의 지성을 계발하는 가장 좋은 교육내용이다. 교육 혹은 학교교육은 지식을 기성세대가 성장세대에게 체계적으로 전수하려는 노력이다. 물론 지식을 가르치는 것만이 학교가 행하는 교육활동의 전부는 아니지만, 오늘날에도 여전히 지식을 가르치는 일은 학교교육의 핵심을 이루고 있다. 따라서 이때의 교육과정의 주된 문제는 교육의 과정에서 다루어지는 교육내용 자체에 관심의 초점을 둘 수밖에 없다. 우리는 이러한 입장의 교육과정 담론을 타일러의 목표 모형에 대비하여 내용 모형이라고 부를 수 있다.

### 1) 내용중심 교육과정 모형의 문제 틀

교육내용의 본질과 성격 자체에 관심을 두는 내용 모형이 지니는 문제의식은 다음과 같다. 내용 모형의 입장에서 보았을 때 타일러의 블랙박스 안에서 이루어지는 일은 지식을 가르치고 배우는 과정이다. 즉, 교육과정이란 바로 이 지식을 어떻게 올바른 형태로 구성, 정립하여 학생들에게 가르칠 것인가를 탐구하는 학문적 작업이 된다. 문제가 되는 것은 지식을 올바른 형태로 정립시키고 가르친다는 것이 무엇을 말하는가 하는 것인데 지식을 학교의 교육내용이 될 수 있도록 올바른 형태로 구성한다는 것은 지식을 학문의 계통과 구조에 따라 분류하고 정립하는 일을 의미한다. 또한, 지식을 올바른 형태로 가르친다는 것은 지적으로 정직한 형태로 가르치는 것을 의미한다. 지식을 지적으로 정직한 형태로 가르친다는 말은 브루너가 자신이 대표자로서 쓴 보고서에서 사용한 표현이다. 브루너는 지식을 개별 학문 영역으로 나누었을 때 해당되는 학문의 기본 성격에 맞게 가르치는 것은 지적으로 정직하고 올바르게 가르치는 것이다.

지금까지 학교교육이 지닌 문제점 가운데 가장 많이 지적된 것이 지식교육과 관련된 문제였는데 대체로 다음의 두 가지 형태로 표현된다. 하나는 실생활에 소용되지 않는 쓸모없는 지식을 너무 많이 배운다는 지적이고, 또 다른 하나는 지식중심의 교육으로 인하여 인성교육이 제대로 되지 않고 있다는 지적이다. 내용모형의 입장에서 볼 때 지금까지의 지식교육이 안고 있는 잘못된 점이 아니라 지식교육이 잘못 되었기 때문에 발생한 점이다. 지식이 실생활에 잘 쓰이지 않는다는 것을 배운 지식을 실제 생활의 문제 사태에 적용하여 풀어나가는 문제해결능력을 익히지 못했다는 이야기인데, 이것은 명백히 제대로 된 지식교육을 받지 못했기 때문에 발생한 문제이다. 그리고 지식교육에 치우쳐서 인성교육이 이루어지지 못했다는 것은 이론과 실천의 문제, 즉 지식의 탐구에 필연적으로 수반되는 인식의 실천성이라는 문제를 진지하게 받아들이지 않은 데에서 비롯된 것인바, 이 역시 지식교육을 제대로 받지 못했기 때문에 발생한 문제이다. 결국 올바른 형태의 지식교육이란 합리적, 이성적 탐구능력과 실천능력을 길러주는 교육이라는 이야기가 된다. 이렇게 올바른 형태의 지식교육 혹은 지적으로 올바른 형태를 갖춘 지식교육은 무엇인가?에 대한 답변을 브루너의 교육과정 이론에서 찾아볼 수 있다. 브루너는 지식의 구조를 가르쳐야 한다고 하였다. 브루너는 지식의 구조가 무엇인가를 설명하고, 그것을 가르치는 데에 관련된 몇 가지 교육적 문제, 즉 학습의 준비성, 직관적 사고와 분석적 사고, 학습동기, 교구 등을 고찰하고 있다.

브루너는 그동안 지식교육이 올바르게 진행되지 못한 까닭은 지식의 본래적 성격인 '지적 탐구 활동'을 강조하지 않은 채, 지적 탐구의 결과물로서의 지식만을 학생들에게 습득시키는 데 몰두하였던 것에 그 원인이 있다고 말했다. 브루너는 교과 자체를 가르친 것이 아니고 교과의 이차 언어 또는 중간 언어를 가르친 것이 그동안의 지식교육의 문제점이라고 보았다. 교과 자체는 지적 탐구 활동으로서의 교과를 가리키고, 교과의 중간 언어는 지적 탐구의 결과로서의 교과지식을 가리킨다. 지적 탐구의 결과로서의 교과지식을 주입식으로 가르치는 지식교육이 점점 더 복잡해져 가는 현실 사회의 문제점들을 해결하는 고도의 지적 사고능력을 적절하게 길러주는 데에는 턱없이 못 미친다는 진단 아래에서 브루너는 지식 자체의 탐구적 특성을 최대한 살리는 교육내용으로서 지식의 구조를 가르치는 교육과정을 제시했다.

지식의 구조를 중심으로 교육과정 체제를 구성하는 것은 목표 모형과는 다른 형태와 차원에서 교육과정을 개발, 실행하는 것을 의미하는데, 교육과정을 교육내용의 본질과 특성에 기반하여 구성하는 내용 모형에서는 무엇보다 교육내용으로서 지식의 성격과 본질을 분석하고, 그에 따른 지식의 체계적인 학습을 요체로 하는 교육과정체제를 기획한다. 교육과정 모형을 학문중심 교육과정이라고 부르는데, 여기서 학문이라는 이름이 붙는 것은 앞에서 말한 탐구과정으로서의 지식의 성격을 가장 잘 드러내는 용어가 학문이기 때문이다.

### 2) 내용중심 교육과정 모형의 구성 요소

브루너가 대표하는 내용중심 교육과정 모형은 크게 볼 때 지식 또는 학문이 갖는 탐구활동으로서의 특성을 전면에 내세우고, 교육내용의 정립과 그렇게 정립된 교육내용을 아동들에게 최적의 형태로 제시하는 교육과정 표현 형식의 구안한다. 그리고 이를 지식의 본래적 성격에 충실하게 지도하는 교수-학습방법의 모색이라는 세 가지 차원의 작업을 그 구성 요소로 삼는다. 내용 모형에서 지식 또는 학문이 갖는 탐구활동으로서의 특성을 전면에 내세우는 교육내용의 정립은 지식의 구조와 학문중심 교육과정에 관한 논의로 나타난다. 그리고 교육내용을 아동들에게 최적의 형태로 제시하는 교육과정 표현 형식의 구안은 나선형 교육과정에 관한 논의에서 다루어지며 나선형 교육과정을 지식의 본래적 성격에 충실하게 지도하는 교수-학습방법의 모색은 발견학습에 관한 논의로 수렴된다.

### (1) 지식의 구조

지식의 구조는 학문중심 교육과정 모형에서 교육내용을 개념화하는 핵심 용어이다. 지식을 가르치는 것이 아니고 지식의 구조를 가르친다고 할 때에는 지식을 이루는 뼈대 내지는 근본 원리를 가르치는 것을 의미한다. 구조주의 철학에서 쓰이는 어법대로 본다면 구조라는 말 자체가 현상의 배후에서 현상 자체를 결정하는 뼈대와도 같은 틀 또는 근본·심층 원리를 뜻한다.

내용중심 교육과정 모형에서 교육내용으로서 상정되는 지식은 바로 학문이다. 지식의 구조라는 말은 학문의 구조라는 말과 같은 말로 학문을 이루는 근본 원리를 교육내용으로 삼고자 하는 것이 내용 모형의 취지이다. 즉, 학문을 이루는 근본 원리라는 것은 각각의 학문 영역에서 그 각 학문들을 고유하게 규정하면서 나타나도록 해 주는 개별적이고 고유하며 상호 구별되는 심층의 논리적 체계를 말한다. 결국에는 어느 학문이 가지고 있는 심층의 논리적 체계라는 것은 사실 그 학문의 탐구 언어의 체계를 말하는 것이다. 언어의 체계는 여러 가지로 나누어 볼 수가 있겠지만, 크게 의미론과 화용론으로 대별해 볼 수 있다. 즉 사물 혹은 실재에 대응하는 한 낱말의 고유한 의미의 영역과 낱말이 모여 문장을 이루었을 때의 문법적 형태와 쓰임새의 영역이 언어의 고유한 영역을 이룬다. 학문에서의 탐구 언어의 체계라는 것은 학문의 탐구 대상을 개념화하여 그 안에 특정의 의미를 부여하는 의미론적 차원과, 용어를 통하여 문장화된 진술로써 탐구의 대상과 현상을 기술하는 화용론적 차원의 두 가지 차원으로 이루어진다.

브루너는 지식의 구조를 지식을 이루는 일반적인 개념과 원리, 기본적 아이디어로 정의하였는데, 이것도 따지고 보면 그 같은 개념과 원리를 통하여 현상을 설명하는 논리적 체계와 과정을 의미하는 것이다. 이러한 점에서 지식의 구조란 한 마디로 개별 학문의 탐구 방법론을 말한다고 볼 수 있는데 지식이 구조를 가르친다는 것은 지식을 탐구의 과정으로 상정하고 개별 지식의 학문에서 사용되는 탐구 언어의 체계를 학생들에게 가르치는 것을 말한다. 지식을 지식답게 가르친다는 말과 지식을 탐구 과정으로서의 지식의 본질적 성격에 맞게 가르친다는 말은 바로 이것을 뜻한다.

브루너는 지식의 구조는 학습자로 하여금 학습내용을 살펴보면 다음과 같다. 첫째, 이해할 수 있도록 해주고, 둘째, 기억하기 쉽게 하며, 셋째, 학습 이외의 사태에 적용할 수 있도록 하고, 넷째, 고등지식과 초보지식 사이의 간극을 좁힐 수 있게 한다. 이 가운데 고등지식과 초보지식 사이의 간극을 좁힐 수 있게 된다는 말은 브루너가 지식의 구조를 가르침으로써 얻게 되는 가장 강력한 이점으로 내세우는 것이다.

지식의 구조는 고등지식과 초보지식 사이의 간극을 메워준다는 말은 지식의 구조를 학습함으로써 학생들이 해당 학문 분야의 첨단에서 그 학문을 발전시키는 학자들이 하는 일과 그 성과를 알 수 있게 된다는 말이다. 좀 더 풀어서 생각해 보면, 지식의 구조가 해당 학문의 탐구 방법론과 탐구의 과정을 의미하기 때문에 지식의 구조를 학습한다는 것은 학자들의 학술 연구 활동과 견주어 볼 때 비록 수준에서는 초보지식과 고등지식의 차이가 나지만 그 본질적인 활동에 있어서는 동일한 활동을 학습자들이 수행함을 말하는 것이다. 따라서 대학 수준의 학문 연구동의 저변을 초·중등교육에서 효과적으로 확보해 나가기 위한 것이 지식의 구조를 가르치는 현실적인 의도였던 것이다. 이러한 점이 브루너가 학문중심 교육과정체제를 통하여 궁극적으로 달성하고자 했던 교육적 의도라고 할 수 있다.

### (2) 나선형 교육과정

지식의 구조를 핵심적인 교육내용으로 상정하였을 때, 교육과정 연구 분야에서 하게 될 일은 각 교과의 구조를 학문적 성격에 따라 뽑아내거나 마련하는 일과, 그것을 교육과정의 형태로 구성, 조직하고 학습자에게 가르치는 방안을 강구하는 일이다. 내용 모형에서 교육과정을 구성하고 개발하는 일은 목표 모형이 그 교육의 목표를 제일 먼저 설정하는 일로부터 교육과정 구성과 개발의 전 과정을 체계화하는 것과는 달리, 교육내용의 특성과 그것을 습득할 학습자의 특성을 연관시키는 데에 작업의 주요 초점이 맞추어진다.

브루너가 제시한 나선형 교육과정 개념과 발견학습 개념은 이러한 문제에 대한 하나의 실제로서 제안된 것이라 할 수 있다. 나선형 교육과정은 교육내용을 조직, 구성하는 데 있어서 적용되는 어떤 구체적인 방법 또는 원리를 말한다기보다는 교육내용을 조직하였을 때 나타나는 특성을 가리키는 추상적인 방법적 개념을 말한다. 다시 말하면 지식의 구조를 교육내용으로 삼는 교육과정의 조직 특성을 형태적으로 표현한다면 나선형 조직으로 그려질 수 있기에 등장한 것이 나선형 교육과정의 개념이다.

브루너의 나선형 교육과정은 각 학문의 근본적인 학습 요소인 지식의 구조가 동일성을 유지하며 학습자의 인지발달 단계에 맞추어 상승적인 방향으로 심화, 확장되는 형태로 조직된다. 이 점이 나선형 교육과정에서의 계열성의 개념이다. 브루너는 계열성의 개념을 재해석하여 지식의 구조가 학습자의 경험과 이해의 폭에 따라 점점 더 넓게 확장되고, 인지 발달 단계에 따라 점점 더 높게 상승하는 형태로서 개념화한 것이다.

### (3) 발견학습

지식의 구조를 작동적, 영상적 그리고 상징적 표현 형식으로써 제시하는 나선형 교육과정에서 학습과정의 요체는 아동의 실재 세계에 대한 이해가 구체적 조작의 사고방식으로부터 지적으로 좀 더 추상적이고 상징적인 사고방식으로 상승하고 이행될 수 있도록 하는 데 있다. 이를 위해 브루너는 지식의 구조를 내면화하고 문제 사태에 확장시키고 적용하는 학습 방법으로 발견학습을 제안하였다. 발견학습은 지식의 구조를 학습자들이 스스로 발견하고 발견한 문제 사태에 생산적으로 적용하도록 하는 학습지도 방법이다.

대체로 발견학습의 과정은 첫째, 새로운 지식을 획득하는 과정, 둘째, 획득한 지식을 새로운 문제 사태에 들어맞도록 조직하는 변형의 과정, 셋째, 지식을 다룬 방법이 그 문제 사태에 비추어 적합한가를 점검하는 평가의 과정으로 이루어진다. 이 과정에서 가장 중요한 것은 문제를 해결하기 위한 학습자의 적극적인 사고 활동이다. 발견학습의 과정은 교과지식의 위상을 전통적인 학습장면과는 다르게 개념화한다. 전통적인 학습장면에서는 지식이 암기하고 훈련해야 하는 외적 대상으로서의 정답으로 개념화된다. 하지만 발견학습에서는 지식을 본질적으로 문제의 성격을 갖는 탐구와 발견의 과정으로 개념화하며 또한 그 탐구와 발견의 과정 속에서 얻게 되는 타당성과 합리성을 갖는 해답으로 개념화한다. 즉 발견학습은 탐구와 발견의 과정을 본질로 하는 학습이고, 학습자는 탐구와 발견의 학습과정을 통해서 문제해결능력으로서의 학문적 탐구능력을 체득하게 되는 것이다.

### 3) 내용중심 교육과정 모형의 교육적 의미

대체로 학문주의 교육과정이론에서 지식이 차지하는 의미는 크게 합리성과 탐구 정신의 두 가지 측면으로 생각해 볼 수 있다. 합리성은 지적, 도덕적 측면에 관여하고, 탐구 정신은 정의적 측면에 관여하는 것이다. 지적 합리성과 도덕적 합리성은 그것이 학문에서의 문제이든 생활상의 문제이든, 어떤 문제가 우리에게 주어졌을 때, 올바름과 성실함을 토대로 수단의 효율성과 목적의 윤리성을 담보하는 문제해결을 수행하도록 함을 의미한다. 그리고 탐구 정신은 지적 탐구의 심리적 기반이 되는 대상 세계에 대한 진지한 호기심과 열정을 의미한다. 더욱이 이 모든 지적, 정의적 특성은 인간과 자연과 사회에 대한 책임의식을 요청하는 것이기도 하다. 지적, 도덕적 합리성과 정의적 탐구 정신은 한 개인이 사회 속에서 인격적으로 완성되는 데 필요한 모든 측면을 망라한다. 학문중심 교육과정 이론에서의 지식교육의 전인적 특성은 바로 이 지점에서 담보된다. 또한, 여기에는 지적, 정의적, 도덕적 측면에서의 개인의 완성을 통하여 사회의 개선과 진보를 이룩하려는 계몽주의적 전통이 흐르고 있다. 다시 말해서 교육의 계몽적 측면이 그 본질로서 학문중심 교육과정 이론의 바탕을 이루고 있는 것이다.

## 4절 교육과정의 종류

### 1. 학문중심 교육과정

학문중심 교육과정은 수 세기에 걸쳐 인류가 중요하게 여기고 축적해 온 지식을 가르쳐야 한다는 입장이다. 여기서 인류가 중요하게 여기는 지식이란 대학에서 발견된 학문적 원리나 이론을 말하는 것으로 논리적이며 이론적 체계가 갖춰진 지식을 의미한다. 따라서 학문중심 교육과정이 추구하는 목적은 인류가 쌓아 온 문화적 지식들을 학생들에게 가르치는 것이다. 학문적 원리에 대한 이해는 특정 교과가 가지고 있는 지식의 개념과 개념의 구조, 학문적으로 사고하는 방법을 포함한다. 이를 위해 학문중심 교육과정에서 교사는 학문적 원리를 깊이 있게 이해하고 있는 준전문가가 되어야 하고 명확하고 정확하게 학생들에게 지식을 가르칠 수 있어야 한다.

학문중심주의 목적은 오랜 시간 인류가 축적해 온 문화와 사회의 본질인 학문, 교과를 학생들에게 전수하고 학문적인 원리를 확장하는 것이다. 그리고 새로운 구성원을 기존의 문화와 사회에 적응시키고 인류가 이룩한 문화와 지식의 소산을 보존하는 것이다. 따라서 학문적 원리에 따라 사고할 수 있는 능력을 갖춘 사회 구성원을 길러내는 것을 중시한다. 학문적 교육과정의 주요한 목적은 학문적 원리를 확장시키는 것과 학문적 원리에 따라 사고할 수 있는 사회 구성원을 길러내는 것 두 가지로 볼 수 있다.

학문중심 교육과정의 특징을 각 요소(지식, 학습, 학습자, 교수)별로 살펴보면 학문중심 교육과정에서 정의하는 지식은 무엇인지, 가치 있는 지식은 무엇이며, 가르쳐야 하는 지식이 무엇인지를 볼 수 있다. 그리고 학습자와 교사는 어떤 역할과 가치를 가지는지 보여준다. 또한, 이것은 학문중심 교육과정을 좀 더 깊이 있게 이해할 수 있도록 도울 것이다.

#### 1) 지식

학문중심 교육과정에서는 인간의 인지 발달과 사회 공동체 발전에 기여하는 지식을 가치 있는 것으로 여긴다. 이러한 지식을 배우고 습득하면 다른 학문에 전이될 뿐만 아니라 실제 인간세계에도 전이된다고 믿는다. 그리고 이러한 학문과 교과는 인간의 인지가 어떻게 구성되고 이루어져 있는지를 드러내 준다고 믿는다.

### 2) 학습자

학문중심 교육과정에서 학습자는 교육의 중요한 구성요소가 아니다. 학문중심 교육과정에서는 교육과정을 개발할 때 학습자는 고려하지 않는다. 오히려 학문의 본질적 구조를 형성하는 지식이 무엇인지 결정하는 일에 관심을 둔다. 그로인해 학문중심 교육과정에서 학습자를 말할 때는 학생 그 자체를 이야기하는 것이 아니라 학생의 정신이나 인지 과정을 이야기한다. 학습의 주체로서 아동이나 학습자를 말하는 것이 아니라 아동의 정신에서 일어나는 이성적이고 지적인 측면을 말하는 것이다. 결론적으로 학문중심 교육과정에서 학습자를 말할 때, 그것은 인간 본연의 인격체가 아니라 지성의 산물을 말하는 것이다. 학습자는 지성의 산물을 아직 전수받지 못하였기 때문에 지식 구조가 형성되지 않은 불완전한 존재이기 때문에 학문적 원리와 지식을 배워야 하는 존재이다. 즉, 학습자를 아직은 미숙한 사회 구성원으로 여기고 학문, 교과를 전수하고 가르쳐야 하는 존재로 인식하는 것이다. 그리고 이러한 학문, 지식을 전수받을 수 있는 정신적 능력과 가능성을 갖춘 존재로 여긴다.

### 3) 학습

학문중심 교육과정에서는 학습과 교수를 역동적인 관계로 인식한다. 학습은 가르치고 배우는 것을 통해 이루어진다는 것이다. 더 쉽게는 교사가 학문, 교과 내용을 학생들에게 가르치고, 학습자가 학문, 교과 내용을 배우는 행위를 통해 이루어진다는 것이다. 인류가 축적한 문화와 지식을 학습하는 데 있어 이 둘의 역동적인 관계가 핵심이다. 학문중심 교육과정의 중요한 역할인 기존의 사회적 지식과 원리를 전수하고 인류가 축적한 문화와 문명을 전수하는 방법이 가르침과 배움인 것이다.

### 4) 교수

학문중심 교육과정에서는 교수는 학생들이 학문 교과 지식을 배울 수 있도록 하는 기능을 의미한다. 그것의 목적은 지식이 마침내 학생들의 정신이 되는 것을 의미하고 학생들은 그러한 정신 능력을 실제 생활에 적용시키고 그러한 지식을 후대에 전수하는 것이다. 따라서 학문중심 교육과정에서 이러한 지식을 전수하기 위한 방법으로 교사를 교수의 절대적 수단이자 도구로 사용한다. 교사는 그러한 교수의 한 방법이며 교수의 권한인 것이다. 그와 동시에 교사는 학습자에게 있어 가장 이상적인 모델이 된다. 학문중심주의에서 교사는 교육과정을 학생들에게 연결시켜 주는 매개자이며, 학문적 원리를 전달하는 전달자이다. 즉, 학문중심 교육과정에서는 교사가 교수에 있어 절대적인 위치를 차지한다. 그래서 교사는 학문, 교과에 대한 해박한 지식을 갖춘 준전문가가 되어야만 한다.

## 2. 사회 효율성 교육과정

사회 효율성 교육과정은 학교 교육을 통해 학생들이 미래 성인기에 사회가 필요로 하는 사회 구성원이 될 수 있도록 가르치는 교육과정이다. 이것은 학교를 미래 사회에 대한 준비를 하는 기관으로 여긴다. 그리고 학교에서 직업사회가 요구하는 기능을 훈련시키고, 이를 통해 높은 생산성을 갖춘 사회 구성원을 길러내는 것을 목적으로 한다. 다시 말해서 사회적 효율성이라는 관점에서 높은 효율성을 갖춘 사회 구성원을 길러내는 것을 목적으로 하는 교육과정이다.

사회 효율성 교육과정의 목적은 학교에서 직업사회가 요구하는 기능을 훈련시키고, 이를 통해 높은 생산성을 갖춘 사회 구성원을 길러내는 것이다. 교육의 목적은 사회에서 요구하는 지식과 기술을 학생들이 기를 수 있도록 하는 것이기 때문에 교육과정 개발자들은 사회가 요구하는 지식 중 필수적이라고 생각하는 지식과 기술을 교육과정의 목표로 설정하고, 이러한 교육목적을 달성하는 데 가장 효과적인 방법과 절차를 선택한다.

사회 효율성 교육과정의 특징을 각 요소(지식, 학습, 학습자, 교수)별로 살펴보면 사회 효율성 교육과정에서 정의하는 지식은 무엇인지, 가치 있는 지식은 무엇이며, 가르쳐야 하는 지식이 무엇인지를 보여준다. 그리고 학습자와 교사는 어떤 역할과 가치를 가지는지 보여준다. 또한, 이것은 사회 효율서 교육과정을 좀 더 깊이 있게 이해할 수 있도록 도울 것이다.

### 1) 지식

사회 효율성 교육과정에서 지식은 크게 두 가지를 의미한다. 첫째로는 이 관점에서 지식은 행동적 잠재력을 의미한다는 것인데 교육이란 행동 혹은 외적 변화를 의미하는 행동주의 심리학의 영향을 받은 것으로 지식의 본성을 학생들에게 가르칠 수 있는 행동적 잠재력으로 보는 것이다. 즉, 교육을 통해 변화시킬 수 있는 행동의 변화가 곧 지식을 의미한다고 보는 것이다. 따라서 사회 효율성 교육과정에서는 목표를 진술할 때에도 행동적 목표로 진술할 것을 요구하고 있으며, 교육의 정의 역시 인간 행동의 변화로 규명하고 있다. 둘째, 이 관점에서 지식은 오직 관찰과 측정이 가능한 경험적 실재를 의미하는데, 이것은 실증주의 사고가 강하게 반영된 것으로 객관적 관찰과 측정이 가능한 지식만을 가치 있는 것으로 여긴다. 따라서 사회 효율성 교육과정에서는 오직 경험적 실재 세계만을 다룬다.

### 2) 학습

학습은 행동의 변화를 의미한다. 지식에서 설명한 학생 개개인의 행동적 잠재력을 외부로 드러나게 만드는 것을 의미한다. 학생들은 사회에서 요구하는 지식과 기능을 학습하기 위해 반복적인 암기와 실행을 한다. 또한, 이러한 지식과 기능을 수행할 수 있는 행동적 능력을 숙달시킨다. 이것은 그 이전에 학생들이 할 수 없었거나 미숙했던 행동을 학습한 것이기 때문에 학습 결과에 대한 평가는 학습이 일어나기 이전에 가능했던 행동과 학습이 일어난 후 가능한 행동의 비교를 통해 이루어진다. 따라서 학습은 관찰 가능한 해동에 의해서만 일어나는 현상이다.

### 3) 학습자

사회 효율성 교육과정에서는 학습자에게 큰 관심을 가지지 않는다. 그들에게 있어 학습자는 단지 성인기를 준비하는 하나의 과정에 불과하다. 가네(Gagné, 1966)는 사회 효율성 교육자들은 교육과정을 개발하고 실행하는 동안 학습자를 중요하게 다루지 않는다고 지적하였다. 그리고 그들이 학습자에게 관심을 보이는 것은 그 학생에 대한 관심이 아니라 사회가 필요로 하는 기능을 잠재적으로 가지고 있는 존재라는 점이다. 그들은 오직 교육을 통해 사회가 요구하는 능력과 기능을 가진 성인을 길러내는 것에만 관심을 둔다. 다시 말해서 사회 효율성 교육과정에서 학습자는 교육을 통해 길러내야 하는 잠재적인 미래의 노동자인 것이다.

### 4) 교사

교사는 계획된 교육과정을 학교와 교실 현장에서 실행하고 학습자를 훌륭한 노동자로 길러내는 관리자이다. 가네(1970)의 표현을 빌리면, 교사는 교육을 총괄하는 경영자이다. 교사는 먼저 학습자들이 학습할 수 있는 환경을 준비하고 실제 학습 주에 일어나는 다양한 상황에 맞추어 교실과 수업의 환경을 조정하는 역할을 한다. 학습이 이루어지고 난 후 학습의 정도를 평가하는데, 이것은 마치 고장의 생산라인 관리자가 의뢰인이 요구하는 제품의 종류와 수량을 파악하고, 제품이 생산되는 과정을 총괄하고 완성된 제품을 검사하는 것과 같은 것이다. 그러나 학습은 대부분 학생들에 의해 이루어지는 것이고 교사의 주된 임무는 학생들이 그들 스스로 학습할 수 있는 환경을 준비하는 것이다. 교육과정은 학생들이 무엇을 학습해야 하는지를 안내하여야 한다. 이와 관련하여 보비트(F. Bobbitt)는 교사를 관리자, 지도자, 안내자, 격려자라고 하였다.

## 3. 학습자 중심 교육과정

학습자 중심 교육과정은 학습자 개개인의 잠재적 능력을 발현시켜 주고 이를 통한 자아실현을 교육의 진정한 가치로 보는 관점이다. 이것은 인간의 존엄성에 기초를 두고 있으며, 개개인이 가진 능력과 잠재력은 다양하다는 전제를 깔고 있다. 그리고 개개인의 다른 사람들과는 다른 고유한 능력을 가지고 있다고 본다. 따라서 이 관점에서는 교육과정 또한 개개인의 가능성과 잠재력을 길러줄 수 있는 방향으로 설계되어야 한다고 본다. 그리고 학교는 학습자가 가지고 있는 가능성과 잠재력을 개발할 수 있는 장소가 되어야 한다고 본다.

학습자 중심 교육과정의 목적은 학습자 개개인의 가능성과 잠재력을 개발시켜주는 것이고 인간은 태어날 때부터 존엄한 인격체로 본다. 또한, 인간은 이러한 자신의 고유한 가치를 개발하고 실현해 가는 존재로 보기 때문에 인간의 존엄성 실현과 자아실현이 학습자 중심 교육과정의 궁극적인 목적이 된다.

학습자 중심 교육과정의 특징을 각 요소(지식, 학습, 학습자, 교수)별로 살펴보면 학습자 중심 교육과정에서 정의하는 지식은 무엇인지, 가치 있는 지식은 무엇이며, 가르쳐야 하는 지식이 무엇인지를 보여준다. 그리고 학습자와 교사는 어떤 역할과 가치를 가지는지 보여준다. 또한, 이것은 학습자 중심 교육과정을 좀 더 깊이 있게 이해할 수 있도록 도울 것이다.

### 1) 학습자

학습자 중심 교육과정에서는 학습자를 인간의 존엄성을 갖춘 인격체로 바라본다. 이 관점에서 아동은 각자 고유한 능력과 가능성을 가지고 있으며, 이러한 능력과 가능성을 성장시킬 수 있는 존재이다. 따라서 학교나 사회가 정한 기준에 따라 학생을 판단하지 않고 아동과 학습자의 고유한 능력과 가능성을 존중하며 고려하여 학생들을 평가한다. 학습자 중심 교육과정에서는 행동주의 이론처럼 자극과 반응 사이의 관계를 중요하게 생각하는 것이 아니라 아동의 내부에서 일어나는 지적 작용과 결과에 더 많은 관심을 둔다.

### 2) 학습

학습자 중심 교육과정에서는 학습을 인간의 인지구조를 사용하여 의미를 형성하는 과정으로 정의하는데 학습자 중심의 교육과정에서 의미의 생성은 상황맥락적인 것이며, 환경과 끊임없는 상호작용의 결과라고 설명한다. 경험과 환경의 끊임없는 상호작용을 통해 의미를 생성하는 과정이 학습이다. 의미의 구성과 생성이라는 관점에서 학습자 중심 교육과정은 구성주의 교육과정으로 불리기도 하는데, 학습이 일어나는 조건으로 학습의 주체가 되는 학습자, 학습자에게 상호작용을 제공하는 환경 그리고 직접적 경험을 위한 참여활동을 든다.

### 3) 교사

학습자 중심의 교육과정에서 교사는 아동의 성장을 돕는 양육자로서 바라본다. 교사는 학생들의 흥미와 특성을 파악하여 적절한 교육적 환경과 방법을 제공해야 한다. 학습자 중심 교육과정에서는 교사의 역할을 학습의 관찰자·진단자로서의 교사, 학습 환경 제공자로서의 교사, 학습 조언자·상담자로서의 교사로 소개한다.

### 4) 지식

학습자 중심 교육과정에서 지식은 개인적 의미를 지니는 것이다. 학습자 중심 교육과정에서 지식은 학습자가 자신의 지식 구조를 통해 스스로 의미를 생성해 가는 과정이고 능력이나 가능성은 개인에 따라 독특하며 고유한 특성을 지니고 있다. 따라서 학습자 중심 교육과정에서 지식은 이전에 습득한 지식을 바탕으로 한 다양한 상황과 경험에 대한 해석이다.

## 4. 사회 재건주의 교육과정

사회 재건주의자들은 현재 사회가 가지고 있는 불합리한 구조나 문제에 대하여 인식하고 있다. 일반적인 사람들은 사회를 완전한 것으로 바라보고 사회의 구성과 기능이 합리적이고 체계적으로 구성되어 있다고 믿는다. 하지만 사회 재건주의 관점의 학자들은 현재 사회에 대한 비판적인 시각을 가지고 있다. 그래서 사회가 가지고 있는 문제에 초점을 맞춘다. 그들은 사회 문제를 해결하려고 하고, 지금보다 나은 사회를 건설해야 한다고 믿는다. 그리고 그것을 교육을 통해 모든 사회 구성원들이 만족할 수 있는 사회 건설을 추구한다.

사회 재건주의 교육과정의 목적은 사회 문제를 인지할 수 있는 통찰력을 기르고 이러한 문제를 해결하여 좀 더 나은 사회를 건설하는 것이다. 이를 통해 모든 사회 구성원들이 물질적, 사회적, 정신적으로 행복한 사회를 만드는 것이다. 교육을 통해 사회 문제에 대한 구성원들의 일치를 이끌어내고, 기존 사회 문제를 인식시키고 그에 대한 해결 방안을 가르치는 것이다.

사회 재건주의 교육과정의 특징을 각 요소(지식, 학습, 학습자, 교수, 교사)별로 살펴보면 사회 재건주의 교육과정에서 정의하는 지식은 무엇인지, 가치 있는 지식은 무엇이며, 가르쳐야 하는 지식이 무엇인지를 보여준다. 그리고 학습자와 교사는 어떤 역할과 가치를 가지는지 보여준다. 또한, 이것은 사회 재건주의 교육과정을 좀 더 깊이 있게 이해할 수 있도록 도울 것이다.

### 1) 학습자

사회 재건주의 교육과정에서 학습자는 사회적 산물로서의 학습자, 의미 결정자로서의 학습자, 사회 그룹의 구성원으로서의 학습자의 관점에서 논의된다. 사회적 산물로서의 학습자는 사회화를 말하는 것으로 학습자는 사회화 과정을 통해 생겨난 사회적 산물이다. 의미 결정자로서의 학습자는 그들이 살고 있는 문화와 환경에 따라 가치를 만들어 가는 존재로 보는 것이고, 사회 그룹의 구성원으로서의 학습자는 다른 사람과의 관계를 맺으며 살아가면서 사회 공동체 속에서 살아간다는 것을 말한다.

### 2) 학습

사회 재건주의 교육과정에서는 학습을 구성주의 관점에서 보며 사회와 상호작용에서 느끼는 경험으로 가치와 의미를 생성 및 구성한다는 것이다. 학습은 경험을 통해 바람직한 사회 가치를 형성하고, 학습자는 가치중립적이다. 학습자가 가지는 경험과 환경에 의해 가치를 생성하는 것으로 보면서 학습은 학습자가 경험하게 되는 상황과 환경적 맥락과 학습자가 가지고 있는 인식과 가치의 범위 내에서 일어나며 학습자들은 자신들의 문화적 자원으로 학습과정을 만든다. 교사들은 학생의 언어, 역사 등을 고려하여 학생들이 지역, 사회, 세계의 수준에 직면하도록 교육과정을 발전시켜야 한다.

### 3) 교수

사회 재건주의 교육과정에서 교수방법은 직접 경험에 의한 교수방법이다. 사회 재건주의에서 학습은 사회와의 상호작용 속에서 학습이 일어나는 것으로 본다. 따라서 학생들이 직접적으로 경험하고 상호작용할 수 있는 환경을 통해 가르치는 것을 이상적으로 생각한다. 전통 교실의 개념을 바꾼 것으로 강의식 수업이 아니라 언어와 소통을 통한 학습을 강조한다.

### 4) 교사

사회 재건주의 교육과정에서 교사는 학생들의 동료이자 협력자이다. 교사는 권위적으로 학생들을 통제하지 않고, 다양한 상호작용을 통해 학생이 사회적 가치를 형성할 수 있도록 도와준다. 교사와 학생의 경험과 지식이 공유되는 것을 도와주기 위해서 토론과 상호작용을 중요하게 생각하고, 의미를 함께 형성하며 지식을 구성해 갈 수 있는 동료이자 협력자가 되어야 한다.

### 5) 지식

사회 재건주의에서는 지식을 현재 사회를 유지하는 데 필요로 한 것으로 간주한다. 현재 사회를 구성하고 있으며, 역사적으로 축적되어 온 지배 집단의 논리와 가치를 지식으로 본다. 지식을 힘의 관계로 인식하고, 사회가 가진 문제를 인식하며 새로운 사회를 재건하는 데 필요한 지식을 찾으려고 노력한다. 또한, 더 나은 미래를 위해 필요한 지식이 무엇인지를 찾으려고 한다. 사회 재건주의 교육과정의 지식은 크게 두 가지로 구성되어 있는데 지식과 가치이다. 사회를 재건하는데 필요한 지식과 이에 상응하는 지식으로 구성되어 있는 것이다.

Chapter

07

Introduction to Education

# 교수학습과 수업방법

교육 이론에는 여러 가지 분야가 있다. 교육 이론이라는 큰 범주 안에서 교육행정 · 교육경영, 교육공학, 교육철학, 교육심리학이나 교육과정 등 다양한 분야의 이론이 있을 것이다. 이러한 영역 중에서 학교 교육 현장의 핵심은 가르치고, 배우는 것에 대한 영역인 교수 · 학습 이론의 영역이라고 할 수 있다.

# 1절 교수 · 학습이론

## 1. 교수 학습 이론의 개념

교수·학습이론에 대해서 구체적으로 논의하기에 앞서, 교수와 학습이 무엇인지에 대해서 알아야 할 필요가 있다. 교수와 학습은 각각 무엇이며 서로 어떠한 관계에 있는지 알아야 할 것이다.

### 1) 학습의 성격과 정의

학습은 '배우는 것'이라고 표현된다. 이러한 학습에 대해서는 학습이론, 혹은 학자에 따라 다양하게 정의 내려지고 있다. 인지 학습이론에서는 통찰에 의한 인지구조의 변화, 구성주의 학습이론에서는 학습자의 사전 지식에 근거한 의미의 구성을 강조하고, 행동주의 학습이론에서는 학습이란 자극과 반응의 연합이나 조건화를 통한 행동과 습관의 변화를 학습의 본질적 습관으로 간주하였다. 때문에 학습에 대한 정의는 다양하게 내려질 수 있다.

학자들에 의해 내려진 다양한 학습에 대한 정의를 살펴보면 다음과 같다. 힐가드(Hilgard, 1966)는 학습을 좀 더 넓은 의미에서 보아 "학습이란 주어진 환경 속에서 계속적인 경험으로 일어나는 행동의 변화이다. 단, 그러한 행동의 변화는 타고난 반응 경향, 성숙 또는 피로나 약물에 의한 일시적인 상태의 변화로는 설명될 수 없는 것이다."라고 정의했다. 모건과 킹(Morgan & King, 1966)은 "학습이란 경험과 연습의 결과로 일어나는, 비교적 지속적인 변화다."라고 정의하였고, 학습을 좀 더 좁게 본 학자도 있다. 게리와 킹슬리(Garry & Kingsley, 1970)는 "학습이란 연습과 훈련을 통해서 행동이 발생하고 변화하는 과정이다."라고 정의하며, 학습의 상황을 연습과 훈련으로 구체적으로 지적하였고, 비그(Bigge, 1964)는 "학습이란 유전에 의해 의도되지 않은, 살아있는 유기체의 통찰, 행동, 지각 또는 동기의 변화다."라고 학습을 정의하였다. 김호권(1977)은 학습의 정의에 포함된 공통적인 개념을 이끌어 내어 학습에 의한 행동이 무엇인가를 제시하였고, 변영계(2006)는 인간에게 일어나는 변화를 **그림 7-1**과 같이 나타냈을 때 학습에 의한 변화의 공식을 제시하였다. 이러한 다양한 학습에 관한 이론을 넓은 의미의 학습과 좁은 의미의 학습으로 나누어 볼 수 있겠다. 넓은 의미의 학습은 '유기체가 그를 둘러싸고 있는 환경과 상호작용을 통해 그 유기체의 행동에 변화가 일어난 경우'라고 성격을 규정하였고, 좁은 의미의 학습이란 '학습자가 정해진 학습목표를 달성시키려는 상황에 참여하여 의도한 학습목표를 성취하는 활동을 하는 경우'라고 의미를 한정하여 사용하였다.

학습된 행동 L = A-(B+C+D)

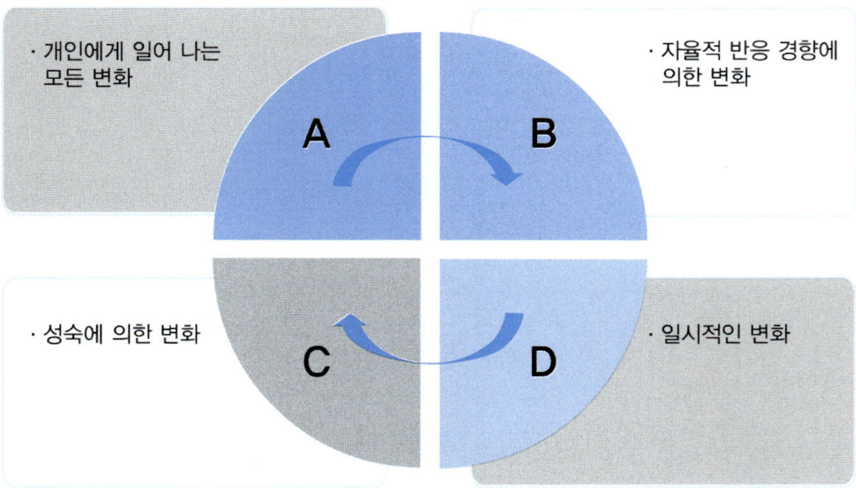


**그림 7-1** 학습에 의한 행동변화

따라서 종합하여 보면, 학습의 내용은 비교적 지속적인 행동의 변화를 의미한다. 또한, 학습의 수단은 훈련이나 경험이고, 학습이란 이를 통해 학습자를 둘러싼 환경과 상호작용하는 것이라고 정의하였다.

### 2) 교수의 성격과 정의

교수는 '敎授'를 그대로 뜻풀이하면 '가르쳐 주는 것'을 뜻한다. 학습과 마찬가지로 교수 역시 많은 학자에 따라 다양하게 정의 내려지고 있다. 코리(Corey, 1971)는 교수를 '어떤 특정한 조건하에서 특정한 행동을 습득하거나 배제하고 혹은 특수한 상황에 대한 반응을 하거나 학습이 일어날 수 있도록 개인의 환경을 계획적으로 관리하는 전 과정'이라고 정의한다. 라이겔루스(Reigeluth, 1983)는 교수를 '수업에 비해 포괄적인 것으로서 구체적으로 설계, 개발, 적용, 관리, 평가를 포함하는 것'이라고 정의하였다. 앞의 두 정의를 함께 살펴보면 교수는 '학습이 발생할 수 있도록 하기 위해 도움을 주는 의도적이고 계획적인 활동'이라고 개념 지을 수 있다. 변영계(2006)는 수업에 비해 포괄적인 개념으로 교사가 수업을 하기 위한 준비, 계획, 실행(수업), 평가(수업 후 처치) 등을 포함하는 모든 활동이라 하였다. 그런데 서로 비슷해 보이는 교수와 수업의 관계에 대해서 의문을 가질 수 있다. 학자에 따라 교수와 수업의 관계 역시 달리 보고 있다. 코리, 라이겔루스 등의 학자는 교수는 수업을 포괄하는 더 넓은 개념으로 보고 있고, 호스포드(W. F. Hosford) 등의 학자처럼 수업을 교수보다 더 넓고 포괄적인 개념으로 이해하는 주장이 있다.

위에 서술 한 바와 같이 라이겔루스가 교수를 '수업에 비해 포괄적인 것으로서 구체적으로는 설계, 개발, 적용, 관리, 평가를 포함하는 것'이라고 본다면, 수업과 학습의 관계 비교를 통해 교수와 학습의 간접 비교가 가능할 것이다.

### 3) 수업과 학습의 관계

수업과 학습의 관계는 다음 그림 7-2와 같이 이상적인 관계는 수업을 통해 교수된 것을 학습자가 모두 학습하는 경우를 말한다. 실제적 관계란 학습자가 교수 내용을 일부만 학습하는 경우를 말한다. 따라서 교육자는 효율적인 교육방법을

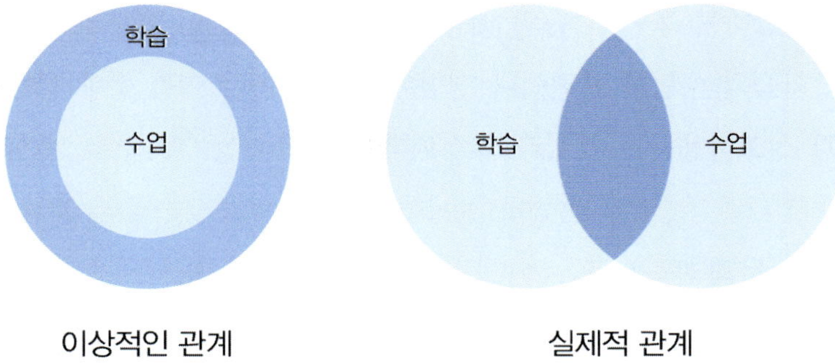


출처 : 이승원, 2010 : 교육관련 국제기구 지식정보원

그림 7-2 학습과 교수의 관계

통해 수업한 내용들이 가능한 한 많이 학습자에게 습득되도록 노력해야 할 것이다. 만약, 교수와 학습이 효율적이고 실질적으로 이루어지지 않으면 학습과 수업에 교집합이 없는 형태가 될 것이다. 그러한 이유가 발생하는 이유는 다음과 같다.

첫째, 학습이 반드시 수업의 결과로 발생하는 것은 아니라는 것이다. 학습은 수업이 없이도 환경과의 사고 작용으로 이루어질 수 있기 때문이다.

둘째, 수업과 학습이 이루어지기까지의 전 과정이 얼마나 충실했는가의 문제다. 즉 교육과정부터 교수 설계 그리고 수업과 학습에 이르는 과정의 충실도를 얼마나 장담할 수 있느냐는 것이다.

셋째, 수업과 학습 상황에서 계획에 없는 돌발사태가 발생할 수도 있다는 것이다.

수업과 학습의 차이점은 다음과 같다.

첫째, 수업에는 일정한 목표가 있어야 하지만 학습에는 목표가 있을 수도 있고 없을 수도 있다. 이 말은 수업은 의도적이고 계획적인 것이지만 학습은 의도나 계획이 없는 경우에도 가능하다는 의미다. 따라서 학습은 넓고 포괄적인 개념이다.

둘째, 수업은 독립 변수이고 학습은 종속 변수다. 즉, 수업은 능동적이고 적극적인 작용이며 학습은 그 결과로 나타나는 일련의 종속적인 변화라는 것이다.

셋째, 수업에 대한 연구는 실제 교육이 이루어지는 교실의 현상에 관심이 있으나, 학습에 대한 연구는 기본적으로 연구실이나 실험실의 실험 상황에 더 관심이 있다. 교실에서 가장 중요한 일은 학습자들을 일정한 목표에 도달하게 하는 것이지만, 실험실에서는 가장 중요한 일은 어떤 과정을 통해서 학습을 이루어지는 알아내는 것이다.

마지막으로, 수업은 처방적(prescriptive)이지만 학습은 기술적(descriptive)이다. 처방은 어떤 목적을 달성하기 위하여 어떻게 해야 하는지 제시하는 것을 의미한다. 이에 비해 기술은 어떤 현상이 일어나는 과정과 결과를 있는 그대로 나타내는 것이다. 그러므로 수업은 학습이라는 목표 달성을 위하여 여러 대안적인 방법들 중에서 가장 적합한 것을 선택하여 그것을 제공하는 활동이고, 학습은 유기체에게 나타나는 학습의 과정과 결과를 있는 그대로 기술하는 것이라 할 수 있다(변영계, 2006).

## 2절 교수이론

### 1. 교수이론의 특징

교수이론은 학습의 문제점을 찾아내고 교정하며, 보다 효과적인 학습의 기법과 전략을 처방하는 데 목적을 둔다. 라이겔루스(1983)는 교수이론의 본질이 의도하는 학습목표를 가장 효과적으로 성취할 수 있는 조건을 확인할 수 있는 방법에 있다고 보았다. 기술적인 학습이론과 처방적인 교수이론의 관계는 그림 7-3과 같다.

기술적 이론의 명제들을 처방적 이론의 규칙들로 전환할 수 있다는 측면에서, 학습이론은 교수이론의 체계화를 위한 이론적 토대가 될 수 있다. 그러나 학습이론으로부터 교수이론을 직접적으로 도출하는 데는 오류가 수반될 수 있다는 사실에 유의해야 한다. 학습이론들은 대부분 실제적 상황이 아니라, 실험실 등 인위적으로 통제된 상태에서 피시험자를 대상으로 연구한 것이기 때문에 실제 수업에 적용해야 하는 교수이론에 폭넓게 적용되기 어렵기 때문이다. 그럼에도 불구하고 대부분의 교수이론들은 상응하는 학습 이론적 근거를 지니고 있다. 교수이론들이 포함하고 있는 교수전략과 기법들을 학습이론에 근거하여 추론되고 그 효과가 검증된 것들이다.

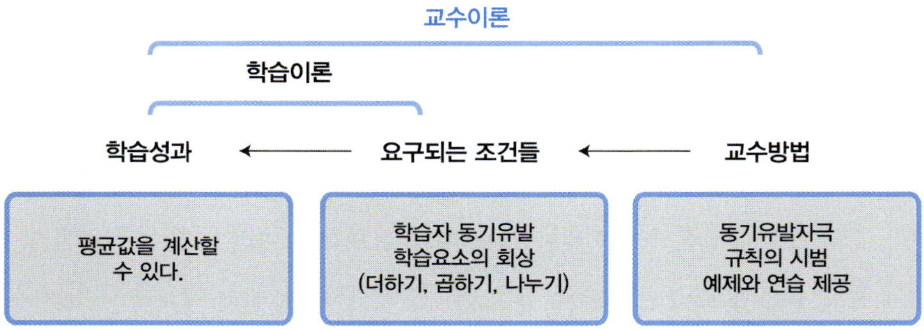


그림 7-3 드리스콜(M. Driscoll)의 학습이론과 교수이론의 관계

## 2. 교수이론의 발달과정

교수이론을 시대적으로 구분하면 크게 고전적(전통적) 교수이론과 현대의 교수이론으로 구분할 수 있다. 먼저 고전적(전통적) 교수이론에 대해 알아보면, 대표적인 학자들로는 소크라테스(Socrates), 코메니우스(J. A. Comenius), 헤르바르트(J. F. Herbart), 오크쇼트(M. Oakeshott) 등이 있다.

### 1) 소크라테스의 문답법

대화법 또는 문답법으로 일컬어지는 소크라테스의 교육방법은 회상설(回想說) 혹은 상기설(想起說)이라는 독특한 인식론적 견해를 바탕으로 대화를 통한 진리의 회상이라는 교수론을 전개하였다(권낙원 외, 2012).

소크라테스에 의하면 교육은 교사가 학생에게 무엇인가를 '가르쳐 주는 것'이 아니라, 학생의 의식 속에 잠자고 있는 본유 관념(Innate ideas)을 마치 산파가 아기를 받아내듯이 일깨우는 것이며, 그것을 회상(recollection)의 과정이라고 하였다. 그의 교수이론에서 교수의 목적은 대화를 통한 무지의 자각과 진리의 회상에 있다. 교사는 일정한 결말이 없는 연속적인 문답을 통해 외부로부터 지식을 넣어주는 것이 아니라 아동 내부의 본유 관념으로부터 지식을 도출해야 한다는 원리에 기초한다. 이 과정에서 무지의 자각이야말로 진정한 학습의 출발을 위한 조건이 된다. 왜냐하면, 학습자들에 의한 자신의 현 상태에 대한 정확한 진단이야말로 학습에 대한 적극성과 동기유발의 원천이 되기 때문이다. 이처럼 문답을 통한 대화와 토의는 무지에 대한 깨달음으로 기초로 새로운 지식을 습득해가는 중요한 도구라고 할 수 있다.

소크라테스의 문답 과정은 아이러니 또는 파괴의 단계와 산파적 또는 구성의 단계로 진행된다. 아이러니와 파괴의 단계에서 학습자는 올바로 알지 못하면서 마치 알고 있다고 생각하는 편견과 우상을 타파하고 자신의 무지를 자각하게 된다. 이것은 상대방과 대화를 통해서 상대방을 혼란시키고 무지를 깨닫게 하는 과정이기 때문에 흔히 논박이라고 부르며, 상대방의 모순을 드러내는 회의적인 검토의 성격을 지닌다(박영희, 1987).

소크라테스 교수법의 가장 큰 특징은 사고 과정을 변화시키기 위해 사고의 내용을 이용한다는 점에 있다(Overholser, 1992). 즉, 문답을 통해서 학생들을 토의와 학습의 과정에 적극 참여시키고자 하며, 이 과정에서 교사는 단지 소극적이고 수동적인 역할에만 머무는 것이 아니라 학생들의 지적 역량을 현실화시키기 위한 촉매 역할을 능동적으로 수행시켜야 한다. 소크라테스의 문답법이야말로 진정한 의미의 비판적 사고 방법의 원형이라고 볼 수 있다(김영정, 2005).

## 2) 코메니우스의 교수이론

코메니우스는 자연을 무오류의 규범적 전제, 즉 회복해야 할 인간의 본성으로 파악하였다. 자연은 그 자체가 완전한 선이기 때문에 궁극적으로 도달해야 할 교육의 목적이면서 방법적 원리이기도 하다는 것이다. 그의 교수이론은 크게 합자연의 원리 혹은 발달의 원리와 직관의 원리로 구성된다.

### (1) 합자연(合自然)의 원리

코메니우스는 자연계의 현상을 관찰하고 그에 따라 수업을 진행할 것을 주장하였다. 자연의 순서, 즉 아동발달의 원리는 학습을 위한 순서와 계열을 암시하는 것이며, 학습에 대한 준비성이 갖추어지기 전에, 가르침이 필요한 시기 이전에 강제로 가르쳐서는 안 된다고 하였다. 이것은 학습자의 연령과 지적 능력을 고려하지 않고는 어떤 내용도 가르칠 수 없다는 관점이다. 이는 객관적 자연주의라고도 불리며, 아동의 학습능력이 발달되기 이전에 자료를 제시하는 것은 비효과적이라는 현대 교육심리학의 준비성 이론, 아동의 발달 수준이 다르더라도 똑같은 내용을 지적 발달 단계에 맞도록 다른 방식으로 가르칠 수 있다는 브루너의 나선형 교육과정의 원리와 유사하다(정영수, 1992). 또한 코메니우스는 이 합자연의 원리를 보편성의 원리, 효과성의 원리, 철저성의 원리, 간결성 및 신속성의 원리로 세분화하였다.

#### (2) 직관의 원리

"감각기관에 들어오지 않은 어떤 것도 이해할 수 없다."라고 하여 교수방법의 기초를 아동의 감각경험에 두어야 한다고 보았다. 감각적 인지에 있어서 학생들이 직접 경험해보고 경험한 것들의 관계를 파악해 보면 인지 과정이 촉진되며, 사물을 분석해 보는 것은 추론 능력을 길러주고 확실한 근거 위에서 이해할 수 있게 한다는 것이다. 학습의 순서는 직관에서 출발하여 직관의 훈련을 통해서 기억하고 판단하며 창조하는 과정을 거쳐야 한다는 것이다. 특히, 언어의 학습에 대해서 사물과 병행해서 지도해야 쉽고 효과적으로 습득할 수 있다고 하였다. 이미 알고 있는 것에서 미지의 것으로, 가까운 것에서 먼 것으로, 특수한 것에서 보편적인 것으로, 구체적인 것에서 추상적인 것으로 관찰 탐색할 것을 강조하였다(마송희, 2001).

### 3) 헤르바르트의 교수이론

헤르바르트의 교수이론은 그가 추구한 '교육적 수업(Erziehender Uterricht)이라는 교수관에 잘 나타나 있다. 교육적 수업이란 학습자가 포괄적인 의미체계로서 사고권을 형성하며, 이를 바탕으로 다면적인 흥미를 지닐 수 있도록 돕는 과정을 말한다. 여기서 사고권이란 한 사회의 역사적·문화적 전통 속에서 공적으로 형성되어 온 사유의 양식 및 의미체계를 뜻한다. 이것은 인류문화의 정수가 관념의 형태로 표상되어 전수되는 지식의 조직체로서 교과의 내용을 구성하고, 학교 교육의 목표와 내용, 방법을 규정하는 역할은 한다. 따라서 교육적 교수는 지식과 기능의 전달뿐만 아니라 도덕적 품성을 형성하는 것을 뜻하며, 이러한 수업을 통해서 학생들에게 다면적인 흥미와 함께 폭넓은 사고양식을 개발하도록 도와야 한다고 보았다(박의수 외, 1998).

이러한 사고권과 흥미의 효과적인 학습을 위한 심리적 원리로서 헤르바르트가 제시한 것이 전심(傳心)과 치사(致思)의 개념이다. 전심이란 마음이 오로지 하나의 대상에만 집중되어 있고, 그 밖의 모든 것은 관심에서 제외되는 몰입의 상태이다. 치사는 전심을 통해서 인식된 각각의 개념들이 전체 조직으로 통합되어 가면서 다른 관념들과 연관되며 비교, 조정되는 일련의 심리적 과정이라고 볼 수 있다. 이 두 과정은 개념적으로 별개의 것으로 보이지만, 사실상으로는 일련의 연속적 과정으로서 진행되어가는 학습과정이라고 할 수 있다.

헤르바르트 교수이론의 핵심은 교수 단계론에 있다. 교수 단계론은 단순히 교수활동이 진행되는 절차와 단계를 규정할 뿐만이 아니라 그 본질에 관한 이론들이 포함된 그 자체로서 하나의 교육방법론이라고 볼 수 있다.

헤르바르트의 교수 단계는 **그림 7-4**와 같이 명료화, 연합, 계통, 방법의 4단계로 구성되며, 이것은 후에 질러(T. Ziller)와 라인(W. Rein)의 교수 5단계설로 발전하였다. 헤르바르트의 교수 단계 4단계는 다음과 같다.

| | |
|---|---|
| 명료화 | 가르치려는 주제를 학생들에게 분명하게 제시한다. |
| 연합 | 기존의 학습내용과 새로운 학습내용을 관련 짓는다. |
| 계통 | 새로이 학습한 내용을 인지구조 속에 통합한다. |
| 방법 | 새로이 학습한 내용의 이해를 강화하기 위하여 연습한다. |

그림 7-4 헤르바르트(Herbart)의 교수단계

### (1) 명료화(clearness)의 단계

공부해야 할 주제를 쉽고 올바르게 가르치기 위하여 분명하게 제시하는 것을 말한다. 교사는 학생들에게 가르치려는 주제를 명확하게 제시해야 하며, 이를 위해서 주제를 가능한 작은 단위로 세분화하게 되면 학생들은 세분화된 각각의 사실과 사항들을 다른 것들로부터 분리하여 해당 내용에만 집중적으로 관심을 기울일 수 있게 된다는 것이다.

### (2) 연합(association)의 단계

학습할 내용이 기존의 지식이나 경험들과 유의미한 관련을 지녀야 한다. 교사는 새로운 내용을 학생의 기존 지식과 관련지어 해석하여, 그 내용의 의미를 증진시켜야 한다.

### (3) 계통(system)의 단계

새로운 학습내용을 수용하여 기존의 지식체계에 통합시키는 활동이다. 명료화와 연합의 과정 이후 이러한 내용을 기존의 인지체계에 조직적으로 통합하는 과정이다.

### (4) 방법(method)의 단계

체계적인 사고의 연습이다. 연습의 과정을 통해 자신이 획득한 내용을 얼마나 효과적으로 이해하는지, 얼마나 효과적으로 적용시킬 수 있는지 확인하는 것이다.

질러와 라인은 이런 헤르바르트의 교수 단계론을 발전시켰다. 질러는 분석, 종합, 연합, 계통, 방법의 5단계 교수론을 제시하였고, 라인은 예비, 제시, 연합, 종합, 응용의 5단계를 제시하였다.

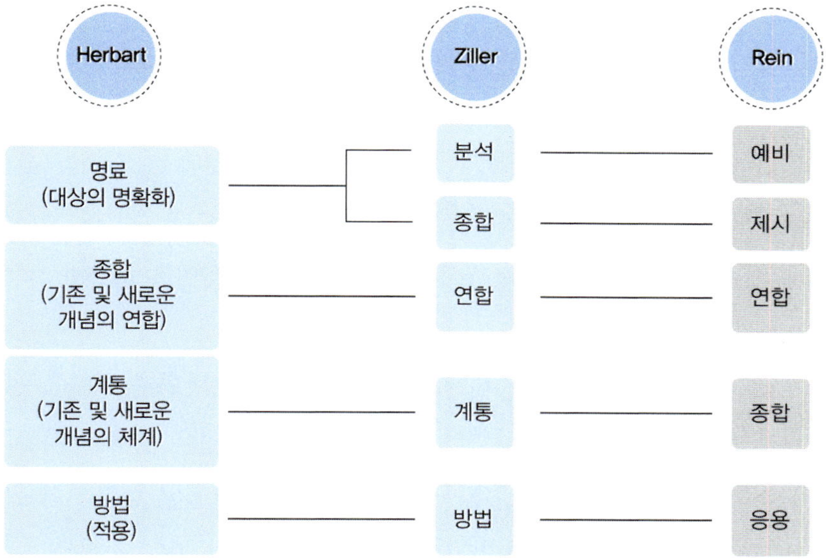


그림 7-5 헤르바르트, 질러, 라인(Herbart, Ziller, Rein)의 교수 단계 비교

## 4) 오크쇼트의 교수이론

오크쇼트(Oakeshott, 1962)의 인식론은 지식을 두 가지로 구분하는데, 이를 명시적 측면과 묵시적 측면이라는 중층적 구조로 파악하였다. 즉, 정보(information)와 판단(decision)으로서의 지식을 구분하고 있는 것이다. 지식의 구체적인 내용인 능력들은 정보와 판단의 결합으로 이루어진다는 것을 의미한다. 정보는 지식의 외부에 드러나는 표면상의 부분이며, 그것을 소유한 사람의 판단이나 의견이 개입될

수 없기 때문에 개인의 특성에 관계없이 형태가 일정하다. 백과사전 등에서 얻을 수 있는 객관화된 사실적 지식들이라고 할 수 있다. 판단은 물리적인 형태의 정보들을 모두 잊은 뒤에도 남아있는 지식으로서, 개인이 자기 분야의 지식과 전문성을 완벽하게 내면화함으로써 가질 수 있는 마음의 능력과 같은 것이다. 오크쇼트가 지식을 정보와 판단을 구분하는 이유는 교수활동의 목적이 단순한 기능의 숙달이나 사실적 지식의 획득에 있는 것이 아니라 가르침을 통한 인간성의 추구에 있음을 강조하기 위한 것이다. 교과 지식의 정수는 세부적인 내용의 정보가 아니라 정보의 이면에 있는 판단인 것이다. 오크쇼트의 교수이론에서 교수-학습은 정보와 판단을 전달하고 획득하는 과정이라고 할 수 있다. 교수활동은 정보를 전달하는 교수와 판단을 교수하기 위한 전수로 구성된다. 정보는 교수활동을 통해 획득될 수 있으나 판단은 정보를 획득할 수 있는 방식으로는 학습할 수 없다. 판단은 사고의 스타일, 개인적 특질, 개인적 사고의 방식과 관계있다. 따라서 직접적인 교수활동을 통해서는 판단을 가르칠 수 없기 때문에 교사의 지성과 인격에 의해 매개되지 않고서는 학생들이 묵시적인 지식의 측면을 파악할 수 있는 방법이 없다고 할 수 있다.

오크쇼트는 정보를 가르치기 위한 합리주의적인 교수방법과 판단을 가르치기 위한 도제식 교수방법을 구분하였다. 합리주의적 교수법은 정보를 가르치기 위한 과학적이고 체계적인 수업설계와 교수전략으로서 오늘날 대부분의 교수설계 이론들이 채택하고 있는 방법이라고 할 수 있다. 그러나 이는 지식의 중요한 측면인 정서적 측면을 도외시했다는 단점이 있다. 실제적 지식은 개방적이고 연속적인 성격의 기능들이기 때문에 이런 수업설계의 대상이 될 수 없다. 개방적인 능력은 대작 혹은 대가와의 만남을 통해서만 제대로 학습될 수 있으며, 이것은 합리적이고 기계적인 교수활동을 대체하는 새로운 형태의 도제식 교수법의 필요성을 말해 주는 것이다. 오크쇼트에게 있어서 참다운 교수활동은 오늘날 유행하고 있는 기술적이고, 공학적인 교수방법을 통해서는 불가능하고 도제관계(apprenticeship)를 통한 교사의 인격적, 지적인 중재가 요구된다고 하였다.

## 3. 현대의 교수이론

현대의 교수이론에 대한 학자는 스키너(B. F. Skinner), 오수벨(D. Ausubel), 블룸(J. S. Bloom), 가네(R. M. Gagné) 등이 있으며 이들의 이론을 살펴보고자 한다.

### 1) 스키너의 프로그램 학습이론

스키너의 프로그램 학습은 행동주의 심리학에 이론적 근거를 두고 있는데, '학습은 행동 변화의 과정'이라고 정의를 내린 바 있다. 프로그램 학습은 여러 가지로 정의 내려질 수 있는데, 랑게(Lange, 1967)에 의하면 '학교수업에 대한 체계적이며 경험적인 접근을 시도하는 것이고, 명확한 학습목표의 제시, 상세한 행동분석, 그리고 자극의 제시와 학습자의 반응을 통제하며 특정행위를 점진적으로 이끌어 내도록 조직된 교수의 한 형태'라고 규정할 수 있다. 에스피치와 윌리엄스(Espich & Williams, 1967)는 프로그램 학습을 '주어진 학습목표에 도달시키기 위하여 자극-반응 관계에서 학습자의 경험을 계획적으로 계열화시키는 것'이라고 정의하였다.

스키너는 파블로프의 고전적 조건화 이론을 바탕으로 한 조작적 조건화 이론을 통해 학습의 요소를 세 가지로 설명하는데, 그것을 변별자극과 반응, 강화자극으로 설명하고 있다. 변별자극은 하나의 자극에 대한 반응에서 계속된 강화가 다른 특성에서 강화되지 않는 것이라고 설명할 수 있다. 한편, 일반화 현상은 공통적인 성질을 지닌 여러 가지 다른 자극들에 대해 일관된 행동으로 반응하는 것을 요구하는 것을 의미하는데, 이는 학교 학습에서 특히 중요한 역할을 한다. 학교 교육은 한 가지 개념이나 법칙, 원리를 통해 다른 유사한 환경에서 적용할 수 있기를 기대하기 때문이다. 한편, 강화자극은 손다이크가 제시한 효과의 법칙에서 유래한다. 효과의 법칙에서 '보상'이란 용어를 '강화'란 말로 대용하고 있으며, 강화란 행동을 강하게 유지시키는 어떤 행동의 결과라고 정의하고 있다. 스키너는 강화를 학습의 주요 요인으로 강조하였다.

### 2) 오수벨의 유의미 학습을 위한 교수이론

눈으로는 볼 수 없으나 사고의 진행이 순식간에 일어나는 장면이나 사태를 인지처리 과정이라고 부른다. 교육 분야에서 인지를 다룬 대표적인 교수학습 이론에는 오수벨의 설명식 교수이론이 있다. 인지적 정보처리이론의 관점에서 볼 때 유의미한 학습은 학습자들이 학습 자료의 의미를 충실하게 이해하는 등 기계적으로 암기하는 학습과 대비되는 효과적인 학습을 지칭한다.

오수벨의 이론의 특징을 세 가지로 구분하면 다음과 같다.

첫째, 교과 학습목표를 직접적으로 역점을 두어 다루었다.

둘째, 강의 및 설명식 수업에서 교수의 표상 방법을 강조하였다.

셋째, 표상을 통한 학습 자료의 숙달을 강조하였다.

오수벨이 사용하는 '유의미'에는 잠재적 의미와 현상학적 의미의 두 가지 개념이 담겨 있다. 전자는 학습과제가 갖고 있는 고유의 의미성으로 논리적 의미이며, 후자는 학습과정의 산물로 생성된 학습자 내부의 인지구조 속으로 포섭된 심리적 의미이다. 학습과제가 논리적으로 의미를 가지려면 실사성과 구속성을 가져야 하는데, 실사성이란 본성이 변하지 않는 절대적, 불변적 특성을 의미한다. 이에 비해 구속성은 일단 임의적으로 맺어진 관계가 관습화가 이루어진 후에는 그 의미가 쉽게 변하지 않는 것을 뜻한다. 이처럼 학습과제를 구성하는 명제나 법칙들이 실사성과 구속성을 모두 갖추었을 때, 학습자는 학습과제를 자신의 인지구조가 의미 있게 관련지을 수 있게 된다. 이런 논리적인 과제와 학습자의 인지구조가 연관성을 가졌을 때 잠재적으로 의미 있는 과제가 된다. 이때 학습자가 학습하려는 의욕, 동기, 성향을 가져 학습태세를 갖추고 있으면 내부에 포섭이 되면서 현상적 의미로 진정한 학습이 나타난다. 아래의 그림은 유의미 수용학습의 과정을 보여준다.

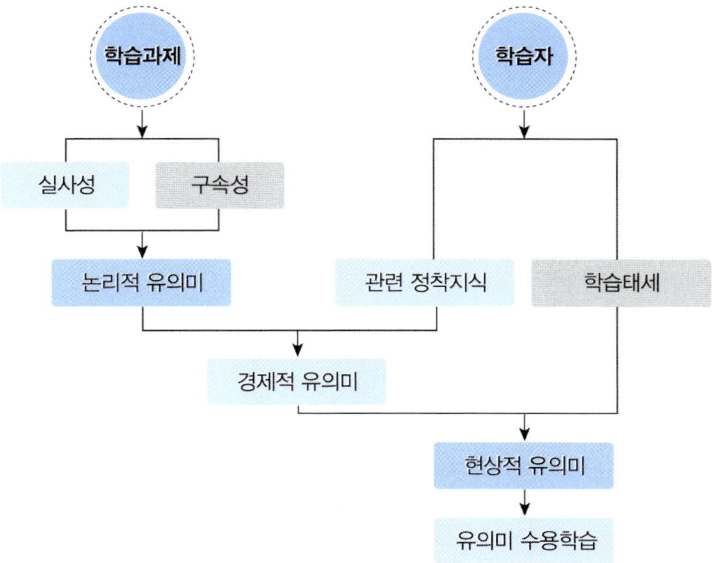


그림 7-6 유의미 수용학습의 과정

한편 오수벨은 인지구조를 가장 포괄적이고 일반적인 수준의 개념들이 상위에 위치하고 그보다 낮은 수준의 개념들이 하위에 포섭되는 위계적 구조를 가진다고 보았다. 인간이 사물을 인식하는 지각구조는 여러 가지 개념이 집합을 이루고 있어 새로운 개념들이 동화되고 포섭되는 인지적 정착지의 역할을 한다고 보았다. 따라서 새로운 지식이나 개념, 정보를 동화시키기 위해서는 인지구조 내에 있는 정착지식을 확인해야 하는데, 이를 자극할 수 있는 내용의 아이디어를 사전 학습자로 제시해야 한다. 이런 사전 학습자의 효과를 주는 것이 선행조직자다. 오수벨은 성행조직자를 학습 전에 미리 주어지는 추상적, 일반적, 포괄적으로 제시된 선수자료로 정의하면서, 그것을 인지구조 내에 있는 관련 정착 지식이 관련을 맺도록 제공하기 때문에 효과적이라고 하였다.

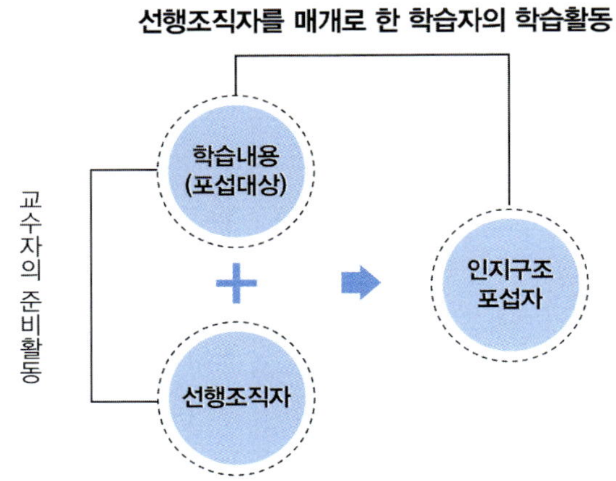


그림 7-7 교수학습 과정에서 선행조직자의 위치와 역할

### 3) 블룸의 완전학습이론

완전학습이론은 캐롤(J. B. Carrol)의 학교학습이론에 기초하여 블룸에 의해 제시된 독특한 교수이론으로 그 특징을 요약하자면 첫째, 교수–학습에 관한 낙관주의적 철학을 기초로 한다는 점과 둘째, 수업의 개별화를 도모한다는 점이다. 캐롤의 학교학습이론의 핵심적인 요소는 학습자의 적성, 학습의 정도, 수업의 질에 관한 논의로 구성된다.

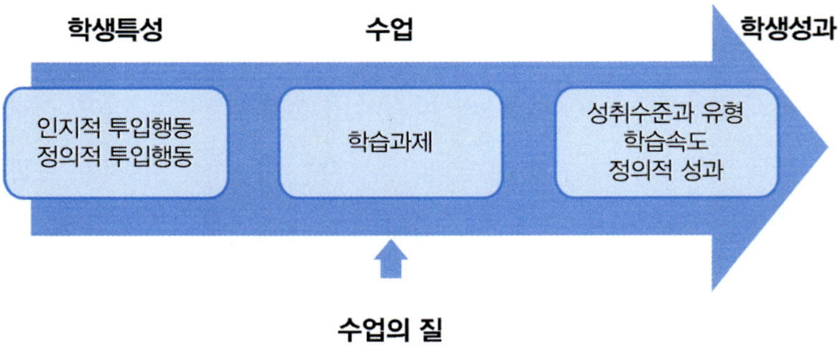


그림 7-8 블룸(Bloom)의 교수모형

블룸은 위의 그림처럼 이를 토대로 적성이 학습능력과 수준이 아닌 학습속도의 개념이라면, 한 학습자에게 예상되는 일정 수준의 학습 정도를 정해 놓고 관련된 수업변인들을 적절히 조작한다면 대부분의 학생들이 그 수준까지 도달할 수 있을 것이라는 명제를 제시하였다. 학생들의 적성이 정상분포를 이루고 있는 상태에서 시간과 질적인 면에서 획일적인 수업이 진행된다면, 학생들의 성취 역시 정상분포를 이루게 되고 적성과 성취와의 상관이 매우 높을 것이라고 하였다. 그러나 적성이 정상분포를 이루더라도 최적의 수업과 적절한 학습기회가 부여될 때는 대부분의 학생들이 완전학습을 이룰 수 있으며, 적성과 성취의 상관은 매우 낮아진다고 주장하였다.

### 4) 가네의 목표별 수업이론

가네는 그의 저서 '학습의 조건'에서 인간학습이란 의도적으로 계획된 학습이 일어난 폭넓은 상황에서 발생한다고 하였다. 또한, 각 학습 결과의 산출조건을 포함하고 있는 다양한 과제와 상황을 통해 학습을 설명하고 있다. 가네의 연구의 핵심은 학교학습과제의 분류체계를 만드는 데 있다. 이 체계는 학습을 위한 내적, 외적 조건의 차이에 기초를 두어서 인간이 학습을 하는 데에는 학습자의 외부에서 주어지는 조건뿐만 아니라 동시에 학습자의 내부 조건도 갖추어야 한다.

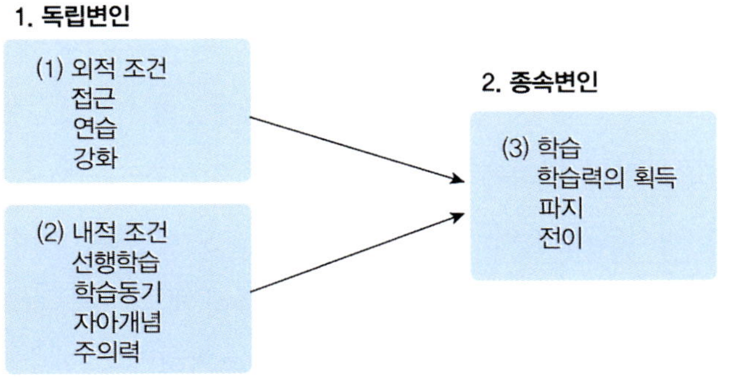


그림 7-9 가네(Gagné)의 교수학습 이론 모형

## 5) 구성주의 교육이론

구성주의는 지식은 주관적이고 학습자가 스스로 구성해 나간다는 하나의 철학적 가정이라고 볼 수 있는데 이러한 지식이 어떻게 획득되는 것인가에 관한 학습이론으로, 그리고 그런 학습을 유도하고 촉진하기 위한 처방과 전략을 제시하는 교수이론으로 전개될 수 있을 것이다(권낙원 외, 2012).

구성주의의 유형으로는 다음과 같이 두 가지로 구분할 수 있다.

### (1) 개인적 · 인지적 구성주의

개인적 구성주의는 지식이 개인의 경험세계 속에서 구성되므로 사회적 환경은 의미 있는 영향을 주지 못한다고 본다. 대표적으로 피아제 등의 학자가 있는데, 피아제는 지식의 형성을 동화와 조절, 평형화 등의 생물학적 기제에 의해 이루어지는 개인 내의 심리적 과정으로 간주하여 상호작용은 직접적인 영향을 미치지 못한다고 본다.

### (2) 사회적 구성주의

사회적 구성주의는 비고츠키(L. Vygotsky) 등이 주장하였으며 지식을 구성하는 주체는 개별 인식자이지만 구성된 지식은 순수하게 개별적인 것이 아니라 그 사회의 문화, 즉 사회 구성원들이 공유하고 있는 체계를 기반으로 함으로써 공유하는 인식의 부분들이 존재할 수 있다는 일종의 '제한된 합리성'을 기초로 한다.

구성주의 교수이론은 기본적으로 수업에서 학생들의 역할을 매우 중요하게 본다. 학생들은 수동적인 위치에서 벗어나 스스로 지식을 구성하는 과정에 참여하고, 스스로 그 지식의 원천이 되어 적극적 사고가, 설명자, 해석자가 되어야 한다. 구성주의 교수이론 수업의 기본원리를 구분하면 다음과 같다.

첫째, 학습자의 적극적 참여를 통한 구성의 촉진이다.

둘째, 맥락에 의거한 지식의 구성인 인지적 도제의 원리이다.

셋째, 학습자의 사전 지식 활용이다.

넷째, 인지적 조력이다.

다섯째, 실제적 과제의 활용이다.

여섯째, 학습자 공동체의 구축이다.

## 3절 교수학습 방법의 유형

교수학습 방법의 유형은 고전적 교수학습 방법, 지력개발 교수학습 방법, 상호작용 촉진 교수학습 방법, 개별화 교수학습 방법, 공학적 교수학습 방법, 치유적 교수학습 방법으로 나뉜다. 교수학습 방법으로는 강의식 교수법, 토의식 수업, 협동학습, 발견학습, 문제기반학습, 모의실험, 게임형 학습, 개별화 교수, 완전학습, 프로그램 학습 등이 있다.

교수학습 방법의 유형은 고전적 교수학습 방법, 지력개발 교수학습 방법, 상호작용 촉진 교수학습 방법, 개별화 교수학습 방법, 공학적 교수학습 방법, 치유적 교수학습 방법으로 나뉜다. 교수방법 선정 기준으로는 교육내용, 학습자, 교육자원, 조직의 기대, 하이만의 교수방법 선정 기준 등을 들 수 있다. 이러한 교수학습 방법 및 교수방법 선정 기준에 따라 적절한 수업방법이 달라지며, 수업방법으로는 강의식 교수법, 토의식 수업, 협동학습, 발견학습, 문제기반학습, 모의실험, 게임형 학습, 개별화 교수, 완전학습, 프로그램 학습 등이 있다. 앞으로 교수학습 방법의 유형에 따른 여러 수업방법들을 자세히 살펴보고, 이러한 교수방법을 선정하는 기준을 살펴보도록 하겠다.

### 1. 강의식 교수법

강의란 교사가 일방적으로 학습자에게 정보를 제공하는 교사 중심적 형태의 교육방법이라고 할 수 있다. 수업 전 계획에 의거하여 언어적 방법으로 지식을 체계적으로 전달하는 과정이 강의법의 요체라고 할 수 있다. 강의법에 대한 일반적인 인식은 바람직하지 않은 피해야 할 교수방법의 하나라고 생각한다는 점이다. 그에 대한 예로서 강의는 교사의 학생에 대한 일방적인 의사소통으로 학습자들이 능동적으로 학습활동에 참여할 수 없고, 상호작용을 통한 환류가 힘들며, 계속적인 주의집중이 힘들다는 것이다. 그 외에도 강의를 통해 들을 지식이나 정보의 파지 및 전이율이 저조하다는 비판을 받는다. 그러나 강의법은 여타의 교수법에 못지않게 효과적이고, 모든 교수방법은 저마다의 특색이 있으며, 교수학습과정 요소의 특성에 맞추어 적절히 활용된다면 얼마든지 효과적이고 효율적인 교수방법이 될 수 있다(박의수 · 김동기 외, 2016).

### 1) 강의식 수업의 장점

첫째, 교과 내용의 보충, 가감, 삭제가 용이하다.

둘째, 수업시간, 학습량 등을 수업자의 의지대로 조절하기가 용이하다.

셋째, 단시간에 다양한 지식과 내용을 학습할 수 있다.

### 2) 강의식 수업의 단점

첫째, 학습자의 개성, 능력이 무시되기 쉽다.

둘째, 추상적인 개념 전달로 학습능력이 낮은 학습자는 요점을 파악하기 곤란하다.

셋째, 학습자의 개별화, 사회화가 어렵다.

## 2. 토의식 수업

토의식 수업이란 학습자들 간의 상호작용을 통하여 정보와 의견을 교환하고 결론을 이끌어 내는 형태의 교수방법이라고 할 수 있다. 토의는 문제해결의 과정이기 때문에 최선의 결론으로 이끌어야 하며, 이를 위해서는 서로의 의견을 존중해야 한다. 토의식 수업은 학습의 구성원이 적극적으로 참여함으로써 효과를 올릴 수 있다. 토의식 수업은 교사중심의 수업이 아닌 학생중심의 수업형태를 이루므로 교사는 강의식 수업에 비해 덜 권위적이어야 하고, 융통성 있는 역할을 수행하여야 한다. 이러한 토의식 수업의 방법은 민주적 시민으로서 필요한 사회적 태도 및 기능을 키울 수 있는 학습형태로서의 가치를 지니고 있는 수업 방식이다(김란수, 1964).

토의식 수업의 계획과 실시를 위해서는 다음과 같은 주의가 필요하다. 첫째, 수업의 목적을 분명히 세워야 한다. 둘째, 토의의 주제가 수업목표에 부합되고 학생들의 능력 수준, 흥미나 관심 등을 고려하여 토의의 주제와 방식을 선택 및 결정해야 한다. 셋째, 시간 계획을 수립한다. 이때 유의할 점은 토의에 참여하고 싶은 동기를 충분히 느끼게 할 수 이는 시간적인 배려가 중요하다. 넷째, 토의의 결과를 어떻게 활용할 것인가에 대한 방안이 마련되어 있어야 한다(박의수 외, 2016).

### 1) 토의식 수업의 장점

첫째, 토론자들과 함께 고민하고 문제를 해결해 가는 과정에서 공동체 의식, 사회적 기능 및 태도를 향상시킨다.

둘째, 토의를 통해 의식이 활발하게 활동하여 문제해결능력·창의력·적응능력 등 고차원적 사고능력을 증진시킨다.

셋째, 선입견과 편견은 집단구성원의 비판적 탐색에 의해 수정되어 학습동기, 흥미, 자율성을 향상시킨다. 서로 대화하고 문제를 해결해 내는 과정을 통해 노력하게 되어 학습 의욕과 재미를 고취시킨다.

### 2) 토의식 수업의 단점

첫째, 토의식 수업은 시간 소비량이 다른 수업에 비해 많다는 한계가 있다.

둘째, 철저한 사전준비와 체계적인 관리에도 예측하지 못한 상황이 발생할 가능성이 있다.

셋째, 토의의 허용적 특성은 학습자의 이탈을 자극하여 주도하는 학습자 외의 학습자들이 방관하거나 무관심한 상태로 빠질 위험이 있다.

넷째, 알려지지 않거나, 어느 정도 완전하게 이해하지 못한 사실과 개념에 대해 효과적으로 토의하기 어렵다.

다섯째, 집단의 크기가 크면 원활한 토론이 어려워져 집단 구성원 수의 한계가 있다.

여섯째, 평가불안(evaluation apprehension)이나 사회적 태만(social loafing)의 가능성으로 토의 참여자의 자발적이고 적극적인 참여를 저해한다. 평가 불안이란 자신의 생각에 대해 '다른 사람이 부정적인 반응을 보이면 어떻게 하나' 하는 두려움을 의미하고, 사회적 태만이란 '내가 아니면 남들이 하겠지' 하는 방관적인 태도로 개입하지 않으려는 태도이다.

### 3) 토의법의 유형

토의법의 유형과 그 특징을 요약하여 살펴보면 다음 표 7-1과 같다.

**표 7-1 토의법의 유형 및 특징**(조규락, 2007; 고재희, 2008)

| 유형 | 특징 |
|---|---|
| 표준토론<br>(고전적 토론) | • 제시된 논제에 대해 찬성 측, 반대 측으로 나누어 입론, 반론, 평결 순으로 진행을 함.<br>• 토론 참여자는 번갈아 가며 입론과 반론을 함.<br>• 평결은 배심원이나 청중이 거수나 투표로 함. |
| 교차심문토론<br>(반대 신문식 토론,<br>상호질의형 토론) | • 제시된 논제에 대해 찬성 측과 반대 측이 질문을 통해 상대방의 논지를 반박함으로써 토론의 승부를 가리는 방식.<br>• 찬성 측과 반대 측은 입론, 반대 신문(교차, 조사), 반박의 순서에 따라 발언 기회를 가짐. |
| 심포지엄 | • 토의 문제에 대해 여러 분야의 권위자나 전문가가 주제별로 각자의 의견을 발표함.<br>• 발표자 간 상호 토의 없음.<br>• 청중은 주제에 대한 다양한 측면의 전문적 의견을 들을 수 있음. |
| 패널 토의 | • 서로 입장이 다른 3~6명의 전문가가 일반 청중 앞에서 토의 문제에 대해 의견을 주고받음.<br>• 주제에 대한 깊이 있는 논의가 가능함. |
| 포럼 | • 전문가가 어떤 문제에 대한 해결 방안을 발표한 후에 청중과 질의응답 방식으로 토의를 벌이는 유형으로 청중과 상호작용이 많음. |
| 회의 | • 어떤 조직이나 공동체의 문제를 해결하고 의사결정을 하기 위한 가장 일반적인 토의유형으로, '개회 선언 - 개회사 - 경과보고 - 안건처리 - 결정 사항 낭독 - 폐회 등 비교적 엄격한 절차에 따라 진행됨. |
| 원탁토의 | • 여러 사람이 둥근 탁자에 앉아 자유롭게 자신의 의견을 말하는 형태로, 토의가 자유롭게 진행됨. |

## 3. 협동학습

협동이란 공통된 목표들을 성취하기 위하여 함께 일하는 것이다. 협동학습은 이질적인 소집단으로 구성된 학생들이 함께 공통적인 학습의 목표나 과제를 해결해 나가는 과정에 있어서 협동적인 사회적 기술을 배워 나가는 것이다. 각 학습자들은 서로 각기 다른 학습할 내용에 대하여 그룹을 위하여 책임을 맡아야 한다. 개인 혼자 그 자신의 과제를 마칠 수는 없으며 자신이 속해 있는 그룹 내의 다른 구성원들에게 의존해야 한다.

협동학습에 관한 많은 연구를 수행한 슬라빈(R. E. Slavin, 1990)에 의하면, 학습자들이 팀을 이룬 프로젝트형 수업에서 함께 과제를 수행하는 과정에서 학습자 서로 간에 배울 수 있다고 밝히고 있다. 협동적 그룹은 특정한 주제에 대한 학습을 촉진시키며, 긍정적인 상호작용을 촉진시켜 학습자 그룹의 상호의존성을 키우는 것과 사회적 및 의사소통 기술을 가르치는 목적 등으로 사용될 수 있다. 뿐만 아니라 개별학습자들에게 책무성을 가르치기 위한 목적으로도 협동학습을 사용할 수 있다.

## 4. 발견학습

발견학습은 학습자들이 스스로 해결책을 찾을 수 있는 능력을 갖도록 유도하는 교수방법이다. 발견학습의 원칙은 학습자가 개념에 대하여 설명을 듣거나 읽는 학습이 아닌 스스로 행하여 봄으로써 가장 잘 배울 수 있다는 진보적 교육의 원리에서 나온 것이다. 이러한 방법에서의 가르치는 교사의 역할은 발견이 일어날 수 있도록 환경을 잘 조장하는 것이다. 발견은 학습에 대하여 귀납적 또는 탐구적 방식을 취함으로써 시행착오를 통하여 학습자들이 문제를 해결하도록 제시하고 있으며, 이러한 문제에 대한 적극적인 활동 및 과정을 통하여 보다 깊은 이해를 할 수 있게 된다.

발견학습에 대한 일반적 접근은 가설이나 질문 등을 포함한 과학적 방법을 활용하여 가능한 해결책을 찾기 위한 노력을 하며, 이를 통하여 얻은 정보를 분석하는 것이다.

## 5. 문제해결학습

문제해결학습은 이전에 학습했던 내용이나 기술을 활용하여 학습자들에게 주어진 과제를 해결하도록 하는 것이다. 문제의 해결은 탐구의 과학적 방법을 기본으로 하고 있다. 문제해결학습의 과정은 문제 및 모든 구성요소를 정의하고, 가설을 세우며, 자료를 수집·분석하고, 결론 및 해결책을 찾아내며, 결론 및 해결을 검증하는 것으로 이루어진다. 문제해결학습의 문제들은 실제 사회에서 직면할 수 있는 것과 흡사한 복잡성을 띠는 것으로 비구조화된 특징을 가지고 실제적인 문제를 다루게 된다. 이러한 문제들을 학습자들은 교사에게 의존하지 않고 스스로 학습문제를 설정하여 과정을 계획, 관리하고 결과까지 책임지게 된다. 아울러 소집단 중심 협동학습을 통한 문제해결 활동을 강조한다. 다양한 배경을 가진 사람에게서 다양한 아이디어와 문제해결을 위한 자원을 얻을 수 있기 때문에 이러한 과정은 문제해결 과정에서 매우 효과적일 수 있다.

학습자는 문제를 명확하게 정의할 수 있어야 하며, 자료들을 잘 조사하고, 해결책을 구해야 한다. 이러한 과정들을 통하여 학습자들은 인지영역의 학습에서 보다 높은 수준의 학습목표에 도달할 수 있으며 아울러, 관련 내용 지식, 협동학습능력, 문제해결능력, 의사소통능력 등을 습득할 수 있게 된다. 발견학습과 문제해결학습의 차이점은 문제해결학습은 문제해결활동을 위하여 전에 학습한 내용이나 기술을 사용하는 데 반하여 발견학습은 내용 및 기술을 배워 나가는 것이다. 사례학습(case study)은 문제해결학습의 전형적인 방식이다.

## 6. 모의실험

모의실험은 비용의 문제나 위험한 요소가 따르기 때문에 실제적인 상황들을 경험하기가 어려운 경우에 실제와 유사한 경험들을 제공하기 위한 목적으로 사용된다. 학습자들은 실제의 유사한 상황들을 직접 모두 들여 조작할 수 있으므로 현실적인 감각을 부여할 수 있을 뿐만 아니라 모의실험을 통하여 배운 지식이나 기술들은 실제 상황에 쉽게 적용하여 쓸 수 있는 전이가 높은 지식이나 기술이 될 수 있다는 장점이 있다. 모의실험을 통하여 학습자들은 협동 및 팀워크 정신을 기를 수 있을 뿐만 아니라 의사결정능력을 키우는 데 있어서도 좋은 방법이 될 수 있다. 자신이 익숙하지 않은 역할들을 모의로 경험해봄으로 인하여 타인에 대한 긍정적인 가치나 태도를 키우는 데에도 효과적이다. 컴퓨터를 활용한 프로그램은 모의학습에 적절한 환경 및 경험을 제공할 수 있다. 학습자들은 컴퓨터를 활용하여 지식 및 기술을 발전시켜 나가기 위하여 자신들이 필요한 자료를 수집하며 정보를 적용하는 활동을 해 나간다.

## 7. 게임형 학습

교수형 게임은 학습자가 목표를 성취하기 위해서 일련의 규칙에 의해 진행되고 항상 경쟁상대가 존재하는 매력적인 환경을 제공한다. 지루하거나 반복적인 내용을 학습하는 데 있어서는 동기 효과적인 접근방식이라고 할 수 있다. 게임은 학습자에게 문제해결 기술을 사용하거나 수학적 사실, 어휘능력과 같은 특정 영역 분야의 달성도를 보일 것을 요구한다.

앞에서 언급했듯이 게임형 학습은 항상 경쟁상대가 존재하는데, 이러한 경쟁은 학습자들 간, 학습자와 컴퓨터 프로그램 혹은 정해진 기준과의 경쟁과 같은 요소들도 포함된다.

## 8. 개별화 교수

개별화 교수방법은 학습자 개개인의 개별적인 독특성을 최대한 존중하며 신장, 개발하도록 하려는 데에 근본 목적이 있다. 개별화 교수에서의 중심은 물론 학습자이지만, 그 중에서도 학습자의 흥미, 경험, 능력, 욕구 등이 우선적으로 고려되고, 그에 따른 교수의 내용 및 방법이 정해지게 된다. 수업의 과정에서 교사로부터 독립하여 학습자 스스로 학습에 관련된 정보를 다양한 학습 자료들로부터 제공받고 스스로 주어진 문제들을 해결해 나가는 학습자들의 능동적이고 자발적인 학습활동이 개별화 수업의 가장 중요한 부분이다. 학습자의 개성, 능력 및 필요 등을 존중하는 개별화 교수방법은 개개인의 요구에 맞게 설계된 교육체제로서 속도를 학습자의 기준에 맞게 설정하거나 혹은 학습자가 선택하고 싶은 학습교재 및 학습방법을 선택할 수 있다.

앞으로의 교육 방향은 교육의 과정에서의 민주화, 교육기회의 균등을 주장하는 교육의 인간화 운동과 함께 학습자의 개성을 중시하며 그들의 잠재력을 키워줄 수 있는 개별화 수업이 더욱 강조되고 있다.

## 9. 완전학습

블룸의 완전학습(learning for mastery)은 캐롤의 학교학습모형(a model for school learning)이라는 저서에서 연구된 것으로 캐롤은 학습의 모형에서 "학습자는 제시된 과제를 학습하는 소요시간이 얼마나 걸리느냐의 정도에 따라서 학습이 성공한다."고 제시하였다.

모든 학생들에게 각자가 필요로 하는 만큼의 시간 양을 실제로 학습을 위해 사용할 수 있도록 해준다면, 완전학습을 할 수 있다는 전제하에, 학습에 필요한 시간 양은 최소로 하고, 학습에 사용한 시간 양은 최대로 하는 수업전략이다. 이는 학교학습의 질적 개선에 효과적이나, 도달하고자 하는 준거를 객관적으로 결정하는 게 불가능한 경우가 많다. 또, 능력에서 나타나는 개인차를 성취도에서는 나타나지 않게 한다는 생각이 너무 이상적이다(김한중, 2016).

학습에 필요한 시간은 학습자 적성, 수업이해력, 수업의 질이라는 세 가지 변인에 의하여 결정되며 학습에 사용한 시간은 학습자에게 주어진 학습기회와 학습자의 지구력에 의하여 결정된다. 캐롤의 학교학습모형으로부터 블룸이 이용한 아이디어는 다인수 집단의 학생들에게 학생들의 학업성취도 수준은 정상분포곡선을 그리게 된다는 것이다. 이러한 캐롤의 이론에 근거한 블룸은 코스를 여러 개의 소단원으로 쪼개어 각 단원마다 진단검사를 실시하고 그 단원을 완전히 성취하지 못한 학생들에게는 그가 어느 부분에서 어려움을 겪고 있는지를 찾아내어, 그에 적절한 처방을 제시하였다. 이러한 처방은 개별지도, 과제, 동료교수, 소집단학습, 프로그램 수업 등 다양한 방법의 보충학습적인 처방이 제시된다. 그 후 다시 평가를 실시하여 완전히 학습된 것을 화인 후 다음 단원으로 진행할 수 있다. 결론적으로 완전학습의 성공은 학습자의 결함을 적절히 지적할 수 있는 형성평가 도구의 개발과 다양한 학습자료의 개발에 달려있다고 할 수 있다(박의수 외, 2016).

## 10. 프로그램 학습

엄격한 과학적 실험을 통해 제작된 교제를 학생이 개별적으로 학습하도록 하여 교육목적을 달성하고자 하는 교수법이다. 프로그램 학습의 성패를 결정하는 요소는, 학생이 자학자습할 수 있는 프로그램화된 교재를 제작하는 것이다(김한중, 2016).

오늘날 교육에 기술을 도입한 원류는 스키너에서 찾을 수 있을 것이다. 하버드대학의 심리학과 교수였던 스키너는 잘 알려진 행동주의 학습이론을 대표하는 한 사람으로서 교수공학의 발전에도 지대한 공헌을 한 바 있다. 스키너의 인간학습에 대한 접근은 교수 프로그램을 계속적인 소단계로 구성하여 쉽게 배우고 강화될 수 있게 설계하는 것이었다. 스키너에 의해 고안된 프로그램 학습은 학습자가 제시된 자극에 반응하도록 요구되고, 피드백을 통하여 그의 응답이 맞았는지를 통보받고, 강화가 되는 동작적 조건화에 기본을 두었다.

프로그램은 일련의 경험을 통하여 학습자를 프로그램 작성자가 의도하고 있는 목적, 즉 학습자가 달성해야 할 학습목표를 점진적으로 접근하게 하는 하나의 교육 방안이라고 할 수 있다. 자극-반응-강화의 순환은 모든 프로그램이 완전히 끝날 때까지 반복된다. 소단계, 외재적 반응, 결과에 대한 즉각적인 지식 및 자신의 속도로 진행할 수 있는 점 등은 프로그램 학습의 주요 특징들이라고 할 수 있다(박의수 외, 2016).

# 4절 교수방법 선정 기준

교수방법 선정 기준으로는 교육내용, 학습자, 교육자원, 조직의 기대, 하이만의 교수방법 선정 기준을 살펴보도록 하겠다.

## 1. 교수방법 선정 기준

### 1) 교육내용

첫째, 학습내용이 인지적 영역(지식), 정의적 영역(태도), 심체적 영역(기능) 중 어느 영역인가?

둘째, 학습내용이 정확한 답을 요구하는지, 아니면 논쟁의 여지가 있는지?

셋째, 학습내용이 일반적인 수준의 학습만 하면 되는지, 또는 상세히 학습해야 하는지?

### 2) 학습자

첫째, 학습자의 학습양식이 적극적인지, 성찰적인지, 논리적인지, 실용적인지?

둘째, 학습자의 학습경험이 어느 정도인지?

셋째, 학습자의 수

넷째, 학습자의 위치

다섯째, 교육이 계속적으로 필요한지?

여섯째, 학습자가 학습으로부터 얻고자 하는 기대치는 어느 정도인지?

### 3) 교육자원

첫째, 교육 기술과 경험을 갖춘 사람을 요청할 수 있는지?

둘째, 얼마나 쉽게 새로운 학습자원들을 개발할 수 있는지?

셋째, 훈련을 실시할 장소가 있는지?

넷째, 시간의 제약이 있는지?

### 4) 조직의 기대

첫째, 조직이 어떤 학습을 선호하는지?

둘째, 조직이 원하는 구체적인 학습목표가 있는지?

셋째, 조직이 요구하는 특정한 평가나 측정의 방법은 무엇인지?(김회용 외, 2014)

## 2. 하이만(R. T. Hyman)의 교수방법 선정기준

### 1) 교사의 능력 및 교과내용에 대한 지식, 흥미

교수방법은 교사의 능력과 교과내용에 대한 지식, 그리고 흥미에 적합해야 한다. 프로젝트법이나 문제해결학습법 등은 교사가 이 교수방법을 정확히 이해하고 치밀하게 수업을 진행할 수 있는 능력이 있어야 한다. 그렇지 못하면 학습자들이 우왕좌왕하며 어수선하게 수업이 진행되어 교수목표를 달성하기가 힘들게 된다.

### 2) 학습자의 능력

교수방법은 학습자의 능력에 적합해야 한다. 학습자들이 자신들의 능력을 올바르게 발휘할 수 있는 교수방법이 효과적인 방법이 될 것이다. 나이가 어린 학생들에게 너무 어려운 주제에 대해 토론수업을 한다면 토의가 이루어지지 않고 시간만 낭비하는 결과를 초래하게 될 것이다.

### 3) 교수목표

교수방법은 교수목표와 관련이 있어야 한다. 즉 교수목표가 지식(인지적 목표), 기술(심체적 목표) 또는 가치(정의적 목표) 중 어느 것이냐에 따라 다른 교수방법을 선정해야 한다. 예를 들어, 교사가 '요리하기'라는 심체적 교수목표를 교수목표로 삼고 있다면, 학생들로 하여금 실제로 요리를 할 수 있는 기회를 제공해야 한다.

### 4) 시간과 장소

교수방법은 수업상황 중 시간과 장소를 고려해야 한다. 이를테면, 학습자가 100명이 넘는 상황에서 원탁식 토의방법을 사용한다는 것은 바람직하지 못한 방법일 것이다.

### 5) 학습자의 흥미 및 경험

교수방법은 학습자의 흥미, 경험에 적합해야 한다. 수업이 어느 한 가지 방법에 일관된다면 학습자들은 쉽게 싫증을 느낄 수도 있다. 따라서 학습자들의 흥미나 경험을 고려한 여러 가지 수업방법을 다양하게 활용할 필요가 있다.

### 6) 학습자와 교과내용과의 관계

교수방법은 학습자와 교과내용과의 관계에 적합해야 한다. 교사가 유아들에게 개구리의 일생에 대해 가르치고자 한다면, 유아들의 인지발달 단계에 적합하게 개구리 발달에 관한 그림이나 동영상 등의 시청각 자료를 사용하고, 실제로 개구리를 관찰하거나 그려 보게 하는 것이 효과적이다.

### 7) 학습자의 학습양식

교수방법은 학습자의 학습양식에 일치된 것이어야 한다. 학습자가 구조화된 학습양식을 좋아한다면 교수방법을 더욱 구체적으로 구성하여 교사 주도적으로 수업을 진행하고, 학습자가 비구조화된 학습양식을 좋아하면 교수방법을 좀 더 유통성 있게 구성하고 학습자의 참여를 확대하는 것이 효과적이다(김희용 외, 2014).

Chapter

08

# 교육공학

Introduction to Education

교육은 인간을 대상으로 일정한 사회체제 안에서 이루어지며 인간, 교육, 사회는 서로 역동적인 상호관계를 가지고 있으며 교육의 궁극적 목적은 인간화 교육을 지향하면서 사회화 교육을 수용하는 것이다. 그리고 우리가 직면한 현대사회는 정보와 지식이 사회 발전의 원동력이 되는 정보사회라고 할 수 있다. 이러한 인간, 교육, 사회의 역동적 상호관계 속에서 정보사회가 요구하는 교육관, 인간관에 총체적으로 대처하기 위해서는 교육체제, 내용, 방법의 개혁이 요구되며 '교육공학적 접근'이 필연적으로 요청된다. '교육공학적 접근'에 대해 알아보기에 앞서 교육공학에 대한 이해를 위해 교육공학의 정의와 발달, 교육공학의 영역 및 대상에 대해 알아볼 것이다.

## 1절 교육공학의 정의와 발달

### 1. 교육공학의 정의

교육공학에 대한 개념을 "교육공학은 ~다."라고 단적으로 정의 내리기보다는 다양한 접근을 통해 그 관계를 살펴볼 것이다. 우선 공학에 대한 어원과 학자들이 주장한 정의를 살펴보고 교육과의 관계를 통해 교육공학의 다양한 정의에 접근해야 한다.

#### 1) 공학에 대한 이해

'교육공학'에 대한 정의를 이해하기 위해 우선 '공학(technology)'이라는 단어가 교육공학에서 의미하는 바를 이해할 필요가 있다. 일반적으로 공학(technology)이라는 단어는 흔히 기계(machine)나 장치, 또는 무엇을 만드는 기술(technique)과 유사한 개념으로 사용되기도 하며, 전자공학(electronic engineering)과 같이 대학을 통해 알려진 개념으로 이해되기도 한다. 그러나 교육공학에서의 공학은 단순한 기계나 장치, 기술을 의미하는 것이 아닌 '기예(art)'와 '기술(craft)'을 의미하는

'techne'와 '…에 관한 탐구'를 의미하는 'logos'에서 파생한 말이다(박성익 외, 2015). 공학에 대한 정의들을 요약 정리하면 **표 8-1**과 같다.

**표 8-1** 공학의 정의

| 연구자 | 공학의 정의 |
|---|---|
| English, 1958 | 공학은 실제적이고 의도적인 목적을 달성하기 위한 조직적인 접근을 의미하며 과학적 사실과 원리에 의해 구성된 통합된 개념체계를 지칭한다. |
| Galbraith, 1972 | 공학은 과학적 지식 또는 기타 조직화된 지식을 실제적 과제에 체계적으로 적용하는 과정이다. 공학은 단순한 기계류나 장치를 의미하기도 하지만 보다 중요한 공학의 의미는 어떤 문제에 대한 해결책을 마련하기 위해서 분석, 고안, 실행, 관리, 운영, 통제, 조정, 평가하는 복잡하고 통합된 과정이다. |
| Saettler, 1990 | 공학이란 도구나 기계보다는 직무의 기능과 조직의 개선에 집중하여야 한다. 현대 공학은 생산성을 증진시키기 위한 체계화된 실제적인 지식이다. |
| Longman 사전, 1992 | 공학은 과학적 방법과 실제적 활용을 다루는 지식이며 동시에 이러한 지식에 근거한 기계류, 방법 등이다. |
| Heinich et al., 1996 | 공학은 산출물과 과정으로 나누며, 산출물은 교수매체 분야, 즉 비디오, 교육방송, 컴퓨터, 슬라이드와 같은 분야이고, 과정은 교수이론과 교수설계의 과정에 관련된 분야로 구분한다. |
| Smaldino et al., 2005 | 실제적 문제를 해결하기 위하여 과학적 지식 또는 조직화된 지식을 체계적으로 적용하는 것이다. |

공학에 대한 정의를 바탕으로 공학의 중요 특성을 살펴보면 다음과 같다.

첫째, 과정과 결과가 포함되어 있다. 기계나 장치 등의 첨단 매체와 같은 결과물로서의 공학과, 문제해결이나 실용적인 목적을 위해 과학을 체계적으로 활용하는 과정으로서의 공학이 포함된다.

둘째, 과학은 기본적으로 현상에 대한 원인을 밝힘으로써 현상을 설명하는 것에 관심이 있지만, 공학은 실제적인 문제해결에도 관심이 있다.

셋째, 공학은 과학적이고, 조직화된 지식에 바탕을 두고자 하며 공학은 과정을 응용하는 것에 관심이 있다.

넷째, 공학은 체계적이다. 실제적인 문제해결을 위해서는 다양한 관련 요소를 통합적으로 연관시켜서 체계적으로 접근하는 것에 관심이 있다(노혜란 외, 2012).

공학에 대한 이해를 바탕으로 교육과 공학의 관계를 생각해보고 교육공학의 개념을 정립해야 한다. 교육과 공학의 관계는 상호 독립적으로 발전되어 왔지만 상호 보완적이고 협력적인 관계를 맺고 있다. 교육과 공학의 상호 독립적 의미는 교육과 공학은 각기 본래의 목적을 위해 발전되었고, 공학은 근본적으로 교육목적 및 가치를 실현시키기 위해 발전된 것이 아닌 '교육적 필요'에 의해 채택되고 적용된 것이다. TV, 컴퓨터 등의 정보통신매체가 대표적 예이다. 반면, 최근 교육공학의 발달된 사고와 교육적 필요에 근거하여 공학이 발전하는 경우를 교육과 공학의 상호 보완적이고 협력적이라고 할 수 있다. 예로 상호작용 비디오나 위성교육 TV, 교육용 멀티미디어 발달 등이 있으며, 이들은 교육의 필요에 의해 공학이 수정, 보완되어 교육목적에 합당하게 된 관계이다.

### 2) 교육공학에 대한 정의

교육공학을 보는 관점과 시각에 따라 이를 어떻게 적용시키는가에 대한 연구영역이 서로 다르고, 교육공학의 발전과정에서 제기된 여러 이론들의 통합과 분리가 불분명하였다. 이러한 원인을 바탕으로 교육공학의 개념은 매우 다양하게 정의된다. 따라서 교육공학의 개념 정립을 위해서는 교육공학에 대한 학회, 학자들의 관점과 시각의 다양함을 비교·분석해 보고, 교육공학의 이론적 배경을 통해 교육공학의 정의들을 살펴보면 다음과 같다.

표 8-2 교육공학의 정의

| 연구자 및 문헌 | 교육공학의 정의 |
|---|---|
| AECT, 1977 | 교육공학이란 모든 인간학습에 포함된 문제들을 분석하고, 그 해결책을 고안·실행하고 평가·관리하기 위하여 사람, 절차, 아이디어, 기재 및 조직을 포함하는 복합적이며 통합적인 과정이다. |
| CIT, 1988 | 교육공학은 보다 효과적인 교수를 위하여 인간학습과 커뮤니케이션에 관한 연구에 바탕을 두면서 인적·물적 자원을 통합하여, 구체화된 목표를 가지고 교수-학습의 전 과정을 설계하고 전개하며 평가하는 체제적 방법이다. |
| Gentry, 1991 | 교육공학이란 교육적인 문제들을 해결하기 위하여 적용되는 교수, 학습, 개발, 관리, 그리고 다른 공학들의 통합이다. |
| AECT, 1994 | 교육공학이란 용어 대신 용어 교수공학(Instructional Technology)을 사용하며 "교수공학이란 학습을 위한 과정과 자원의 설계, 개발, 활용, 관리 및 평가에 관한 이론과 실제이다." |

| 연구자 및 문헌 | 교육공학의 정의 |
|---|---|
| 영국교육공학심의회<br>NCET, 1994 | 교육공학은 인간학습의 과정을 향상시키기 위한 체제, 기술, 보조물들의 개발, 적용, 평가와 관련된 학문이다. |
| 교육학용어사전, 1994 | 교육공학은 교육에 있어서의 하드 · 소프트공학을 총칭하는 말로서, 하드공학은 교실 수업에 사용되는 각종 시청각 기자재, 텔레비전, 라디오, 컴퓨터, CD-ROM, 상호작용 비디오 등의 하드웨어를 교육에 도입 활용하는 것을 의미하며, 소프트 공학은 교육의 실제적인 문제를 해결하기 위하여 과학적인 지식을 교육에 적용하는 방식에 관한 학문을 일컫는다. |
| 권성호, 1999 | 교육공학은 학습자의 창조적 사고와 학습효과의 극대화를 위해 공학의 원리와 기법이 교육·훈련 분야에 적용되는 모든 경우를 말하며, 문제해결을 위해 학습과정과 자원의 설계, 개발, 활용, 관리, 평가 간 학문적 접근을 총체적으로 연구·개발하는 실천적 응용학문이다. |
| AECT, 2008 | 교육공학이란 적절한 공학적 과정과 자원을 창출하고, 활용하여, 관리하여 학습을 촉진하고 수행을 향상시키기 위한 연구와 윤리적 실천이다. |

미국교육공학학회에서 가장 최신으로 정의 내린 교육공학에 대한 개념의 특징을 간략하게 살펴보면 다음과 같다.

첫째, 교육공학은 일종의 연구 영역으로서 전통적인 양적 연구 방법론과 대안적인 질적 연구 방법론을 포함하면서 다양한 연구 방법을 통하여 이론적 지식의 창출과 관련되어 있다.

둘째, 교육공학은 연구나 학문 분야일 뿐만이 아니라 하나의 실천 영역이라는 점이 강조되어 왔다. 역사적으로 매체의 활용에는 윤리적 측면이 있어 왔는데, 최근에는 디지털 자료의 지적 소유권 문제와 연결되어 특별히 윤리적 실천의 중요성이 더욱 부각되고 있다.

셋째, 교육공학은 학습 촉진을 목표로 한다. 교육공학은 학습에 대한 이론적 접근의 큰 변화를 반영하면서 이런 학습을 가능하게 하는 방법에 관심을 가진다.

넷째, 학습과 함께 또 하나의 중요한 결과로 수행(performance)을 강조해 왔다. 수행은 학습된 것을 실제 상황에서 활용할 수 있는 능력을 의미한다. 수행을 가능하게 하는 교육 이외의 다양한 방법들에 대해서도 관심을 가진다.

마지막으로, 교육공학은 교육을 위하여 필요한 자원과 과정을 창출하고, 활용하며, 관리하는 세 가지 측면과 연관된 방법을 다룬다. 교육공학은 여러 가지 다양한 의미가 있지만 '교수–학습의 문제를 해결하기 위하여 과학적 지식 및 또는 일반적으로 조직화된 지식을 체계적으로 적용하려는 학문 영역'이라고 규정하는 것에 대해 이의는 없을 것이다.

## 2. 교육공학의 발달

교육공학의 의미가 역사적으로 어떻게 발전되어 왔는지 미국을 중심으로 초기 시청각교육의 전통을 시작으로 현재의 교육공학 특성이 성립되기까지의 발달과정을 살펴보고 한국의 교육공학에 어떤 영향을 미쳤는지 살펴볼 것이다.

### 1) 교육공학의 시대별 발전과정

#### (1) 시각교육과 시청각교육(1910년~1950년)

초기 교육공학은 시각교육을 중심으로 이루어졌다. 이 점은 교육공학의 성립을 이해하는 데 매우 중요하다. 1900년대를 전후하여 미국은 다양한 형태의 공교육을 시도하면서 새로운 교육적 방법들을 모색하기 시작한다. 다양한 시각적 매체 예를 들어, 슬라이드, 필름, 표본, 수집품 등을 학교 교육에 적극적으로 활용하고자 노력하였다. 그리고 1905년 뉴욕주는 최초로 시각수업과를 설치하여 각종 슬라이드 자료를 학교에 보급하기 시작함으로써 시각교육을 본격화하는 계기를 마련하였다(박성익 외, 2015; Saettler, P., 1990).

1920년대에 이르러서 시각수업에 관한 네 가지의 정기 간행물이 발간되기 시작하면서 시각교육에 관한 체계적인 연구가 이루어졌다. 사진과 무성영화 필름 등을 중심으로 각종 시각적 매체의 교육적 가치에 대한 관심이 증대되기 시작하였으며, 1932년 전국교육연합회(National Educational Association) 산하의 공식적인 후원 기관으로서 시각교육국(Division of Visual Instruction, DVI)이 설치된다. 시각교육은 제2차 세계대전을 전후하여 청각 자료를 통합할 수 있는 기술의 발전에 따라서 시청각 매체의 교육적 활용이라는 시청각교육으로 발전한다. 1947년 DVI는 시청각교육국(Department of Audio-Visual Instruction, DAVI)으로 명칭이 변경됨으로써 시청각적 매체의 활발한 활용을 지원하게 되었다. 초기 시청각교육 운동은 시청각 자료의 활용에 관한 이론적 설명을 통해 그 정당성을 찾아볼 수 있다. 호반(Hoban)에 의하면 시청각 자료는 그것이 실제를 얼마만큼 제대로 보여주는가에 따라서 그 가치가 결정되고 교수 방법을 위계적으로 분류하였는데 맨 밑에는 '전체 장면'이 있으며, 맨 위에는 '언어'를 위치시켜 놓았다.

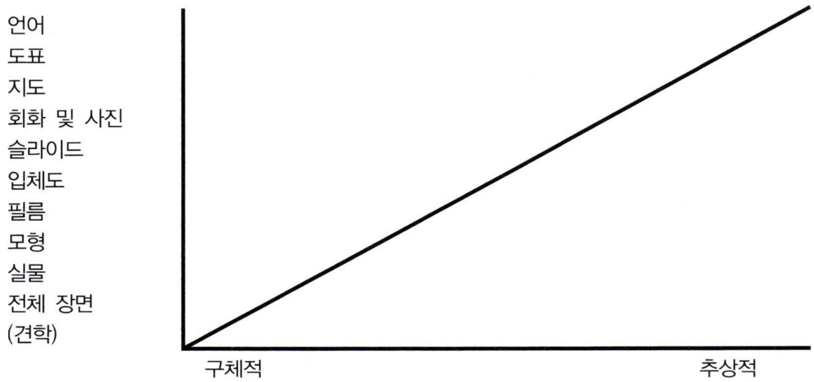


그림 8-1 경험 자료의 구체성-추상성 수준에 따른 시각자료 분류(Hoban, C. F. et al, 1937)

시청각 자료는 추상적 개념의 이해 과정을 도와주는 일종의 보조물로 사용된다. 즉 추상적 개념을 구체화하거나 보조하기 위해서 혹은 학습자의 흥미를 유발시키기 위해서 언어(말)로 설명하기보다 시청각 자료를 활용하게 되면 학생들이 쉽게 이해할 수 있게 된다. 초기 시청각 교육은 전통적 교육절차 및 방법에 대한 대안들이 제시되었고 시각매체 전문가 집단이 탄생했다는 점에 의의가 있지만 시각 자료 자체만을 강조했다는 점에서 한계가 있다.

한편, 1946년 데일(Dale)은 호반의 아이디어를 발전시켜서 '경험의 원추(Cone of Experience)'를 구안하였다. 경험의 원추는 학습자의 경험을 직접적인 참여에 의한 경험으로부터 시작하여 관찰과 같은 간접적인 경험을 거쳐서 최종적으로 언어적인 상징에 이르는 형태로 분류한다. 학습자는 이러한 경험과정을 통하여 각각 '행동에 의한 학습, 관찰을 통한 학습, 추상을 통한 학습'을 하게 된다. 데일은 이 모형을 통하여 구체적 경험을 바탕으로 할 때만이 추상적 경험이 의미가 있음을 보여주려고 하였다. 즉 수업 활동에서 학습자들이 아래 단계에 있는 보다 구체적인 경험을 하였을 때 추상적인 학습을 제대로 수행할 수 있다는 관점을 제시하였다(나일주 · 정인성, 1999; Dale, E., 1969).

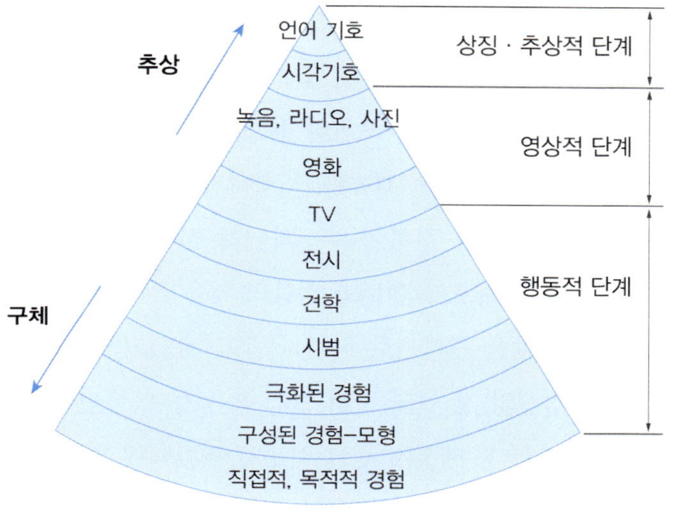


그림 8–2 데일(Dale)의 '경험의 원추'와 학습의 세 가지 유형

### (2) 시청각 통신(1950년대)

시청각교육은 1950년대 초기에 들어서면서 시청각 통신으로 발전된다. Audio-Visual Communication Review라는 간행물이 1953년 발간되는 것을 기점으로 통신의 이론적 틀을 시청각 매체의 활용 영역에 적용하려는 노력이 시도되었다. 교수–학습 보조물로서 매체를 활용하려는 접근 방식에서 벗어나 통신 혹은 의사소통 과정에서 매체를 효과적으로 활용하려는 접근은 기존의 이론적 틀의 한계를 극복할 수 있을 것으로 기대되었다.

통신에 관한 이론적 틀로서 매체의 활용을 보다 폭넓게 보여주는 대표적인 것으로 벌로(Berlo, 1960)의 'S-M-C-R' 모형을 들 수 있다. S-M-C-R 모형은 정보원(sourcer)으로부터 메시지(message)가 통로(channel)를 통하여 수신자(receiver)에게로 전달되는 과정을 간결하게 보여주고 있다. 정보원과 수신자는 통신기술, 태도, 지식수준, 사회체계, 문화양식을 가지고 있으며 이것을 바탕으로 메시지를 보내고 또 받는다. 이 점은 다음에 제시하고 있는 쉐논과 쉬람(Schannon & Schramm, 1964; Chute, 1987)의 모형에서 송신자와 수신자의 '경험의 장(field of experience)'과 비슷한 아이디어이다(Berlo, D. K., 1960).

이 모형은 송신자와 수신자가 가지고 있는 의미 체계에 대한 고려 없이 메시지를 보내고 받게 될 때 생기는 통신상의 오류를 지적하고 있다. 다음으로 메시지는 요소, 내용, 구조, 코드, 처리를 포함하며, 전달되는 내용이 일정한 형태로 부호화되는 과정을 보여주고 있다. 부호화된 메시지는 시각, 청각, 촉각, 후각, 미각의 다섯 가지 감각 통로를 통하여 수신자에게 전달된다.

또 하나의 대표적인 모형으로 쉐논과 쉬람의 것을 들 수 있다. 이 모형은 원래 쉐논과 위버의 통신모형을 근간으로 하여 쉬람이 '경험의 장'을 추가하여 개발되었다. 이 모형에서 경험의 장 이외에 피드백, 잡음 등이 통신상에서 중요한 요소들로 고려되기 시작하였다. 메시지 전달 여부가 피드백에 의하여 확인되며, 잡음 요인으로 인하여 메시지가 정확하게 전달되지 못하는 상황이 발생할 수 있음을 보여주고 있다(나일주 · 정인성, 1999; Schannon & Schramm, 1964).

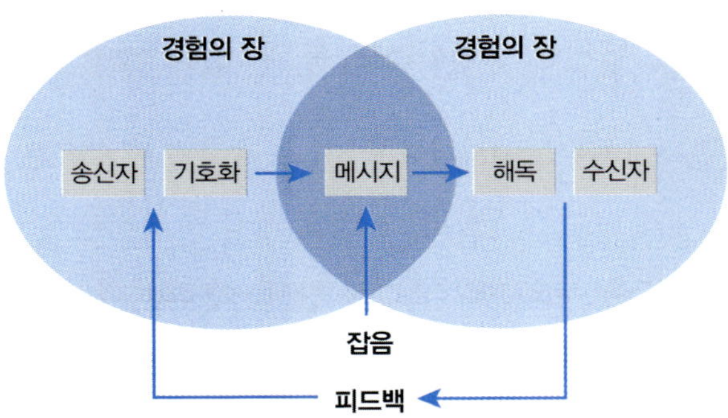


그림 8-3 쉐논과 쉬람(Schannon & Schramm, 1964)의 통신 모형

엘리(Ely, 1963)는 1960년대 초반에 도입된 '통신이론'과 '체제개념'의 통합적 접근을 통하여 통신과 학습이론을 산물로서의 체제 개념과 결합시켜서 '시청각과 교육통신 과정과의 관계'라는 보다 체제적이고 통합적인 모형을 개발하였다.

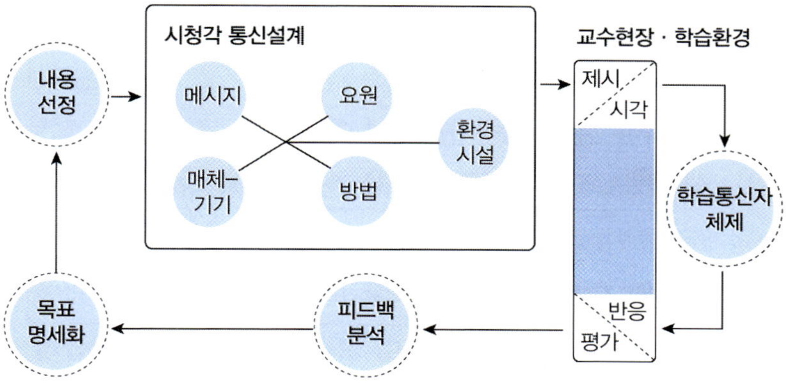


그림 8-4 엘리(Ely, 1963)의 시청각과 교육통신과정의 관계

이 모형은 시청각 교육통신의 대표적인 모형으로서 통신과정, 체제개념, 학습과정, 수업체제의 구성요소, 수업설계 등을 모두 포함하고 있다. 이 모형은 통신이론과 교육공학이 어떻게 관련되어 있는지를 잘 보여주고 있는데 '시청각 교육통신'에서는 시청각교육 전통에서의 매체별 활용 관점이 아니라 통신에서 중요한 요소인 '과정으로서의 체제'로 이해해야 하며, 특히 수업의 전체 과정과 관련된 요인들의 통합적 관점에서 접근하는 것이 중요함을 강조하였다. 이 모형은 교육통신 과정에서 학습자가 가장 핵심적인 요인이며, 학습이론에 기초하여 학습자의 반응과 평가라는 과정을 새롭게 포함시켰다. 시청각 통신설계의 구성요소들로는 메시지, 매체-기기, 요원, 방법, 환경시설 등을 포함하고 있고, 피드백 분석을 강조하면서 통신이론과 학습이론이 통합될 수 있음을 보여주고 있다.

이상의 모형은 비록 체제 접근의 초기 형태를 보여주고는 있지만, 체제에 포함되어야 하는 요소들을 모두 다 포함하고 있지 않다는 점에서 제한적이고, 실제적 측면에서도 시청각 통신은 교육공학의 학문적 정립에 그다지 큰 영향을 끼치지 못하였다는 한계가 있다.

### (3) 교수공학(1960년대)

1960년대에 이르러 시청각통신 교육은 교수공학 차원으로 발전하게 된다.

이러한 변화에 영향을 끼친 것으로 두 가지를 생각할 수 있다. 하나는 스키너의 행동주의에 기반을 둔 교수기계(teaching machine)와 프로그램 수업(programmed instruction)이다. 다른 하나는 체제 이론에 기반을 둔 교수개발의 모형이다.

학습 현상에 대한 스키너의 행동주의적 관점이 교수 공학의 성립에 지대한 영향을 미친 것은 교수기계의 개발이 공학적 특성을 보여주는 데 성공하였기 때문이다. 동물을 대상으로 실시한 연구 결과를 바탕으로 스키너는 행동의 설명을 위한 간결한 법칙을 정리하는데 스키너의 행동주의 심리학에서 학습의 성공과 실패를 결정하는 중요한 요인 중 하나는 체계적 강화(systematic reinforcement)의 제시 여부이다. 그에 의하면 학교에서 이루어지는 학습의 성공 여부는 어떠한 방식으로 강화를 제공하는가에 달려있다. 교수기계는 체계적인 강화를 제공하는데 매우 이상적인 형태로 제안되었고 교수기계를 이용할 때 학습자는 자신의 반응에 대한 즉각적인 결과를 확인할 수 있는 강화를 받게 되며, 그 결과 기대하는 학습 목표를 성취하게 된다.

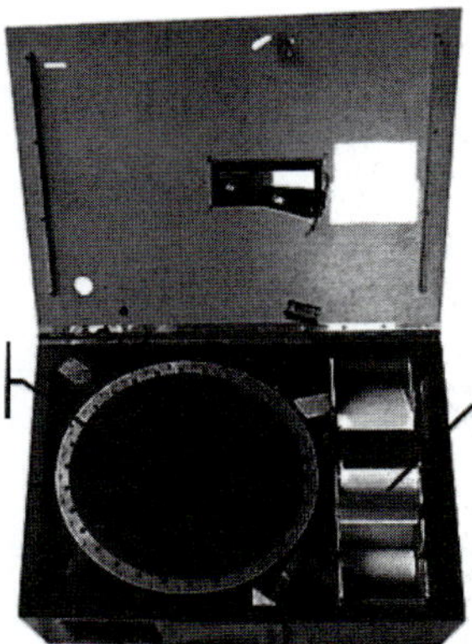


그림 8-5 스키너의 교수기계 초기 형태

수업의 보조물로서 매체를 파악하는 관점을 벗어나서 수업 전체 과정에 있어서 매체의 활용을 공학적 관점에서 파악하려는 접근은 체제의 관점에 기초함으로써 더욱 발전하게 되었다. 수업을 준비하고, 설계하고, 개발하는 과정을 일종의 체제로써 파악하려는 교수개발(instructional development)의 개념이 발전되었다(Dick & Carey, 1978). 교수개발은 매체의 효과적 활용에 관한 전통적 지식뿐 아니라 학습 현상 및 교수 방식에 관한 과학적 지식을 체계적으로 활용하려는 노력으로 파악되었다. 체계적 개발과정으로서 교수개발은 분석, 설계, 실행, 평가의 주요 단계로 구성되며 매체의 활용 부분은 분석 단계의 결과를 바탕으로 설계하게 되는 전체 교수프로그램 설계의 한 측면을 구성한다.

교수개발 과정 중 교수설계(instructional design)는 또 하나의 하위 요소를 구성함과 동시에 교수이론을 새로운 시각으로 파악하게 하였다. 교육심리학이나 학습이론의 시사점을 토대로 개발된 전통적인 교수이론과 다르게 교육공학적 관점에서 교수이론은 체계적이고 처방적 교수전략의 개발이라는 시각에서 다루어진다.

요컨대 시청각통신에 국한된 틀에서 벗어나서 전체 교수프로그램의 설계과정에 관한 연구를 대상으로 연구 영역이 확대되면서 교수공학이 대두된 것이다. 이러한 추세에 따라 1970년에 이르러 기존 시청각교육국(DAVI)이 미국 교육공학회(Association for Educational Communications and Technology: AECT)로 바뀌게 된다.

### (4) 교육공학(1970년대)

1970년대에 시도된 교수공학의 정의는 포괄적이며, 복합적인 특성을 보여주는 것으로 제안되었으나, 실제적으로 그러한 특성에 대한 상세한 설명은 하지 못하였다. 따라서 미국교육공학회는 교육공학의 의미에 대한 종합적이면서도 상세한 규정을 시도하였으며, 교육공학에 관한 하나의 공식적인 정의가 1977년에 제시되었다(AECT, 1977).

“교육공학이란 모든 인간 학습에 포함된 문제들을 분석하고, 그 해결책을 구안하여, 실행하고, 평가하며, 관리하기 위하여 사람, 절차, 아이디어, 기자재 및 조직을 포함하는 복합적이며, 통합적인 과정이다.” 교육공학은 인간 학습에서의 문제들이 어떻게 규명되고 해결되는가에 대한 이론이며, 인간 학습에서의 문제점들을 분석하고 해결하기 위하여 복합적이고 통합된 과정을 적용하는 데 관련된 분야이다. 이러한 정의는 이후 1994년 및 2008년 당시의 학문적 발전 방향을 반영하여 일정한 수정이 이루어지지만, 기본적으로는 '교수–학습의 문제를 해결하기 위하여 과학적 지식 및 또는 일반적으로 조직화된 지식을 체계적으로 적용하려는 학문 영역'의 특징에서 크게 벗어나지 않는다.

### 2) 한국의 교육공학 발전과정

한국의 교육공학은 비교적 짧은 기간 동안에 급속한 발전을 보여준다. 1963년에 시청각교육과가 이화여자대학교에 최초로 설립된 이후, 1983년 한양대학교에 교육공학과가 신설되었다. 1985년에 전문 학술 연구 단체로서 '한국교육공학연구회'가 발족되었으며, 이때부터 하나의 학문 분야로서 활발한 연구가 진행되면서 실제 교육현장의 문제 등에 교육공학의 연구 결과가 적용되기 시작하였다. 1996년 한국교육공학연구회가 한국교육공학회로 명칭이 변경됨과 거의 동시에 교육공학은 교육 및 사회 전반에 걸쳐서 큰 기대를 받기 시작했다. 1990년대 중반 이후 미국을 중심으로 학위를 마친 신진 학자들이 꾸준히 유입되고, 또한 2000년대를 기점으로 국내 대학원에서도 다수의 박사 학위자들을 배출하면서 전문 학술 연구지인 '교육공학연구'가 2000년 이후 매년 발행되고 있을 만큼 활발한 연구가 진행되고 있다. 따라서 한국의 교육공학은 우리 사회의 새로운 변화와 요구에 대응하면서 발전하고 있다. 향후에도 우리 사회가 빠르고 꾸준하게 정보화가 진행되면 교육공학에 대한 요구가 점점 증가할 것이며 하나의 학문 분야로서 교육공학도 많은 발전이 있으리라는 것을 예측할 수 있다(박성익 외, 2001).

## 2절 교육공학의 영역 및 대상

1994년 교육공학의 정의에서도 나타난 교육공학의 주요 연구 영역은 설계, 개발, 활용, 관리, 평가의 영역이다.

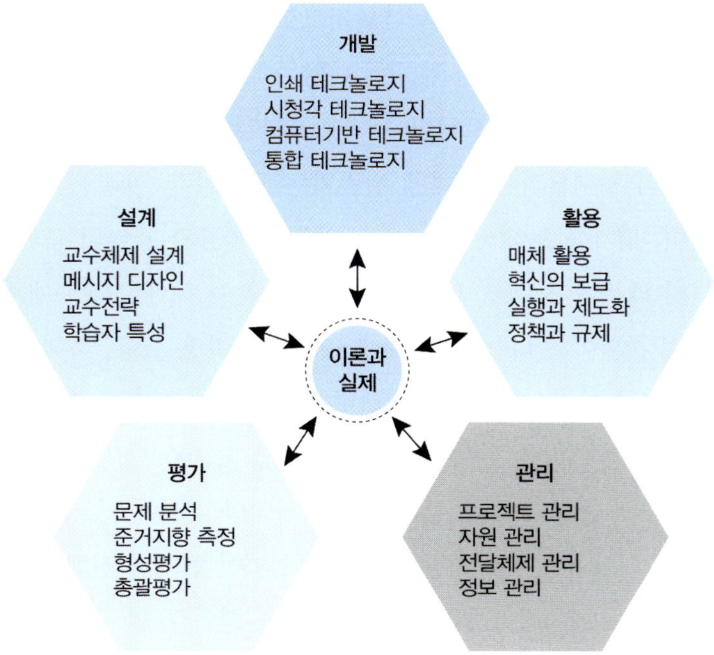


그림 8-6 교육공학의 연구 영역 및 대상

## 1. 설계 영역

설계 영역은 학습과 관련된 조건들을 분석하면서 구체적인 교수목적을 달성하기 위해 전체 교육 및 수업의 과정을 기획하며, 어떠한 학습 경험을 학습자에게 안내할 것인지를 기획하는 영역이다. 교육공학에서 설계 영역은 교육심리학을 촉매로 하여 체제이론의 영향으로 크게 성장한 영역이다. 스키너의 프로그램학습이론과 글레이저(R. Glaser)의 교수이론이 토대가 되었고, 가네와 브리그즈(Gagné & Briggs, 1974)는 교육심리학의 전문성을 바탕으로 교수체제 설계를 발전시켜 교수설계 영역을 성립하는 데 크게 공헌하였다. 하위영역은 교수체제설계, 메시지 디자인, 교수전략, 학습자 특성 영역이 있다.

## 2. 개발 영역

개발 영역은 설계 영역에서 기획된 것을 바탕으로 실제적으로 수업에서 활용할 수 있는 교수 매체와 자료 등을 효과적으로 만들기 위한 방법론을 연구하는 영역이다. 개발 영역은 교수에 적용되는 다양한 테크놀로지, 즉 영화, 방송, 컴퓨터, 멀티미디어, 인터넷 등을 포함한다. 개발 영역은 설계, 활용, 평가, 관리의 나머지 교육공학의 영역들과 밀접하게 관련되는 영역이다. 개발은 설계를 바탕으로 이루어지며, 평가를 통해 완성되고, 실제적인 활용과 관리의 측면이 함께 고려되어야 하기 때문이다. 개발 영역은 교육공한 분야 내에서 교수매체와 밀접하게 관련되어 발전되어 왔다. 1930년대에 영화의 교육용 활용, 특히 군인 훈련을 위해 대대적으로 활용되었고, 이후 텔레비전의 활용, 1950년대에 프로그램 교수 자료, 1970년대의 컴퓨터 보조학습 등이 연구되었다. 1990년대 이후 현재까지 멀티미디어와 인터넷 활용 교육이 주요한 개발 영역의 대상이 되고 있다. 테크놀로지의 발전에 따른 교육공학의 개발 영역은 끊임없이 변화가 진행 중인 영역으로서 미래지향적이며 실험적인 연구관점이 중요한 분야라 할 수 있다.

### 3. 활용 영역

활용 영역은 교육공학의 다른 영역보다 오랜 전통을 가지고 있다. 설계와 개발에 대한 연구가 활발해지기 전부터 교수매체를 적절하게 활용하기 위한 다양한 방법을 고안하는 것이 주요한 교육공학의 연구 대상이었다. 예를 들면 TV를 학교 현장에서 어떻게 활용할 것인지, e-러닝을 적절하게 활용하는 방안은 무엇인지 등을 연구하고자 하는 것이다. 최근 각 대학에서 교수학습센터가 설립되고 있다. 이러한 센터의 역할과 기능, 주요한 사업 내용에 대한 탐색 등이 교육공학의 활용 영역의 주요 연구 대상이다.

### 4. 관리 영역

관리 영역은 계획, 조직, 감독, 조정 등을 통해 교육공학을 운영하고 조절하는 기능과 관련된 영역이다. 교육공학자들은 교수설계나 교육프로그램의 개발 프로젝트의 총책임자로서 활동하는 경우가 많으며, 학교의 교수학습센터네 교육담당

업무의 관리를 수행하는 경우가 많다. 기본적으로 요구되는 관리 기술 등을 규명하고 지원하기 위해 교육공학의 실행에서 요구되는 주요 관리 영역의 활동을 탐구한다.

## 5. 평가 영역

평가 영역은 교육공학의 과정과 결과의 가치를 결정할 수 있도록 정보를 제공하는 활동을 의미한다. 교육프로그램은 프로그램의 가치를 규명하기 위해서 목적과 사용결과를 비교하는 체계적인 평가가 요구된다.

교육공학의 영역을 분류하는 이유는 교육공학을 탐구하는 사람들 그리고 교육공학적인 일을 하고 있는 사람들을 대상으로 그들 사이에 의사소통을 원활하게 하기 위해서뿐만이 아니라 이론가와 실천가 사이에 연구주제를 둘러싼 문제해결을 원활히 할 수 있기 때문이다. 따라서 실천가와 이론가는 이론을 실제에 적용할 때 잘 적용되지 않거나 이론의 개선점이 어디에 있는지를 밝혀나가는 데 도움을 받는다. 또한, 구분된 영역 및 하위영역 중에 어떤 부분의 연구가 부족한지를 밝혀내는 데에도 도움이 된다(박성익 외, 2001; Fleishman E. A. & Quaintance, M. k., 1984).

교육공학의 다섯 영역, 즉 설계, 개발, 활용, 관리, 평가 사이의 관계는 선형적이라기보다는 서로 보완적이며 상호의존적인 관계이다. 실천가이든 연구자이든 이러한 상호의존적 관계 속에서 일을 하게 되는데 예를 들면, 설계 쪽의 연구를 하고 있는 사람일지라도 평가 쪽의 이론을 알고 있거나 적용하고 있다. 또한, 개발 영역에서 일하고 있는 실천가들도 설계 영역의 교수체제 설계이론이나 메시지 디자인 이론을 사용한다는 것을 예로 들 수 있을 것이다.

이상으로 교육공학에 대한 정의 및 발달과정과 연구영역 및 대상을 간단하게 살펴보았다. 먼저 '공학'이라는 단어 정의의 발전과 함께 '교육공학'의 정의 또한 다양하게 변화하고 발전해온 것을 알 수 있었고, '교육공학' 정의와 매체의 발달과 함께 시대별 교육공학 방법의 발달과정도 자세히 살펴볼 수 있었다. 그리고 응용학문으로서의 교육공학이 다른 학문들과의 연결과학으로서 교육공학의 다섯 가지 영역에 어떠한 것들이 있고 어떠한 것을 대상으로 하는지 또한 살핌으로써 교육공학을 공부하고자 하는 학생들과 교육현장에서 교육공학에 관심을 가진 모든 교육자, 교수 요원 등에게 교육공학의 기초에 대한 이해를 쌓는 데 도움이 될 것이다.

## 3절 실천적 응용 분야로서의 교육공학

교육공학이 미국교육공학회(AECT)에 의해 '실제'이면서 동시에 '이론'이라고 재정의되기 전까지 교육공학은 이론적 학문 분야보다는 실천적 응용분야로서 널리 인식되었을 정도로 실천적 응용 분야는 교육공학에서의 중요성과 비중이 높다고 볼 수 있다.

실천적 응용 분야로서의 교육공학을 대표하는 활동으로는 교수매체의 선택 및 활용과 교수 설계 과정의 수행을 꼽을 수 있다. 다음에서는 이와 관련된 수많은 절차 모형들 중 가장 광범위하게 활용되고 있는 대표적 모형 몇 가지를 중심으로 실천적 응용 분야로서의 교육공학에 대해 알아보고자 한다.

### 1. 교육공학의 실천적 성격

가시적인 결과를 도출하기 위해 과학적으로 입증된 원리와 이론을 실질적인 문제해결에 적용시키는 응용 분야로서의 교육공학의 성격은 '실용적 학문 분야(Gagné, 1987)', '실제적 전문 분야(Seels & Richey, 1994)' 등 교육공학을 지칭하는 표현들에 잘 드러난다. 교육공학은 1994년 AECT(미국교육공학회, Association for Education Communication and Technology)가 교육공학의 재정의를 통해 이 분야가 '실제'이면서 동시에 '이론'이라는 것을 명시적으로 강조하기 전까지는 이론적 학문 분야보다는 실천적 응용 분야로서 널리 인식되고 그 가치를 인정받아 왔다. 이는 교수매체의 활용에 기원하고 있는 분야의 태생적인 특성으로 인한 것이기도 하다. 교육공학이란 '학습을 위한 과정과 자원을 설계, 개발, 활용, 관리 평가하는 이론과 실제'이다(AECT, 1994). 교육공학이란 '적절한 공학적 과정 및 자원을 창출, 활용, 관리함으로써 학습을 촉진하고 수행을 개선하는 연구와 윤리적 실천'이다(AECT Definition and Technology Committee, 2004).

교육공학의 이론과 실제 두 분야에서는 모두 전달하고자 하는 아이디어나 과제수행의 절차를 일목요연하게 정리한 다양한 모형을 활용하는 것이 특징이다. 실제 분야에서는 특정한 과제를 어떤 순서 혹은 방식으로 수행해야 하는지를 묘사한 '절차적 모형(procedural model)'을 많이 활용한다(Seels, B. & Richey, R. C., 1994). 교육공학의 실천적 측면을 가장 잘 대표하는 활동으로는 교수매체의 선택 및 활용과 교수 설계 과정의 수행 두 가지를 꼽을 수 있다. 두 활동 모두 다양한 절차적 모형에 의존하여 이루어지는 경향을 보인다. 관련된 수많은 절차 모형들 중 가장 광범위하게 활용되고 있는 대표적 모형 몇 가지를 중심으로 교육공학의 실천적 측면을 소개할 수 있다.

## 2. 교수매체의 선택 및 활용

교수–학습 과정의 실행을 위해 어떤 교수매체를 선택할 것인가 하는 문제는 이상적인 측면에서 '주어진 조건에서 가장 효과적인 학습이 일어날 수 있느냐'를 집중적으로 고려하여 결정되어야 한다. 그러나 실제로는 매체의 소유 여부나 비용 등 현실적인 고려사항들에 의해 교수매체를 선택하는 경우가 빈번히 발생한다(Gagné, 1987). 지나치게 현실적인 요인에만 좌우되거나 교수자의 '감'에만 의존한 교수매체의 선택은 학습목표의 달성 여부를 불투명하게 만들 뿐 아니라 전체 교수–학습 과정을 비효율적이고 흥미 없게 만들 위험을 내포한다. 따라서 이러한 위험을 최소화하고 학습목표, 학습자 특성, 각 매체의 기능, 매체자료 제작 소요비용과 스케줄 및 기타 현실적 요인들에 대한 다각적 고려를 통해 가장 적절한 교수 매체를 선택할 수 있도록 돕는 절차적 모형이 다수의 교육공학자들에 의해 발표되었다(Gagné, 1987, Heinich, 1999). 1980년대 초 이미 약 10개의 매체 선택 모형이 존재하였으며, 초보자의 경우 특히 이러한 모형을 활용할 때 더욱 적절한 교수매체를 선택하는 것으로 밝혀졌다.

## 3. 교수매체 모형 - ASSURE 모형

교수매체 활용수업에 관한 절차적 모형 중 가장 잘 알려진 것은 하이니히(Heinich)와 동료들에 의한 ASSURE 모형이다. 이 모형은 개별 교사나 훈련가들이 수업매체와 공학을 교실수업에 효과적으로 활용하도록 하기 위해 절차적인 지침을 제공하는 일종의 교수설계 모형이다. 교수 매체를 활용하여 수업을 진행할 때 학습자 분석(Analyze learners), 학습목표 진술(State objectives), 교수방법, 매체 및 자료 선택(Select methods, media, and materials), 교수매체와 자료 활용(Utilize media and materials), 학습자의 참여 유도(Require learner participation), 그리고 평가와 수정(Evaluate and revise)의 여섯 단계를 수행하면 효과적인 수업을 '보장(assure)'한다는 의미를 내포하고 있다.

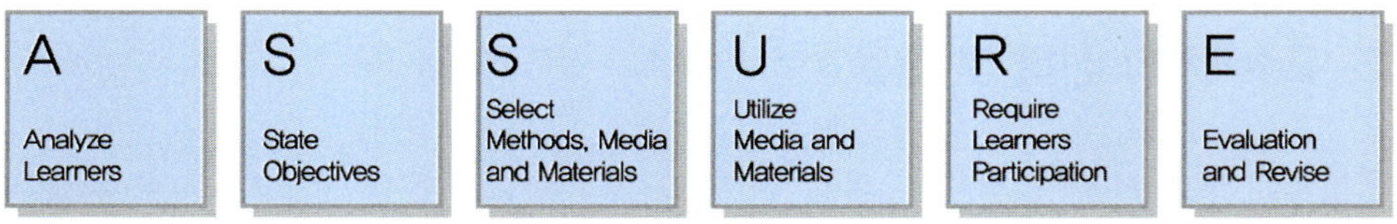


그림 8-7 ASSURE 모형(Heinich, R. et al. 1999)

### 1) 학습자 분석

학습자의 특성을 확인하고 분석한다. 학습자의 일반적 특성, 출발점 능력(학습할 주제에 대한 지식, 기술, 태도), 학습양식에 대한 분석을 포함한다.

일반적 특성은 연령, 성별, 학년, 직업이나 지위, 사회경제적 배경, 지적 능력 및 일반 적성과 같은 요인들을 포함한다. 이러한 특성들은 수업내용과 직접적인 관련이 있는 것은 아니지만 학습자를 이해하고 수업 매체와 방법을 선택하는 데 도움을 준다.

출발점 능력은 새로운 학습을 시작하기 전에 학습자가 이미 가지고 있는 지식과 기능, 태도 등을 의미한다. 출발점 검사는 학생들이 수업을 이해하는 데 필요한 선수요건을 가지고 있는지를 결정하는 평가다.

학습양식은 한 개인이 학습 환경을 지각하고 상호작용하며, 정서적으로 반응하는 방식을 결정하는 심리적 특성 중의 하나다. 이는 주로 학습자의 지각적 선호와 강점, 정보처리 습관, 동기적 요소 등에 의해 영향을 받는다.

### 2) 학습목표 진술

학습자가 달성해야 할 학습목표를 가능한 한 명세적으로 진술하는 것이다. 학습목표를 진술해야 하는 가장 큰 이유는 목표-방법-평가 간의 일관성을 유지할 수 있다는 것이다. 목표는 교재나 교육과정 안내서를 이용하거나 교사가 직접 개발할 수 있다. 목표는 주로 세 가지 범주, 인지적, 정의적, 운동기능적 영역으로 구분할 수 있다. 목표 진술은 교사가 무엇을 가르칠 것인가가 아니라 학습자가 수업이 끝난 후에 무엇을 할 수 있는가의 관점에서 진술되어야 하며 관찰 가능한 행동동사로 진술해야 한다. 메이거(Mager, 1984)는 구체적인 목표 진술을 위해 ABCD 네 가지 요소를 포함해야 한다고 한다. Audience(대상), Behavior(행동), Condition(조건), Degree(준거)가 그 요소이다.

### 3) 교수방법, 매체 및 자료 선택

위의 두 단계에서 확인된 수업의 시작점과 종결점을 연결해 주기 위해 적절한 교수방법과 매체, 자료를 선정하는 단계다. 교사는 학습자 분석과 목표 진술을 토대로 적합한 교수방법을 선택해야 한다. 대체로 교사는 한 차시의 수업에서 두 가지 이상의 방법을 활용한다. 학습자 역시 그들의 학습을 위해서 다양한 방법을 취한다. 어떤 교수방법을 선택할 것인지는 학습목표와 학습주제, 학습 대상자, 교사의 경험, 교수-학습 환경을 고려하여 신중히 결정해야 한다.

매체 유형은 어떤 종류의 매체를 선택할 것인가이다. 모든 교수매체는 각자 독특한 특성이 있기 때문에 교수방법을 수행하기에 가장 적합한 교수매체를 선택한다. 특정 매체의 사용이 학습의 효과를 무조건 보장하지는 않으므로 굳이 첨단 매체를 고집할 필요는 없다. 어떤 매체를 사용하는가보다 어떻게 활용하는가가 더 중요하다. 이용 가능한 자료를 얻는 방법은 이용 가능한 자료 선택하기, 기존

자료 수정하기, 새 자료 설계하기를 통해 이루어진다.

### 4) 교수매체와 자료 활용

매체와 자료의 활용은 선택한 매체와 자료를 교사나 학생이 실제 수업에서 어떻게 사용할 것인지를 계획하는 것이다. 교사는 매체나 자료를 활용하기 전에 교실 배치, 필요한 기자재나 시설을 미리 확인하고 준비해 두어야 한다. 다음은 이를 위해 권장되는 '5P' 과정이다(백영균 외, 2015).

- 자료에 대한 사전 검토(Preview the materials)
- 자료 준비하기(Prepare the materials)
- 환경 준비하기(Prepare the environment)
- 학습자 준비시키기(Prepare the environment)
- 학습경험 제공하기(Provide the learning experience)

### 5) 학습자의 참여 유도

교수매체와 자료 활용의 효과를 높이기 위해 학습자의 능동적인 사고 활동을 요구하는 것이다. 많은 분량의 비디오나 사진, 인터넷 자료를 활용할 때 학습자는 수동적이기 쉽다. 이를 위해 학습자는 그들의 배운 지식과 기능을 연습하거나 시연할 기회와 그 노력의 적절성에 대한 피드백을 받아야 한다. 연습은 개별적인 연습자료나 컴퓨터 보조 수업, 게임 활동 등을 통해 이루어질 수 있다. 피드백은 교사, 컴퓨터, 동료 학습자로부터 받을 수 있으며 자기평가도 가능하다.

### 6) 평가와 수정

수업이 끝나면 그 수업이 효과적으로 이루어졌는지를 평가하고 그 결과를 다음 수업 계획에 반영한다. 학습자의 학업 성취뿐만 아니라 교수방법과 매체 및 자료의 활용이 효과적이었는지를 평가한다. 수업 전, 중, 후에 평가가 이루어진다. 수업 전 평가는 수업에 필요한 학습자의 능력을 확인할 목적으로 사용된다.

수업 중 평가는 학생의 성취에 방해가 되는 문제를 찾아내고 이를 교정할 목적으로 사용된다. 수업 후 평가는 수업의 효과를 최종적으로 확인하고, 얻어진 결과는 다음 수업을 위해 환원된다.

## 4. 교수설계 과정의 수행

교육공학의 실천 분야로 교수매체와 유사한 비중을 차지하는 것은 교수설계 활동이다. 교수설계는 기대되는 학습 성과를 달성하기 위하여 최적의 수업과정을 처방하는 데 관심이 있는 분야이다. 교수설계에 관한 연구를 통해 이론과 모형을 개발하는 행위는 교육공학의 이론 분야에 속하지만, 특정 학습목표를 염두에 두고 선택한 교수설계 모형이나 절차에 따라 실제로 교수–학습 과정을 설계해 나가는 활동은 실천에 해당한다고 볼 수 있다.

교수설계는 교수활동과 관련한 아이디어나 교수계획과는 그 개념이 구분된다. 교수활동을 위한 아이디어는 창의적 성격을 지니고 있으나 아이디어의 실현과 관련한 현실성이나 논리성을 갖추지는 못한 개념이다. 이에 비하여 교수계획은 교수활동의 실현과 관련한 현실성과 논리성을 갖추고 있으나 창의적인 아이디어를 갖추지 못한 개념을 지칭한다. 교수설계는 교수 활동에 대한 창의적인 아이디어를 갖추고 있어야 하며, 개발될 프로그램이 실현 가능성이 있어야 하고, 프로그램 계획에서 논리적인 체계성과 합리성을 갖추어야 한다.

교수설계에서는 수업의 과정을 체제적 과정(systems approach)으로 간주한다. 체제라는 말은 기술적으로 상호 관련된 구성요소의 집합이며, 이 구성요소가 어떤 목표를 향하여 유기적으로 상호작용하는 과정을 말한다. 체제 내의 구성요소는 상호 투입과 산출의 관계에 있게 되며, 목표에 도달하였는지를 판단하기 위하여 전체 체제에 피드백을 하게 된다. 그러므로 체제적 과정은 모든 구성요소 하나하나가 중요한 역할을 한다고 본다.

## 5. 교수설계 모형

앤드류스와 굿슨(Andrews & Goodson, 1995)에 따르면 1970년대에 이미 40개 이상의 교수설계 모형이 존재하였다. 그중 현재까지도 가장 실용적 가치를 인정받고 있는 이론 및 모형으로는 가네의 교수설계 원리(Gagné et al., 1988)와 딕과 케리(Dick & Carey, 1996)의 교수설계 모형을 꼽을 수 있다. 이렇듯 다양한 교수설계 모형과 절차를 분석하면 거의 모든 모형에서 분석(Analyze), 설계(Design), 개발(Develop), 실행(Implement), 평가(Evaluate)라는 공통적인 주요 요소가 드러나게 되는데, 이를 가리켜 ADDIE 교수설계 핵심요소라고 부른다.

ADDIE가 모든 교수설계 활동에서 요구되는 기본적인 핵심요소를 나타내 주는 반면, 딕과 케리(1996)의 모형은 보다 구체적으로 교수설계의 단계 및 단계 사이의 관계, 각 단계별 유의사항에 대한 처방을 제시하고 있어, 학교와 기업 양 분야에서 모두 가장 활발히 적용되고 있는 교수설계 모형이다.

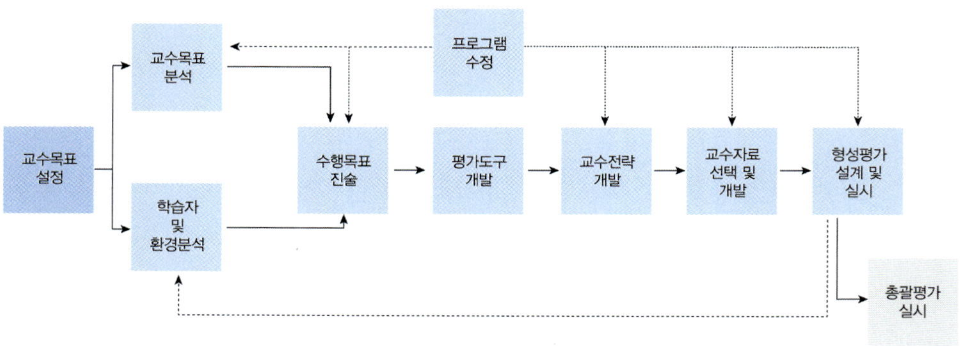


그림 8-8 딕과 케리(Dick & Carey) 교수설계 모형(Dick, W. & Carey, L. 1996)

딕과 케리의 교수설계 모형은 모두 10가지의 유기적인 활동 또는 단계로 이루어져 있는데, 특히 형성평가의 결과를 이전에 수행된 모든 교수설계 단계에 지속적으로 반영할 수 있는 '수정'이라는 피드백 루프를 도입하여 체제접근에 의한 교수설계를 실현하고 있다.

### 1) 교수목표 설정단계

교수-학습 활동이 종료되었을 때 학습자들이 과연 무엇을 할 수 있게 될 것인가에 대한 고려를 통해 교수목표를 설정하게 된다. 이 단계에서 설정된 교수목표는 교수 프로그램 종료 시에 나타나는 최종 행동을 염두에 두고 있어 그 단위가 비교적 큰 것이 특징이다.

### 2) 교수목표 분석단계

앞서 설정한 교수목표를 성취하기 위해서 학습자들이 수행해야 하는 과정을 하나하나 분석한다. 계획된 교수 프로그램이 실시되기 전 학습자들이 이미 갖추고 있어야 하는 초기 행동을 판별함과 동시에 최종목표에 도달하기 위해 반드시 필요한 하위기능 및 지식을 도출해 내게 된다.

### 3) 학습자 및 환경 분석단계

학습자의 현재 기능 및 지식수준, 선호도, 학습태도 등과 교수 프로그램이 실시되는 학습 환경에 대해 분석한다. 교수목표 분석단계와 함께 추후 교수전략의 수립을 위한 요긴한 정보를 얻어낼 수 있다.

### 4) 성취목표 진술단계

수행목표를 진술하는 단계로, 수업이 종료된 후 학습자가 할 수 있을 것으로 기대되는 성과를 구체적으로 진술한다. 교수목표 분석결과 판별된 하위기능 각각을 성취하기 위한 구체적인 행동목표를 수립한다.

### 5) 준거지향검사 개발단계

수업목표를 준거로 한 평가도구를 개발하는 단계다. 이전의 대부분의 모형에서 평가와 측정이 주로 교수설계의 마지막 단계에 이루어진 것과 달리, 딕과 케리 모형에서는 수행목표 진술의 바로 다음 단계에서 평가도구 개발을 제시한다.

이는 교수목표-수행목표-평가도구에 이르는 세 단계의 일관성을 보다 철저히 보장하고자 한 처방이다.

### 6) 교수전략 개발단계

지금까지의 단계를 통해서 수집된 자료를 토대로 최종 목표를 성취하기 위한 수업운영 방법을 결정한다. 이 교수전략에는 교수 전 활동, 정보제시활동, 학습자 참여활동, 검사활동, 사후활동 등에 관한 전략이 개발되어야 한다.

### 7) 교수자료 선택 및 개발단계

실제로 가르칠 수업자료를 선택하거나 개발한다. 수립된 교수전략을 가장 잘 구현할 수 있는 수업자료와 수업 프로그램을 개발한다.

### 8) 형성평가 설계 및 실시단계

우수한 교수 프로그램을 만들기 위하여 교육현장에 투입하기 전에 시범적으로 프로그램을 적용해 보고 자료를 수집하여 프로그램 개선에 활용한다. 형성평가는 개발 중인 교수자료나 교수 프로그램의 질 향상을 위한 정보를 수집하는 것을 목적으로 한다. 현재까지 개발된 교수자료나 교수 프로그램을 대상 학습자 진단에게 미리 실시해 봄으로써, 문제점을 파악하고 이를 수정에 반영하게 된다.

### 9) 프로그램 수정단계

형성평가로 수집된 자료를 통해 드러난 프로그램상의 문제점을 검토하고 수정한다. 형성평가 설계 및 실시와 프로그램 수정 단계는 교수설계 과정을 체제적인 접근으로 만드는 데 가장 결정적인 단계이다.

### 10) 총괄평가 설계 및 실행단계

수업을 실행하고, 그 결과에 대해서 총괄평가를 실행하는 단계다. 이미 설계가 완성되고 실행된 교수 프로그램의 효과를 검증한다는 점에서, 엄밀히 말하면 교수 '설계' 활동의 일환으로 보기는 어렵다. 설정된 교수목표가 달성되는지를 확인하는 절대적 의미의 평가와, 새로 개발된 교수자료가 기존에 활용되고 있는 자료에 비해 효과적인지를 확인하여 채택 여부를 결정하는 상대적 의미의 평가를 모두 실시할 수 있다.

## 4절 교육공학의 최근 동향

20세기 후반 테크놀로지를 활용한 교수방법이 등장하기 시작한 후 교육현장은 교수자 중심의 수업방식에서 벗어나 원격교육, e-러닝 등과 같은 테크놀로지 중심의 수업방식으로 변화하기 시작하였다. 최근 스마트 기기의 급속한 확산과 SNS, 클라우드 컴퓨팅 등의 발전으로 인해 교육 패러다임의 변화속도가 더욱 빨라지고 있으며, 이러한 변화 속에서 교수자들이 교육현장에서 활용할 수 있는 다양한 시스템 및 교수학습 도구들에 대해 알아보면서 교육공학의 최근 동향을 살펴보도록 하겠다.

### 1. 스마트 교육과 디지털 교과서

스마트(SMART) 교육은 디지털 세대의 특성 및 사회변화를 고려한 역량중심 교육체제로의 전환을 모색하기 위하여 우리나라 정부에서 추진한 정책이다. 전통적으로 중시하던 3R(reading 읽기, writing 쓰기, arithmetic 셈하기)보다는 4C(creativity 창의성, citizenship 인성, collaboration 협업능력, communication 의사소통능력)를 강조하는 교육을 말한다. 스마트 교육은 '21세기 학습자 역량 강화를 위한 지능형 맞춤 학습 체제로 교육환경, 교육내용, 교육방법 및 평가 등 교육체제를 혁신하는 동력'을 말한다(에듀넷, 2015).

스마트(SMART)란 자기주도적(Self-directed), 학습흥미(Motivated), 수준과 적성(Adaptive), 풍부한 자료(Resource Enriched), 정보기술활동(Technology Embedded)의 줄임

말이다. 즉, 교사 주도적인 교육과정 구성에서 학생 스스로 학습을 계획하고 수행하는 자기주도적 학습 지향(S), 정형화된 교과서 강의식 수업에서 다양한 활동과 콘텐츠 활용(M), 1과목 단일과정의 획일적 수업에서 학생 개별의 수준과 적성을 고려(A), 서책형 교과서 위주의 교육에서 디지털 콘텐츠 및 온라인 학습과정을 활용(R), 교실과 집으로 국한된 교육기회에서 언제 어디서나 동일한 학습환경 조성(T)을 의미한다.

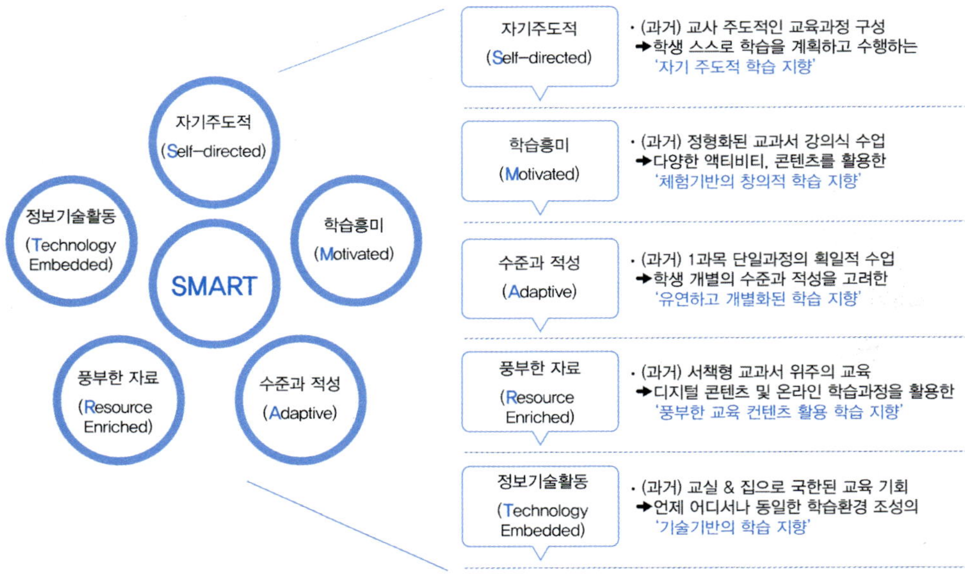


그림 8-9 스마트 교육의 구성요소

이에 따라 교육내용, 교육방법 및 평가, 교육환경 측면에서 교육체제의 통합적 변화를 모색한다. 교육내용 측면에서는 디지털 교과서의 단계적 개발, 스마트 학습 모델 개발 및 적용, 디지털 교과서 법·제도의 정비를 통한 디지털 교과서 확대 및 적용을 추진한다. 교육방법 및 평가에서는 정규교과 온라인수업 활성화, 온라인 대학과목 선이수제도 활성화, 국가 및 학교수준 온라인평가체제 도입, 온라인 기초학력진단·처방 체제를 구축한다. 교육환경 측면에서는 교육콘텐츠의 공공목적 이용 활성화와 역기능 해소를 위한 정보통신 윤리교육의 강화이다.

아울러 정부는 교원의 스마트교육 역량을 강화하고 있으며, 스마트교육 학교 인프라 구축, 교육콘텐츠 오픈마켓 조성, 스마트교육 표준 플랫폼 개발을 추진하고 있다.

우리나라는 1997년 전자교과서 개발 사업을 시작으로 2005년에는 전자교과서 일반 표준안과 함께 초등학교 6학년 수학전자교과서가 개발되었다. 초기 디지털 교과서는 기존 국정교과서의 '서책 메타포'를 이용하여 종이책의 모습을 토대로 멀티미디어, 메모, 검색, 노트필기, 용어사전 등의 기능을 추가하였다. 전반적 형태, 쪽수, 책장 넘김 기능 등을 기존 서책교과서와 똑같이 만든 이유는 검인정교과서 체제하에서 별도의 검인정 과정을 거치지 않고, 전혀 다른 교과서로 개발될 경우에 나타날 혼란 방지, 그리고 기존 서책 사용자들에게 익숙한 형태를 유지하기 위한 것이었다.

2007년 한국학술정보원에 의해 디지털교과서라는 명칭으로 불리게 되었고, 지금까지 초등학교 6학년의 국어, 사회, 수학 교과, 수준별 영어, 초등학교 4학년 2개 과목 및 중학교 1학년 2개 과목에 대한 디지털 교과서 콘텐츠가 개발되었다. 2014년 1학기 초등학교 3~4학년과 중학교 1~2학년의 사회와 과학 과목이 우선적으로 보급되었다. 디지털 교과서의 운영사이트는 에듀넷(http://www.edunet.net)이다. 한편 디지털 교과서와는 별도로 e-교과서도 활용되고 있다. e-교과서란 '인터넷으로 다운받아, 다양한 멀티미디어 자료와 교수학습기능을 활용하여 교과내용을 효과적으로 학습할 수 있는 발전된 형태의 교과서'다. e-교과서는 무거운 책가방으로부터 학생들의 건강권을 지키기 위해 도입된 것이다. 학생들은 이를 다운받아 공부할 수 있으며, 다음과 같은 과목이 개발되어 있다.

## 2. 무크(MOOC)

무크(Massive Open Online Course : MOOC)는 대학의 강의를 웹 서비스 기반으로 대중에게 무료로 개방하는 거대 규모의 '개방형 온라인 강좌'를 의미한다. MOOC는 2011년 스탠퍼드대학교를 시작으로 2012년 하버드대학교, MIT 등의 대학들이 오프라인 강의를 온라인으로 일반 대중에게 개방하면서 탄생하였다. 대학의 오프라인 강의는 학생과 학생, 학생과 교수 간의 상호관계와 교수가 학생을 개인적으로 지도 가능하다는 장점이 있지만, 한정된 콘텐츠로 다양한 수업을 계획하거나 운영하는 데 한계가 있다. 한편 온라인 강의는 콘텐츠가 풍부하고 편리하다는 장점이 있으나 교수와 학생 간 그리고 학생 간 상호관계의 구축과 학생지도 측면에서 어려움이 있다. 이러한 측면에서 MOOC는 교수의 비디오 강좌와 같은 직접적인 강의 활동이 이뤄지며, 교수와 조교 등이 함께 참여하는 토론수업, 과제부과와 피드백, 시험을 통한 평가, 수료증 발급 등이 가능하다. OCW(Open Courseware), 즉 공개 교육자료에서도 수업계획표, 강의노트, 퀴즈 또는 시험, 답안, 강의 비디오 또는 오디오 등의 파일을 수강생들에게 제공하고 있으나 학습관리가 이뤄지지 않는 면에서 MOOC와 큰 차이점이 있다. MOOC의 이러한 기능들은 대학의 강의와 온라인 강의를 동시에 혁신할 것으로 기대하고 있다.

## 3. 이러닝과 블렌디드러닝

테크놀로지가 발달하고 브라우저를 이용한 월드와이드웹이 급속히 보급되기 시작한 1995년부터 웹 기반 수업의 설계·개발·활용에 대한 관심과 연구가 활발해졌다(박성익 외, 2015). 인터넷을 통해서만 학위를 수여하는 대학이 출현하였고, 전통적인 수업을 고집하던 대학뿐만 아니라 사설 기업도 인터넷을 이용하는 교육사업에 뛰어들었다. 이와 함께 전자학습이라는 의미에서 이러닝(e-learning)이라는 말이 유행하게 되었다. 이러닝은 사람에 따라 그 정의가 다르다. 로젠버그(Rosenberg, 2000)는 '인터넷을 통한 학습' 이라 정의하였고, 포루하(Foroohar, 2001)는 '교실 밖에서 가르치기 위해 테크놀로지를 활용하는 것'이라고 정의하였다. 또한, 한정선(2000)은 컴퓨터 기반 교육, 웹 기반 교육, 가상학습 등을 포함하는 기술 기반 교육으로 이해하였다. 이러한 것을 통해 볼 때 이러닝은 '교실 내외에서 이루어지는 인터넷 등 첨단 테크놀로지의 지원을 받아 보다 다양하고 효과적으로 실시하는 것을 의미하기도 하고, 전통적인 면대면 수업이 아닌 교실 밖에서 테크놀로지와 교육 자료에 의존해 학습자 혼자 학습하는 것 모두를 의미한다.

## 1) 이러닝의 의미

### (1) 상호작용성

학생과 교사, 학습자와 학습자, 이러닝 시스템과 학습자 간에 이전보다 긴밀한 커뮤니케이션이 가능해졌다는 말이다.

### (2) 접근 용이성 및 편리성

정해진 시간과 장소에 구애됨이 없이 학습자가 원하는 시간에 교육장에 직접 가지 않고 학습할 수 있다는 의미다.

### (3) 학습자주도의 학습 및 개별화 학습

학습자주도의 학습 및 개별화 학습이 가능하다는 말은 이러닝을 통해 학습자의 자기주도적 학습이 가능해졌으며, 적절한 설계를 통하여 학습자의 수준과 흥미에 맞는 학습이 가능하다는 것이다.

### (4) 비용효과성

전통적인 수업에 비하여 비용이 절감될 수 있다는 말이다. 초기 투자비용은 많지만 만들어진 콘텐츠를 많은 사람이 학습할 수 있으며, 전통적인 집합교육을 실시할 경우 지출해야 할 교육시설 임대료, 숙박료, 식사비, 강사료, 업무 공백에 따른 기회비용 등을 절감할 수 있다는 의미다.

원격교육의 개념도 과거에는 '시간, 공간으로 분리된 교사와 학생이 이를 극복하기 위해 전자매체, 인쇄매체, 음성매체를 활용하는 것'으로 이해되었는데, 현대에 와서는 '원거리에서 모든 형태의 테크놀로지를 활용한 지식·기능의 습득'으로 이해되고 있다(Roblyer, M. D., & Edwards, J. 2000). 교사가 학생에게 내용을 가르친다는 교수(instruction)의 개념에서 교사가 없더라도 학습자가 여러 학급자료에 의지해 배우는 학습(learning)의 개념이 보다 관심을 끌게 되었기 때문이다.

## 2) 이러닝의 특징

### (1) 연결성(connectivity)

학습자는 친구, 교수, 교사에게 이메일이나 화상회의를 통해 연락을 취할 수 있으며, 인터넷상의 여러 검색방법을 동원해 연락 정보를 얻을 수 있다. 또한, 필요한 경우 전문가의 도움도 얻을 수 있다.

### (2) 학습자 중심(learner-centered)

아직도 수업을 설계하고 조직하는 데 교사와 교수의 역할이 크지만, 학생은 참여활동을 통해 자신이 방향을 설정해 나간다.

### (3) 무제한성(unboundedness)

학습자는 어떤 정보나 사람과 접촉할 수 있기 때문에 교실의 벽이 허물어진다. 그러므로 학습자는 자신이 원하는 장소와 시간을 선택할 수 있으며, 직장에서는 직원의 교육에 시간과 경비를 많이 소모하는 교실 연수를 이러닝으로 대체할 수 있다.

### (4) 공동체(community)

교육은 배우기를 희망하는 학습공동체 내에서 이루어진다. 홈페이지가 사람을 연결해 공동체를 만들어 주는 구실을 하며, 컴퓨터 네트워크는 공동의 관심사를 가진 사람을 모아 학습의 동기를 북돋는다.

### (5) 탐구(exploration)

많은 이러닝 활동은 어떤 형태의 모험과 발견학습 형태를 갖게 된다. 특히, 초등학생은 인터넷상에서 정보를 찾는 활동을 좋아한다. 이러한 탐색활동의 대표적인 수업형태가 문제해결학습이라 할 수 있는데, 이러닝 환경은 정보와 전문가와의 연결을 통해 이를 지원할 수 있다.

### (6) 공유된 지식(shared knowledge)

이전에도 교육의 핵심적인 활동은 사람 간에 정보를 나누는 것이라 할 수 있었지만, 인터넷상에 정보를 올려놓는 행위는 즉시 여러 사람과 정보를 공유할 수 있다. 또한, 특정인에게 국한되던 출판활동도 이제 모든 사람에게 개방되었다.

### (7) 다감각 경험(multisensory experience)

학습이 시각, 청각, 동작, 소리, 촉각, 후각 등을 동반하면 더 효과적이라는 사실에 비추어 멀티미디어 기술은 전통적인 수업방법보다 훨씬 다양한 경험을 제공할 수 있다.

### (8) 실제성(authenticity)

가상의 세계는 기존의 교실보다 훨씬 현실과 닮았다. 학생이 생생한 정보를 얻고 전문가와 교류할 수 있고, 또 현실과 유사하게 상황을 재생할 수 있기 때문에 현실성이 결여된 기존의 수업과는 대별된다.

웹 기반 수업은 전통적인 교실수업과는 다른 측면이 많기 때문에 이의 성공을 위해서는 다른 여러 조건이 충족되어야 하며, 이에 대한 여러 연구가 진행되고 있다. 이러닝의 발달과 함께 기존 면대면 학습의 장점을 활용해야 한다는 목소리가 나오게 되었다. 이것이 블렌디드 러닝(blended learning) 또는 b-Learning이다. 블렌디드 러닝은 매체와 수업방법을 섞어 사용하는 것, 여러 수업방법을 사용하는 것 등으로 그 정의가 다양하다. 하지만 일반적으로는 온라인 수업과 오프라인 수업을 적절히 혼합하여 사용하는 것을 말한다. 일반적으로 교수자들은 효과적인 교육, 접근성과 유연성, 비용효과성을 이유로 블렌디드 러닝을 사용한다(Graham, C. R., 2006). 대부분의 사이버 대학교는 면대면 상호작용 없이 행해지는 교육이 학업동기 저하에 따른 중도탈락률 증가와 실습과 실험의 부적절함 때문에 온라인·오프라인 수업을 병행하여 실시하고 있다.

## 4. 소셜네트워크 서비스(SNS)

소셜 미디어(Social Media)는 참여, 개방, 대화, 커뮤니티, 연결이라는 키워드를 특징으로 하는 사회적 네트워크 서비스이다. 사람들은 인터넷상에서 자신이 가지고 있는 유익한 정보를 개방, 공유, 토론한다. 최근 SNS(Social Network Service)를 수업에 활용하는 사례가 증가하고 있다. 수업 중 제시된 문제와 관련된 유튜브 동영상 자료를 검색하고 공유하게 한 후, 토론과 질의응답으로 이루어지는 수업을 진행하기도 한다. 이러한 수업은 학생들의 학습과제에 대한 흥미와 참여를 증진시킨다(박은숙, 2012). 점차 확산되고 있는 수업에서의 블로그, 페이스북 활용 역시 학습자의 참여, 협력, 흥미, 네트워크를 통한 공유와 나눔에 효과적인 것으로 알려져 있다.

Chapter

09

Introduction to Education

# 교육평가

교육평가라고 하면 대개 학교에서 치르는 중간시험과 기말시험과 같은 형태를 생각할 수 있다. 하지만 이는 교육에 따른 학생들의 성취도 평가의 일부분에 지나지 않은 것이며 넓은 의미의 교육평가에는 좀 더 다양한 평가의 대상과 유형이 존재한다. 본 글에서는 광의의 교육평가 개념과 다양한 유형을 살펴보도록 하겠다.

## 1절 교육평가의 개념

교육평가는 '교육의 가치를 판단하는 것'이라고 할 수 있는데 가치를 판단하기 위한 교육평가의 대상은 교육목표, 교육내용, 교육방법, 학업성취도 등 교육활동과 관련한 다양한 내용들이 그 대상이 될 수 있다. 좁은 의미의 교육평가는 교육목표의 달성도를 평가하는 과정을 말하며, 교육활동의 성과를 미리 설정된 준거에 의해 측정해 보고, 측정결과에 대한 가치를 판별하는 체계적인 과정을 의미한다. 넓은 의미의 교육평가는 학생의 교육목적 달성도뿐만 아니라 교사 스스로의 학습지도 방법 등을 평가하며 교육과정 자체와 교육의 사회적 공헌 및 교육 활동 등이 교육평가이다.

### 1. 교육평가의 개념을 구성 요소

#### 1) 평가목적

모든 평가에는 반드시 그 목적이 존재하며 '왜' 평가를 해야 하는가와 관련된 요소이다. 평가목적은 교육평가의 요소 중에서 가장 중요하며 가장 우선적으로 고려되어야 할 요소이다. 평가목적은 평가활동의 출발점이 되며 이것은 평가주체, 평가대상, 평가기준, 평가방법 등 평가활동 전반에 직접적으로 또는 간접적으로 영향을 미친다. 따라서 평가목적은 평가활동 전반에 걸쳐 성공적인 평가가 이루어질 수 있도록 해주는 지침 역할을 한다.

### 2) 평가주체

평가주체는 '누가' 평가를 담당하느냐의 문제와 관련된 구성요소이다. 평가의 주체는 평가의 목적에 근거하여 결정되기도 하지만 외부에 의해서도 결정되기도 한다. 보통 평가의 주체는 사람이 담당하는데 평가의 주체가 되기 위해서는 먼저 평가의 목적을 분명히 인식하고 있어야 하며 나아가 평가절차, 평가방법, 평가결과 분석 등과 같은 평가에 대한 전문지식을 갖추고 있는 사람이어야 한다.

### 3) 평가대상

평가대상은 '무엇'을 평가하느냐의 문제이다. 구체적으로 무엇은 사람이 될 수도 있고 사물이 될 수도 있다. 예를 들면 학생이 평가의 대상이 될 수 있으며 학교. 시설물, 조직 등이 평가의 대상이 될 수 있다. 그러나 실제 평가의 활동으로 들어가면 막연히 학생, 학교, 조직 등이 평가대상이 되기보다는 더욱 구체적인 것이 평가의 대상이 된다. 즉, 학생의 성취도, 태도, 능력 등이 평가의 대상이 되며 학교의 조직, 예산, 시설 등이 평가의 대상이 된다.

### 4) 평가기준

평가목적, 평가주체, 평가대상이 결정되면 그다음 고려해야 할 요소가 평가기준이다. 평가기준 요소는 '무엇에 의해'라는 문제이다. 평가를 가치판단의 행위라고 정의할 때 여기에는 평가주체의 주관성이 개입될 여지가 있다. 이러한 주관성은 잘못하면 평가의 목적을 성공적으로 달성하는 데 악영향을 끼칠 수 있다. 따라서 분명하고 명확한 평가기준의 마련은 성공적인 평가활동에 있어서 필수 불가결한 요소인 것이다. 평가기준은 평가목적, 평가주체, 평가대상에 따라 다양하게 설정될 수 있으므로 평가기준을 설정할 때 고려해야 할 중요한 사항은 평가기준의 신뢰성, 타당성, 객관성 등이 확보되어야 한다. 이를 위해서 평가의 주체는 평가의 목적과 평가대상에 대한 분석이 선행되어야 하며 평가 전반에 대한 넓은 안목을 지니고 있어야 한다.

### 5) 평가방법

평가방법은 '어떻게' 평가할 것인가의 문제이다. 이것은 평가의 목적과 기준에 의거하여 객관적이고 과학적인 평가방법을 경정하여 이를 실제 평가활동에 적용하는 것이다. 수없이 많은 평가방법 중 어떤 평가방법을 활용해야 하는가 하는 평가방법의 절대적인 선정기준은 없으므로 평가목적 및 평가대상을 충분히 고려하여 적절한 평가방법을 선정하여 활용해야 할 것이다(강현석 외, 2004).

따라서 교육에 있어서 평가는 측정을 전제로 한다. 이때 측정(measurement)이라 함은 어떤 행동이나 사물 또는 사건의 증거를 수집하기 위해 그 같은 대상에 일정한 규칙에 따라 수치를 부여하고 수량화하는 것을 의미한다.

측정(measurement)이라 함은 어떤 행동이나 사물 또는 사건의 증거를 수집하기 위해 그 같은 대상에 일정한 규칙에 따라 수치를 부여하고 수량화하는 것을 의미한다. 일반적으로 교육학이나 심리학에서 말하고 있는 측정의 개념은 어떠한 행동이나 사물 또는 사건에 수치를 부여하여 속성을 나타내는 자료를 수집하기 위한 것으로 표시할 수 있다. 측정의 대상에는 직접 측정이 가능한 물리적 속성과 직접 측정이 불가능한 심리적 속성이 있다. 심리적 속성은 검사라는 도구를 사용하여 간접측정 할 수밖에 없는데 이러한 간접측정의 대상에는 학업능력, 적성, 자아개념 등이 이에 속한다. 측정을 위한 기본 절차로는 첫째, 측정하고자 하는 대상을 정하고, 둘째, 측정하고자 하는 대상의 속성이나 행위를 구체화하여야 한다. 셋째, 측정 대상의 속성을 측정하는 측정 단위를 설정하고 수를 부여하는 규칙을 정하여야 하는데 사물 또는 현상의 속성을 측정하기 위한 단위를 척도(scale)라 부른다.

## 2. 척도의 종류

척도의 종류는 그 측정수준에 따라 명명척도, 서열척도, 등간척도 및 비율척도의 네 가지로 구분된다. 교육의 현상들을 규명하고 연구하여 학생들의 학업성취를 측정함에 있어서 무엇보다도 중요한 사실은 어떠한 수준의 척도를 사용해야 할 것인가를 결정하는 일이며, 측정 자료를 분석하거나 해석함에 있어서도 어떤 척도에 의해 얻어진 값인가를 알아야 정확한 분석과 해석이 가능하게 된다.

**측정단위**

- **명명척도**: 가장 낮은 수준의 척도 / 사람, 사물을 구분 · 분류하기 위해 사용 / 방향성이 없음
- **서열척도**: 사람, 사물의 상대적 서열을 표시 / 순위나 대소를 결정 / 측정 단위의 간격 간에 등간성이 유지되지 않음
- **등간척도**: 동일한 측정 단위 간격마다 동일한 차이를 부여 / 절대 영점은 존재하지 않음
- **비율척도**: 서열성, 등간성을 지니는 동시에 원점을 가지는 척도 / 여러 척도 중 가장 완전 / 비율적 비교 판단 가능

| 측정등급 | 의미 | 예 | 범주 | 서열 | 등간 | 비율 |
|---|---|---|---|---|---|---|
| | | | = | 〉〈 | + − | × ÷ |
| 명목 측정 | 변수의 속성에 그 차이점과 유사점에 따라 범주화 | 성별, 종교, 결혼 유무 | ○ | | | |
| 서열 측정 | 속성 간에 순서를 매기지만 간격은 동일하지 않음 | 학점, 선호도 | ○ | ○ | | |
| 등간 측정 | 변수 속성 간에 동일한 간격으로 순서화 | 지능지수(IQ), 온도 | ○ | ○ | ○ | |
| 비율 측정 | 등간측정의 모든 특성에 절대영값(0)이 존재 | 자녀 수, 소득, 시간 | ○ | ○ | ○ | ○ |

그림 9-1 척도의 종류

## 1) 명명척도(nominal scale)

명명척도는 가장 낮은 수준의 척도로 단순한 분류를 위해 사용되는 척도이다. 어떠한 크기나 순서를 의미하지는 않고 단순히 집단의 분류 등을 위해 사용한다.

### 2) 서열척도(ordinal scale)

서열척도는 어떤 사물의 특성에 순위를 부여하는 척도로 서열 또는 부여된 숫자 간에 대소를 결정하기 위해 사용한다. 각 수치 사이의 양적인 대소서열, 즉 순위는 유지되지만 각 수치 사이의 간격은 일정하지 않다.

### 3) 등간척도(interval scale)

등간척도는 서열척도에서와 같이 수치들 사이의 양적인 대소 서열이 유지될 뿐만 아니라, 계속되는 수치들 사이의 간격이 똑같은 척도를 의미한다.

### 4) 비율척도(ratio scale)

비율척도는 여러 가지 척도 중 가장 완전한 척도로서 수량적 비교뿐만 아니라 비율적 판단도 가능하며 영점을 가지는 척도이다.

## 3. 교육평가의 유형

교육평가의 유형에는 우선 교수학습 진행에 따른 평가유형으로 구분할 수 있다.

첫째, 진단평가는 교수학습이 시작되기 전에 학생이 소유하고 있는 특성을 체계적으로 관찰, 측정하여 진단하는 평가로서 사전학습 정도, 적성, 흥미, 동기 등을 측정하는 것이다.

둘째, 형성평가는 교수학습이 진행되는 동안 학생과 교사에게 학습 진행 정도를 알려 주고 교육과정 및 수업방법을 개선시키기 위한 평가이다.

셋째, 총합평가는 교수학습이 완료된 시점에서 교육목표의 달성여부나 정도를 종합적으로 판정하는 평가로서 총괄평가라고도 한다.

또한 참조준거에 따른 평가유형으로 구분할 수 있다.

첫째, 규준참조평가는 개인이 얻은 점수나 측정치를 비교집단의 규준에 비추어 상대적인 서열에 의하여 판단하는 평가, 상대비교평가라고도 한다.

둘째, 준거참조평가는 학습자가 학습해야 할 학습과제의 영역에 대해 얼마만큼 알고 있는지를 준거에 비추어 판단하는 평가이다.

셋째, 능력참조평가는 학생이 지니고 있는 능력에 비추어 얼마나 최선을 다하였는가에 초점을 두는 평가이다.

넷째, 성장참조평가는 일련의 교육과정을 거치면서 학생이 얼마만큼 성정, 변화하였는가에 초점을 두는 평가이다.

이러한 교육평가는 교육계획에 대한 설정된 목표를 준거로 하여 그 성취 여부를 판단하는 과정과 결과를 의미한다. 이런 교육평가를 통해 학습자들의 학습결과를 진단·치료를 할 수 있고 수업지도의 개선을 할 수 있을 뿐만 아니라 더 나아가 교육의 여러 문제를 이해하고 건전한 교육 정책 및 일반 정책을 수립하는데도 큰 역할을 할 수 있다. 따라서 평가자가 측정하고자 하는 내용을 위해 평가도구를 제작하거나 또는 제작된 평가도구를 사용할 때, 좋은 평가도구인지 확인하는 것은 중요하다. 또한, 학교에서 이루어지는 가장 중요한 평가는 학생에 관한 평가인데, 이러한 학생평가는 대부분 학교 단위에서 상당 부분 교사에 의해 실시되며, 그 중에서도 교과 단위로 이루어지는 학업성취가 평가가 핵심이다. 물론 학생들의 평가는 전인교육의 차원에서 이루어져야 하겠지만 우리나라의 교육현실로 미루어보아 학교에서의 평가의 대부분은 학력평가로 이루어지며, 이러한 학력평가의 거의 대부분은 지필검사에 의존하고 있다. 그러므로 우리는 이런 지필검사의 문항 제작과 평가에 대해 알아볼 필요가 있다. 따라서 우리는 앞으로 평가도구의 조건과 지필검사에 초점을 맞추어 문항제작의 원리와 절차, 활용에 대해 살펴볼 것이다.

## 2절 평가도구의 조건

평가자가 측정하고자 하는 내용을 위해 평가도구를 제작하거나 제작된 평가도구를 사용할 때, 좋은 도구인지를 확인하게 된다(구병두 외, 2015). 일반적으로 좋은 평가도구가 갖추어야 할 조건으로 타당도, 신뢰도, 객관도, 실용도 네 가지를 들고 있다. 이 네 가지 가운데 제1차적 기준으로 타당도와 신뢰도를 요구하며, 제2차적 기준으로 객관도와 실용도를 문제시하는데, 평가도구의 비판요인도 대부분 1차적 기준인 타당도와 신뢰도에 초점이 모이고 있다. 이제 이들 각각에 대해 살펴보고자 한다.

## 1. 타당도

### 1) 타당도의 개념

타당도란 개인 또는 집단을 대상으로 평가하려고 할 때, 그 도구가 평가목표를 정확하게 잴 수 있는 성질을 말한다. 즉, 평가의 결과가 애당초 평가하려는 목표와의 관련성이 얼마나 높으냐의 문제이다. 따라서 타당도라는 개념 속에는 반드시 준거가 따르게 마련인데, 결국 타당도는 '무엇에 비추어 본 기준'을 중심으로 판가름할 수 있는 것이다.

### 2) 타당도의 검증방법

타당도는 대체로 네 가지 종류, 즉 내용타당도, 구인타당도, 공인타당도, 예언타당도로 다음과 같다.

#### (1) 내용타당도

내용타당도는 이론적 타당도라 부르기도 하는데, 먼저 측정하려는 개념이나 사물을 논리적으로 분석·종합하고 다른 면에서는 실제로 측정하고 있는 검토문항들의 내용을 판단하여 이 둘이 어느 정도 서로 합치하느냐의 정도에 따라 비교·검토하게 된다(구병두 외, 2015).

내용타당도는 계량화되어 있는 정보를 제공하지 못하지만, 전문가들의 판단에 의하여 검사의 타당성을 입증받게 되므로 검사의 목적에 부합함의 여부를 검증할 수 있는 장점이 있다. 일반적으로 전문가들이랑 어느 측정 영역에 대한 인식을 공유하므로 검사의 타당성 입증에 다른 견해를 표출하는 경우는 많지 않다(박준영, 2011).

내용타당도는 전문가의 주관적인 판단에 의존하기 때문에 객관적인 자료를 사용하지 않으며, 객관적인 수치로 제공하지 않는다. 그래서 전문가의 공통된 인식이 없거나 전문가마다 각기 다른 견해를 가지는 경우에는 내용타당도에 대한 다른 결과가 나올 수 있다. 또한, 객관적인 수치로 계량화되지 않기 때문에 타당성 정도를 표기할 수 없는 것도 단점이다(송인섭 외, 2013).

### (2) 구인타당도

구인타당도는 시험 수행 시 그 시험이 어떤 심리적 특성을 지니고 있는가에 초점을 맞춘 것이다(박도순, 2007). 이를테면 논리적 능력, 독해력, 기계적 소질 등이 이에 속한다. 즉, 구인타당도는 그 측정치가 그 구인을 실제적으로 반영하고 있느냐는 문제에 관심을 가진다. 측정되는 구인은 하나의 관찰할 수 있는 자료나 실증적 관계만으로는 완전히 정의될 수 없기 때문에 구인타당도는 단순히 하나의 수량적 지표에 의해서 검증되는 것이 아니라 많은 여러 가지 증거의 측정을 통해서 평가된다.

구인타당도는 응답자료에 의하여 계량적 방법에 의하여 검증되므로 과학적이고 객관적이라는 장점이 있다. 또한, 심리적 특성에 부여한 조작적 정의의 타당성을 밝혀 주므로 많은 연구의 기초가 될 수 있다. 하지만 단점으로는 요인분석을 실시할 경우 변수 혹은 문항들 간의 보다 안정적인 상관계수를 얻기 위하여 많은 연구 대상이 필요하다는 것이다. 요인분석을 하기 위하여 일반적으로 300명 이상의 응답자가 필요하다.

### (3) 공인타당도

공인타당도는 한 측정점수와 어떤 준거점수와의 상관관계를 통해서 타당도를 검토한다는 점에서 예언타당도와 같으나 준거점수가 장래의 효과가 아니라 현재의 성과라는 점에서 그 차이가 있다(구병두 외, 2015). 그러나 이러한 장래나 미래라고 하는 시간적인 차원의 문제도 개념상의 차이가 있을 뿐 예언을 한다는 점에서 보면 공인타당도는 넓은 의미에서 예언타당도의 범주에 속한다(박준영, 2011).

공인타당도는 계량화되어 타당도에 대한 객관적인 정보를 제공할 수 있으며 타당도의 정도를 나타낼 수 있는 장점을 가진다. 그러나 단점으로는 기존에 타당성을 입증받고 있는 검사가 없을 경우 공인타당도를 추정할 수 없으며, 기존에 타당성을 입증받은 검사가 있을지라도 그 검사와의 관계에 의하여 공인타당도가 검정되므로 기존에 타당성을 입증받은 검사에 의존한다는 점이다(박도순, 2007).

### (4) 예언타당도

예언타당도는 내용타당도와 달리 실증적인 입장에서 주어진 측정결과가 장래의 어떤 효과나 행동을 얼마나 잘 예언할 수 있느냐의 정도를 실증적 자료를 토대도 통계적으로 밝히는 방법이다(구병두 외, 2015). 이러한 타당도의 검토를 위해서는 측정결과를 보관하였다가 일정한 시일이 경과한 후 실제의 효과나 행동이 어떻게 나타났는가를 다른 방법으로 측정하여 이 두 가지의 측정결과의 합치 정도를 비교·검토하여, 그 측정의 예언력을 바탕으로 타당도의 고저를 판가름하게 된다. 예언타당도는 검사도구 자체가 아무리 신뢰롭고 타당할지라도 준거점수가 무엇인가에 따라 크게 영향을 받는다. 따라서 검사의 목적에 따라 여러 가지 준거점수를 구하고 여러 가지 예언타당도를 검증하게 된다. 또한, 예언타당도는 준거점수의 신뢰도를 고려해야 한다. 검사가 아무리 신뢰롭고 타당하더라도 준거점수의 신뢰도가 낮으면 예언타당도는 낮게 나오게 되므로 준거로 사용하는 점수의 신뢰도가 높아야 한다(송인섭 외, 2013).

예언타당도의 장점으로는 검사도구가 미래의 행위를 예언하여 주기 때문에 예측타당도가 높으면 선발, 채용, 배치 등의 목적을 위하여 검사를 사용할 수 있다는 점이 있다. 그러나 동시 측정이 불가능하므로 검사의 타당성을 검정하기 위하여 시간적 여유가 필요하다는 단점이 있다(박도순, 2007).

## 2. 신뢰도

### 1) 신뢰도의 개념

신뢰도란 검사를 실시하여 얻은 점수들이 어느 정도 일관성과 안정성이 있는가를 말한다. 따라서 검사의 신뢰도란 측정하고자 하는 것을 얼마나 신뢰롭고 정확하게 측정하는가를 의미한다(송인섭 외, 2013).

신뢰도를 접근하는 방법으로는 크게 두 가지를 생각할 수 있다.

#### (1) 측정의 표준오차

측정의 표준오차는 단일한 측정대상을 같은 측정도구로 여러 번 반복 측정한 결과, 어느 정도로 같은 결과를 얻느냐 하는 일관성에 기초를 둔 신뢰도이다.

#### (2) 측정의 일관성

한 집단의 피험자에게 측정을 두 번 실시하고 첫 번째 실시했을 때의 측정치의 상대적 순서와 두 번째 실시했을 때의 상대적 순서가 어느 정도 일관성이 있느냐로 보는 방법이다(박도순, 2007).

### 2) 신뢰도의 검증방법

신뢰도의 검증방법에는 재검사 신뢰도, 동형검사 신뢰도, 채점자 신뢰도, 내적 일관성 신뢰도 등의 방법이 있다.

#### (1) 재검사 신뢰도

재검사 신뢰도는 한 검사를 같은 집단에 일정한 간격을 두고 두 번 실시해서, 전후 두 검사결과의 상관계수를 내는 방법이다. 재검사 신뢰도의 장점은 신뢰도 계수의 추정방법이 간단하다는 것이다. 특히, 동형검사를 제작하는 어려움을 피할 수 있고, 같은 검사를 두 번 실시하기 때문에 문항의 차이에서 오는 오차가 작용하지 않는다는 장점이 있다(송인섭 외, 2013).

재검사 신뢰도의 단점이면서 고려해야 할 점은 두 검사 간의 시간 간격을 어느 정도로 두느냐 하는 점이다. 시간 간격을 너무 길게 할 경우에 측정 대상의 특성이 변화할 가능성이 높아 신뢰도가 낮게 나타날 수 있다. 반대로 시간 간격을 너무 짧게 잡는다면 기억효과나 연습효과가 작용할 수 있다. 또한, 두 번 시행해야 하는 데 따르는 문제점이 있다. 동일한 검사를 같은 집단에게 두 번 실시하기 때문에 시간도 오래 걸리고 비용도 많이 든다. 또한, 첫 번째 검사의 상황과 두 번째 검사상황의 여러 가지 조건을 똑같이 통제하기란 매우 어려운 일이다.

### (2) 동형검사 신뢰도

동형검사 신뢰도는 미리 두 개의 동형검사를 제작하고, 그것을 같은 피험자에게 실시해서 이들 동형검사에서 얻은 점수 사의의 상관을 산출하는 방법이며, 흔히 이것을 동형성계수라고도 한다(박도순, 2007). 동형검사 신뢰도의 장점은 기억효과, 연습효과를 극소화시킬 수 있으며, 두 개의 동형검사를 동일집단에 동시에 시행하므로 시험 간격이 문제가 되지 않는다는 점이다(송인섭 외, 2013). 그러나 동형검사 신뢰도는 동형검사를 개발하는 데 시간과 비용이 많이 들고, 실제로 동질적인 두 검사를 제작한다는 것은 사실상 불가능하고, 동형검사를 제작하더라도 학생들에게 검사를 두 번 시행하는 데 따른 현실적인 문제점이 있다는 단점이 있다. 또한, 동일한 검사 환경, 피험자들의 동일한 검사에 대한 태도와 동기를 유지하기 어렵다.

### (3) 채점자 신뢰도

채점자 신뢰도란 말뜻 그대로 두 사람 이상의 채점자들이 동일한 답안지를 가지고 채점을 한 후 여러 사람들의 채점결과가 성호 얼마나 일치하는가를 알아보는 것을 의미한다. 각기 다른 채점자들 간의 일치도를 알아보기 위해서는 채점결과 간의 상관계수를 산출하게 되는데, 이렇게 산출된 상관계수를 채점자 신뢰도 계수라 하며, 상관계수가 높을수록 채점자 간의 일치도가 높아 채점자의 신뢰도가 높아진다(구병두 외, 2015).

### (4) 내적 일관성 신뢰도

내적 일관성 신뢰도란 한 개의 검사에서 검사를 구성하고 있는 부분검사 또는 문항 간의 일관성 정도를 말한다(박준영, 2011). 즉, 검사를 구성하고 있는 부분검사나 문항들이 측정하고자 하는 내용들을 얼마나 일관성 있게 측정하느냐의 문제이다. 내적 일관성 신뢰도를 추정하는 방식으로 반분신뢰도와 문항내적 합치도가 있고, 문항내적 합치도에는 쿠버-리차드슨(Kuber-Richardson)이 개발한 KR이 있다.

가) 반분신뢰도 : 반분신뢰도는 하나의 검사를 두 개의 동등한 부분으로 나누어 따로 채점하여 두 개의 반분된 검사 간의 상관관계를 내는 것이다. 반분하는 방법에는 전반과 후반을 똑같이 나누는 양분방법, 홀수 문항과 짝수 문항으로 반분하는 기우법, 문항 전부를 마구 섞어서 반분하는 난수표 방법, 각 문항의 내용, 곤란도, 성질 등을 의식적으로 고려해서 비슷한 것끼리 반분하는 곤란도의 방법 등이 있다.

반분신뢰도의 경우 실제적으로 전체 문항의 반만 사용해서 검사의 신뢰도를 추정하기 때문에 검사의 신뢰도를 과소 추정하게 된다. 스피어만과 브라운(Spearman & Brown)은 이러한 문제점을 해결하기 위해 다음과 같은 공식을 사용해서 교정한다. 동형검사로 나누어졌을 때 이 중에 어느 두 검사 간의 상관계수로 전체 검사의 신뢰도를 추정하는 것인데 다음과 같다(교육학용어사전, 1995).

**스피어만-브라운 교정공식**

$$r_{xx'} = \frac{Kr'_{xx'}}{1+(K-1)r'_{xx'}}$$

r'xx' : K개로 나누어진 어느 두 검사 간의 상관계수
K : 한 검사가 동형검사로 나누어진 수
rxx' : k배로 늘렸을 때 기대되는 신뢰도계수

두 검사를 두 개로 반분한 경우, 즉 K=2일 때 위의 일반 공식은 다음과 같이 된다.

$$r_{xx'} = 2r'_{xx'}/1 + r'_{xx'}$$

반분신뢰도의 장점은 검사를 1회만 실시해도 신뢰도 계수를 구할 수 있고, 기억이나 연습의 효과를 통제할 수 있다는 것이다. 그러나 검사를 둘로 나누는 방식에 따라 신뢰도 계수가 달라지는 문제점이 있다(송인섭 외, 2013).

나) 문항 내적합치도(구병두 외, 2015) : 문항 내적합치도는 한 검사 내에서의 독립된 문항 하나하나를 별개의 검사로 간주하여 문항 내의 일관성을 상관계수로 표시하는 방법을 말한다. 이 신뢰도 추정방법은 가장 간단히 신뢰도를 계산할 수 있는 방법으로 쿠버-리차드슨에 의해 만들어진 공식인데, 이를 KR-21 공식이라고 한다(한국교육평가학회, 2004).

KR-21

$$KR21 = \frac{k}{k-1}(1 - \frac{\overline{X}(k - \overline{X})}{kSx^2})$$

k: 문항 수
S: 검사점수의 표준편차
X-bar: 검사총점의 평균

## 3. 타당도와 신뢰도의 관계

일반적으로 타당도와 신뢰도의 관계를 이야기할 때 신뢰도란 타당도의 필요조건이긴 하지만 충분조건은 아니라는 이야기를 한다. 이를 두 가지로 정리할 수 있다.

첫째, 신뢰로운 검사는 이론적으로 타당하나 실제적으로 타당하지 않을 수 있다.

둘째, 타당도가 높은 검사가 신뢰롭다. 준거와의 상관은 그 검사의 신뢰도의 신뢰지수에 의해 제한되기 때문이다. 즉, 한 검사와 다른 어떤 준거와의 상관인 타당도 계수는 그 검사의 계수의 제곱근을 초과하지 못한다. 이는 한 검사의 타당도는 그 검사의 신뢰도에 의해서 제한된다는 것을 의미한다(송인섭 외, 2013).

## 4. 객관도

### 1) 객관도의 개념

객관도란 검사자 신뢰도라 할 수 있는데, 검사의 채점자가 주관적 편견을 갖지 않고 얼마나 객관적 입장에서 공정하게 채점하느냐 하는 문제와 관련된 것으로, 결국 앞서 말한 신뢰도의 일종이며 검사자의 신뢰도인 것이다. 이를테면 동일한 피험자의 답안지를 가지고 교사에 따라 어떤 이는 95점이란 점수를 부여하고 다른 교사는 80점 그리고 심한 경우에 또 다른 제3자의 교사는 50점을 부여할 수 있다(구병두 외, 2015).

객관도는 평가의 결과에 대해 여러 사람의 채점자가 얼마나 일치된 평가를 해내느냐에 달려 있다. 그리고 객관도는 한 채점자가 학생들의 동일한 답안지를 오늘 채점한 결과와 며칠 후에 채점한 결과가 얼마나 합치되느냐의 정도로 판가름나는 것이다(박준영, 2011).

### 2) 객관도의 향상조건

객관도를 올리는 조건은 평가도구의 객관화, 평가자의 소양, 명확한 평가기준, 다수인의 공동평가, 객관적 검증방법의 고려 등을 들 수 있다.

#### (1) 평가도구의 객관화

평가도구 자체가 엄밀히 객관화되어 있다면, 구태여 객관도를 문제 삼는 것부터가 새삼스러운 일이다(박준영, 2011). 우리는 흔히 평가도구의 객관화라고 하면 선다형 검사만을 생각하기가 쉬운데 그것은 분명히 그릇된 생각이다. 우리가 주관식 검사라고 부르는 논문형 검사나, 질문지법이나, 작품평정법에 있어서도 검사 제작자의 창의적 노력 여하에 따라서는 얼마든지 객관적인 검사를 만들 수 있다.

### (2) 평가자의 소양

객관적인 평가를 하려면, 평가자 자신이 평가하려는 내용과 평가방법에 대한 소양을 길러야 한다. 교사가 학생들의 행동이나 학습, 혹은 그들이 제작한 작품을 평가하려면, 우선 그것에 대한 지식과 이해가 선행되어야 한다.

### (3) 명확한 평가기준

교육평가, 특히 주관적인 평가방법에서는 우선 명확한 평가의 기준을 미리 마련해야 한다. 즉 객관적이고, 구체적이고, 실제적인 자료 수집에 노력해야 한다. 우리는 주관적인 평가방법에서 자칫하면 빠지기 쉬운 착오가 있다. 평가자는 인상, 편견, 추측, 가분 등에 편승해서 어림짐작으로 평가하지 말고, 사실에 입각한 객관적인 증거를 수집하고 수집된 자료에 의거하여 객관적인 평가를 하도록 힘써야 한다.

### (4) 다수인의 공동평가

비객관적인 평가도구를 사용했을 경우에는 가능하면 여러 사람이 공동으로 채점 또는 평정을 해서 그 결과를 종합하는 것이 보다 객관성이 보장된다. 이 경우에도 각 평가자는 응분의 평가에 관한 소양을 지니고 있어야 할 것은 물론이다.

### (5) 객관적 검증방법의 고려

객관도의 검증도 신뢰도나 타당도와 마찬가지로 상관계수에 의해서 표시된다. 한 사람의 채점자가 한 묶음의 답안지를 일정한 기간을 두고 두 번 채점해서 그 간의 상관계수를 내면 된다. 이때 얻어진 수치를 객관도 계수라고 부른다. 이 밖에도 한 장의 답안지를 여러 사람이 채점을 해서 그 결과의 일치도를 보는 방법과 한 묶음의 답안지를 두 사람의 채점자가 각각 따로따로 채점을 해서 그 결과에 대한 상관도를 구해 보는 방법 등이 있다.

## 5. 실용도

### 1) 실용도의 개념

실용도란 한 검사도구가 경비와 시간 그리고 노력을 적게 들이고도 소기의 목적을 얼마나 달성할 수 있느냐의 정도를 말한다. 아무리 신뢰도, 타당도가 검증되고 객관도를 유지하는 검사라 할지라도 검사를 실시하는 데 시간과 노력 그리고 많은 경비를 요하게 된다면 활용상에 어려움이 따르게 마련이다(구병두 외, 2015).

### 2) 실용도의 향상조건

실용도를 향상하기 위해서는 평가실시의 용이성, 채점의 용이성, 결과 해석과 활용의 용이성, 경제적 절약 등의 조건이 고려되어야 한다.

#### (1) 평가실시의 용이성

평가도구는 우선 실시방법이 간단명료하고 용이해야 한다. 아무리 훌륭한 평가도구도 그 실시방법이 지나치게 까다롭고, 제약이 많으면 이 검사는 그만큼 실용성을 소멸시키는 결과를 초래하게 된다(박준영, 2011). 또 검사의 실시 방법에 대한 설명이나 지시가 지나치게 복잡하고 쓸데없는 군더더기가 많이 붙으면, 피험자를 혼란으로 몰아넣기가 일수이다. 반대로 지시나 설명이 너무 조잡하거나 간단해서 피험자가 해답방법을 제대로 이해하지 못한다든가, 또는 그릇된 이해를 하게 되면, 엉뚱한 반응을 나타내는 검사가 된다.

#### (2) 채점의 용이성

채점에 있어서도 마찬가지다. 채점방법이 쓸데없이 까다롭고 번잡해서는 안 된다. 채점방법으로 채점기계를 이용하는 것, 피험자들이 손수 채점하게 하는 것 등의 방법을 생각해 볼 수 있다. 이런 채점방법은 채점자가 검사의 내용에 대한 지식이 있건 없건 상관없이 기계적으로 해낼 수 있는 방법이다. 여기에 선행되는 조건으로 평가도구의 객관성이 전제로 될 때, 비로소 이러한 방법들이 제대로 기능을 발휘할 수 있다.

### (3) 결과 해석과 활용의 용이성

평가의 결과가 인간행동의 어떤 면을 다룬 것인지를 쉽게 해석할 수 있어야 하며, 그 결과를 유효 적당하게 활용할 수 있어야 한다. 일단 교육평가가 끝나면 그 결과는 유목적으로 해석되고 활용되어야 할 것이다. 활용할 가치가 없는 검사나 활용하지 않을 검사는 하지 않는 것이 좋다.

### (4) 경제적 절약

교육평가의 중요성이 아무리 강조된다고 해도 경비가 엄청나게 들고, 교사가 교육에 소비해야 할 시간이 지나치게 많고, 무진장한 노력을 강요하는 평가도구라면 곤란하다. 가능하면 최소의 경비와 노력과 시간을 들여서 소기의 목적을 달성할 수 있어야 실용도가 높은 평가도구이다.

## 3절 평가문항의 제작과 활용

문항이란 채점단위라고 정의할 수 있고, 시험문제 혹은 검사라고 하는 것은 구조적으로 관련된 문항의 집합이라고 정의할 수 있다. 문항의 일차적인 목적은 특정 내용을 말이나 글로 표현하거나 주어진 조건에 맞게 선택사항을 고르도록 함으로써 학습한 정도를 확인하는 데 있다. 문항을 제작하기 위해서는 고도의 기술이 요구되며, 특별한 능력의 독특한 조합을 요구한다. 이처럼 문항제작은 본질적으로 창의적 활동이다. 그러므로 문항제작에 필요한 가장 본질적인 요소는 교육목표에 대한 깊은 이해와 그 목표, 혹은 학습과제를 문항상태로 번역해 내는 기술, 지식, 경험이 필수적이다. 이를 기반으로 하여 평가문항의 제작과 활용에 대해 알아볼 것이다(송인섭 외, 2013).

## 1. 문항 제작의 기초

### 1) 좋은 문항 제작자의 요건

좋은 문항을 제작하기 위해서는 다음과 같은 조건을 갖추어야 한다(박도순, 2007).

첫째, 평가하려는 교과목에 대해 충분히 이해해야 한다.

둘째, 평가받는 대상에 대해 잘 알고 있어야 한다.

셋째, 문항 제작에 대한 지식, 기술, 기능을 습득하여야 한다.

넷째, 훌륭한 언어 구사력 및 문장력을 갖춰야 한다.

다섯째, 풍부한 문항 제작 및 검토 경험을 쌓아야 한다(송인섭 외, 2013).

여섯째, 피험자에게 미칠 수 있는 부정적 영향을 고려하여야 한다.

### 2) 좋은 문항의 요건

좋은 문항이란 절대적인 판단기준을 설정하기란 매우 어렵다. 그러나 다음과 같은 조건을 충족시키고자 노력한다면 좋은 문항을 제작할 수 있을 가능성이 높아진다(구병두 외, 2015).

첫째, 문항에서 요구하는 능력이 원래 측정하고자 하는 능력과 일치해야 한다. 즉, 문항 내용과 평가목표가 일치해야 한다. 이는 좋은 문항이 되기 위한 가장 일차적인 조건이면서 문항과 검사의 타당성을 높이기 위한 필수조건이다.

둘째, 복합성을 지녀야 한다. 즉, 단순 지식의 기억 및 재생을 묻기보다는 사고력, 특히 분석, 종합, 평가 등의 고등정신 능력을 물을 수 있는 문항이어야 한다.

셋째, 참신성을 지녀야 한다. 즉, 문항의 형식 혹은 내용이 현재까지 많이 사용되어 왔던 진부성을 벗어나 수험자에게 새로운 경험을 주는 것이어야 한다.

넷째, 문항이 모호하지 않도록 구조화되어야 한다. 구조화란 문항의 체계성과 명료성을 의미하는 것으로 이를 위해 문항 제작자는 수험자가 답해야 할 방향을 명확하게 구체화해야 한다(박도순, 2007).

다섯째, 학습동기를 유발시켜야 한다. 검사 혹은 시험도 하나의 교육활동으로서 학생들이 사고력을 배양하고 학습에 대한 흥미와 도전감을 북돋우도록 제작·활용할 필요가 있다.

## 2. 문항의 유형

일반적으로 사용되는 문항 유형은 채점방법에 따라 주관형과 객관형으로, 수험자의 반응에 따라 선택형과 서답형으로 분류한다. 주관형과 객관형의 분류는 문항의 채점 과정에 채점자의 주관이 개입될 가능성의 크기에 의해 분류되는 것이다. 선택형에는 진위형, 배합형, 선다형이 포함되며, 서답형에는 단답형, 완성형, 논술형이 포함된다(박도순, 2007).

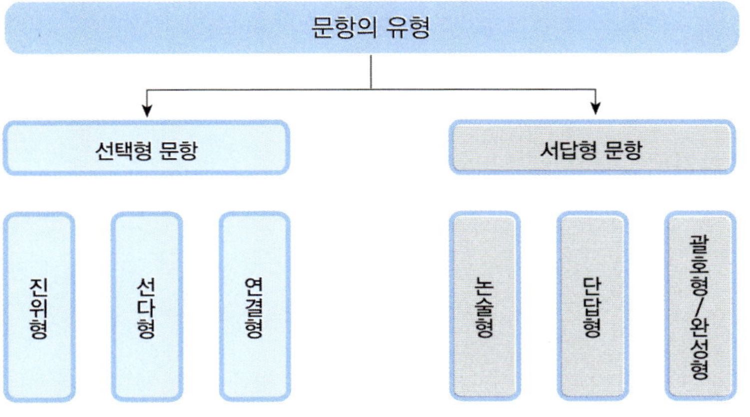


그림 9-2 문항의 유형

표 9-1 채점시 채점자의 주관성 개입 정도에 따른 분류

| 선택형 | 유동적 | 주관형 |
|---|---|---|
| 진위형 | 단답형 | 논술형 |
| 선다형 | 완성형 | |
| 배합형 | | |

### 1) 선택형

선택형 문항은 지시문 및 문두와 함께 여러 개의 선택지를 제시해놓고 그중에서 적합한 답지를 선택하도록 하는 문항 형식이다(송인섭 외, 2013). 선택형 문항은 채점을 신속하고 기계적으로 할 수 있어서 간편하며, 채점결과에 대한 신뢰성과 객관성이 높고, 내용 표집의 대표성이 높다는 장점이 있다. 그러나 양질의 문항을 만드는 데 시간과 노력이 많이 들고, 문항제작에 특별히 유의하지 않으면 별로 중요하지 않은 단편적인 사실에 대한 기계적인 기억을 측정하는 문항이 출제될 가능성이 높고, 피험자로 하여금 나름대로의 창의적인 답을 할 수 없도록 되어 있으므로 자기표현과 창의력을 발현할 기회가 봉쇄된다는 단점이 있다(구병두 외, 2015).

#### (1) 진위형

피험자에게 진술문을 제시하고 그것의 진위, 정오를 판단케 하는 문항형식으로 흔히 양자택일형이라고도 한다(박도순, 2007).

진위형 문항의 장점으로는 첫째, 실시시간이 적게 걸리므로 한 검사에 많은 학습목표를 포함시킬 수 있다. 둘째, 진위형 문항은 채점이 신뢰롭고 빠르며 객관적이다. 셋째, 하나의 문장으로 질문하므로 문항 제작이 쉽다. 넷째, 사실, 원리, 법칙, 문제군 등과 같은 기본적인 학습내용을 학습자가 정확하게 학습했는가를 직접적으로 간단히 측정할 수 있다(송인섭 외, 2013).

그러나 단점으로는 첫째, 비교적 작고 별로 중요하지 않은 정보를 많이 다룬다. 둘째, 진위형 문항은 추측에 의해 문항의 답을 맞힐 수 있다. 셋째, 문항의 변별력이 감소할 수 있다.

#### (2) 선다형

선다형 문항은 진술문과 몇 개의 답지 또는 선택지를 같이 제시해 놓고 피험자에게 정답을 고르도록 하는 형식이다(박도순, 2007).

선다형의 장점은 첫째, 문항형식의 융통성과 우수성이다. 둘째, 채점이 쉽고 객관적이다. 셋째, 다른 선택형 문항에 비해 추측요인이 적게 작용한다.

그러나 단점으로는 첫째, 문항 제작이 어렵다. 둘째, 반응시간이 많이 걸린다. 셋째, 종합력이나 평가력 등과 같은 고등 정신능력을 평가하기가 다소 어렵기 때문에 사실적인 지식을 평가하는 문항이 주로 출제될 가능성이 있다. 넷째, 피험자가 문항에 대한 정답을 모르면서도 추측이나 시험 치는 요령을 이용해서 답을 맞힐 가능성이 있다.

#### (3) 배합형

일련의 답지, 그리고 전제와 답지를 배합시키는 지시문의 세 가지로 구성되는 문항형식이다(송인섭 외, 2013).

배합형의 장점은 첫째, 문항제작이 비교적 간편하면서도 포함되는 내용이 진위형만큼 다양하기 때문에 포괄적이다. 둘째, 문항의 채점이 신뢰롭고 객관적인 준거가 있기 때문에 평가의 객관도 및 신뢰도가 높다. 셋째, 문제와 답지를 묶는 결합의 형태를 다양하게 변화시킬 수 있다.

그러나 단점으로는 첫째, 시간과 노력만 들이고 사실적인 내용에 대한 기억만을 평가할 가능성이 크다. 둘째, 동질적인 문제와 동질적인 답지를 제작하기가 쉽지 않다. 셋째, 연결형은 연결이 진행될수록 차츰 연결의 수가 적어짐에 따라 정답의 단서를 주게 될 가능성이 있다.

### 2) 서답형

서답형 문항은 문두만 제시해 피험자로 하여금 답을 생각해서 쓰도록 하는 형식의 문항이다(구병두 외, 2015). 이와 같은 서답형 문항의 장점은 시험을 치르는 학생의 다양하고 자유로운 반응을 이끌어 낼 수 있고 문항제작이 쉬우며 측정하기 어려운 자료의 해석력, 비판력, 사고력, 평가력 같은 이른바 고등정신기능을 비교적 쉽게 측정할 수 있다는 점이다. 그러나 서답형 문항은 많은 문항을 출제하는 것이 어렵고, 채점하는 데 시간과 노력이 많이 들며, 채점의 객관성과 신뢰성 확보가 쉽지 않다는 단점이 있다(송인섭 외, 2013).

### (1) 단답형

가장 단순한 형태의 질문으로 구성되고, 이 질문에 대해 단어, 숫자, 기호 문장과 같이 간단히 답할 수 있도록 되어 있다(박준영, 2011).

단답형의 장점은 첫째, 문항제작이 용이하며 넓은 범위의 교과내용을 평가할 수 있다(송인섭 외, 2013). 둘째, 추측에 의해 정답을 맞힐 수 있는 요인을 배제할 수 있다. 셋째, 채점이 논술형보다 객관적이다. 넷째, 문장력에 의해 점수가 부여되는 효과를 배제할 수 있다.

그러나 단점으로는 첫째, 짧은 답을 요구하는 문항의 유형 특성상 고차적 학습능력을 평가하기보다는 단순지식, 개념, 사실들을 측정할 가능성이 높다. 둘째, 선택형 문항에 비해 채점의 객관성을 보장받기 힘들다. 셋째, 단답형 문항으로 평가가 이루어질 때 기억능력에 의존하는 학습이 조장될 수 있다.

### (2) 완성형

진술문의 일부분을 비워 놓고 거기에 적합한 단어, 구, 기호 등을 써넣게 하는 방법이다(송인섭 외, 2013). 완성형은 근본적으로 단답형과 같은 형식의 문항이므로 완성형 문항의 장단점은 단답형 문항과 비슷하다. 하지만 단답형에 비해 채점의 객관성이 높고, 출제하기가 훨씬 용이하다. 반면, 단답형에 비해 문항 속에 정답의 단서가 포함될 가능성이 높고, 고차적인 정신능력을 요구하는 학습성과를 평가하기가 곤란하다.

### (3) 논술형

지시와 질문에 따라 수험자가 자유롭게 자신의 반응을 자신의 능력껏 구사할 수 있게 함으로써 대답의 무제한성을 강조하는 평가문항이다(송인섭 외, 2013).

논술형의 장점은 첫째, 반응의 자유도가 크다. 둘째, 사고력, 분석력, 창의력과 같이 고등 정신능력을 평가할 때 효과적이다. 셋째, 비교적 문항제작이 쉽다.

그러나 단점으로는 첫째, 채점의 객관성과 신뢰성을 유지하기 어렵다. 둘째, 문항의 표본 수가 제한된다. 셋째, 채점하는 데 많은 시간과 노력이 든다.

## 3. 문항제작 절차

문항 및 검사를 제작하는 절차가 합리적으로 이루어지는가의 여부는 평가결과가 어떻게 나오는가에 결정적인 영향을 미친다(박도순, 2007). 아무리 문항 및 검사 제작기법이 우수하다고 하더라도 제작 절차가 잘못되면 그 결과는 엉뚱한 방향으로 나아갈 가능성이 크다. 따라서 합리적 절차에 의해 문항과 검사를 제작한다는 것은 평가의 질을 유지, 관리하는 요체이며 기본이다.

### 1) 평가목표의 설정

평가와 관련한 출제에 있어서 무엇을 위한 출제이며 그 평가결과는 무엇에 쓰려고 하는지에 대한 명확한 목적에 기반해야 한다(구병두 외, 2015). 평가목적의 규정은 두 가지 측면에서 이해될 수 있고 하나는 평가의 사용 목적과 관련한 것이며, 다른 하나는 평가결과의 활용 문제와 관련된 것이다.

#### (1) 수업과정에 따른 평가목적

평가목적과 관련하여 사용목적의 규정이라 함은 실시하고자 하는 평가가 교수의 과정과 관련하여 무엇을 위한 목적으로 실시하고자 하는가에 대한 물음으로, 그에 대한 해답은 배치를 위한 목적, 형성평가를 위한 목적, 진단평가를 위한 목적, 총괄평가를 위한 목적 등으로 구분될 수 있다.

#### (2) 평가결과의 활용목적

평가목적과 관련하여 앞에서는 주로 교수과정에 따른 평가의 목적을 살펴보았는데, 이 외에도 평가의 목적을 생각함에 있어서 측정에서 얻어진 결과를 어떻게 활용할 것인가, 즉 평가결과에 대한 가치부여 또는 해석의 방법도 문항개발에 앞서 고려해야 할 것이다.

#### (3) 평가목표의 확인과 분석

무엇을 평가할 것인가는 원칙적으로 교육목표로부터 나오는 것이지만, 문항제작을 위한 평가목표는 보다 구체적으로 분석되고 그 관념이 명확히 규정될 필요가 있는데, 평가도구의 개발을 위해 교육을 통해 성취하고자 하는 구체적 목표가 무엇인지를 분석하는 작업이 선행되어야 한다.

### 2) 이원분류표의 작성

앞에서 진술한 평가목적이 정해지고 그에 따른 출제방향과 출제내용의 범위가 정해지고 나면 다음 단계에서 해야 할 일은 출제계획에 착수하는 것인데, 출제계획은 '내용' 및 '행동' 영역을 명확히 하여 모든 평가 문항 작성의 근거를 마련하기 위한 것으로 다음과 같은 원칙하에 작성하게 되는데 이를 일컬어 이원분류표라고 한다.

내용 영역은 각 문항이 측정하고자 하는 내용을 나타낸 것으로, 대개 단원명이나 학습 주제 등을 기록한다. 행동 영역에는 각 문항을 통해 측정하고자 하는 목표행동이나 학습된 상태의 수준을 나타낸다(송인섭 외, 2013). 목표행동이나 학습된 상태는 학습자의 수준이나 수업목표에 따라 수준을 다양화하여 제시할 수 있는데, 블룸의 교육목표 분류체계가 좋은 참고가 될 수 있다. 블룸은 지적 능력을 지식, 이해, 적용, 분석, 종합, 평가로 분류하였으며, 능력은 '단순한 행동'으로부터 '복잡한 행동'으로의 위계단계를 가진다고 보았다.

### 3) 출제문항의 제작

무엇을 평가할 것인가가 결정되고 나면 어떻게 평가할 것인가를 결정해야 할 것이다(구병두 외, 2015). 그러한 결정을 내리기 위해서는 검사제작자가 검사형태별 특징을 충분히 이해하여야 하고, 이를 기초로 하여 실제 상황에서의 여러 가지 발생가능한 문제점들을 고려해야 할 것이다. 이 단계에서는 문항작성을 위한 각종 기법을 활용하고 창의적인 아이디어를 최대한 발휘하여 평가목표에 적절한 검사문항을 제작해야 한다.

### 4) 지시문의 작성

지시문은 시험목적, 시험시간, 답안지 작성방법, 의문사항에 대한 추측의 내용을 포함한다. 다음은 좋은 지시문의 예이다.

예 이 시험은 첫 5주 동안의 수업결과를 보기 위한 것이다. 시험결과는 난이도가 다르며 수업을 잘 받은 학생은 답을 맞힐 수 있다. 60문제이며 시험시간은 60분이다. 가장 알맞은 답을 골라 답지에 동그라미 치시오. 점수는 정답의 수를 나타내므로 모든 문제에 답하시오.

### 5) 문항의 편집

출제하려는 문제를 선택한 후에는 문제배열을 잘해야 한다. 이것은 시험의 유형에 따라 배열순서가 다소 다르다. 다음 사항에 유의하여 배열한다. 첫째, 수업목표를 달성하기 위하여 똑같은 학습결과를 가져오는 문제는 같이 출제하는 것이 바람직하다. 둘째, 가능하면 같은 시험문제 형태로 출제될 수 있게 배열한다. 셋째, 난이도가 낮은 문제에서 높은 문제 순서로 배열한다. 그러나 만약 불가능하다면 시험의 성질과 부합되고, 의도되는 방향으로 시험문제를 배열한다.

### 6) 예비실시 및 수정 보완

일단 문항제작이 끝나면 개발된 문항들을 그 평가대상 집단에 대해 소규모 예비실시를 시도해 봄으로써 출제의도의 명확한 전달 가능성과 학생들의 발달수준에 적합한 문제의 진술이 이루어졌는가를 알아볼 필요가 있다. 이를 통해 드러난 문제점들이 있다면 이를 수정하고 미흡한 점들을 보완하도록 한다.

### 7) 개발된 문항의 검토

이 단계에서는 개발된 문항들에 대해 출제의 의도와 내용 그리고 각각의 문항형태에 따른 문항제작의 일반적인 원칙들이 제대로 지켜졌는가에 대한 검토 및 평가를 한다.

### 8) 최종 문항의 편집과 인쇄

앞의 모든 절차를 통해 개발·완료된 검사문항들은 검사의 전반적인 통일을 기하고 합리적인 배열과 편집의 과정을 거쳐 최종 인쇄하게 된다.

## 4. 출제에서의 컴퓨터 활용

최근 들어 퍼스널 컴퓨터와 스캐너의 발달로 인해 시험문제 출제의 평가 등 많은 분야에서 컴퓨터가 활용되고 있다. 문제 은행, 시험지 인쇄, 점수화, 통계적 분석, 성적의 관리 등 오늘날 컴퓨터의 활용은 교육평가와 관련하여 여러 분야에서 이용되고 있다.

### 1) 문제 은행

컴퓨터는 문제의 저장을 관리하는 데 매우 유용하다. 문제는 단원별 또는 여러 문항의 특성에 관련된 요소로 부호화된다. 부호화된 문제는 출제하려는 분류표에 맞게 출제할 수 있다.

### 2) 시험지 인쇄

컴퓨터를 이용하여 제작된 문제들을 컴퓨터로 인쇄한다. 문제마다 부호화되어 있어 출제하려는 형태로 문제가 배열된다.

### 3) 시험의 점수화와 통계적 분석

컴퓨터는 시험이 실시된 후 여러 방법으로 점수를 채점하고 분석한다. 또한, 문항분석 자료를 정확하고 신속하게 계산하고 신뢰성 있는 정보를 제공한다.

### 4) 성적의 관리

학습 향상의 결과를 쉽게 알아보기 위하여 컴퓨터를 사용하여 성적을 관리한다. 컴퓨터를 통해 쉽게 알아볼 수 있는 상세한 정보들은 성취도 시험에 매우 유용하다.

### 5) 컴퓨터 응답 시험

컴퓨터가 논술고사 시험의 출제, 관리 등 여러 가지로 이용되고 있으며, 직접 컴퓨터로 대화하는 방식의 시험 형태가 사용될 수 있다. 시험을 치르는 학생은 스크린의 시험문제에 답한다. 또한, 시험 실시를 효과적으로 통제할 수 있고 결과를 즉시 알 수 있다.

Chapter

10

Introduction to Education

# 교육사회학

교육사회학은 사회가 요구하는 사회적 관점과 방법을 통해 교육사회학은 독립된 성격의 학문이라기보다는 교육학과 사회학이 접목된 학문으로 받아들일 수 있다. 따라서 교육사회학은 교육의 모든 개념, 이론, 법칙 등과 관련한 질문들을 던지며 교육현상의 사회적 측면을 과학적으로 연구를 하는 학문이다. 본 글에서는 사회학의 성격, 교육 사회학의 이론, 교육사회학의 기능, 사회의 불평등과 교육에 대한 다양한 유형을 살펴보도록 하겠다.

## 1절 교육사회학의 성격

### 1. 교육사회학의 성립

교육사회학은 교육의 현상을 사회학적인 관점과 방법을 통해서 교육에 대한 연구를 하는 학문이다. 교육사회학은 독립된 성격의 학문이라기보다는 교육학과 사회학이 접목된 학문으로 받아들일 수 있다. 교육사회학은 교육의 모든 개념, 이론, 법칙 등과 관련한 질문들을 던지며 교육현상의 사회적 측면을 과학적으로 연구를 하는 학문이다. 이처럼 교육사회학이 고유의 학문으로 발달하기까지 많은 학자들의 끊임없는 연구 활동이 이루어졌고 그 노력으로 맺어진 결과물로서 고유 성격을 지닌 학문이 된 것이다.

교육사회학의 창시자는 프랑스의 사회학자 뒤르켐(E. Durkheim)으로 그는 파리대학에서 교육학과 사회학을 강의하며 주요 관심이었던 교육을 사회학적으로 연구하였다. 인간의 사회화와 사회적 존재와 관련된 교육의 목표와 과정들을 제시하였다(김회용 외, 2007). 교육을 사회적 측면에서 체계적으로 연구를 시도한 것은 1883년 워드(L. F. Ward)의 「동태적 사회학」(Dynamic Sociology)이라고 본다(장원동 · 이경화, 1995). 워드는 이 책에서 교육은 인간의 진보와 사회의 변화를 위한 근원이라고 강조하며 교육의 중요성을 제시하였다.

1899년 듀이의 「학교와 사회」(The School and Society)에서는 교육과 사회의 관계를 풀어냈으며 과학적인 접근의 서술보다는 도덕 철학적인 내용이 많이 담겨있다.

교육과 사회에 대한 강의는 프랑스에서 처음 시작되었지만, 이후 활발한 연구는 미국에서 이루어졌다. 1907년에 미국 컬럼비아대학 교수인 스잘로(H. Suzzallo)는 'Educational Sociology'라는 강좌를 대학에 최초로 개설하였다. 이를 계기로 1916년에는 컬럼비아대학에 교육사회학과가 창설되고 1920년대에 들어서는 200여 개의 대학에서 교육사회학 혹은 유사한 강좌를 개설 및 운영하였다(한상길 외, 2010). 1920년대 초에 미국에서는 '미국교육사회학회'(National Society for the study of educational sociology)가 설립되었고 1926년에는 전문학술지인 〈Educational Sociology〉가 창간되며 교육사회학 분야가 더욱 활성화되었다. 오늘날 미국뿐만이 아니라 독일, 프랑스, 영국 등에서도 교육사회학은 교육학 및 사회학 전공학생들의 필수 이수 학문의 한 영역이고, 교육사회학과 관련한 저서와 논문은 매우 방대하다.

한국에서 교육사회학 강의가 처음 이루어진 시기는 1952년 서울대학교 사범대학 진원중 교수에 의해서였다. 1954년에 교육사회학은 사범대학 학생들의 필수 과목으로 지정이 되었고, 이후 1955년에는 중등학교 교사의 자격취득을 위한 교직과목으로 지정되기도 하였고 현직 교사의 교육을 위한 필수과목으로 지정되었다. 1961년에는 「교육사회학」이라는 명칭으로 대학 강의교재가 출간되었고, 1967년에는 한국교육학회의 분과학회인 '교육사회학연구회'가 조직되어 학술지 〈교육사회학연구〉를 창간하게 되었다. 1970년대에 들어서 한국의 교육사회학은 큰 변화를 맞이하게 되는데, 당시 공화당 정부가 추진하고 있던 새마을운동에 보조를 맞추기 위한 목적으로 1972년 교직과정의 필수과목인 교육사회학은 폐지하고 '학교와 지역사회'라는 강좌를 신설하였다. 1980년대에는 민주화 운동이 전개되며 교육 분야에 비판적이고 저항적인 교육과 사회에 대한 관점이 대두되어 이후 1985년에 이루어진 교직과정의 개편으로 학교와 지역사회 강좌는 폐지되고 '교육사회학'이 재등장하여 학문으로서의 발전을 거듭하여 오늘날에 이르게 되었다(한상길 외, 2010).

## 2. 교육사회학의 성격

교육사회학은 우리 사회에서 일어나는 교육 현상을 사회학적인 방법을 통해서 교육문제를 탐구하는 학문이다. 교육사회학은 교육에 대한 객관적인 지식을 탐구하여 발견하는 연구로서 교육체제, 교육의 과정에서 일어나는 집단의 관계를, 즉 사회적인 교육현상을 기술하고, 설명 및 예측을 할 수 있는 이론을 제시하는 것을 목적으로 한다. 교육사회학은 독립적인 학문의 성격보다는 교육학과 사회학이 접목되어 하나의 학문으로 만들어진 것이라고 볼 수 있다.

우리나라 말로 교육사회학은 특정 학문으로서의 단일 용어이지만 영어로 교육사회학 'educational sociology'와 'sociology of education'으로 구별되며 우리나라 말로는 구별하기 쉽지 않다. 교육사회학이 점차적으로 학문으로서 체계화를 갖추기 시작한 초기에는 'educational sociology'로 많이 사용되었고 근래에는 'sociology of education'으로 사용하는 추세이다. 학자 한센과 게슬(Hansen & Gerstle)은 두 용어에 대해 단순한 용어상에서 오는 변동과 혼동으로만 볼 것이 아니라 사회학의 성격이 명확히 규정되어야 할 필요성에 따라 두 영역에 대해 다음과 같이 구분하여 제시하였다.

'educational sociology'를 규범적 탐구로(normative inquiry), 'sociology of education'을 경험적 탐구(empirical inquiry)로 구별하여 제시하였는데, 교육사회학에 있어서 규범적 탐구는 교육정책이나 교육프로그램의 개발에 요구되는 필수적인 것을 확립하기 위한 것을 의미하고 경험적 탐구는 사회학자가 바라보는 교육사회를 통해 교육을 하나의 제도로 의식하고 이 제도가 갖고 있는 구조적인 것을 다루는 것 외에도 더 넓은 사회 안에서 그 제도의 기능성에 대한 탐구를 하는 것이다.

사회학자는 학교라는 사회가 갖는 다양한 역할을 검토하여 그 역할들이 어떤 기능을 하고 있는지를 알아내기 위해 교육적 제도 내의 사회적 구조에 대해 수많은 질문들을 던진다. 예로 사회학자가 학생의 사회경제적 배경과 학업성취 사이의 관계에 대해 연구를 한다고 했을 때 사회학자는 객관적으로 자료를 분석하여 도출한 결과만을 제시하고 문제점에 대한 개선을 위해 이 결과를 어떻게 적용할 것인가에 대해서는 제시하지 않는다. 한센과 게슬은 'educational sociology'가 교육의 과정을 정책적인 차원의 관점에서 탐구를 하고 당위성을 밝히는 것으로 이를 정당하게 실천하는 것을 목적으로 하며 교육개혁을 위한 정책적 권고의 역할을 한다고 보았다. 따라서 교육사회학은 사회학의 지식을 교육실천에 응용하려는 실천 지향적 교육사회학으로부터 교육 현상에 대한 활동 및 행위를 설명하고 기술하여 이론을 형성해 나아가려는 움직임으로 변화하였다. 이는 객관적 지식을 발견하여 정확도가 높은 교육과학으로 재조직하려는 노력으로 사회학 지향적 교육사회학으로 발전하게 된 것이다(구병두 외, 2013).

## 2절 교육사회학의 이론

모든 학문이 그러하듯이 교육사회학도 하나의 학문으로서의 그 성격을 설명하고 이해하기 위한 이론적 근거나 방법이 필요하다. 이러한 접근을 위한 이론이나 방법을 넓은 의미에서 모형(model) 또는 패러다임(paradigm)이라고 한다. 모형이나 패러다임은 어떠한 학문의 성격에 체계적으로 접근하는 준거(framework)로 사용되며, 우리는 흔히 문제나 현상을 바라보는 시각, 그것에 접근하는 사고의 틀로 정의한다. 이러한 근거 이론과 방법, 모형 등은 어느 특정한 학문영역에만 한정되거나 전유물이 될 수는 없다. 왜냐하면 특히 현대와 같이 많은 학문이 발전된 상황, 즉 다학문적 접근(Interdisciplinary approach)에 치중하는 시대에는 학문에 대한 독자적인 접근이론이나 방법은 존재하기 어렵다.

교육사회학은 그 역사가 오래되지 않았으므로, 그 이론은 체계화되지 못했다고 할 수 있지만 교육사회학에 대한 관심은 빠르게 고조되어 1960년대부터는 사회학자들뿐만 아니라 경제학자, 정치학자, 인류학자들도 교육현상에 관심을 기울이며 사회학자들의 주요 학문적 관심영역으로 떠올랐다. 교육사회학은 사회학과 관련을 맺으면서 사회현상에 대한 교육문제를 규명하는 것을 목적으로 하는 학문이기 때문에 사회문제나 현상을 접근하는 사회학 접근이론으로부터 많은 영향을 받았다. 즉 중요한 교육문제가 대두되면 교육사회학의 연구가 그 방향으로 이루어지면서도 다른 한편으로는 사회학에서 일어난 이론적 주요 쟁점이 반영되기도 하였다.

본 장에서는 교육사회학의 관점에서 기능주의 이론, 갈등주의 이론, 해석학적인 패러다임으로 나누어 설명해보고자 한다.

## 1. 기능주의 이론

기능주의 이론은 구조기능주의 이론(structural-functional theory), 합의이론(consensus theory), 질서이론(order theory), 균형이론(equilibrium theory) 등으로 불리며, 스펜서(Herbert Spencer, 1820~1903)에 의하여 이론적 기초가 형성되었다. 후에 뒤르켐(Durkheim)과 파슨스(Talcott Parsons, 1902~1979) 등에 의해서 이 이론은 더욱 체계화되었다(구병두 외, 2013).

기능주의 이론의 입장에서 교육의 목적은 존재하는 사회의 질서유지를 위해서 그리고 변화하는 사회에 적응을 위한 세대의 사회화에 있다고 할 수 있다. 사회형태에서 대표적인 교육은 학교교육이라고 할 수 있는데 학교교육은 누구에게나 동등한 기회가 부여된다. 기능주의 관점에서의 학교교육은 유능한 인재를 분류하고 선발하여 합리적인 방법으로 사회에 제공할 수 있는 제도로 운영되는 체제이며, 다양한 역할구조 내에서 특정한 역할을 위해 능력을 갖춘 사람들을 선발하는, 즉 사회적 선발(social selection)을 하는 기능적 운영체이다. 이러한 관점으로 볼 때 학교교육의 중요한 기능은 사람들로 하여금 높은 사회적 지위를 획득할 수 기회를 제공하는 합리적인 대안을 제시하는 것으로 본다. 이러한 합리적인 방법을 사회에 제공함으로써 사회를 존속 및 유지를 하고 사회의 기반은 더욱 견고해진다는 것이다.

고도의 전문적인 지식과 기술이 요구되는 사회에 전문적인 지식, 기술, 가치, 규범 등을 가르친다는 기능주의적인 관점은 국가발전을 위한 교육의 기능으로 환영받았지만 한계점도 존재한다. 교육의 분배에 있어서 발생할 수 있는 이해집단 간의 가능성을 고려하지 못하여 오히려 사회적으로 위계적 계층을 재생산하는 도구가 될 수도 있다는 것을 고려할 필요가 있다. 기능주의 패러다임을 교육사회학의 관점으로 본 이론과 핵심내용은 표 10-1과 같다.

표 10-1 기능주의 이론과 핵심(김병희 외, 2009)

| 패러다임 | 주요이론 | 대표학자 및 주요 용어 | | 핵심 |
|---|---|---|---|---|
| 기능주의 교육 사회학 패러다임 | 교육 기능론 | E. Durkheim<br>T. Parsons<br>R. Dreebeen | • 도덕사회화, 보편사회화, 특수사회화 유기적 연대<br>• 사회체계, AGLI, 인지적 인성적 성취도(사회화, 능력별 선발, 여과장치)<br>• 규범, 독립, 성취, 보편, 예외(특수) | • 거시적 관점<br>• 교육과 사회의 낙관적<br>• 1950년대까지 주류교육 사회학이론<br>• 사회속성 : 구조, 기능, 합의, 인정<br>• 현대사회 : 기능사회, 전문가 지배사회, 민주사회<br>• 학교교육의 목적 : 공민성 함양 및 인력개발<br>• 능력에 따른 사회적 희소가치의 분배 강조 |
| | 인간 자본론 | T. W. Schultz<br>C. S. Becker<br>F. H. Harbison<br>C. A. Myers<br>S. Walke | • 기회비용, 투자와 보상, 생산적 투자 | |
| | 근대화 이론 | D. McClelland<br>A. Inkeles<br>D. Smith et al. | • 서구화, 자민족 중심주의, 개인적 가치관, 성취욕, 근대적 행동양식 | • 제2차 세계대전 전후 교육의 양적 팽창 정당화 |

## 2. 갈등주의 이론

갈등 이론(conflict theory)은 기능주의에 대한 비판적 이론으로서 사회관계의 본질을 개인과 개인, 개인과 집단, 집단과 집단 간의 갈등으로 파악하고 그 결과의 변화에 관심을 갖는 것이다. 인간은 소유한 것에 비해 갖고자 하는 욕망은 무한하여 이로 인해 발생하는 인간 간의 갈등은 불가피하다고 본다. 갈등 이론을 발전시키고 주장해 온 학자로는 마르크스(K. Marx), 알뛰세르(L. Althusser), 콜린스(R. Collins) 등을 들 수 있다.

갈등이론은 기존 학교제도가 갖고 있는 근본적인 문제를 비판하였고, 이것이 학교만의 문제로 인식하기보다는 사회구조적인 문제로 연결시켜 문제에 대한 의문을 제기하고 다양한 근거와 이론을 제공해주었다는 점에서 의미가 있다. 갈등 이론 관점에서 볼 때 학교는 자본주의 체제에서 객관적이고 중립적인 기관이라고 하기보다는 오히려 불평등한 사회구조를 심화시키는 역할을 한다고 하였다. 학교에서 제공하는 교육내용은 특정집단이 가치 있다고 여기는 문화와 지식을 기반으로 하여 이를 형식적인 교육과정으로 학생들에게 제공한다고 하였다. 이러한 관점은 학교교육이 인지적인 능력을 기르는 제도이자 수단이라고 하기보다는 특정집단이 선호하는 가치, 태도, 규범 등을 강화하는 도구적 장치에 불과하다고 보는 것이다.

또한 교육을 통해 계층에 상관없이 인재를 선발하여 사회적 상승이동을 하는 것에 대해서 오히려 지배집단에게만 이로운 가치관을 가르치게 되어 기존의 위계질서를 공고히 하는 것이라고 보았다. 즉 갈등이론은 학교는 이러한 갈등을 재생산하는 장치이자 사회의 불평등 구조를 정당화하고 있다고 비판을 하면서 기능주의에 정면으로 맞서 주장하였다. 갈등주의 패러다임을 교육사회학의 관점으로 본 이론과 핵심내용은 **표 10-2**와 같다.

**표 10-2 갈등주의 이론과 핵심**(김병희 외, 2009)

| 패러다임 | 주요이론 | 대표학자 및 주요 용어 | | 핵심 |
|---|---|---|---|---|
| 갈등주의 교육 사회학 패러다임 | 사회 재생산 이론 | S. Bowles<br>H. Gintis<br>L. Althusser<br>M. Carnoy | - 대응이론<br>- 이데올로기, 국가기구<br>- 제국주의, 중심<br>- 주변부, 제3세계 교육의 종속성 | • 거시적 관점<br>• 학교교육 : 사회 불평등 재생산기제<br>• 1960년대 시대적 사회적 상황반영<br>• 사회속성 : 불일치, 긴장, 갈등, 변화, 강압 등<br>• 현대사회 : 자본주의적 모순에 의한 불평등사회<br>• 학교교육의 목적 : 인간성 회복<br>• 기능주의의 능력주의 가설부정<br>• 평등사회실현 : 질적 사회 발전 강조 |
| | 문화 재생산 이론 | P. Bourdieu<br>B. Bernstein | - 문화자본, 아비투스 상징적 폭력<br>- 사회언어학, 정교한 언어코드, 제한된 언어코드 | |
| | 지위 집단론 | R. Collins | - 자격 인플레이션, 지위 경쟁 | |
| | 급진적 학교 개혁론 | I. Illich<br>E. Reimer<br>C. E. Silberman | - 탈학교사회<br>- 학교는 죽었다.<br>- 교실의 위기<br>- 비인간화 | |

## 3. 해석학적 이론

해석학(Hermeneutics)은 그리스어의 '해석하다'에 해당하는 말로써 인간이 신을 이해한다는 의미로 그리스 신화에서 유래하였고 신들에 관한 전설을 해석하기 위해 개발한 기법을 '해석'이라고 하였다. 기능이론과 갈등이론이 규범적 패러다임에 의한 거시적 접근이론이었다면 해석학적 패러다임과 관련이 깊은 해석학적 이론은 미시적 접근이론으로 내적 상황을 고려한 신교육사회학, 상징적 상호작용이론, 교환이론, 민속방법론 등을 포함한다. 최근 사회과학분야에서는 사회적 상황에서 인간행동의 규칙, 역할, 규범 등을 해석하고자 질적 연구의 중요한 연구방법론으로 해석학적 이론을 포함하고 있고 교육학자들 또한 학교의 사회 및 구조의 문제를 보다 더 해석학적으로 연관하여 학교나 학급 내의 상호작용과 같은 미시적 관점에서 현상을 설명하려고 시도하였다.

규범적 패러다임은 19세기에 강조되었던 실증주의에 의해 영향을 받았고, 실증주의는 콩트(A. Comte)를 중심으로 발전되었다. 콩트는 자연과학적 방법론이 유일한 과학적인 방법이고 사회현상은 관찰이나 실험 등을 통해 계량적이고 통계적인 과학적 검증 가능한 방법으로 설명되어야만 과학적 지식으로서의 정당성을 인정한다는 것이다. 해석학적 관점은 자연적 세계와 사회적 세계는 본질적으로 서로 다르며, 일상생활을 이해하는 것을 주요 관심으로 두었다. 일상생활에서 일어나는 사회현상, 즉 인간의 행위와 상호작용은 명시된 특정한 규칙에 의해 지배되는 것이 아니라고 보는 것이다. 이러한 관점으로 인간의 행위와 상호작용을 하나의 해석적 과정으로 파악하고, 이를 해석학적 기술을 강조함으로써 실제로 일어나는 인간의 일상생활 세계를 구체적으로 이해할 수 있게 되는 것이다. 해석학적 패러다임에 의한 교육과 사회에 관한 연구는 단순히 규범적 패러다임에 의한 연구에 대한 비판적 시각으로 보기보다는 보완적인 성격을 띠고 있다고 볼 수 있다(장원동 · 이경화, 1995). 해석학적 패러다임을 교육사회학의 관점으로 본 이론과 핵심내용은 표 10-3과 같다.

표 10-3 **해석학적 이론과 핵심**(장원동 · 이경화, 1995)

| 패러다임 | 주요이론 | 대표학자 및 주요 용어 | | 핵심 |
|---|---|---|---|---|
| 해석학적 교육 사회학 패러다임 | 자아 형성론 | G. M. Mead<br>C. H. Cooley | - 상징적 상호작용<br>- 자아<br>- Looking glass self | • 미시적 : 학교문화 및 교육 실제 분석<br>• 거시적 관점의 학교교육과 내적과정(black box) |
| | 자기충족 | J. Rosenbaum | - placebo effect | |

| 패러다임 | 주요이론 | 대표학자 및 주요 용어 | | 핵심 |
|---|---|---|---|---|
| 해석학적 교육 사회학 패러다임 | 예언이론 | R. R. Merton<br>Rosenthal & Jacobson | - Pygmalion<br>- 자기충족적 예언<br>- 기대 | 에 대한 분석 간과 비판<br>• 주요접근방법 : 상호작용 이론, 현상학, 민속방법론, 지식사회학 등<br>• 지식사회학적 관점 : 교육 내용 - 지식을 분석<br>• 1970년대 신교육사회학의 등장 : 교육의 내적과정과 질적 연구의 중요성 부각 |
| | 문화 실조론 | F. Kluckhon<br>L. Broom<br>R. Choen<br>B. Bernstein | - 사회화 모형, 인지양식, 언어모형, 문화적 결손, 학교 외적 | |
| | 신교육 사회학 | M. D. Young<br>B. Berstein<br>P. Wexler | - 지식사회학<br>- 지식의 계층화<br>- 집합형 교육과정, 통합형 교육과정, 범주화, 구조화 | |

## 3절 교육사회학적 기능

인간은 개인이 속한 문화권에서 생활양식이나 행동양식을 가족으로부터 배우게 되지만, 대부분은 학교 교육을 통하여 계획적, 의도적, 체계적으로 사회화를 습득하며 변화하게 된다. 다음은 학교교육이 갖는 사회적 기능을 문화보존 및 전달기능, 사회통합의 기능, 사회충원의 기능, 사회이동의 기능 그리고 사회개혁의 기능으로 구분하여 살펴보고자 한다.

### 1. 문화보존 및 전달기능

교육의 사회적 기능 중에서 가장 중요하고도 기초적인 기능이 문화보존 및 전달이다. 문화보존의 기능은 사회화의 기능, 사회적응 기능, 사회유지를 모두 포괄하는 개념으로써 인간은 사회구성원으로서 그가 속한 사회에서 인정받기 위해서는 그 사회에 적응을 해야 하고, 그 사회에서 인정하고 요구하는 언어, 사고, 감정, 가치관, 태도, 지식, 행동양식을 학습하여 계승하도록 하며 이러한 양식들을 내면화해야 한다. 이러한 인간의 생활양식을 문화라 할 수 있고 한 사회에서 공통으로 행하고 소유하는 양식 모두를 문화라고 할 수 있다. 사람들은 각 사회

집단의 문화를 습득하고 계승하게 되고 주로 가정, 학교교육, 사회를 통해서 다음 세대로 전달되며 이루어지게 되는데, 이러한 모든 과정을 바로 문화보존 및 전달기능이다. 개인의 사회화 과정에서는 학교교육의 기능이 큰 비중을 차지하고 교육의 주요 내용이 되는 지식, 기술, 언어, 가치, 규범 등의 문화내용은 사회로부터 제공받아 구성하게 된다는 점에서 교육이 사회에 의한 사회구조의 성격에 의존하여 기능한다고 볼 때 교육은 사회적으로 수동적인 위치에 있다고 할 수 있다. 즉 학교교육에서의 문화보존 및 전달 기능은 수동적 기능이기도 하다(최정웅 외, 2004).

교육은 인간을 기본적인 문화유산을 수동적으로 습득하게만 하는 것이 아니라, 문화를 익히는 과정에서 그것을 매개로 한 또 다른 지식과 기초 기능을 습득하게 되기도 하며 끊임없이 문화를 개조, 발전, 개혁하면서 새로운 문화를 창조시키는 기능도 가진다. 따라서 학교교육은 가치 있는 문화유산을 내면화하여 전수하는 전달의 기능과 함께 새로운 사회가 요구하는 지식 및 기술 발달을 지향하기 위하여 기존 문화를 개혁하고 새로운 문화를 창조하는 기능이 적절히 어우러져야 할 것이다.

## 2. 사회통합의 기능

교육의 사회통합 기능은 사회화를 통해 사회의 여러 이질적 요소들이 독자성과 고유의 기능을 유지하면서도 전체적으로는 갈등 없이 조화를 이룰 수 있도록 하는 기능을 의미한다. 사회에 공인된 태도, 규범, 가치관 등의 생활방식과 행동양식을 형성시키고 습득해나가며, 또한 국민의 지적수준과 문화수준을 향상하는 의미도 포함하는 이 기능은 문화전승 기능의 이차적 기능이라고도 한다. 그러나 사회통합의 기능은 사회의 안정과 질서를 유지하기 위해 사회적 통제(social control)의 기능인 강제성이나 제제의 기능을 수반하기 때문에 문화전승 기능과는 차이가 있다. 예로 학교 교육에서의 사회통합 기능은 학교사회 내에서의 바람직한 규범, 태도, 행동 등을 학생들에게 권장을 하지만 바람직하지 않은 행동에 대해서는 규제를 가하게 된다. 다변화하는 현대사회에서 학교교육만으로는 사회통합의 형성이 힘든 경우에는 사회적 기제를 활용하게 되기도 한다. 한편, 사회 통합과 함께 논의되는 사회통제는 강제적, 타율적인 통제의 의미로 받아들일 수 있는 성질은 아니다. 공동체 의식 함양을 통해 조화롭게 질서를 유지하는 통합이 성숙해질 때 그 사회의 구성원은 자기가 속해 있는 사회의 가치가 지향하는 범주를 벗어나지 않게 된다는 의미에서 자연스러운 통제 기능으로 보아야 할 것이다.

형성된 하나의 사회체제로서 통일성과 통합의 기능이 제대로 수행되기 위해서는 사회 구성원 간의 조화를 이루어내며 사회발전에 기여하도록 유도하여야 하는데, 학교교육이 갖는 기능은 사회의 이질적인 요소를 동질화시키고 갈등현상을 해소하며 합의에 기초하는 사회통합을 이해하는 데 중요한 기능을 한다. 교육을 통해서 사회가 요구하는 중대가치, 규범 및 태도 등을 습득하여 훌륭한 시민, 그 사회의 구성원이 되고, 결국 교육이 구성원 개개인이나 집단 간의 통합을 가능하게 하는 것이다. 이와 같이 사회는 교육을 통하여 안정과 질서를 이루고, 특히 의무교육을 통하여 국민들의 지식수준과 문화 수준을 향상시켜 국가발전의 방향으로 나아가게 한다면 이것이 바로 교육의 사회통합 기능이 이루어진 것이라고 할 수 있다.

## 3. 사회충원의 기능

교육은 사회의 존속을 위해 많은 기능을 수행하는데, 서로 다른 여러 가지 다양한 요구와 사회적 지위에 맞는 인재를 적절히 선발하고, 사회의 적재적소에 맞는 배치를 하는 역할을 한다. 이러한 역할수행자의 육성과 배출은 교육이 담당하고 있고 이를 교육의 사회충원 기능이라고 한다. 사회가 존속하려면 그 구성원이 계속 충원되어야 하고 더 나아가 사회의 여러 분화된 일, 직업, 역할들을 맡아 그 일들을 능률적으로 수행할 수 있는 자질을 가진 능력자가 계속 배출되어야 하기 때문이다. 학교교육은 사회의 구성원으로서의 역할을 수행할 수 있도록 일반적인 지식, 기술, 가치관, 태도 등의 자질을 육성하는 것은 물론 각계각층의 일자리가 요구하는 전문적인 지식, 기술 등에 이르기까지 각 학교 급별 수준에서 인력을 선발, 분류, 자질육성, 배치 등의 기능을 수행하고 있다.

사회의 존속과 발전을 위해서 수행되는 일의 종류는 다양하며 그 다양한 일은 각기 다른 수준의 자질과 능력을 가진 인력을 요구한다. 이와 같은 인력수요는 교육에 의하여 충족되는데 누구에게, 무엇을, 어느 정도의 교육을 시킬 것이냐를 결정하는 기준은 문화, 사회, 정치, 경제 등의 요구와 현실적인 조건에 의하여 설정되는 것이 일반적이다. 학교 교육의 경우 상급학년으로 올라가면서 그 교육의 질과 양은 사회충원의 요구에 따라 규정되는 경향을 예로 들 수 있다. 학교교육의 선발과 분류에 영향을 주는 요소로는 개인의 학업성적, 지능, 욕망, 가정의 경제적 사정, 부모의 희망 등을 들 수 있다. 이러한 배경으로 사회계층을 연구하는 사회학자들은 사회계층을 분류하는 하나의 기준으로서 학력 수준을 들었다. 오늘날과 같은 개방사회에서는 학위가 사회적 선발 및 기회제한과 관련하여 결정적인 요인으로 작용하는 것으로 나타났고, 이러한 현상은 고도의 기술을 요구하는 시대가 오면서 학교교육에 대한 인력의 요청이 불가피하며 더욱 두드러지는 현상을 보인다. 또한, 사회의 직업형태가 세분화되어 직업의 수는 헤아릴 수 없을 정도로 다양하게 존재하기 때문에 사회적 지위와 위치에 맞게 인재를 선발하여 배치하는가의 기준으로 학력이 주요 위치를 차지하게 되었다(권건일 외, 2006). 이러한 학력 수준은 사회 이동에도 상당한 영향을 미치며 이와 같이 사회의 인재를 선발하고 배분하는 기능은 오늘날 교육에서 무시할 수 없는 현상이며 사회적 문제로 거론되고 있다.

## 4. 사회이동의 기능

교육은 사회적 이동촉진 기능을 수행하며 사회적 이동에는 지위의 변동으로 인하여 상하 계층의 이동과 같은 종적, 수직적 이동(vertical mobility)과 직종을 변경하거나 지역적 이동과 같은 횡적, 수평적 이동(horizontal mobility)이 있다. 이러한 사회이동을 야기하는 것에는 여러 가지가 있을 수 있겠으나, 그중에서도 교육의 영향은 매우 크다고 할 수 있다. 교육을 통해서는 신분의 변화, 혹은 직업의 변화 또는 거주의 이동이 있고 경제적 분배에도 영향을 미치기 때문이다. 현대사회는 귀속적 지위(ascribed status)보다 획득적 지위를 중요하게 요구하고 개인의 학업성적, 전문적 지식, 기술 등을 가정배경, 종교, 인종, 성별보다 더 중요한 요인으로 받아들여진다. 학교교육을 통해 전문적 지식이나 기술을 습득하여 능력이 향상되고 이로 인해 사회적 지위 이동을 위한 조건이 충족됨으로써 결과적으로 학교교육은 개방사회에서의 사회이동을 가능하게 해주는 것이다(최정웅 외, 2004).

우리나라처럼 학력을 중시하는 사회풍토에서는 학교교육을 많이 받아야 하위계층에서 상위계층으로 직업적 상승이동의 가능성이 높아짐에 따라 고학력 위주의 사회에서는 고학력을 얻기 위하여 고등교육기관이 몰려 있는 대도시로 인구가 집중되는 수평적 이동을 초래하였다. 이처럼 학교교육은 수직적 사회적 이동뿐만 아니라 수평적 사회적 이동까지 촉진하는 역할을 한다(정황순 외, 2013). 이에 대한 연구결과에 의하면, 개인의 사회적 성취를 결정하는 요인으로 학교교육은 가정배경이나 개인적 능력 요인에 비하여 개인의 사회적 성공이나 지위획득에 가장 중요한 부분으로 인식하고 있다는 것이 밝혀졌다. 사회적 성공이나 지위획득은 권한, 권위, 재산, 대우 등에서 남보다 유리한 위치에 자리하게 되는 것을 뜻하며 자녀교육에 과도한 교육열을 보이는 부모들도 이러한 동기에서 비롯된 것이라 할 수 있다.

## 5. 사회개혁의 기능

사회개혁의 기능이란 사회를 더욱 바람직한 방향으로 변화, 개선, 발전을 시키는 교육의 역할을 의미한다. 앞서 제시한 문화보존 및 전달의 기능과 사회유지의 기능이 사회에 대한 교육의 보수적 기능에 해당된다면 교육의 사회변화 및 혁신은 능동적이고 진보적인 교육이라 할 수 있다. 사회의 변화 주체는 인간이고, 인간을 변화하게 하는 것은 교육이다. 결국 교육은 인간을 매개로 하여 사회변화를 유도하고 사회혁신을 촉진하는 기능을 하는데 이러한 기능을 교육의 사회개혁의 기능이라고 한다. 그렇다고 교육이 사회제도와 기구들의 사회적 조건들을 직접적으로 개선하거나 뜯어고치는 일을 한다는 의미는 아니다. 교육을 통해 사회 구성원이 갖추어야 할 지식, 기술, 가치관, 태도, 사고 등의 자질을 가진 인재를 배출하고 이들로 하여금 그들이 참여하는 사회의 각계각층에서 맡은바 역할수행을 하여 사회의 여러 조건을 변화, 개선, 발전시켜 가도록 하는 것이 교육에서의 사회개혁의 기능을 바르게 나타내는 것이라고 할 수 있다.

교육은 변화 촉진적이고 혁신적인 교육기능을 중요시하여 개방성, 창의성, 성취지향성 등의 자질 육성에 주력해 왔으며, 오늘날 와서는 능동적이고 진보적인 교육의 기능이 더욱 중요시되고 있다. 이를 더욱 적극적으로 강조하고 추진해야 한다는 주장의 소리가 높아지고 있고 어떠한 방식으로 접근해야 할지는 주도면밀하게 계획을 해야 할 것이다(최정숙 외, 2004). 미국의 사회학자인 인켈스(A. Inkeles)의 연구에 의하면, 사람은 학교교육을 많이 받을수록 개방적이고 독립성이 강해지고, 숙명론보다는 효율성을 믿고 업적주의를 숭상한다고 하였다. 또한, 미래지향적이고 지역사회에 능동적으로 참여하여 전국적이고 세계적 뉴스에 관심이 크다고 하였는데, 이 연구의 시사점은 학교교육은 분명히 사회를 어떤 방향으로의 변화와 개혁을 시킬 수 있다는 신념을 갖게 해 준다는 것이다.

## 4절 사회불평등과 교육

### 1. 사회불평등에 대한 관점

사회불평등에 대한 관점은 크게 기능론적 관점과 갈등론적 관점으로 나누어 설명할 수 있다. 기능론적 관점에서의 사회는 여러 층 또는 계층으로 모여 이루어진 하나의 서열체제로 보며 이 관점에서의 사회불평등을 사회 계층화라고 표현하였다. 갈등론적 관점에서는 사회불평등 관계의 결과를 기본적인 초점으로 두었는데, 이는 계급 간의 관계에서 볼 수 있는 지배 또는 착취와 같은 현상들이 사회구조 및 사회변동에 미치는 영향에 관심을 두었다(Grabb, 1994).

#### 1) 기능론적 관점

기능론적 관점에서 보는 사회불평등의 전형은 분배로 인한 불평등이라 인식하고 사회 구성원들의 수입과 위세, 그 밖의 몫을 나누는 과정에서의 차별적 분배에 초점을 둔다. 사회의 계층을 구성하는 기준은 다양하지만, 보편적으로 수입의 격차, 교육수준, 직종과 같은 경제적 위계적인 요소들이 객관적 지표가 되며 독립적인 각각의 위계적인 요소들을 전체적인 관계로 재구성하여 큰 흐름의 서열체계를 형성한다. 재구성 과정을 위한 가장 일반적인 절차는 각 직종의 평균적 수입과 교육수준에 근거를 두어 각 직업에 해당하는 개별 점수를 산출해 내는 것으로 직업구조는 전체적인 '사회경제적' 위계의 단일척도로 변형되게 된다. 다른 하나의 방법은 직업이 갖는 일반적인 사회적 평판이나 위세에 대해서 평가를 할 때 모집단을 대표하는 표본들로 구성하여 주관적인 평가를 진행하는 것이다. 이러한 점수들도 개인의 계층지위의 지표로 사용된다(Grabb, 1994).

사회학에서의 계층연구는 위와 같은 접근방법에 따라 광범위하게 이루어져 왔다. 이러한 접근방법 외에도 보편적으로는 연구자 자신의 연구목적이나 방향, 주요 관심에 따라 때로는 계급적 관점으로 또 다른 때는 계층적 관점만을 취하기도 한다.

## 2) 갈등론적 관점

사회불평등에 대한 갈등론적 관점의 이론으로 주목받고 있는 파킨(F. Parkin)의 이론은 사회불평등을 사회적 폐쇄(social closure)와 관련지어 보았다. 여기서 사회적 폐쇄라는 것은 어떠한 사회집단이 다른 집단들에 대해 가진 것에 대한 접근의 기회를 제한하여 상황적 이점을 최대화하는 과정들을 의미하고 이를 '자원과 기회에의 접근' 제한이라고 한다. 사회적 폐쇄의 과정은 계급관계에서 이루어지는 것뿐만이 아니라 인종, 성별, 종교 등에 존재하며 이들은 모두 불평등 구조의 이면에 존재하는 공통적인 요소라고 하였다. 이를테면, 미국의 흑인과 백인, 북아일랜드의 가톨릭교도와 신교도, 대다수 국가의 여성과 남성 간의 갈등과 투쟁 모두 또 다른 사회불평등, 즉 사회적 폐쇄를 보여주는 것이다.

계급관계에서 사회적 폐쇄는 두 가지 양상으로 나타나며 그 형태는 다음과 같다.

첫째, 생산적 재산에 대한 통제이다. 이는 사회적 폐쇄의 가장 대표적인 형태로서 생산수단의 소유자인 자본가들은 이익분배과정과 기업의 의사결정과정에서 생산수단의 무소유자인 노동자들을 배제한 채 자신들의 이익만을 추구한다.

둘째, 특권적 지위에 대한 접근을 차단하는 것이다. 이 형태는 공인된 자격인 학위증명을 이용하는 것으로 교육에 의한 사회적 폐쇄가 발생하며 오히려 교육이 사회불평등을 초래하고 있다고 보는 것이다.

현대 사회에서는 교육의 가치는 매우 높고 교육자격증의 수준과 질에 따라 그것을 가진 사람들은 그들의 교육을 바탕으로 사회적 폐쇄를 하게 되고 자신들의 사회적 지위를 높이려고 한다. 파킨은 사회의 계급체계는 점점 더 두 번째 형태에 의해 형성한다고 주장하였다.

## 2. 교육의 효과에 대한 기능론적 연구

다음에 설명하려는 두 가지 연구모형은 개인의 사회이동에 교육의 영향이 얼마나 미치는지에 대한 학교교육의 중요한 역할을 실제 상승이동 과정을 통해서 살펴본 연구이다.

### 1) 지위획득 모형 연구

연구자 블로와 던컨(Blau & Duncan, 1967)의 연구 '미국 직업구조'는 대표적인 지위획득 모형 연구이다. 그들은 지위획득 연구를 통하여 출생조건이 지위에 어떻게, 어느 정도 영향을 미치는지와 인생 주기의 어느 한 단계에서 획득된 지위가 다음 단계의 성공 가능성에 얼마나 영향을 미치는지에 대해 밝히고자 하였다. 연구 내용을 살펴보면 직업적 지위를 결정하는 주요 요인은 아버지의 교육수준, 아버지의 직업, 자신의 교육수준, 자신의 첫 번째 직업경험이라고 하였고, 이 요인들의 경로분석을 통해 이 요인들이 개인의 사회적 지위에 미치는 영향을 분석하였다. 연구 결과 이 네 가지 요인들 중 자신이 받은 교육수준과 첫 번째 직업경험은 이후 직업적 성공에 큰 영향을 미치게 된다고 하였다. 이는 사회적 지위 획득에 있어서는 배경으로부터 오는 귀속적 영향력보다 본인의 교육 수준과 직업적 경험의 영향력이 더 크다는 것을 보여준다. 그러나 본 연구는 모형 내의 요인들 중에서 자신의 현재 직업획득에 대한 설명력이 부족하다는 점에서 한계점을 가진다고 할 수 있다(성태제 외, 2012).

### 2) 위스콘신 모형

미국 위스콘신대학의 수월과 그의 동료들(Sewell et al., 1969)은 가족의 배경이 교육 및 직업성취에 어떠한 영향을 미치는지에 대한 연구를 하였다. 그들은 블로와 던컨(Blau & Duncan, 1967)의 지위획득 모형에 사회 심리적 변수를 추가하여 이를 위스콘신 모형이라고 하였고 그들은 사회심리 요인들에 대해서는 의미 있는 타인의 영향, 교육적·직업적 측면의 계획 혹은 희망 등이라고 하였다. 위스콘신 모형의 연구내용을 살펴보면 아버지의 직업적 위세에 따라 자녀들도 사회적 지위가 반영된 '의미 있는 타인'들을 접하게 되는데 자녀들은 이러한 사람들을 모형으로 하거나 이들로부터 고무되어 직업적인 측면과 교육적 측면에 대한 계획 혹은 희망의 수준을 높이게 되고 결국 그들은 높은 학력과 높은 지위를 획득하게 된다는 것이다. 또한, 자녀들의 사회경제적인 배경 및 능력과 교육포부(educational aspirations) 사이에 중요한 매개변인을 부모의 격려라고 하였고, 이는 상위권의 지능검사 점수와 상류층의 가정배경을 가진 학생들의 교육포부에 결정적인 영향을 주는 요소라고 주장하였다(홍두승 외, 2008). 즉 위스콘신 모형에서는 직업적 지위획득에 있어서 사회 심리적 요인들 또한 사회구조적 요인과 같이 중요하게 작용하고 있다는 것에 주목하고 있다.

## 3. 교육의 효과에 대한 갈등론적 연구

### 1) 연줄모형

스탠튼-살라자와 돈부쉬(Stanton-Salazar & Dornbusch, 1995)의 연구에서는 '사회적 자본(social capital)'이라는 개념을 사용하여 연줄모형을 제시하였다. 사회적 자본이라는 것은 제도적으로 영향력 있는 후원과 연계, 필요한 정보들을 획득할 수 있는 사회적 관계를 의미한다. 이 연구는 학생들이 갖는 교육과 직업에 대한 기대와 목표가 학업성취와 어떠한 연관이 있는지, 교사와 중상류층의 친구 등 제도적 권위에 있는 사람들과의 사회적 관계 형성에 미치는 영향에 대한 것이다. 이 연구에서 밝히는 사회적 자본과 학생들의 관계를 설명하면 사회적 자본의 획득과 축적은 학생의 사회경제적 배경과 관련성이 높고 사회적 자본의 수준은 문화적 자본의 획득과도 연관되어 있다고 하였다. 또한, 학업성취도와 교육 및 직업에 대한 기대와 목표가 높은 학생들이 많은 사회적 자본을 지니고 있다고 하였다(성태제 외, 2012).

연줄모형 연구를 통해 제도적 권위에 있는 사람들과의 관계형성이 학생들의 학업성취에 영향을 미친다는 사실을 제시하고 있으나 연줄의 범위를 학생들이 밀접하게 관계형성을 하여 영향을 많이 미치게 되는 교사 혹은 친구에만 학교환경 내의 구성원에 한정하여 직업적인 측면에서의 연관성은 명확하게 밝혀내지 못하였다.

### 2) 노동시장 분단론 연구

교육은 오히려 지배계급의 이해를 대변하고 있으므로 교육의 효과와 기능은 사회적 성취에 있어서 사회 지배계층의 이해관계를 유지하는 장치이고 이는 계층 재생산을 하는 요인에 불과하다. 즉 교육을 통해 이루어지는 지위이동은 불평등한 체제를 유지 및 존속시킨다는 입장으로 이는 교육이 직업 성취에 미치는 효과가 동일하지 않다는 것을 의미한다. 임금 결정에 작용하는 요인은 경제적 영역에 따른 분단, 이중노동시장, 회사규모에 따른 분단 등의 구조적인 요인에 의해 영향을 받는다. 그리고 교육의 임금결정 효과는 일하는 곳에 따라 달라지며, 노동자의 성, 인종, 출신 지역과 같은 인적 특성의 영향을 받는다는 것이다(성태제 외, 2012).

교육과 사회계층은 상호작용을 하고 계층에 따라 교육기회, 교육관, 학교교육 등의 차가 발생하며 사회계층의 특성에 따라 교육투자와 그에 따른 수익률에서도 차이가 발생하게 된다. 사회계층이 높을수록 교육을 많이 받고 그 자녀에 대해서도 교육 교육투자를 많이 하게 되어 수익률은 높고 그렇지 않은 계층과는 차이가 많이 발생한다.

라이트와 페론(Wright & Perrone, 1977)의 연구에서도 교육투자회수율은 고용주, 관리직, 노동자의 순서로 차이가 나고 노동계급 출신의 자녀는 동일하거나 낮은 교육수준을 가진 중간층 자녀에 비해 그들의 교육을 직업적 위세나 경제적 수입으로 전환시키는 데 불리한 위치에 있다고 하며, 각 계층에 따른 각기 다른 효과가 있음을 보여주는 것은 계급이 임금 결정에 중요 작용을 한다는 것으로 해석할 수 있다. 노동시장 분단론자들은 노동시장은 분단되어 있고 인적특성에 따라 성취기회는 구조적으로 차별화 되어있다고 하였다. 그들은 사회이동에 있어 개인의 학력수준을 중시하는 기능주의적 접근과는 달리 교육과 사회이동간의 관계를 노동시장의 구조적인 분단과 기회구조의 차이라는 개념을 제시하여 교육과 사회이동 간의 관계를 복합적으로 이해할 수 있도록 하였다.

## 4. 교육과 사회적 양극화의 관계

최근 신자유주의가 강화되고 시장경쟁의 원리가 인간의 삶과 생활 전반에 펴져있어 이로 인해 사회의 구조적 불평등은 확대 및 재생산되고 있다. 교육과 사회적 불평등의 연관성과 이러한 불평등의 현상은 대를 넘어 반복되고 있고 특히 산업국가에서 두드러진다. 자율과 경쟁을 강조하는 다양한 신자유주의적 교육정책의 확산은 공교육을 통한 불평등의 해소보다는 오히려 강화하는 위험성을 보이고 있으며, 사교육 영역에서는 계층 간 격차가 더욱 심하게 일어나고 있다(박청홍 외, 2013).

선진국에 비해 사회적 이동이 활발했던 한국 사회에서 교육은 가장 공정한 사회적 계층상승의 수단이었고 우리나라의 사회적 구조에서 교육 불평등의 문제는 비단 최근의 문제가 아님을 연구들을 통해 알 수 있다. 1960년대 초의 국내 연구에 의하면 남자 고등학생의 사회계층과 학업성취 간의 높은 상관율을 보였는데 당시 중학교와 고등학교 이중 입시를 통한 학업 대물림 현상을 볼 수 있다. 2004년 초에 발표된 서울대학교 사회대 입학생에 관한 분석에서도 경제적으로 부유한 가정 출신의 학생이 상대적으로 입학률이 높았다. 또한, 서울대 입학생들의 계층별로 구분하였을 때 서울 강남 8학군 학생들의 서울대 입학률이 다른 지역보다 훨씬 높게 나타났고, 1980년대 이후 전국 평균보다 2~3.5배를 꾸준히 유지하는 것으로 조사되었다. 1990년대 이후에는 고졸학력 미만의 아버지를 둔 수험생은 감소하였으나 대졸학력 아버지를 둔 수험생은 5.8배나 증가하였으며 특히 의사나 교수, 고위 공무원, 대기업 임원 등의 직업을 아버지로 둔 입학생 비율이 그렇지 않은 입학생의 16배나 높게 조사되었다. 이러한 연구결과들을 통해 우리나라의 교육적 사회 불평등은 더욱 확산되고 있고 계층 간의 격차도 크게 벌어지고 있음을 보여주고 있다.

지방자치단체의 교육경비보조금 지원 실태와 학교발전기금 모금내역에서도 지역 간 격차가 발생하였는데 이러한 지원격차는 공교육비 격차의 심화로 이어짐으로써 계층 및 지역 간의 격차는 더욱 증가할 가능성이 크다. 고등학교의 교육격차 실태를 분석한 연구에서도 도시와 농촌의 격차는 매우 컸고, 지역규모 단위로 비교하여도 도시와 농촌 간에는 교육의 투입과 산출 모두에서 상당한 격차가 확인 되었다. 사회적 양극화는 가정해체와 결손가정의 발생에도 영향을 미치는데, 부모의 보살핌을 제대로 받지 못하는 학생들은 부모가 함께 사는 학생들에 비해 교육지원과 문화 활동 면에서 가정의 지원이 매우 낮게 나타났다. 학교 소재지의 소득 수준에 따라 방과 후 보호자 유무의 차이, 부모와 책이나 신문 읽기, 부모와 자연이나 문화 체험하기 등에서도 지역 간 차이는 크게 나타났다(이혜영 · 강태중 · 김수영, 2004).

교육의 사회양극화의 격차를 완화하는 방안은 고등교육의 교육 기회 형평성을 높이기 위해 저소득층에 대한 선별지원이 제대로 이루어져야 한다. 교육은 모두의 성공을 위해 이루어져야 하며 조건과 상관없이 누구든지 능력을 개발하고 발휘할 수 있는 교육 및 사회 분위기와 여건이 조성되어야 한다. 사회적 양극화 해소를 위한 교육부문의 대책과 과제로 중요한 것은 공교육 영역 및 기능의 확대이다. 공교육의 활성화로 가정배경의 영향은 최대한 축소시키고, 학습 부진아에 대한 조기 개입 지원으로 결손 가정 자녀의 공적 보호와 지원이 지속적으로 이루어져야 한다. 이 외에도 가정에서의 사회적, 경제적, 문화적 부족을 보완할 수 있는 공공적 장치를 확립하고 지역사회와 학교가 연계하여 사회적 양극화의 문제를 해결해 나가야 할 것이다.

Chapter

11

Introduction to Education

# 평생교육

21세기 지식정보 사회에 진입하면서 우리 사회 전반에 걸쳐 많은 변화가 예측되며 이러한 변화에 직접적인 영향력을 행사하는 '지식'과 '정보'는 국제사회에서의 국가적 위치와도 관련이 있다. 즉 지식기반 사회의 발전과 국가의 경쟁력 향상을 위해 영향력을 행사하게 되는 것은 다른 어떤 분야보다도 '교육'에 관한 이슈가 될 것으로 전망하고 있다. 따라서 평생교육의 필요성, 이론적 배경, 평생교육자 및 평생교육사, 미래사회와 평생교육, 한국 평생교육의 발전 방향에 대해 살펴보도록 하겠다.

## 1절 평생교육의 필요성 및 개념

### 1. 평생교육의 필요성

4차 산업혁명 시대가 도래하며 우리 사회 전반에 걸쳐 많은 변화가 예측되며 이러한 변화에 직접적인 영향력을 행사하는 '지식'과 '정보'는 국제사회에서의 국가적 위치와도 관련이 있다. 이에 따라 각 국가에서는 내부적 혹은 외부적으로부터 가능한 많은 지식과 정보를 확보하고자 노력하며, 내부적인 발전의 가장 큰 방법은 교육을 통한 지식인 육성과 그들로부터 나오는 기술 및 정보의 활용이 될 것이다. 정보통신 기술의 발달과 생활양식의 변화, 가치관, 신념, 태도의 변화까지 요구하는 지식과 정보의 사회, 즉 지식기반 사회의 발전과 국가의 경쟁력 향상을 위해 영향력을 행사하게 되는 것은 다른 어떤 분야보다도 '교육'에 관한 이슈가 될 것으로 전망하고 있다. '배움에는 끝이 없다'라는 말처럼 교육이라는 분야는 한 사람의 인생으로부터 시작해 나아가서는 한 국가의 미래에도 지대한 영향을 끼칠 수 있기 때문에 급변하는 현대사회와 미래사회는 새로운 역할과 책임을 수행할 수 있는 인간의 계속적인 적응을 요구하기 때문에 교육의 의미도 새로운 접근과 해석이 필요하다. 다음은 평생교육의 필요성을 인구학적 변화, 지식기반사회로 변화, 학교교육의 한계, 직업세계의 변화, 여가생활 변화의 측면으로 살펴보고자 한다.

### 1) 인구학적 변화

우리나라의 경우 나이가 많은 성인인구의 증가 속도는 세계에서 가장 빠르며 지난 2000년에 65세 이상의 인구비율이 고령화 사회 기준의 7%를 넘었고 이러한 변화의 속도를 감안하면 2019년에는 고령화 사회에 진입하게 될 것이라고 예측한다. 이는 현대 의학, 과학, 기술 등의 영향으로 인간 발달단계 주기의 변화에 영향과도 관련이 있다. 여러 요인들의 영향으로 성인인구의 증가와 함께 사회에 대두되는 문제는 노동문제, 연금문제, 노인 복지시설 확충 등이 있고 이 중 고령화 시대에 가장 시급하게 해결해야 할 문제는 일을 하고자 하는 의지가 있어도 나이 조건에 의해 직장을 잃게 되는 노인들에게 일자리를 제공하는 일이다. 이에 따라 평생교육의 필요성과 관심도 높아지게 되었는데 고령화 사회에서의 평생교육의 기회 확대는 노인들의 경제활동 활성화로 노인소외 문제해결을 할 수 있게 될 것이다. 이전 학습의 주된 대상은 아동 및 청소년 등 학생이었기 때문에 교육의 필요성은 학교 교육에만 맞춰 발전했지만, 앞서 언급한 성인사회인구의 증가로 인해 적절한 교육기회가 제공되어야 하고 그 분야로는 직업교육, 취업교육과 나아가 여가 활동에 대한 교육, 문화 및 예술 분야의 교육까지 포함된다(김경희 외, 2009).

### 2) 지식기반사회로 변화

미래사회는 지식을 기반으로, 지식이 핵심자원이 되는 사회가 될 것이며 이러한 시대는 산업시대와는 다른 변화가 요구될 것이다. 개인과 기업은 물론 사회환경에 이르기까지 전면적인 변화가 일어날 것이며 이에 따라 교육의 변화도 필요하다. 지식기반사회에서 요구하는 인재는 폭발적으로 넘쳐나는 정보들을 탐색, 선택, 종합, 활용, 재생산이 가능한 능력, 첨단 정보기술 장치를 활용하는 능력, 자신의 삶을 주체적이고 능동적으로 관리하는 능력, 소통과 협업, 그리고 협력이 가능한 자, 창의적이고 예술적인 상상력을 갖춘 사람, 유용한 정보와 윤리적으로 옳은 가치를 판단하는 것이다. 이러한 지식기반 사회에 통합된 역량을 가진 인재를 양성하기 위해 국가는 획일적 교육에서 벗어나 더욱 큰 의미의 교육적 시도를 주요소로 삼아야 한다.

### 3) 학교교육의 한계

학교교육의 한계와 위기에 대한 비판은 1960년대 이후 고조되기 시작하였다. 사회구조가 복잡해지고 인구가 증가함에 따라 사회 전반에 걸쳐 많은 변화를 가져왔고 학교는 이러한 변화 속의 사회구조에서 사회적 지위상승을 위한 경쟁의 장으로 탈바꿈하게 되었다. 폭발적으로 증가하는 지식과 정보에 따른 급격한 사회변화는 학교교육의 탄력적인 대처와 능동적 기능으로의 변화를 추구하였으나 오히려 학교는 제도적으로 기능약화를 초래하고 학교교육에 대한 한계가 드러났다. 각 나라에서는 이러한 교육적 위기의 한계를 대처하고 극복하기 위해 새로운 교육체제 전략을 수립하고, 평생교육이념 구현에 목적을 둔 교육개혁을 위해 실천적인 움직임이 이루어지고 있다. 유네스코에서는 급변하는 사회에 직면하는 위기를 극복하기 위해 평생교육을 새로운 교육패러다임으로 제시하였고 각국에서도 새로운 교육체제의 수립과 실천을 위해 지속적인 노력과 시도를 하고 있다.

### 4) 직업세계의 변화

정보통신기술의 발달은 지식과 정보가 사회 전반활동에 영향을 미치며 이러한 고도의 정보화가 가속화될수록 직업구조에도 변화를 가져온다. 정보와 지식의 정도에 따라 직업구조는 양분화될 것이며 이는 산업구조의 재편, 노동속성의 변화, 기술의 혁신으로 연결되며 직업세계는 변화할 것이다. 또한, 정보화와 자동화에 기반을 둔 작업구조와 일의 형태 변화는 새로운 지식과 기술을 끊임없이 학습할 수밖에 없는 구조로 변하여 이러한 변화에 능동적으로 대처하는 지식인만이 일자리의 기회를 많이 갖게 될 것이다. 빠르게 변화하는 속도만큼 직종의 변화와 직업의 생명 속도에도 급격한 변화가 예상되는데 특히 직업 생명의 속도는 확실히 줄어들고 있다. 새로운 변화에 적응하고 대처하기 위한 지속적인 대안교육의 필요는 더욱 커질 것이다.

### 5) 여가생활의 변화

경제발전과 생활수준의 향상은 여가의 증가를 가져왔고, 경제적인 안정은 여가와 문화에 관심을 갖게 하여 높은 생활양식의 변화와 문화가치의 향상은 평생교육의 필요성을 강조하고 있다. 초기 산업사회에서 여가는 학교교육과 직업생활을 마치고 노년이 되었을 때부터 갖는 것으로 생각하였으나, 후기 산업사회의 기계발달로 인한 생산성의 증가는 노동시간을 크게 단축시킴으로써 여가생활이 증가하였다. 노동시간의 감소로 휴가제도가 정착되어감에 따라 개인의 소득향상에 영향을 미치는 자기계발을 위한 여가에 대한 교육의 요구도 증가하고 있다. 21세기 산업사회에서는 여가시간이 노동시간보다 약 9배나 더 많아지기 때문에 효율적이고 생산적인 여가생활의 활용은 개인적인 측면을 넘어 사회정책의 문제로 여겨져야 할 것이다(김경희 외, 2009). 이러한 평생교육은 개인의 자아실현과 사회적 기여를 할 수 있도록 지속적으로 발전시켜 실천해 가야 할 것이다.

## 2. 평생교육에 관한 용어

평생교육에 사용되고 있는 관련 용어는 성인교육, 계속교육, 순환교육, 지역사회교육, 사회교육, 직업교육, 평생교육, 형식교육, 비형식교육, 무형식교육으로 구분하였다(서보준 외, 2015; 가영희 외, 2008). 관련 용어에 대한 정의를 살펴보면 다음과 같다.

### 1) 성인교육(adult education)

성인들이 자신의 직업 활동에 적합한 기술향상과 흥미 및 인성의 발전을 위한 이루어지는 비공식적인 교육훈련 활동이다. 사회적 활동에 적극적인 참여로 인한 사회적 관계의 증진, 기초 및 보충교육, 직업, 전문적 교육, 건강 등의 영역을 포함하는 조직적이고 체계적인 교육이다.

### 2) 계속교육(continuing education)

1944년 영국의 교육법(Butler Act)에 의해 사용된 개념으로 확장 교육의 의미로서 의무교육(영국의 의무교육 연령 15세)을 마친 후 계속적으로 전일제 및 시간제 수업의 기회를 제공받게 하는 것을 의미한다. 여가를 이용한 문화 활동 및 레크리에이션 활동 등도 포함되며 이는 성인교육에 뿌리를 두고 있다고 할 수 있다.

### 3) 순환교육(recurrent education)

의무교육을 마친 사람이 다시 직업훈련기관이나 학교 사이를 왕래하며 기술이나 자기의 삶에 필요한 교육을 받는 것을 말하며 이것을 재교육, 반복, 환류될 수 있는 교육이다. 학교교육을 마치고 각자 직업생활에 종사하는 성인들에게 수시로 적절한 시기를 택하여 계속적인 재교육을 하는 것이 필요하다는 견해에서 비롯되었고, 기업 내에서 이루어지는 교육뿐만 아니라 일정 기간 유급휴가를 주어 정규교육 기관, 연구기관 파견 등을 하여 이루어지는 교육도 포함한다.

### 4) 지역사회교육(community education)

지역사회의 요구와 학교교육을 보다 더 접근시키기 위한 지역사회 지향적 교육이다. 성인교육개념과 유사하기는 하나, 특정 지역의 대상으로 그 지역 생활의 공통된 문제를 해결하기 위한 지역 전체의 의식 교육이라는 점에서 성인교육과 차이가 있다. 지역사회교육에서는 일반 교육 프로그램과 함께 건강, 레크리에이션, 직업준비 등 다양한 교육 프로그램을 운영한다.

### 5) 사회교육(social education)

서구사회에서의 사회교육은 직업, 생활, 여가, 취미, 교양 등의 교육을 통해서 보다 나은 삶을 위하여 개발된 성인교육의 개념으로 사용하였다. 일본에서는 제국주의 시대부터 제도교육을 제외한 교육을 사회교육이라는 개념으로 사용하였고, 교육이 인간의 자립심을 기른다고 정의하면 사회교육은 선전이나 교화

(propaganda)라는 측면에서 사용되었다. 이후 사회교육이란 용어는 사회주의 이념과 용어의 혼란으로 기피해 오다가 1950~60년대부터 교육의 현장과 지역사회에서 많이 사용하고 있으며 현재는 사회교육을 생애교육이란 용어와 병행해서 사용하고 있다.

### 6) 직업교육(jobs training)

이것은 진로교육(career education)이라고도 하며 특히 미국에서 성인을 대상으로 학교와 직업훈련원, 커뮤니티(community)가 주로 실시한다.

### 7) 평생교육(lifelong education)

형태상 형식적, 제도적 교육을 학교교육이라고 말하고, 비형식적, 비제도적 교육을 학교 외의 교육이라고 할 때에는 사회교육을 의미하나, 평생교육은 이 모두를 포괄하여 인간이 태어나 죽을 때까지의 시간적 차원과 성, 인종, 노소 모두를 포함하는 공간적 차원을 총망라하여 생존권의 하나로 교육과 학습을 말한다. 평생교육기관에서의 교육은 정규와 제도적 교육에서 필요로 하는 교과 이외, 교육적 성격을 가지는 모든 기관, 박물관, 도서관까지를 포함한다.

### 8) 형식교육(formal education)

일반적으로 학교교육 혹은 공교육과 같은 제도화기관에서 이루어지는 교육의 의미로 사용된다. 보통 형식적인 교육기관에서 5세부터 약 20~25세까지의 공식적인 교육을 의미한다. 주로 정부가 주도하는 교육이다.

### 9) 비형식교육(nonformal education)

형식교육의 장소인 학교 등을 벗어난 외부에서 이루어지는 교육활동으로 학원, 연수원, 강습소가 이에 해당한다(Coombs, R. & Ahmed, M., 1974).

### 10) 무형식교육(informal education)

TV, 라디오, 신문, 친구, 직장, 가족 등으로부터 지식과 기술, 직관적 능력을 획득할 수 있는 교육을 의미한다. 비조직적인 특징으로 이루어지는 교육으로, 형식교육과 비형식교육에 비해 가장 덜 체계적인 교육이다.

## 3. 평생교육의 개념

평생교육이란 유아에서 시작하여 노년에 이르기까지 평생에 걸친 교육을 말하며, 학교교육과 사회교육을 모두 포괄하는 개념으로, 오늘날 대부분의 국가가 평생교육 이념하에 교육체제를 재정립과 실천과정에 있다. 제2차 세계대전 이후 유네스코를 중심으로 평생교육이 세계적인 관점에서 논의되기 시작한 이래 정식으로 평생교육의 교육이념이 유네스코에서 채택된 것은 제3차 성인교육 국제회의에서였다. 이 대회에서 33개 항목으로 구성된 건의서가 받아들여졌는데, 그중에 "성인교육은 평생교육에 통합된 분야로 보아야 한다."라는 항목이 포함되어 있다(서울대학교 교육연구소, 1994).

평생교육의 의미를 규명하고자 하는 대부분의 학자들과 전문가들은 평생교육의 정의를 학교교육과 사회교육, 더 나아가서는 무형식 교육까지에 이르는 광범위하게 정의하고 있다. 반면 우리나라의 2014년 개정된 평생교육법에서는 "학교의 정규교육과정을 제외한 학력보완 교육, 성인·문자해득교육, 직업능력 향상교육, 인문교양교육, 문화예술교육, 시민참여교육 등을 포함하는 모든 형태의 조직적인 교육활동을 말한다."(국가법령정보센터, 2018)고 평생교육을 규정하였고, 평생교육의 개념에서 학교교육은 제외되어 있다. 정리를 해보면, 우리나라의 평생교육의 개념적 정의에는 학교교육이 포함되고, 법적·제도적 정의에는 학교교육을 제외한 사회교육의 정의를 따른다. 평생교육에 대한 개념이 퍼지기 시작하며 국내외 많은 학자들이 평생교육에 대한 정의를 내리고 있다. 학자들이 제시한 정의는 다양하고 그 수가 상당하여 여기에서는 평생교육의 정의 몇 가지만을 제시하고자 한다(김용현 외, 2015).

1) 평생교육은 인간의 삶의 질 개선을 위하여 태교에서부터 시작하여 유아교육, 아동교육, 청년교육, 성인초기교육, 성인후기교육, 노인교육을 수직적으로 통합한 교육과 가정교육, 사회교육, 학교교육을 수평적으로 통합한 교육을 모두 포괄하며 평생교육의 목적은 개인의 잠재능력 신장과 사회발전에 참여하는 능력의 계발이다(김종서, 1982).
2) 평생교육은 문자 의미 그대로 평생을 통한 교육을 말하며 일정한 연령층을 대상으로 한다. 정해진 기간의 제도적인 학교교육과 비조직적이고 비효율적인 상태로 방치되어 있는 사회교육의 기능을 모두 개편하여 강화시킴으로써 사회의 교육자원을 효율화하여 궁극적으로는 교육역량을 극대화하려는 것이다. 또한, 급격히 변화하는 사회에 대비하여 개인 및 집단의 지속적인 자기계발과 사회적 적응을 하도록 학교의 사회화와 사회의 교육화를 이룩하려는 일련의 새로운 교육적 노력이다(유네스코 한국위원회, 1973).
3) 평생교육이라는 새로운 개념은 변화와 강조의 주요한 방향을 나타내는 세 단어, 즉 확장, 혁신, 종합으로 요약될 수 있다(진원중, 1981).
4) 평생교육은 개인적이나 사회적인 관점에서 모든 교육적 과정을 총괄하는 개념이다.
5) 평생교육이란 모든 국민에게 평생 동안 자신이 가진 다방면에 걸친 소질을 계속으로 발전시키고 사회의 발전에 충분히 참여할 수 있게 하는 교육을 말한다(차경수, 1982).

위와 같이 평생교육에 대한 정의를 살펴보면 삶, 평생, 통합과 교육이라는 성격을 공통적으로 내포하고 있음을 알 수 있다. 학자마다 평생교육을 정의하는 표현방식에는 차이가 있지만 평생교육은 인간의 삶에 있어서 통합적인 '교육의 총체적 체계'라는 의미를 담고 있다.

## 4. 평생교육의 특징

평생교육의 특징에 대한 내용도 학자마다 차이점이 있으나 서로 비슷한 내용을 다양한 방식과 관점으로 다룬 것이라고 할 수 있다. 공통적인 내용을 정리하여 제시하면 다음과 같다(한숭희, 2009).

### 1) 요람에서 무덤까지-교육의 성격 재규정

평생교육이란 교육이라는 개념에 평생이라는 삶의 주기를 함께 정의한 것으로, 학교교육뿐만 아니라 평생에 걸쳐 이루어지는 모든 교육활동을 의미한다. 즉, 교육이라는 개념 안에 학교교육에 대해서만 강조하고 있는 오류에 대한 개념 수정이라고 할 수 있다. 이러한 개념을 토대로 평생교육은 인간의 삶에서 지속적으로 일어나는 교육을 말한다는 특징이 있다.

### 2) 제도적 차원의 교육 확장과 평생학습체제 구축

교육이라는 것은 사회 제도적 장치이며, 교육의 확장과 변화를 위해서는 경제적인 자원과 인적자원이 투입되어야 한다. 이러한 이유로 어느 사회에서든 교육적 지원에 있어서 제한된 자원의 제한된 제공이 이루어지게 되는데 이는 제도화를 통해 이루어진다. 이러한 점으로 보면 학습의 주요 대상이 아동과 청소년이고 이 시기를 중심적으로 교육을 하는 제도적인 규정은 제한된 자원을 반영했을 때 현실적인 방안이라고 할 수도 있을 것이다. 평생교육은 이와 같은 제한적 제도에 대한 대안으로 작용하는 특징이 있고, 제도적으로 규정된 학교교육 외의 다양한 대안적 교육기회의 등장과 소외되었던 대상자들을 참여시킬 수 있게 되었다.

### 3) 교육을 새롭게 이해하는 원리와 관점

평생교육은 시대의 변화에 따라 조명되며 새로운 시대에 맞는 교육관이라는 특징을 가진다. 평생교육을 실천의 차원에서 보면 관찰할 수 있는 단위의 행동이라고 보기는 어렵다. 사람들은 늘 무엇인가를 지속적으로 배우고 학습을 반복하지만, '평생학습' 중이라고 표현하지 않는다는 것이다. 역으로, 평생교육은 미래를 지향하는 교육현상을 이해하는 하나의 관점으로서 작용할 수 있는 것이다. 쉽게 생각하는 용어로서의 정의가 아닌 지속적인 실천을 바탕으로 하는 새로운 원리의 교육 관점을 가지고 있기 때문이다.

### 4) 평생학습사회의 교육개혁 체제

평생교육은 시간과 공간의 축을 동시에 확장 시키며 교육의 개념 범위를 광의로 발전시켰다. 각 개념 간의 연계가 이루어졌고 교육을 지칭하는 형식교육에 비형식교육과 무형식 학습까지 교육의 개념 범위 안으로 포함하게 되었다.

이러한 과정에서 물리적 확대와 화학적 확대라는 개념이 등장하였는데, 물리적 확대는 교육을 단계별 과정으로 보고 학교교육이라는 벽돌 위에 성인 및 노인교육이라는 벽돌을 쌓고 다시 비형식 및 무형식 교육까지 쌓아 올리는 것이다. 즉 평생교육은 학교교육 자체의 변화를 요구하는 것이 아닌, 점차 쌓아 올리는 벽돌을 통한 확장의 단계 변화를 의미한다. 화학적 확대는 교육의 장은 처음부터 하나라는 개념으로 보고 학교교육, 사회교육 등을 편의적으로 나누어 지칭하는 것뿐이라고 정의한다. 즉, 기존에 각각 불리던 학습과정은 모두 하나의 교육이라는 개념 안에 포함한다는 확대된 개념의 관점으로 볼 수 있다.

## 2절 평생교육의 이론적 배경

평생교육의 등장 배경 및 개념, 특징들에 관한 이야기로 학자들이 평생교육을 어떻게 바라보고 있으며, 평생교육이 우리 사회에 어떤 영향을 끼칠지를 볼 수 있는 내용들이었다. 그렇다면 평생교육을 사회적으로 수용하고 진행, 발전시키는 방법에 있어서 학자들은 어떤 이론을 근거로 이야기하는지 알아보도록 한다(서보준 외, 2015).

# 1. 철학적 배경

## 1) 나토르프의 평생교육학

독일의 철학자 파울 나토르프(P. Natorp)는 마르부르크학파 이론을 집대성하여 발전시켰으며 평생교육학을 주장하였다. 나토르프는 교육학의 문제에 대해 언급하며 사회에서의 개인의 근본적인 관계를 체계적으로 규명해야 한다고 하였고, 이와 관련하여 교육학의 근본적인 과제는 사회적 조건과 사회생활의 교육적 조건을 연구하는 것에서부터 시작되어야 한다고 보았다. 나토르프는 욕구, 의지, 이성을 순차적인 개인적 심성으로 정의하였고, 성숙한 인간은 자기의 욕구와 의지를 이성으로 조정하며 행동한다는 것이다.

나토르프는 의지의 법칙을 강조하는 윤리학, 사고의 법칙을 강조하는 논리학, 미적 활동의 법칙을 강조하는 미학 그리고 모든 법칙의 주관적인 체험을 강조하는 심리학 등의 학문이 바탕이 되는 철학을 기반으로 교육을 수립하였고, 실천을 강조한 칸트처럼 윤리적 실천을 목표로 하는 윤리, 논리, 미를 교육의 목적으로 제시하였다. 학교는 의무적 교육을 시행하고 그 이후의 상급학교는 개인의 선택권에 따라 진학 여부를 결정하는 교육 방식을 역설했으며, 인간은 공동사회를 통해 완성되며 공동사회와 교육은 동일한 입장이라고 하는 교육입국론을 주창하였다.

## 2) 듀이의 학습사회론

철학자 듀이는 교육은 곧 생활이며 사람이 생활하는 곳은 어디든지 교육의 장이 될 수 있다는 교육의 사회적 의미를 강조했다. 듀이에 따르면 교육이 이루어지는 곳은 학교뿐만이 아니라 일생에 걸쳐 계속되는 것이며, 인간은 결국 교육과 함께 성장하는 것이라고 하였다. 듀이의 교육 철학은 계속적인 경험을 재구성하고 과거의 경험을 기반으로 하는 새로운 경험을 중요시하는 것이다. 또한, 그는 사회적 의의를 강조하며 학교가 아닌 곳의 학교화를 주장하였고, 가령 공장의 학교화, 학교의 공장화 혹은 농장의 학교화와 학교의 농장화가 그러한 예이다. 이와 같은 듀이의 교육철학은 20세기 진보주의 교육운동으로까지 이어져 우리나라에는 해방 직후에 도입되었다.

### 3) 브라멜드의 재건주의론

미국의 교육철학자 시어도어 브라멜드(T. Brameld)의 재건주의는 사회 재건을 주장하는 철학을 바탕으로 하며 교육을 통한 현대사회의 재건을 교육에 대한 재건주의론 이다. 재건주의의 교육원리는 다음과 같다.

(1) 교육의 가장 중요한 목적은 사회의 재구성이고 이에 필요한 프로그램을 개발하는 것이다. 반드시 사회 재구성은 교육을 통해 이루어져야 한다.

(2) 새로운 사회는 민주적인 사회가 되어야 하고, 주요 기관과 자원들은 국민 스스로에 의해 통제되어야 한다. 그러므로 사회의 재구성을 위해서 사회 구성원들은 재교육이 이루어져야 한다.

(3) 교사가 재건주의 사상을 주창해야 하고 이는 설득을 바탕으로 이뤄져야 하기 때문에 교사 스스로는 민주적인 방법과 문제 해결 방안이 있어야한다.

(4) 학교와 교육은 사회적, 문화적 힘에 의해 재구성되어야 한다.

(5) 교육의 목적과 방법은 행동과학의 연구 성과에 의해 헌신되어야 한다. 이러한 재건주의의 교육원리를 주장하며 브라멜드는 저서를 통해 미국의 교육 문제를 강력하게 비판했다. 또한, 자아실현을 인간 모두의 목표라고 하였고 교육을 통해 능력을 최대한 발휘하도록 해야 한다고 주장하였다.

### 4) 노울즈의 성인 교육론

현대의 평생교육학의 방향의 정립과 학문적 발달에 지대한 영향을 준 학자 중 하나가 미국의 사회교육학자 노울즈(M. Knowles)이다. 노울즈는 특히 성인을 학습의 주요 대상자로 하여 그동안 아동이나 청소년을 주 대상으로 발달해온 학습 이론과 원리를 성인교육학이라는 새로운 개념으로 옮기는 발판을 마련해주었다. 노울즈의 성인교육론의 전제는 자립과 자발성이다. 성인 개개인마다 성숙의 정도는 차이가 있지만, 자신들이 배움의 주체가 되어 결과적으로는 자기주도적 학습을 하도록 도움을 주는 것이다. 노울즈의 교육관은 인간주의를 기반으로 하여 자아실현을 성인교육의 목적 및 목표로 삼았다. 학습자의 개인적 동기와 관심, 성향에 따른 근본적 자아실현을 성인교육을 통해 이루는 것을 목표로 하였다.

## 2. 평생교육 이론의 전개

### 1) 이반 일리치의 이론

오스트리아 철학자인 일리치(I. Illich, 1970)는 인간과 환경 사이에서 새로운 양식의 교육적 관계를 만들기 위해 「탈학교의 사회」를 저술하였으며, 학교 중심의 사회를 넘어 인간학습의 총체적 네트워크를 주장했다. 이러한 주장의 가능성을 구체화하기 위해 이반 일리치는 기존 학교모델은 해체를 주장하고, 주체적인 학습자와 학습자의 환경과 유기적 관계를 통한 교육의 모델을 제시하였다.

### 2) 랭그랑의 이론

프랑스의 교육가 랭그랑(P. Lengrand)에 의하면 교육은 학습자의 앎과 삶을 통합하여 스스로의 경험을 성장시켜 학습의 주체자로서의 역할을 지원하는 일이라고 하였다. 그가 제시한 쟁점들을 토대로 1970년대 유럽의 평생교육체제 변혁론은 다음과 같다.

(1) 현재의 교육체제는 한정된 시기로 국한되어 있으나 교육의 본질은 한정된 시기에만 나타나는 것이 아니므로 교육은 전 생애에 걸쳐 평생교육으로 이루어져야 한다.

(2) '지식 교육'에 치중되어 있는 현재의 교육은 인지적인 측면에만 중점을 두고 있기 때문에 정서적, 심미적, 직업적, 정치적 등 포괄적인 교육관점으로 접근하여 변화해야 한다.

(3) 교육은 인격적인 측면의 전체적, 유기적인 발달을 중심으로 연계하고 내부에서는 학습과 지식이 순화되어야 한다. 즉, 평생교육은 다양한 교육장면과 형식의 재배치와 재구성되어야 한다.

(4) 집적된 정보를 다음 세대로 전달을 목적으로 하는 현재의 사회화 모델에서 인격이 적극적으로 구성되고 형성되는 변증법적인 견해를 토대로 전개되어야 한다.
(5) 현재 교육체제는 규제 및 강제에 따라 기성 문화가치의 습득에 중점을 두고 있으나 평생교육은 개인의 특성에 따라 자주적인 성장에 중점을 둔다.
(6) 교육이 선별도구로서의 기능이 아닌 인간의 자질을 발단단계에 따라 발휘하게 하는 것이 중요하다. 교육을 통해 전 생애의 걸친 다양한 선발 기회가 보장되어야 한다.
(7) 초중등학교와 대학 등 제도적으로 분야를 한정하는 것이 아니라, 평생교육은 직장, 정당, 클럽 등 실제 생활과 관련한 환경 및 상황에까지 확대시키는 것이다.
(8) 현재 교육체제가 도서, 강연, 학교, 대학제도 등의 범위를 매체나 훈련에 한계를 두는 것과 달리 평생교육은 교육매체 혹은 교육방식의 범위를 교육기회의 선택 시 부여된 환경 안에서 개인과 사회의 능력이 적용될지의 여부로 결정한다.
(9) 현재 교육이 교사 등 사회의 일부에 의해 이루어지는 것에 반해 평생교육은 때와 장소 등 환경에 따라 사회 전체가 교육을 제공할 수 있다.

위와 같은 랭그랑의 주장을 정리하면 교육체제 유연화의 지향, 학습자에게 유의미한 학습 경험을 전달하기 위한 재구성이 평생교육의 중심이 되어야 한다는 것이다.

### 3) 포르의 교육체제 개혁

평생교육체제에 대한 구체적인 대안은 에드가 포르(E. Faure)가 발표한 보고서 「존재를 위한 학습」(Learning to be, 1972)을 통해 명확하게 파악할 수 있다. 포르는 교육제도의 개혁방향을 '학습사회건설'로 제안했으며 평생학습사회를 위한 개혁원칙 21개를 제시하였다. 극단적인 교수 중심과 국가 중심의 보수성을 개혁하기 위하여 다양한 제도적 개혁 장치를 함께 제안하였으며, 21개 원칙들의 주요 내용은 학교 중심 사회에서 평생학습 중심 사회로의 전환을 위한 철학들을 담고 있다. 다양한 생활 경험으로부터 습득하는 교육적인 부분을 학습의 결과로 인정하고 교육방법의 다양한 수단을 제시하였다.

### 4) 데이브의 삶의 통합을 위한 교육체제

위에서 언급한 21개의 원칙들은 데이브(R. H. Dave)가 제시한 개념 특성 20개와 흡사한 부분이 많다. 유네스코 교육연구소를 중심으로 활동한 평생교육학자 데이브는 평생교육의 이념 및 이론적 배경 형성에 크게 기여하였다. 그에 따르면 평생교육의 개념은 삶에서 시작하며 삶에 대한 이해가 우선시되어야 하며 이후 평생이라는 개념을 제시한다. 데이브는 평생을 생명을 유지하는 모든 시간 및 공간의 영역으로 정의하였고 평생교육은 이러한 삶의 유지와 개인의 성장에 필요한 학습을 지원하는 교육체제라고 정의하였다. 데이브는 20개의 특성 이외에도 평생교육과 관련한 개념적 특성을 네 가지로 구분하여 제시하였다.

(1) 평생교육은 과거의 교육이 전문적 지식을 중점으로 다루는 것으로 인식되었던 것과는 달리 생활 속에서 일어나는 모든 종류의 의식과 변화를 교육활동으로 여긴다. 사소한 것을 배우는 것은 교육이라고 생각하지 않았던 이전의 교육과는 대비되는 것으로, 앎과 삶의 변증법적 투영을 통해 개인과 사회의식을 지속적으로 진화시키는 활동 전체를 평생교육이라고 하였다. 이와 같은 인식의 변화는 곧 교육의 민주화로 이어지고 소수 집단에게 집중되었던 교육지원은 일반 다수에게 재배치되어 기회의 평등을 가능하게 한다.

(2) 앞서 제시한 교육목적 및 가치변화를 위해서는 평생교육제도가 인생과 사회 전반의 교육자원을 엮을 수 있는 통합된 새로운 시스템으로 자리 잡아야 한다. 교육이 학교교육의 종료와 함께 끝나는 것이 아니라 평생 동안 계속되는 과정으로 이해하고, 성인교육에 국한되는 것이 아니라 학령 전 교육, 초등교육, 중등교육과 이후의 모든 교육을 망라하고 통합한다고 정의

할 수 있다. 즉, 교육을 전체로 보는 관점을 취하고 있다.

(3) 평생교육의 범위가 생활 전체로 확대되면서 직장에서 이루어지는 일들까지 모두 교육의 한 부분으로 본다. 형식적, 무형식적인 다양한 형태의 교육이 가능하고 이에 따라 특별한 교육방법도 고려할 수 있게 된다. 결국, 다양한 환경에서의 교육이 가능해지는 만큼 다양한 자료와 매체의 적용을 통한 새로운 발전이 필요하다.

(4) 총체적인 변화를 요구하는 평생교육은 사회의 변화에 따르는 종속변인으로서의 역할이 아니라 사회를 변화시킬 수 있는 촉진자로서의 역할을 감당하게 된다. 평생교육은 기존 교육체제의 결점을 보완하는 교정기능이 가능하며 모든 교육의 체계를 마련하는 역할을 수행한다.

위의 제시된 평생교육의 이론들의 전개 양상은 현대 사회는 다양한 요소들의 영향으로 변화하고 이에 따라 교육이라는 분야 역시 지속적으로 변화와 발전을 해오고 있다는 것이다. 사회 변화에 중심적인 역할을 하는 교육, 그중 교육의 개념체계에 변화를 주는 평생교육에 관한 이론들은 사회변화 속에서 교육의 목적 및 방식도 변화하며 새롭게 등장하게 될 것이다. 그러나 교육은 특정 부분에 국한되지 않고 전 세대와 모든 환경에서 이루지는 것이 가능하다는 개념은 쉽게 변하지 않을 것이다. 이러한 개념체계 하에서 개인의 발전을 위한 국가의 평생교육의 지원 체계에 대한 심도 있는 논의가 요구된다.

## 3절 평생교육자 및 평생교육사

우리나라에서는 평생교육에 종사하는 사람들을 평생교육사, 사회교육지도자, 평생교육담당자, 평생교육 교수자, 사회교육자 등의 다양한 용어로 지칭해 왔다. 지칭하는 용어를 보면 역할수행의 차이를 알 수 있는데, 평생교육사는 평생교육 분야에서 프로그램 개발, 운영, 평가, 관리, 학습상담, 교수 등을 모두 포함하는 종합적인 역할을 수행하고, 평생교육 교수자는 평생교육 해당 분야의 전문지식과 교수능력을 갖춘 자로 학습자에게 교육내용을 가르친다. 다시 정리하면, 평생교육에 종사하는 사람들을 지칭하는 용어들 중에 평생교육자, 사회교육자, 성인교육자 등의 용어는 평생교육에 관한 연구자와 실천가의 개념이 포함되었고, 평생교육사, 평생교육담당자 등은 평생교육 현장에서 직접 업무를 담당하는 자를 지칭한다.

## 1. 평생교육 교수자의 역할

평생교육의 효과적인 실시와 학습효과의 향상, 그리고 학습자들의 높은 참여율을 이끌어내는 데에 교수자의 역할은 매우 중요하다. 교수자의 역할을 타자주도적(전문가, 기획자, 강의자), 자기주도적(촉진자, 자원인, 학습관리자), 상호주도적(학습동반자, 개혁자, 연구조사자), 바람직하지 못한 교수자 등의 네 가지로 분류하여 설명할 수 있다(서명환 외, 2016).

### 1) 타자주도적인 교수자의 역할

(1) 전문가로서 평생교육 교수자 : 일반 공교육의 교수자와 달리 강의나 시범, 실습에 있어 자신의 전문적 지식이나 정보내용의 전문성을 그 특성으로 하여 학습을 이끌어 내며 이와 같은 전문가로서 교수자의 역할은 학습자의 경험이 부족할 때 효과적으로 사용 가능하다. 그러나 전문가로서의 역할은 학습자와의 상호작용 부족을 야기하여 지루함이 발생할 수 있으며 학습자는 무력감에 빠지거나 수동적이 될 수 있는 단점이 있다.

(2) 기획자로서 교수자의 역할 : 계획과 전략을 바탕으로 교육과정을 준비하거나 프로그램 개발 혹은 워크숍 의제를 작성할 때 요구되고, 교육과정에 필요한 자료를 선택하고 수집과정을 기획자로서의 역할이라고 보는 것이다. 그러나 교육 중에 학습자가 학습내용에 친숙하지 않다거나 혹은 시간이 부족할 때는 기획자로서 교수자의 역할을 수행했다고 보기 어렵다.

(3) 강의자로서 교수자의 역할 : '지배적인' 역할, 종종 전문가, 혹은 공식적인

권위가 주어진 역할이라고 할 수 있다. 주요역할은 학습경험 결정, 학습과정 구성, 피드백과 가이드 제공, 학습내용 설명, 과제 할당, 학습자 평가 등의 행동들을 포함하며, 이러한 역할은 기획자로서 교수자의 역할과 유사하다. 강의자로서 교수자의 역할은 학습자의 의존성을 높이는 상황을 조성하여 학습자의 경험, 독특한 개성을 간과하거나 상호작용의 기회를 차단시킬 가능성이 있어 신중한 역할수행이 필요하다.

### 2) 자기주도적인 교수자의 역할

(1) 촉진자로서 교수자의 역할 : 학습이 보다 용이하게 진행되도록 이끄는 역할, 즉 학습자에 대한 조력자의 역할을 수행한다. 교수자로서의 전문가, 기획자, 강의자의 역할은 행동주의 이론에 기반을 두었다면 촉진자의 역할은 인본주의 이론에 기반을 둔다. 학습자가 특정한 기술을 습득하거나 기초적인 지식을 얻고자 할 때, 자기주도 학습의 경험이 없다면 촉진자의 역할은 비효과적이라고 할 수 있다.

(2) 자원인으로서 교수자의 역할 : 학습과정에 필요한 각종 자원인 자료와 정보를 제공하는 것으로 학습자에 대한 영향력은 촉진자로서 교수자의 역할보다는 약하다. 모듈화되고 컴퓨터화된 교과과정에서는 정보와 질문에 대한 답을 제공하지만 학습과정에 이미 익숙하거나 학습내용에 대해 잘 알고 있는 학습자에게는 이들의 역할이 적합하지 않다.

(3) 학습관리자로서 교수자의 역할 : 학습자가 패키지화된 교육 프로그램에서 학습의 진행 상태를 파악하고 평가의 결과를 기록하여 다음 학습패키지로의 진행을 안내한다. 일반적인 평생교육기관의 업무 담당자로서 성인교육자가 책임지고 있는 학습자 명부관리와 출석상황, 학습상황 기록, 시간·장소의 설정과 기록 등의 일상적인 일도 학습관리자의 역할에 포함된다.

### 3) 상호주도적인 교수자의 역할

(1) 학습동반자로서 교수자의 역할 : 기본적인 철학적 원리를 성인학습자에게 제공하며 집단의 다른 성원과 동등한 책임과 원리를 공유하고 리더십을 배분한다. 교육자와 학습자는 상호작용에 의해 목적과 목표를 설정하고 교육자에 대한 학습자의 신뢰와 존경심을 고취시키며 학습자의 자기주도성을 조정해 준다.

(2) 개혁가로서 교수자의 역할 : 기본적으로 학습자와의 상호작용에 초점이 맞추어져 있다. 학습자의 역할을 명백하게 하고, 그들 전제의 타당성에 접근하며, 비판적인 자아성찰을 위해 그들의 가정을 검토한다. 교수자는 문제제기, 도전, 의식의 고양, 전환에 대한 기술들을 사용하는데, 대표적으로 저널쓰기, 역할극, 자유연상기법, 브레인스토밍 등이 있다.

(3) 연구조사자로서 교수자의 역할 : 학습자와 교수자의 행동과 반응, 환경적 특징을 체계적으로 관찰하고 각각의 관찰결과의 관계를 근거로 가설을 설정하고 검증한다. 최종으로 규칙과 원리를 형성하여 실천에 대한 이론이나 설명을 정교화하여 이론을 개발한다. 이때 분석 자료는 집단 활동의 기록자료와 학습자의 보고서, 프로젝트, 저널, 학습계약서, 평가기록 등이다. 연구결과를 일반화시킬 때는 항상 주의를 기울여야 할 것이다.

### 4) 바람직하지 못한 교수자의 태도

(1) 강의에서 목소리, 강의 기법 등 강의 진행에 변화가 없는 강의, 주제에 대한 충분한 소화 없이 교재를 읽기만 하는 철저한 교재 중심 강의, 체계적이지 못하고 짜임새 없는 구성이다.

(2) 강의 중에 학습자를 대하는 태도에서 공적인 강의 중에 학생들에게 말을 놓거나 학습자를 무시하는 태도, 특정인에게 관심을 보이며 다른 학습자들과 차별하는 태도, 생각이 다르다고 학생들의 의견을 잘못된 것으로 지적하는 태도이다.

(3) 강의시간에 보이는 교탁에 기대거나 앉아서 하는 등 너무 편한 자세로 강

의하는 태도, 강의 중에 교수자가 스마트폰을 사용하거나 벨소리를 나게 하여 집중을 방해하는 태도이다.

## 2. 평생교육 교수자의 자질

### 1) 녹스가 제시한 평생교육 교수자의 자질

녹스(A. B. Knox)는 평생교육 교수자의 자질에 대해서 평생교육 영역의 전반적 인식, 성인학습자와 평생학습에 대한 인식, 관계를 통한 창의적 실천에 대한 숙달 등의 세 가지로 나누어 설명하였고 구체적인 내용을 살펴보면 다음과 같다.

(1) 평생교육 영역 전반의 인식을 꼽을 수 있으며 평생교육 기관 및 조직, 평생교육 관련 사회의 흐름 및 쟁점을 이해하고 인사, 조직, 자원 등 평생교육 영역 전반과 관련하여 유용한 자료를 파악하고 해석한다.

(2) 성인학습자와 평생학습에 대한 인식을 의미하며 생애주기 및 평생교육 참여 동기, 학습방법 및 학습 환경에 대한 이해 등 성인학습자에 대하여 포괄적인 이해를 한다.

(3) 관계를 통한 창의적 실천에 대한 숙달을 의미하며 교수자의 다양한 배경과 전문성을 평생교육의 실천에 적용하고 행정가, 교수자, 상담자, 프로그램 개발가 등의 전문가로서 성인학습 지원능력을 숙달한다.

### 2) 브룩필드가 제시한 평생교육 교수자의 자질

브룩필드(S. Brookfield)는 평생교육 교수자가 갖추어야 하는 자질에 대하여 촉진자로서 숙달해야 할 요소를 제시하였는데 구체적인 내용은 다음과 같다.

(1) 학습을 유도하는 데 도움이 되도록 물리적·심리적 환경을 조성한다.

(2) 학습방법의 선정과 교과과정 개발에 학습자를 참여시킨다.

(3) 학습요구 진단과 학습에 대한 질적 평가에 학습자를 참여시킨다.

(4) 학습자의 학습목표 수립을 격려한다.

(5) 학습에 동원 가능한 자원을 파악 및 활용하여 학습목표달성을 위한 전략을

개발한다.

(6) 학습자의 학습계획을 위한 실천을 지원한다.

## 4절 한국 평생교육의 발전 방향

### 1. 우리나라 평생교육제도 지원

우리나라의 평생교육 지원체제는 평생교육법에 의거하여 국가와 지방자치단체에서 평생교육전담지원기구를 발족시켜 성인학습의 여건 및 질을 강화하고 있다. 평생교육제도의 지원체제는 다음과 같다(배석영 외, 2007).

#### 1) 성인교육 지원체제

평생교육기관을 활용한 성인교육 이수자에게는 사회적 대우를 위한 학점 및 학위취득 기회 부여 확대, 취업기회의 부여 등을 시행하고 있고, 직장에서는 각 실정에 따라 직장인들의 계속교육 및 재교육 등을 통한 자아실현과 업무능력 향상을 위해 유·무급 학습 휴가제를 도입한다.

#### 2) 고등교육 참여제도 확대

우리나라에서 고등교육기관 재학생 중 25세 이상이 차지하는 비율은 20.1%로 미국의 비율 45.9%의 1/2 이하 수준이다. 이처럼 성인들의 고등교육 참여율을 높이고 기회를 확대하기 위해서 학점은행제, 독학사 학위 취득, 시간제 등록, 사내대학 양성화, 사이버대학 도입, 문하생 학력인정 등 다양한 학점 및 학위인정제도를 도입하고 있다.

#### 3) 평생교육사 양성과 배치

평생교육사라는 명칭은 1999년 8월 이전에는 '사회교육전문요원'이었고, '평생교육법'이 제정·발효된 이후에 '평생교육사'로 바뀌었다. 평생교육사의 역할과 기능을 보면 과거에는 교육의 기획·진행·분석 및 평가업무에 한정되었으나, 개정 후에는 교수역할이 추가되었다. 또한, 평생교육사의 전문성의 향상과 인적자원을 효율적으로 활용하기 위하여 1, 2급으로 구분하였던 기존의 등급을 1, 2, 3급으로 세분화하여 양성하고 있다. 평생교육단체 또는 시설에는 평생교육시설 종사자의 인원수, 교육대상자의 인원수 등의 특성을 고려하여 평생교육사의 배치를 규정하고 있다.

### 4) 평생학습도시 조성

평생학습도시란 시민의 평생학습을 활성화하기 위하여 학습에 적합한 환경과 여건을 도시에 조성하여 도시 전체를 학습공동체로 만드는 이상적인 학습사회로서의 도시를 말한다. 한국교육개발원 평생교육센터에 의하면, '평생학습도시란 개인의 자아실현, 사회적 통합증진, 경제적 경쟁력을 제고 하여 궁극적으로 개인의 삶의 질 제고와 도시 전체의 경쟁력을 향상시킬 수 있도록 언제, 어디서, 누구나 원하는 학습을 즐길 수 있는 학습공동체 건설을 도모하는 총체적 도시 재구조화 운동이자 지역사회의 모든 교육자원을 기관 간 연계, 지역사회 간 연계, 국가 간 연계시킴으로 네트워킹 학습공동체를 형성하려는 지역 시민에 의한, 시민을 위한, 시민의 지역사회 교육운동'이라고 하였다. 1999년 광명시가 우리나라 최초로 평생학습 도시를 선언한 데 이어 2001년에는 대전 유성구, 광명시, 전북 진안군의 3개 도시가 평생학습 도시로 지정되며 전국적으로 확산하였다. 참고로 국가에서는 지정된 평생학습 도시에는 평생학습도시 조성을 위한 지원금을 지급하고 있다.

## 2. 우리나라 평생학습의 과제

우리나라 평생학습의 과제는 학습자 중심의 평생학습체제를 구축하는 것과 통합적 체제를 위한 교육형태 간의 역할 배분이다. 현재의 평생교육은 학습자의 학습의지와 편의는 고려하지 않고 있는 것이 현실이며, 학습 주체인 학습자의 적극적이고 능동적인 참여를 유도하고 더 나아가서는 우리나라 평생학습의 지속적인 발전을 위해 우선시 고려해야 하는 몇 가지 과제는 다음과 같다(배석영 외, 2007).

### 1) 평생교육의 이념과 기본방향의 정립

이념적으로 평생교육은 학교교육까지 모두 포괄하지만 실제로는 '학교 외의 교육'으로 이해하고, 인적자원개발 부문과는 별개의 분야로 나누어져 있다. 정책 수준에서 평생교육의 개념을 정립하여 평생교육의 종적·횡적 구조를 통합하고 인적자원개발과 학교교육의 영역까지 포괄하는 방향재정립이 필요하다. 또한, 평생교육 정책 논의의 폭을 확장하여 단기성과를 목표로 하는 국가중심의 평생교육 지원체제 수립이 아닌, 평생교육의 이념과 철학을 기반으로 하는 장기 비전의 정책방향의 정립이 필요하다.

### 2) 현행 평생교육 지원체제에 대한 성찰과 검토

평생교육법에 의거하여 도입된 평생교육 지원 추진체제의 안정된 구축을 위해 국가 수준과 지역 수준별로 비효율의 원인을 진단하고 그에 대한 해결방안을 연구 분석을 통해 구해야 할 것이다. 현재의 실정은 국가 수준은 물론 지역사회 내에서도 여러 추진 주체들 간의 충돌로 인하여, 정책추진의 효과성에 어려움을 겪고 있다.

### 3) 평생교육 지원정책 개선을 위한 실행계획

평생교육을 통한 인적자원개발과 국가경쟁력의 제고는 국가발전의 핵심 전략 중의 하나이고 이는 세계적인 추세이다. 사회 환경의 변화와 국가발전단계를 고려하여 적합한 평생교육의 정책방안과 추진전략을 제시해야 한다. 평생교육법에 명시되어 있는 것과 같이 모든 국민의 평생교육의 '현실'은 아직까지 이르지 못하는 상황이다. 평생교육의 현실을 이루기 위해서는 정책의 이념과 비전, 그리고 추진 전략이 합치하는 장단기 실행계획을 수립하는 것이 우선으로 되어야 할 것이다. 이를 위해서는 평생교육 지원을 위한 장기적·지속적인 기본 추진방향을 설정하고, 설정한 방향으로 다가가기 위한 긴요하게 추진할 실천과제를 선별해 내는 일이 필요하다.

Chapter

12

# 교육행정과 교육경영

교육행정은 교육기회 균등을 실현하고 개인의 교육받을 권리를 보장하기 위해 교육활동을 조직적이고 효율적으로 운영하는 데 목적이 있다. 그러므로 교육활동의 적합성과 효율성은 교육행정의 성과에 의하여 크게 좌우된다. 따라서 교육행정의 개념, 교육행정의 조직, 교육행정학 이론의 발달, 장학행정, 학교 및 학급경영에 대해 살펴보도록 하겠다.

## 1절 교육행정의 개념

본질적으로 교육과 행정의 의미는 서로 다르지만, 교육의 발전을 따라서 그 의미를 보게 된다면 상당한 관련성이 있다는 것을 알 수 있다. 교육과 행정의 각각의 의미가 결합하여 나오게 된 교육행정은 무엇을 의미하는지, 교육행정에 대한 학자들의 정의를 분류 정리하여 살펴보면 다음과 같다(남정걸, 2015).

### 1. 국가공권설

국가공권설은 교육행정을 일반 행정의 일부라 여기고 '교육에 관한 행정'이라고 정의하며 교육행정을 국가통치권의 작용으로 설명한다. 이를 교육행정의 공권적 해석 혹은 법규 해석적 정의라고도 한다. 행정이라는 현상은 복잡다단하기 때문에 행정의 종합성을 강조하여 근대 국가의 삼권분립적 헌법체제를 전제로 하는 입법도 사법도 아닌 나머지의 모든 국가 통치 작용을 행정이라고 보는 견해이다. 이러한 입장은 교육보다는 행정을 우선시하는 입장이며, 교육행정은 입법부에서 만든 교육에 관한 법을 집행하는 것으로 중앙집권적이며 관료 통제적 성격이 강하고 법과 정책이 만들어지면 행정은 그것을 집행만하면 된다는 입장이다.

이러한 입장에서 볼 때 교육 관계 법규 및 정책의 범위 권내에서 교육제도와 시설을 유지하고 관리하는 것이 교육행정이다. 정리해보면 교육행정이란 '교육에 관한 행정', '교육을 대상으로 하는 행정'이다. 여기에서 교육은 제도화된 공교육을 의미하는 것이다.

## 2. 조건정비설

조건정비설은 교육행정에 관하여 교육의 핵심적 기능인 교수활동과 학습활동의 효율화를 위해 필요한 인적·물적·재정적 제반 조건을 지원하는 수단적·봉사적 활동이라고 보는 입장이다. 이는 교육행정의 본질을 교육의 실제적 필요에 입각하여 기능적으로 파악하려는 생각으로서 교육행정이 실제로 어떠한 활동을 하는지에 대한 사실 인식으로부터 시작하는 입장이다. 이는 귀납적으로 교육행정을 이해하려는 입장으로 '교육을 위한 행정', '행정'보다 '교육'을 더 중요시하는 입장이다. 즉, 행정은 목적이고 주체가 아닌 교육의 수단으로서 교육을 위해 지원 및 보조를 하는 개념으로 보는 것이다.

먼저 언급했던 교육행정의 공권적 해석은 교육보다 행정이 상위에 위치하여 국가 권력으로 교육을 통제한다는 '위에서 밑으로(from the top down)'의 권위주의적 성격의 행정인 것에 반하여, 조건정비설은 행정이 밑에서 교육을 받치는 '밑에서 위로(from the bottom up)'의 민주적인 성격에서 파악하는 입장이다. 이와 같은 해석을 교육행정의 기능적 해석이라고 하며 이러한 관점은 1945년 이후 미국의 민주적 교육사조의 도입과 함께 널리 보급되었다.

## 3. 행정행위설

행정행위설이란 교육행정은 교육의 목적을 능률적, 효과적으로 달성하기 위한 여러 사람의 협동행위로 보는 견해이다. 오웬즈(R. G. Owens)는 행정이란 '조직의 목적을 성취하기 위해 다른 사람들과 더불어, 그리고 다른 사람들을 통하여 일하는 것'이라고 정의하였다(Robert G. Owens & Tomas C. Valesky, 2015). 이와 같은 견해를 협동행위설이라고도 하며, 학교나 교육기관의 특수성보다는 다른 공공기관이나 기업체·군대·병원·호텔 등과 같은 조직 운영에서 드러나는 공통점을 강조한다. 즉, 행정은 조직의 공동목표 달성을 위해 협동하는 합리적 집단의 활동이라고 정의한다. 이와 같은 협동행위설(행정행위설)에 입각한 정의에 내포되어 있는 교육행정의 주요점은 다음과 같다.

첫째, 행정은 반드시 집단이나 조직을 전제로 한다. 여기에서 말하는 집단이나 조직은 폭도나 군중과 같은 우연적 혹은 일시적으로 모인 것이 아니라, 정부·군대·기업체·병원·교회·학교 등과 같이 계속성을 가진 조직이다.

둘째, 행정은 반드시 달성하고자 하는 공동목표를 상위목표로 하여 하위목표를 가진 여러 사람들을 통해서(through the people), 더불어(with people) 이루어진다.

셋째, 행정은 합리적 협동행위를 이룩하기 위한 움직임이다. 이때 열정·시간·비용 등은 최소화하고 목표달성은 가능한 최대화하려고 한다. 즉, 제한된 자원으로 능률적이고 효과적으로 과업수행을 하려는 것이 목적이다.

한편 행정행위설을 교육행정에 적용하려면 교육기관 혹은 조직이 다른 기관의 조직과 구별되는 독자성과 특수성을 고려하여 좀 더 구체화해야 할 필요성이 있다. 교육기관이나 조직의 특수성은 교육기관의 목표에서 찾아볼 수 있는데, 정부는 국민의 안녕과 복지를 목표로 하고, 군대는 국방을, 경찰은 치안을, 그리고 기업체는 영리를 목적으로 하여 각각의 기관 및 조직의 목적을 위해 존재하듯이 교육기관은 교육이라는 독자적인 목적과 이를 달성하기 위해 학교라는 조직, 그리고 교사와 학생의 과업과 기능을 위해 존재한다.

## 4. 포괄설

앞서 살펴본 국가공권설, 조건정비설, 행정행위설 등 어떤 하나의 입장만으로 교육행정을 정의하기는 힘들다. 교육행정을 하나의 입장 혹은 하나의 간결한 문장으로 정의하기에는 한계가 있기 때문이다. 교육행정에 대한 정의는 각각의 입장에서 강조하는 점과 미비한 측면도 있기 때문에 포괄적으로 교육행정을 이해하려면 이들의 각 관점의 장단점을 서로 보완하여 접근할 필요가 있다. 교육행정을 포괄적으로 이해하고 정의한다는 것은 교육행정의 본질을 더 정확히 파악할 수 있다고 보고, 이와 같은 입장에서 교육행정을 정의해보면, '교육행정이란, 교육의 목적을 효과적으로 달성하기 위하여 교육법규나 정책을 집행하고, 교수학습에 필요한 조건을 정립하며 교육조직 성원의 협동적 행위를 능률적으로 조성하는 수단적 활동의 과정'이다.

지금까지 교육행정의 개념을 정의하는 몇 가지 대표적 입장을 살펴보았다. 교육행정은 교육과 밀접하게 연관되어 중요한 역할을 수행하고 있고, 교육의 목적을 효과적으로 성취하도록 보조의 역할을 수행하는 수단적 성격이 주요본질이라고 할 수 있다.

## 2절 교육행정의 조직

우리는 앞서 교육행정의 개념을 대표하는 여러 입장을 살펴봄으로써 교육행정은 조직을 통하여 교육에서 이루고자 하는 목표인 과업을 수행하고, 조직 구성원의 상호 간의 협력을 위한 노력을 조정하고 통제해 나가는 활동이라는 것을 알 수 있다. 교육행정 조직은 계선조직과 참모조직으로 구분하거나, 혹은 공식조직과 비공식조직으로 구분한다. 교육행정 조직 형태의 자세한 내용은 다음과 같다(김경희 외, 2009).

### 1. 교육행정 조직의 형태

#### 1) 계선조식과 참모조직

계선조직(line organization)은 지휘명령계통을 가진 수직적인 형태로서, 명령권과 집행권을 행사하며 조직과의 업무를 신속히 처리하는 조직을 말한다. 일종의 국장–과장–계장–계원으로 이어지는 계층제·명령통일·통솔범위의 원리에 의한 운영을 한다.

참모조직(staff organization)은 막료조직이라 불리기도 하며 이 조직의 주요기능은 계선조직의 원활한 기능수행을 위해 자문, 권고, 협의, 정보수집, 인사, 연구 등의 기능을 수행한다. 이들은 직접적인 명령, 집행, 결정의 권력을 행사하는 것은 불가능하지만 기능범위는 점차적으로 확대됨에 따라 중요도는 더욱 높아지고 있다.

계선조직과 참모조직 운영형태의 장·단점을 나열하면 다음과 같다.

표 12-1 계선조직과 참모조직 운영형태의 장·단점

| 조직구분 | 장점 | 단점 |
|---|---|---|
| 계선조직 | • 권한과 책임의 한계 분명<br>• 단일기관 구성으로 신속한 정책결정<br>• 업무의 단순화 및 비용 절감<br>• 강력한 통솔력 행사 | • 대규모조직에서는 계선만으로는 부족<br>• 조직의 장이 주관적 · 독단적인 조치 행사할 가능성 높음<br>• 특수 분야에서 전문가의 지식과 경험 이용 불가능<br>• 조직의 경직될 가능성 높음<br>• 소수의 유능한 인재 결손 시 전체 조직 마비 |
| 참모조직 | • 기관장의 통솔범위 확대<br>• 전문적인 지식과 경험을 활용한 합리적 지시와 결정<br>• 수평적인 업무의 조정과 협조 가능<br>• 조직의 신축성 | • 조직의 복잡성으로 조직 내 알력과 불화 발생 가능<br>• 경비 증대<br>• 참모와 계선 양자 책임전가 우려<br>• 의사소통 경로에 혼란 |

### 2) 공직조직과 비공식조직

공식조직(formal organization)은 조직의 공식 목표를 달성하기 위해 인위적인 조직된 것으로 명령계통과 의사소통의 경로를 나타내는 조직이라고 할 수 있다.

비공식조직(informal organization)은 공식조직 내에서 상호작용의 결과, 감정이나 태도, 가치관 등이 유사한 사람들끼리 모여 형성된 자생적 조직을 말한다. 교육행정 조직으로서 추구하는 교육적 목표를 달성하기 위해서는 관료제적 특성을 지닌 공식적인 조직과 자연발생적으로 나타나는 학교조직 내의 비공식적 조직 사이를 잘 조율하는 것이 중요하다.

## 2. 우리나라 교육행정 조직

### 1) 중앙의 교육행정 조직

중앙의 교육행정 조직은 대통령–국무회의–교육부로 구성되어 있다. 각 조직의 역할을 살펴보면, 대통령은 교육에 관한 대통령령의 공포, 주요 공무원 임명, 교육행정기관에 대한 지휘 및 감독, 국무회의 의장 역할 등을 한다. 국무회의는 대통령, 국무총리, 국무위원으로 구성된 기관으로서 국무회의를 통해 대통령의 교육정책에 관한 지시사항이 논의되고 교육부 장관이 제출한 사항은 국무회의를 통해 국무총리와 대통령에게 전달된다. 교육부는 교육관계 법령과 대통령의 지시 및 명령, 그리고 국무회의에서 결정된 사항에 따라 교육정책을 입안하고 집행하는 최고의 교육행정기관이다.

### 2) 지방의 교육행정 조직

우리나라의 지방 교육행정 조직은 교육자치를 기본으로 분권주의에 입각하여 중앙의 통제에서 벗어나 주민의 의사와 지역실정에 부합하는 교육행정을 펼치는 지방교육 자치단체 단위의 조직구조를 말한다. 이 조직구조는 일반 행정으로부터 분리 및 독립하여 교육행정의 전문성과 자주성을 확보하기 위한 제도이며, 지방분권의 원리, 주민통제의 원리, 자주성 존중의 원리, 전문적 관리의 원리를 지향한다.

우리나라의 지방교육행정 조직의 구성은 교육위원회, 교육감, 교육장 등으로 되어있다. 교육위원회는 교육 및 학예에 관한 주요사항을 심의·의결하는 기관으로 교육감과 보조기관, 하부 교육행정기관, 기타 교육기관에 대한 행정사무감사와 조사를 하는 감시기관이기도 하다. 교육감은 교육자치제 실시에 따라 집행기관으로 승격되고 권한이 강화되었으며, 교육 및 학예에 관한 사무의 집행기관으로 소송이나 재산의 등기 등에 대해 시·도를 대표하는 기관이다. 교육감은 주민직선에 의해 선출된다. 교육장은 교육감의 사무를 분장하기 위한 하급 행정기관의 책임자로서 각급 학교의 운영 및 관리에 관한 지도 및 감독을 하며, 교육과정

운영, 재산 취득 및 처분, 수업료 및 입학금, 예산안 편성 및 집행, 소속 공무원의 인사 등의 업무를 관리한다.

### 3) 단위학교 행정조직

단위학교의 행정조직은 교장–교감–보직교사–교사와 직원으로 구성되는 계선조직과 학교운영위원회 및 각종 자문위원회로 구성된 조직이다. 학교의 장인 교장은 단위학교의 최종 책임자로 교무를 통합하고 소속직원들의 지도 및 감독, 학생을 교육한다. 교감은 교장을 보좌하고 교무 관리를 한다. 교무는 교원과 직원을 중심으로 하는 교육활동 및 사무활동 전반을 지칭하는 것을 의미한다.

학교운영위원회는 학교운영의 자율성을 높이고 지역의 여건을 고려하여 다양한 교육이 실시될 수 있도록 설치하는 기구로써 국·공·사립 초등·중등·특수학교에서는 설치가 의무화되어 있다. 이 외 각종 위원회는 단위학교 운영의 자문역할을 하는 보조기구이며 기획위원회, 인사위원회, 교육과정위원회, 생활지도위원회 등의 기구가 있고, 협의체로는 교과협의회, 학년협의회 등이 있다.

## 3절 교육행정학 이론의 발달

교육행정학은 사회과학의 한 분야로서 정치학, 행정학, 경영학, 심리학, 사회학 등의 변화 흐름의 영향을 받아 발달해왔다. 교육행정의 커다란 흐름을 고전적 관리론, 인간관계론, 행동과학론을 통해 살펴보면서 교육행정이론의 발달에 대해 알아보도록 하겠다.

### 1. 고전적 관리론

20세기 초에 발생한 고전적 관리론은 과학적 관리론과 행정관리론의 두 관점이 존재하며, 테일러(F. W. Taylor)의 과학적 관리론, 페이욜(H. Fayol)의 행정관리론, 그리고 베버(M. Weber)의 관료제론 등이 대표적이다.

### 1) 과학적 관리론

과학적 관리론은 과학적인 분석을 통해 작업과 노동자의 관리 직무에 초점을 둔 이론으로 이 이론의 창시자는 테일러이다. 그는 기술자이자 중간관리자로서 현장 노동자들의 작업 상황을 관찰 후 분석하여 그 결과 생산 능률의 결정은 감독자가 아니라 노동자라고 하였다. 인습적인 방법에 길들어져 있는 그들의 작업은 많은 동작과 시간의 낭비를 초래하기 때문에 작업 도구와 작업 방법의 개선은 작업능률을 높일 방법이라고 생각하였다. 테일러가 주장한 과학적 관리론은 다음과 같이 네 가지의 원리로 구성되어 있다(남정걸, 2015).

(1) 과학적 직무분석 : 관리자는 관찰, 자료수집, 신중한 측정 등의 직무분석을 통해 직무수행의 최적인 방법인 '하나의 최선의 방법'을 결정한다.

(2) 적절한 인사 선발 : 직원을 과학적으로 선택하여 적절한 인사 선발을 하고 그들을 훈련하고 교육을 하여 발전시킨다.

(3) 관리자의 협력 : 관리자는 근로자와의 상호협력적인 업무를 수행하여 모든 작업이 개발된 과학적 원리에 따라 수행될 수 있도록 한다.

(4) 기능적인 감독 : 노동자들이 그들의 업무를 수행하고, 관리자는 계획, 조직, 그리고 의사결정 활동을 책임진다. 분업원칙에 따르는 업무수행 하에 기능적인 감독이 이루어진다(Fred G. Lunenburg & Allen C. Ornstein, 2012).

20세기 이전 관리에 대한 체계적인 연구가 거의 없던 때에는 주로 경험과 상식대로 관리가 이루어졌고, 테일러의 주장이 경영과 조직의 원리로 공식화되면서 경영자와 종업원 간의 상하 간 계층적 분업관계와 협력이 보편화되었다.

### 2) 행정관리론

과학적 관리론이 근로자 개인의 업무 수행에 큰 비중을 두었다면, 행정관리론은 조직 전체의 행정관리 체계에 초점을 둔 이론이다. 다음은 페이욜이 제시한 행정관리의 기본적 기능이다(김경희 외, 2009).

(1) 기획(planning) : 앞으로의 전망을 연구하여 운영계획 수립하기

(2) 조직(organizing) : 사업의 인적·물적 자원 조직하기

(3) 지휘(commanding) : 구성원들이 과업을 수행하도록 하기

(4) 조정(coordinating) : 모든 활동을 통합하고 상호 관련짓기

(5) 통제(controlling) : 정해진 규칙과 명령에 따라 일이 수행되고 있는지 확인하기

### 3) 관료제론

베버가 제시한 관료제는 대규모 조직을 능률적으로 움직이게 하는 조직모형이며, 그가 제시한 관료제의 기본 요소는 다음과 같다(김경희 외, 2009).

(1) 권위의 위계(hierarchy of authority) : 계층에 따른 권한과 책임 구분

(2) 분업과 전문화(division of labor and specialization) : 기능적인 과업 수행

(3) 규칙과 규정(rules and regulation) : 구성원의 권리와 의무 명시 및 업무수행 통제

(4) 공과 사의 분리(impersonal orientation) : 업무수행에 있어 구성원 간의 관계

(5) 선발과 승진(career orientation) : 경력과 실력에 기반

### 4) 교육행정과 고전적 관리론

20세기 초 당시 미국은 의무취학의 입법, 이민에 의한 인구의 증가로 수많은 교실과 교사 및 경비가 필요했다. 이러한 상황을 개선하기 위한 방안으로 과학적 관리의 원칙을 교육행정에 적용하여 교육비 절약과 과업수행의 능률성을 제고하려는 운동이 전개되었다. 교육행정의 총체적인 비능률성의 비판은 과학적 관리를 통한 교육행정 제도의 개선방안으로 채택되어 교육재정 절감의 결과를 얻게 되었다(Raymon E. Callahan, 1962).

과학적 관리론을 교육에 적용한 보비트(J. Franklin Bobbit)가 제시한 행정가의 역할은 과학적 체계에 입각한 결정 내리기, 목표(product)에 대한 기준 설정과 수행해야 할 과업 및 급여 결정하기, 교사에 대한 자세한 지시와 수업방법 결정하기, 교사 선발과 훈련 및 이용할 자료와 시설 선택이라고 하였다. 보비트는 교육에 과학적 관리를 적용한 원리를 다음과 같이 주장하였다(Raymon E. Callahan, 1962).

(1) 모든 시설을 동시, 항상 이용하기
(2) 교사의 작업능률을 최대한 향상시켜 교사의 수를 최소화하기
(3) 낭비 추방하기
(4) 원료를 가장 쓸모 있는 완성품으로 만들어 내기

이러한 주장은 학교를 공장에, 학생을 원료에 비유하여 사회수요에 적합한 제품으로 생산하는 곳으로 취급하는 소위 공장모형(factory model)이라는 비난을 받게 되었다. 동시에 교육행정에서는 과학적 관리론과 경영관리론의 경향에 따라 교육행정의 독자적 직무분석에 의한 과업과 이를 합리적으로 수행할 과정 및 기능에 관한 연구가 요구되었고, 1940년 후반 이후 1970년대에 이르기까지 여러 학자와 관련 기관에 의해 협동적 연구가 활발히 진행되었다(남정걸, 2015).

## 2. 인간관계론

인간관계론은 고전적 조직이론의 효율성 주의와 관료주의에 대한 지향으로 인간을 대상으로 하는 한계의 노출에 대한 반발로 등장하였으며, 인간 개인의 사기와 자발성을 포착하여 적용한 이론이다. 인간관계론의 대표적인 연구자는 폴렛(M. P. Follet)과 메이요(E. Mayo) 및 그의 동료들이 있고 연구의 내용을 살펴보도록 하겠다.

### 1) 조직심리연구

폴렛은 행정에 심리학적 관점을 도입하여 조직관리의 사회적 측면을 강조하였고, 권위의 수용, 수평적 조정, 구성원의 통합, 역동적 행정과정을 제시하였다. 관리자는 개인과 사회집단 간의 조화를 중요시하는 협력을 지원의 방법을 알아야 한다고 하였다.

### 2) 호손연구

인간관계론은 미국의 시카고 근교의 서부 전력회사의 호손공장에서 메이요와 그의 동료들에 의해서 이루어진 호손연구(Hawthorn studies)로부터 시작되었고, 호손연구는 조명실험(1924~1927), 계전기조립 실험실 실험(1927~1929), 면접실험(1928~1930), 배전기 권선작업 관찰실 실험(1931~1932)으로 이루어져 있다.

(1) 조명실험은 근로자의 생산량과 조명의 조건과는 아무런 관련성이 없으며, 조명의 변화를 준 집단이나 그렇지 않은 집단 모두 생산량이 증가하였다.

(2) 실험인 계전기 조립실험에서는 실험 전의 동일한 물리적 작업환경에서 휴식시간과 작업시간의 변화에 상관없이 생산량이 증가하였고, 실험에 참여한 종업원들의 태도와 사기가 개선되었다. 이에 따라 결근율도 감소하였으며 근로자들의 지도 감독인은 비공식적, 비지시적, 인간관계적으로 변화하였다. 이 실험을 통해서 작업환경의 외적 조건보다는 심리적·사회적 조건이 더 중요하고 구성원의 참여의식과 집단소속감은 생산성 향상에 기여한다는 사실을 시사해준다.

(3) 면접실험은 종업원들의 관심사와 불평에 대한 실험으로 종업원의 의견은 그들의 태도, 감정, 신념을 떠나서는 이해할 수 없다는 것을 보여준다. 면접은 종업원의 불만을 해소시켜 그들의 태도나 기분전환에 영향을 미치고 그들의 회사에서 중요한 사람이라는 생각은 협력적인 변화를 나타나게 한다. 또한, 감독자도 아래 지위의 사람을 감정을 가진 인간으로 취급하게 되었다.

(4) 배전기 권선작업 관찰실 실험에서는 실험 대상자들 사이에 두 개의 비공식적 집단이 형성되었고, 각 집단에서는 작업수행에 영향을 주는 규범과 가치관을 중요시하며 공식적인 역할규정을 따르지 않고 작업을 한다는 사실을 발견하였다. 동료로부터 따돌림을 받지 않도록 일을 과하게 하거나 게으름을 피우지 않으며, 그들 나름의 규범에 의해서 영향을 받는다는 것을 보여준다(Mayo, E., 1933; Mayo, E. et al., 1939).

처음 호손연구는 경제적·물리적 조건이 생산능률을 향상시키리라는 가정에서 출발한 실험으로서, 그 결과 인간의 사회·심리적 요인이 생산성에 큰 영향을 준다는 사실을 발견하였다. 행정에 있어서 집단 구성원의 참여, 사기, 집단역동 등의 인간관계 개념의 중요성을 인식하게 해주었고 경영학이나 행정학의 방향을 고전적 관리론에서 인간관계론으로 전환시키게 하였다.

### 3) 교육행정과 인간관계론

인간관계론적 접근은 교육행정에 쉽게 적용이 되어 교장과 교사, 교사 상호 간의 원만한 인간관계를 수립하고 자발적 협동과 자유로운 창의력을 발휘하게 하여 학교경영의 민주화에 크게 기여하였다. 또한, 교육 분야에서는 민주적 교육행정, 민주적 장학, 민주적 의사결정 등 여러 이름으로 크게 적용되었고, 인간관계의 성패가 교육행정가로서의 성패를 결정한다는 실증적 연구가 많이 진행되었다(남정걸, 2015).

## 3. 행동과학적 접근

고전적 관리론과 인간관계론의 한계를 지적하고 조직과 인간의 조화를 위한 시도로서 행동과학적 접근이 대두되었으며, 조직의 구조와 인간의 동기, 공식 조직과 비공식 조직을 상호작용적으로 중요시한다.

행동과학론의 대표적인 학자는 미국의 조직 이론가인 버나드(C. I. Barnard)와 미국의 경제학자 사이먼(H. A. Simon)이 있다. 버나드는 조직을 사회적 협동체로 인식하고 행정의 기본으로 다루어야 하는 요인들에 대해서는 조직원 간의 자유의지, 협력, 의사소통, 합리적인 권위, 민주적인 의사결정과정, 역동적 균형 등을 제시하였다. 사이먼은 인간성에 대한 구분을 두 유형으로 하였는데, 의사결정과정에서의 최적의 합리성만을 추구하는 경제적 인간과 만족스러운 범위 내에서 제한된 합리성을 추구하는 행정적 인간으로 구분하였다. 행정적 인간이 더 객관적이고 효율적이며 합리적인 의사결정에 필요하다고 주장하였다.

행동과학적 접근의 이론은 교육행정과 경영에 많은 영향을 끼쳤다. 실무적인 접근보다 분석적이고 체계적인 접근을 시도하게 하였고, 교육현장의 경험위주 행정에서 학문중심의 연구로 전환시키는 계기를 마련하여 교육행정문제 연구에 이론의 중요성을 인정하게 해주었다. 또한, 단일 학문의 범위에서 인접 학문 간의 협동적 접근방법으로의 변화를 가져오게 하였고 그 결과 조직이론, 역할이론, 지도성이론, 의사결정이론, 조직행위이론 등에 대한 연구들로 이어졌다(김경희 외, 2009).

## 4절 장학행정

### 1. 장학의 개념

장학(supervision)의 어원적 의미에는 우수한 사람이 위에서 감시한다는 의미를 가지고 있다. 감독이라는 의미로 사용되기도 했으나 최근에는 교육의 통제보다는 조성과 지원을 통해 교수–학습 성과를 극대화한다는 의미로 확장되어 사용되고 있다. 영국에서는 단어 'inspection'으로 사용되는데 이 또한 감시, 시찰, 검열 등의 의미로 쓰였으나 점차 민주적, 전문적으로 변화하여 사용되고 있다. 이러한 변화는 장학지도의 방법과 기술이 다양하게 개발되고 교육활동 전반으로 장학의 역할영역이 확대되었기 때문이다.

장학의 개념은 사람이나 장소, 시간 등 강조를 두는 것에 따라 그 내용이 상당히 달라지며 장학행정, 장학지도, 장학협의로 명칭하기도 한다. 장학 개념은 기본적으로 인간의 가능성을 신봉하고 인간은 안락만을 추구하는 존재가 아닌 일을 통해 자아실현을 추구한다고 가정하여 학교과업의 성취를 통한 직무만족에 초점을 두는 인본주의적인 특징을 가지고 있다.

최근 장학의 정의는 학교교육에 있어 교사의 자질 향상과 전문적 능력을 행상시켜 학생의 학습을 촉진하려는 제반 교육활동을 말한다. 또한, 교육활동 전반에 관련하여 기획, 조사, 연구, 평가 방법 등에 대한 정보를 제공하고 조직 내의 의견 절충, 협의, 조정을 하여 합리적인 교육운영을 돕는다. 본질적으로 장학은 학생들의 학습능력향상과 학교 및 교사의 자율성과 책무성을 신장시켜 학교교육의 질을 높이려는 교육 활동이라고 할 수 있다.

## 2. 장학의 발달과정

### 1) 관리장학시대(1750~1930)

초창기 장학은 비전문가가 학교의 시설 및 설비 등 학교 전반의 운영상황에 대해 감독하는 형태였고, 19세기 후반 공교육제도가 정착되면서 별도의 시학관을 임명하여 학교의 인원과 시설 및 재정 등을 점검하고 검열하였다. 시학관은 교육감의 위임을 받아 학교의 감찰기능을 수행하였기 때문에 대단히 권위주의적이고 강제적인 시학활동을 수행하였다.

20세기 초반부터 당시 과학적 관리론의 영향으로 능률과 생산성을 강화하는 과학적 장학이 강조되었다. 이러한 과학적 장학은 행정적 차원에서 정교화되어 관료적 장학으로 정착되었으며, 관료적 장학은 관료제적 특성을 활성화하여 장학활동의 능률을 제고하고자 한 것으로 분업과 기술적 전문화, 조직규율을 강조하였다.

### 2) 협동장학시대(1930~1955)

과학적 관리론을 강조하는 분위기는 점차 사라지고 1930년대에는 인간관계론이 부상하며, 장학의 개념 또한 강제적·통제적인 장학으로부터 인간적·민주적인 장학으로 변화하였다. 장학활동의 핵심도 장학담당자로부터 교사에게로 전환되었고 최소한의 장학을 최선의 장학이라고 여기게 되었다. 이러한 흐름에 따라 인간관계론에 근거한 참여적·협동적 장학의 장학담당자들은 교사들의 감독관이나 조사자가 아니라 가르치는 일에서 교사가 보다 발전할 수 있도록 도와주는 협력자, 조력자로서의 역할을 수행하였다.

### 3) 수업장학시대(1955~1970)

1957년 스푸트니크호의 충격은 미국 교육의 형식과 내용을 크게 변화시키고 소위 학문중심 교육이라는 새로운 방향으로 전환하는 계기를 마련하였다. 인간관계 중심을 강조하는 장학의 경향은 교육과정의 개발과 수업효과 증진을 본연의 목표로 강조하였다. 주요 교육행정의 활동은 새로운 교육계획과 프로그램 설계가 되었고, 장학담당자는 교육과정 개발자가 되었다. 교육과정의 개발과 함께 실제로 구현되는 수업현장에 대한 관심도 높아지며 장학담당자와 교사가 협동하는 임상장학과 마이크로티칭 기법 등이 활성화되었다.

### 4) 발달장학사(1970~현재)

과학적 관리론의 조직 생산성 강조와 인간관계론의 직무만족이라는 장점을 절충하여 등장한 것인 수정주의 장학과 인간자원 장학이다. 수정주의 장학은 인간관계론 시대의 협동장학에 대한 반발로 등장하여 교사의 능력개발, 직무수행분석, 비용–효과 분석 등이 강조되고 교사 개인에 대한 관심보다는 학교경영에 큰 관심을 보인다. 인간자원 장학은 참여를 통해 학교 효과성을 증대시키고 그 결과로서 교사의 직무만족을 목표로 하는 것이다.

## 3. 장학의 유형

장학의 유형은 장학의 조직, 주체, 방법, 내용, 대상, 형태 등에 따라 달리 구분된다. 더 다양하게 분류할 수 있으나 일반적으로 널리 이용되는 장학의 유형을 행정조직에 따라, 행위의 주체에 따라 그리고 장학방법에 따라 나누어 살펴보려고 한다.

행정조직으로는 문교장학(중앙장학), 학무장학(지방장학), 지구자율장학, 학교장학으로 구분하고, 행위의 주체에 따라서는 중앙장학과 지방장학으로 구분한다. 장학방법에 따라서는 임상장학, 동료장학, 약식장학, 자기장학, 선택적 장학 등이 있다.

### 1) 행정조직상의 장학의 유형

(1) 문교장학(중앙장학) : 중앙교육행정조직인 교육과학기술부에 의해 이루어지는 모든 장학이다. 중앙 교육행정기관인 교육부 내에서 이루어지는 모든 장학활동이며 교육부에서 수행하는 중앙장학은 정책과제 중심의 장학, 교육제도 점검을 통한 장학, 연구학교 운영을 통한 장학 등의 방법으로 이루어진다.

(2) 학무장학(지방장학) : 각 시·도교육청 및 그 하부기관인 교육청을 중심으로 이루어지는 모든 장학활동으로 일반장학이라고도 한다. 지방교육행정기관인 시·도 교육청과 그 하급 교육행정기관에서 이루어지는 장학행정이며, 교육활동을 위한 장학지도, 교원의 인사관리, 학생의 생활지도, 교육기관의 감독을 통해 지방의 교육행정 업무를 관할하는 행정활동이다.

(3) 지구자율장학 : 지구별 장학협력회 간사학교가 중심이 되어 교원의 자질과 교육의 질의 향상 도모와 수업공개를 통한 학교 특색의 일반화 및 교수-학습방법의 개선을 도모한다.

(4) 학교장학 : 학교 내의 담당자(교장, 교감, 보직교사) 또는 교육청의 장학사가 학교의 교육활동을 성공적으로 수행할 수 있도록 교사에 대한 지도 및 조언하는 장학활동이다.

### 2) 행위주체에 따른 장학의 유형

행위주체에 따른 장학의 유형은 중앙장학과 지방장학으로 분류할 수 있으며, 지방장학은 종합장학, 확인장학, 요청장학, 특별장학, 컨설팅장학 등을 포함한다.

(1) 종합장학 : 학교평가와 연계하여 실시되는 장학으로 1명의 장학관과 2~3명의 장학사, 그리고 사전에 위촉한 수업장학 위원으로 장학반을 구성하여 운영한다.

(2) 확인장학 : 종합장학의 결과 시정할 점과 계획상으로 시간이 소요되는 사항의 이행여부를 확인·점검하는 절차이며, 기타 학교운영의 애로를 발견하여 지도·조언을 한다.

(3) 요청장학 : 학교평가 결과 취약분야가 제시된 개별학교의 요청에 의하여 해당 분야의 전문 장학담당자를 파견하여 지도·조언에 임하는 장학활동이다.

(4) 특별장학 : 현안문제 해결을 위해 필요하다고 판단되는 경우 또는 사전예방 차원의 전문적·집중적 지원이 필요한 경우 실시한다.

(5) 컨설팅장학 : 지도와 상담을 통해 학교의 특정 목적을 달성하기 위한 장학으로 학생과 교사 모두가 서로 돕고 배울 수 있는 학습공동체를 구축하도록 하는 것이다. 학교에서 생기는 다양한 문제점들을 외부 또는 내부 전문가를 통하여 진단하고 해결하는 장학활동이다(신봉호, 2015).

### 3) 장학방법상의 장학의 유형

(1) 임상장학 : 장학담당자와 교사가 수업관찰 계획을 수립, 수업관찰, 관찰결과에 대한 협의 과정을 거쳐 교사의 교수문제해결, 수업기술향상을 위한 지도·조언 과정을 말한다. 교실 내에서의 교사의 수업행동에 그 초점을 둔 임상장학은 교사와 장학담당자 간의 대면적인 관계와 상호작용을 중시하는 장학활동이다.

(2) 동료장학 : 동료교사들 간 그들의 교육활동 개선을 위하여 협동하는 장학을 말한다. 둘 이상의 교사가 자율성과 협동성을 기초로 하고 동료적인 관계 속에서 서로 가르치고 배우는 활동을 진행한다. 학교 형편과 교사들의 필요에 의해 다양하고 융통성 있는 운영이 가능하며 교사들의 전문적·개인적 발달과 함께 동료 간의 유대와 공동성취감 등의 향상은 학교의 조직적 발달에 크게 기여할 수 있다.

(3) 약식장학 : 단위학교에서 교장·교감의 계획과 주도하에 전개된다. 일상적·간헐적으로 짧은 시간 동안 학급방문 및 수업참관을 통해 관찰이 이루어지고 교사들의 수업 및 학급경영 활동에 대한 지도·조언을 제공하는 장학활동이다.

(4) 자기장학 : 교사가 자신의 전문적인 성장을 위해 자율성과 자기발견의 의

지로 스스로 계획을 세우고 실천하는 장학활동이다.

(5) 선택적 장학 : 교사의 경험이나 능력을 포함하는 개인적 요인을 고려하여 교사들이 장학방법을 선택한다. 교사들 개개인에 맞는 개별화 장학이 요구되는 장학활동이다.

## 4. 장학행정의 과제

다음은 현행 장학행정이 갖는 문제점과 이를 개선하기 위한 해결방안을 살펴보고자 하며 그 내용은 다음과 같다(조성일, 2004).

### 1) 장학행정의 문제점

(1) 교육정책이나 장학방침의 빈번한 변동으로 안정성이 결여되어 있다.

(2) 시책사업 홍보와 확인 위주로 진행되는 장학행정은 행정의 보조수단만으로 여겨질 우려가 있다.

(3) 현 장학행정은 권위주의적인 장학 관행이 아직까지 존재한다.

(4) 장학담당자의 절대적인 수의 부족은 과도한 업무량으로 이어진다.

(5) 전문가 양성 프로그램 및 교육과정이 미정비 되어있다.

(6) 교장, 교감 업무가 행정관리에 치중되어 있다.

(7) 협동적으로 수업을 개선하려는 교사의 의지가 부족하다.

### 2) 장학행정의 해결방안

(1) 교육정책이나 교육시책의 일관성 있는 추진이 필요하다.

(2) 장학 조직의 체계를 합리적으로 구조화시켜야 한다.

(3) 장학에 관한 홍보활동을 강화하여야 한다.

(4) 우수한 인사 충원을 위한 제도적 장치 및 교육 연수 프로그램을 마련되어야 한다.

(5) 학교의 자율성 확대와 교내장학 및 동료장학이 활성화될 수 있는 환경이 만들어져야 한다.

# 5절 학교 및 학급경영

## 1. 학교경영의 의미

학교경영(school management)의 개념을 나름대로 밝힌 학자들의 견해는 다양하다. 이 다양한 견해들을 종합하면, 학교경영은 단위학교의 학교장을 중심으로 이루어지고 학교의 교육목적을 효과적으로 달성할 수 있도록 인적·물적·기타 자원을 확보하여 교육여건을 조성하고 이를 활용하여 계획, 조직, 지시, 조정, 통제하는 일련의 활동과정이라고 할 수 있다. 이러한 일련의 학교경영과정은 학교운영을 합리적으로 수행하고 조화롭게 결합해 나가는 데 필요하다(박병량 · 주철안, 2011).

## 2. 학교경영의 원리

학교경영 기본원리는 학교경영 철학과 긴밀한 관계를 유지하는데, 이에 대한 몇 가지 견해를 다음과 같이 설명하고자 한다(박종렬 · 신상명, 2004).

### 1) 민주성의 원리

학교장은 민주적인 자세로 동행자적인 입장에서 교직원을 대하고 그들을 지도와 격려하며 상호 협력체제가 확립되도록 해야 할 것이다. 또한, 학교장은 모든 교직원이 각자의 능력과 개성을 발휘할 수 있도록 자유롭고 부드러운 학교의 분위기를 조성하여 학교경영에 적극적으로 참여할 수 있도록 독려해야 한다.

### 2) 과학성의 원리

학교경영은 면밀한 세워진 계획 하에 구체적인 지도와 실천이 구현된 활동이다. 그러므로 학교교육의 계획은 학교경영 계획부터 철저하게 구체적으로 잘 세워져야 하며, 이때 학교경영의 각종 계획은 객관적인 자료에 기초해야 한다.

### 3) 효율성의 원리

학교경영을 위한 계획을 실천하기 위해서는 합리적이고 능률적인 조직이 구성되어야 한다. 학교는 이질적인 성격이 강한 개개인이 모인 복합적인 집단이면서 동시에 학교의 교육목표라는 같은 방향으로 교직원과 학생이 함께 나아가야 하는 곳이다. 그러므로 교육목표 달성에 초점을 두고 짜임새 있는 조직이 구성이 반드시 필요하다. 학교경영의 최고의 능률화는 최소의 시간과 노력으로 최대의 교육목표를 달성하는 것이기 때문에 학교경영자는 학교 내외의 인적·물적 자원을 효율적으로 활용해야 한다.

### 4) 사회성의 원리

학교교육 목적달성과 성과를 높이기 위해서는 필요한 지역사회 인사와의 유대관계의 형성과 지역사회의 교육자원 획득에 힘써야 한다. 이는 교육의 현실성과 교육의 생활화가 실현될 수 있도록 지역사회와 일반사회 개선에 봉사자가 되어야 한다.

### 5) 합법성의 원리

헌법 제31조에 의거하여 국민의 교육권을 보장하고 국가예산 낭비와 재량권 남용 방지를 위한 원리이다(한상길 외, 2010).

## 3. 학교경영의 영역

일반적으로 학교경영의 활동영역은 교육행정의 과업을 의미하며 학생교육과 직접 관련된 지도영역이 아니라, 이를 뒷받침하기 위하여 학교의 구성원에 의해 집행되는 간접적인 지도 영역을 말한다.

### 1) 학교 인사관리

학교 인사관리는 크게 교사의 인사관리, 학생들의 인사관리로 구분된다. 교사의 인사관리는 교사를 대상으로 지도·조언, 교사의 복무 감독, 교사들의 인간관계를 조정하는 일 등이다. 학생의 인사관리는 입·퇴학, 재학, 복학, 전학 등에 관한 사항과 학교생활의 질서유지 및 면학분위기 조성을 위한 징계사항 등을 말한다. 여기에서의 징계문제는 생활지도 분야의 활동과는 구분된다.

### 2) 학교 건강관리

학교의 건강관리는 크게 건강시설 분야인 물적 방면과 인적 방면으로 구분할 수 있다. 인적 분야는 다시 학생을 대상으로 하는 활동과 교직원을 대상으로 하는 활동으로 구분된다.

### 3) 학교 사무관리

학교경영 활동의 모든 영역과 관련되는 학교 사무관리는 학교사무라고도 한다. 학교에는 다수가 함께 종사하고 있기 때문에 사무 처리를 위해서는 분야별로 적절한 업무 분담과 사무실이 제공되어야 한다. 참고로 사무 처리의 능률화는 학교경영에 있어서 중요한 연구과제 중의 하나이다.

### 4) 학교경영 조직편성 관리

학교는 그 자체가 하나의 전체로서 운영되어야 할 교육조직이라는 특성이 있기 때문에 그 교육조직과는 별도로 경영을 위한 조직이 편성되어야 한다. 여기에 속하는 조직은 교직원회, 기획위원회, 교무운영위원회, 연구위원회, 생활지도위원회 등을 들 수 있다. 이와 같은 조직에 의해 학교 전체의 교육계획이 수립되고 실천상의 문제를 처리하게 된다. 학교교육을 위한 경영의 각 분야의 편성된 조직의 활동이 상호 연결 및 조정과정을 통해 이루어진다.

### 5) 학교와 지역사회와의 관계

학교교육과 그 운영은 반드시 지역사회화 밀접한 관계를 맺어야 하며, 학교의 교육목적 달성을 위해서는 지역사회와 긴밀한 관계를 유지하여 학교교육에 향하는 사회력을 얻을 수 있도록 해야 한다. 학교가 사회력을 얻기 위해서는 인적, 물적 요소를 통하여 학교가 먼저 지역사회에 봉사할 수 있어야 한다.

### 6) 학교평가

학교평가 영역은 교육평가와는 다른 것으로서 학교평가의 구체적인 대상은 학교경영과 관계되는 전 분야가 포함된다. 예로 학교의 교육목표, 교과과정·창의적 체험활동 과정·생활지도 계획 등의 교육과정과 학교 교육계획, 학교시설, 학교의 교육조직, 학교 인사관리, 학교 보건관리, 학교 사무관리, 학교경영을 위한 각종 조직 그리고 학교와 지역사회화의 관계 등이 있다.

### 7) 학교재정 및 회계 관리

학교경영에는 많은 재정이 필요하기 때문에 그와 관련한 회계·경리사무를 신중히 취급해야 한다. 이 업무는 국고 등의 공공재정은 물론 학부모나 학생들의 회계 문제까지도 겸하는 경우가 많다.

## 4. 학급경영의 의미

학급경영(classroom management)은 학급 구성원이 의도하는 교육목적을 달성하기 위하여 인적자원과 비인적자원을 활용하여 계획, 조직, 지도, 조정, 통제와 관련되는 활동이라고 할 수 있다. 조직의 목적, 자원의 활용 그리고 경영과정의 세 가지 요소를 중심으로 학급경영의 정의를 설명하면 다음과 같다(김명한, 1988).

### 1) 학급의 목적추구 활동

학급경영은 학급의 목적을 추구하는 활동으로 학교의 교육목표와 학급 구성원의 개인적 목표, 나아가서는 사회적 기대까지 추구함으로써 학급의 모든 학생이 자신이 지니고 있는 잠재적 가능성을 최대한 개발하여 전인적 인간이 되도록 도와주는 활동이다.

### 2) 학급의 교육자원 획득 및 분배 활동

학급경영은 학교경영의 의미에서 교육자원을 획득하고 분배하는 활동으로, 교육자원에는 교직원, 학생 및 학부모와 같은 인적자원, 건물, 시설, 설비와 같은 물적자원, 운영비와 같은 금전적 자원, 지식, 정보, 시간, 노력 등의 자원들을 포함한다. 이러한 교육자원들의 획득 및 효율적인 사용은 학급경영의 중요한 부분이다.

### 3) 학급의 통합된 활동

학급경영은 계획, 조직, 지도, 조정, 통제 등 일련의 활동과정으로 이루어지며, 학급경영의 과정은 각 단계가 분리되어 활동하는 것이 아닌 통합된 활동으로 보며 연속적·순환적·효율적으로 학급의 목표를 이루고자 하는 활동이다.

## 5. 학급경영의 원리

### 1) 타당성의 원리

학급경영은 교육의 원리에 비추어 타당한 것이어야 한다. 상위 교육체제의 목표 및 교육운영의 방향과 사회적으로 요구에 근거한 타당성을 확보해야 한다. 또한, 학생의 특성과 필요에 비추어 타당한 것이어야 한다.

### 2) 개별성 존중의 원리

인간 개개인의 여러 가지 정신적, 육체적 특성이나 능력은 서로 다르기 때문에 교사는 학생 각자를 개별적인 존재로 인식하여 학급경영 활동에 있어서 그들의 개별성을 존중해야 한다.

### 3) 사회성 개발의 원리

인간의 삶은 곧 사회 속의 삶이며 인간은 각각의 가진 개인적 자질과 개성 외의 사회적 구성원으로서의 역할을 수행할 수 있는 능력을 배우게 된다. 학교생활이 사회구성원이 되기 위한 준비과정을 포함하며, 학급교사는 학급경영의 전 과정에 걸쳐서 학생 각자의 훌륭한 사회성을 기를 수 있도록 유의하여야 한다.

### 4) 자주성의 원리

학급교사는 학급경영에 있어서 독자성과 독창성을 발휘해야 하며, 이는 자주성이 중시되어야 한다는 것을 의미한다. 학급경영의 자주성은 학급교사가 교육자로서의 전문성을 갖추었을 때 올바로 행사될 수 있고 학급경영이 따라야 할 기본 준거이다.

### 5) 상호접근의 원리

학급교사는 각 학생들의 개인적 특성들을 정확히 파악해야만 성공적인 교육활동을 행할 수 있다. 이는 학급교사의 관심과 의지는 늘 학생에게 가까이 향하고 있어야 한다는 의미로 이러한 상호접근의 원리는 학급경영의 한 준거가 된다.

### 6) 통합성의 원리

각종 지도와 환경조성이 상호 통합되지 않고 분할되어 이루어질 경우에는 충분한 교육적인 효과를 얻을 수 없기 때문에 학급의 교육적인 경험들은 통합적으로 제공되어야 한다. 영역별 통합성과 학급경영의 전체적인 통합성까지 학생에 대한 통합적인 경험 제공을 지향하도록 학급경영이 이루어져야 한다.

### 7) 합리성의 원리

합리성의 원리는 계량화와 객관화를 지향하는 것으로 상황에 따라 질적, 주관적인 접근까지 모두 허용한다. 질적, 주관적인 판단은 학급교사가 신중한 내적검증을 통해 그 타당성을 확보하는 절차를 거친다는 것을 전제할 때에만 적용되는 것이다.

## 6. 학급경영의 영역

### 1) 학급경영의 목표 및 계획

학급경영의 목표는 학년 및 학교목표와 상위목표는 물론, 교사의 교육관과 경영관이 반영되어야 하며, 학급과 학생의 실태, 학급경영의 계획·조직 및 평가에 관련된 내용 등이 종합적으로 반영되어 이루어져야 한다. 또한, 학급경영의 목표는 구체성·명료성·실현 가능성을 갖춰야 한다.

### 2) 교수 · 학습지도

교사의 활동 중에서 가장 핵심적인 활동인 교수·학습지도는 학습의 목표와 내용을 선정하고 학습조건을 갖추어 수업을 전개하는 일련의 교수·학습활동을 일컫는다. 교수·학습지도는 교과목표의 충분한 이해, 구체적인 계획, 교육원리에 적합한 교수원리, 다양한 교수유형 등으로 이루어져야 한다. 또한, 생동감 있고 우호적인 학습 분위기로 학습자에게 많은 참여기회를 제공하고 융통성 있게 학습 진단의 조직 및 교수·학습 자료를 적절하게 선택하여 활용을 극대화해야 한다.

### 3) 창의적 체험활동 지도

창의적 체험활동은 학생의 전인적인 성장과 자주적·협동적·민주적인 활동을 돕는 교육과정의 한 영역이다. 이 지도영역에는 자율활동, 동아리활동, 봉사활동, 그리고 진로활동이 포함된다. 창의적 체험활동의 지도계획은 전 영역에 대한 계획수립 및 조직을 구성함으로써 계획적·효율적으로 운영되도록 한다.

### 4) 생활지도

생활지도는 학생들이 당면한 여러 문제를 학생 스스로의 힘으로 해결할 수 있도록 조직적으로 도와주는 활동으로서, 생활지도에 따라서 교과지도와 학습의 성패가 좌우된다고 할 수 있을 만큼의 중요한 지도활동이다. 생활지도 영역에는 생활지도 계획, 생활지도 활동 및 방법, 기본 생활습관 지도, 인성지도, 학업관련 문제지도, 진학, 진로, 건강 및 여가생활 지도 등이 포함된다. 생활지도는 구체적·합리적인 계획과 지속적인 지도로 이루어져야 한다.

### 5) 환경관리와 시설관리

학급의 환경 및 시설설비는 교육적이고 다각적인 관점에서 구성 및 검토를 하여 학생의 필요와 요구에 맞는 학습 환경을 구성해야 하며, 환경 및 시설관리 영역에는 게시물, 시설, 비품, 청소, 사회·심리적 환경, 물리적 환경정비 등이 포함된다. 환경 및 시설관리는 계획적으로 이루어져야 하고 물리적 환경과 사회·심리적 환경의 정비 및 관리도 역시 충실하게 이루어져야 한다.

### 6) 가정 및 지역사회

교육은 학교와 가정 그리고 지역사회 간의 유기적인 관계 속에서 이루어지며, 효과적인 교육을 위해서는 각 구성체의 교육적 협력관계가 필요하다. 가정 및 지역사회 영역에는 가정과의 유대, 지역사회와의 유대, 교육 유관기관과의 유대, 지역사회의 자원 활용 그리고 봉사활동 등이 포함된다.

### 7) 사무관리

학급경영의 실천결과는 반드시 다음의 학급경영이나 개인의 성장에 참고가 될 수 있도록 기록 및 정리, 그리고 보관되어야 한다. 이러한 사무관리에 해당하는 것은 학사물 관리, 학생기록물 관리, 가정연락물 관리, 각종 잡무처리 등이 포함된다. 사무관리에는 신속성과 정확성이 요구되며 누가적으로 기록하고 관리를 하여 학습 및 개인지도의 자료로 활용되어야 한다(배장오, 2012).

Chapter 13

# 교사론

Introduction to Education

유능한 교원과 교육에 종사하는 기타 직원을 확보하고 그들이 쾌적한 조건 아래에서 교육활동에 전념할 수 있도록 지원하는 교육 인사 행정이 매우 중요하다. 즉, 교육 인사 행정의 중요 기능은 교육 활동에 필수적인 요인이 되는 능력 있는 교육 직원을 선발하고 적재적소에 배치하는 일이라 할 수 있겠다. 따라서 다음과 같이 교원의 선발과 임용, 교원의 권리, 그리고 교원의 의무에 대해 살펴보도록 하겠다.

## 1절 교원의 선발과 임명

### 1. 교원의 선발

교원의 선발은 채용 예정직에 해당하는 교사자격증 취득자 또는 졸업예정자 공개전형에 의하여 선발하며, 필기시험, 실기시험 및 면접 등의 방법에 의한다. 공개전형에 합격한 자에 대하여 순위명부를 작성하여 비치하며, 유치원, 초등학교, 중등학교(교과목별), 특수학교(초등은 과정별, 중등은 과목별), 실기(교과목별), 보건(초·중등별), 사서교사로 구분하여 작성하고, 고순위자 순으로 채용예정인원의 3배수 범위 안에서 임용 또는 임용 제청한다. 명부의 유효기간은 작성일로부터 1년(1년의 범위 안에서 연장가능)이며, 임용되지 아니한 자에 대한 유효기간 연장의 경우 연장기간 내의 새로 시행한 공개전형 합격자 순위보다 상위에 등재한다. 교사로 임용된 때, 「국가공무원법」 제33조 임용의 결격사유 각 호의 1에 해당한 때, 공무원채용 신체검사에서 불합격 판정을 받은 때는 명부에서 삭제한다.

### 2. 교원의 임용

교원의 임용이란 교원의 신규채용·승진·승급·전직·전보·겸임·파견·강임·휴직·복직·직위해제·정직·해임 및 파면을 말한다. 신규채용 및 특별채용 등으로 신분이 발생하며, 승진·승급·전직·전보·겸임·파견·강임·휴직·복직·직위해제·정직·해임 및 파면을 통해서 신분이 변경되고, 퇴직·면직·해임·파면·정년으로 신분이 소멸된다.

임용시기는 임용장 또는 임용통지서에 기재된 일자로 하고, 임용일자는 절대 소급불가이나 ① 사망의 경우(사망 익일에 면직), ② 형사사건으로 기소된 자(기소일자로 직위해제), ③ 호봉을 정정하는 경우, ④ 휴직기간 만료일 또는 휴직사유 소멸일을 임용일자로 면직하는 경우에는 예외로 적용한다.

「공직선거 및 선거부정방지법」 위반자와 다음에 해당하는 자는 「국가공무원법」상 공무원 임용의 결격사유로 인해 임용에서 제외된다. ① 피성년후견인 또는 피한정후견인, ② 파산자로서 복권되지 아니한 자, ③ 금고 이상의 형을 받고 집행종료 또는 집행을 받지 않기로 확정된 후 5년 미경과자, ④ 금고 이상의 형을 받고 집행유예 완료 후 2년 미경과자, ⑤ 금고 이상 형의 선고유예기간 중인 자, ⑥ 법원의 판결 또는 다른 법률에 의하여 자격상실 또는 정지된 자, ⑦ 공무원으로 재직기간 중 직무와 관련하여 「형법」 제355조 및 제356조에 규정된 죄를 범한 자로서 300만 원 이상의 벌금형을 선고받고 그 형이 확정된 후 2년이 지나지 아니한 자, ⑧ 「형법」 제303조 또는 「성폭력범죄의 처벌 등에 관한 특례법」 제10조에 규정된 죄를 범한 사람으로서 300만 원 이상의 벌금형을 선고받고 그 형이 확정된 후 2년이 지나지 아니한 사람, ⑨ 미성년자에 대한 「성폭력범죄의 처벌 등에 관한 특례법」 제2조에 따른 성폭력범죄 행위나, 「아동·청소년의 성보호에 관한 법률」 제2조 제2호에 따른 아동·청소년대상 성범죄 행위로 파면·해임되거나 형 또는 치료감호를 선고받아 그 형 또는 치료감호가 확정된 사람(집행유예를 선고받은 후 그 집행유예기간이 경과한 사람을 포함한다), ⑩ 성인에 대한 「성폭력범죄의 처벌 등에 관한 특례법」 제2조에 따른 성폭력범죄 행위로 파면·해임되거나 100만 원 이상의 벌금형이나 그 이상의 형 또는 치료감호를 선고받아 그 형 또는 치료감호가 확정된 사람(집행유예를 선고받은 후 그 집행유예기간이 경과한 사람을 포함한다), ⑪ 징계에 의한 파면처분을 받은 때로부터 5년 미경과자, ⑫ 징계에 의한 해임처분을 받은 때로부터 3년 미경과자는 임용에서 제외된다.

교장의 임기는 4년으로 1차에 한하여 중임이 가능하며, 1차 임기를 마치고 정년 잔여기간이 4년 미만인 자는 특별한 결격사유가 없는 한 교장으로 재임용(중임)한다. 2차 임기가 종료되고도 정년까지 잔여기간이 있는 자는 교사로 근무할 것을 희망하면, 수업담당 능력 및 건강 등을 참작하여 원로교사로 임용한다. 교장의 임기가 학기 도중에 만료되는 때는 임기가 만료되는 날이 속하는 학기의 말일을 임기의 만료일로 하며, 초빙교장이나 공모교장으로 재직하는 횟수는 중임에 산입하지 않는다.

### 1) 사립학교 교원의 신규 임용

1974년 이전에는 사립학교 교원의 신규 임용은 임용의 권한을 전적으로 학교경영자에게 부여하고 있었다. 1974년 고교 평준화 정책의 시행으로 순위 고사를 실시하여 합격자 중 학교경영자가 임용하도록 하였다. 그러나 사립학교 등에서 문제를 제기하여 1977년 이후에는 시·도별로 사립학교 교원 희망자 중 학력 평가를 실시하여 합격자 중에서 임용하는 방식을 택하였다. 1980년대 이후에는 한국 사학재단 연합회가 주관하여 채용고시를 실시하고 합격자 중에서 임용하는 방식을 채택하였으나, 학교 측의 문제 제기로 연합회 채용고시 폐지를 결의하고 채용고시를 중단하게 되었다. 이후 사립학교 교원의 신규 임용 방식은 학교법인, 동료 교사의 추천, 한국사학재단 연합회 등의 추천의 의한 경우가 많았으며, 대부분의 학교에서 신문 공고에 의한 공개채용 방식을 채택하여 교육부에서 제시한 사립 초·중·고등학교 교원 신규채용 표준 매뉴얼에 따라 진행한 것이 일반적이었다. 그러나 2021년에 사립학교법 개정안이 통과되면서 사립학교 교사 위탁채용이 실시되게 되었다. 사립학교 교사 위탁채용 절차는 공립학교 교사 임용시험과 동일하게 교육청에 위탁하여 원서 접수(공 · 사립 동시지원제) 및 1차 필기시험을 실시하고, 선발인원의 5배수 이내로 1차 합격자를 결정하여 해당 법인에 통보한다. 최종 합격자는 법인별로 시행하는 2·3차 시험(수업실연 · 면접 등)을 거쳐 해당 법인에서 결정한다.

### 2) 교장과 원로 교사

학교장의 경우 일단 교장이 되면 교장직을 퇴임까지 보유할 수 있었으나 1991년 3월 8일 교육공무원법과 교육공무원임용령의 개정으로 종신제에서 임기제로 변경되었다. 이는 교원 승진의 구조적인 문제를 임기제라는 제도로 해결하고자 하였다. 교장의 임기는 4년인데 1차에 한하여 중임할 수 있으므로 총 8년 동안 교장을 하다가 정년 전에 임기가 만료되어 본인이 교사로 근무할 것을 희망할 경우 원로 교사로 우대하도록 되어 있다. 교장 임기제는 20년 전부터 벌써 시행된 (1991년 3월 8일 교육공무원법 제29조 제2항) 제도다. 당시 교장 임기제를 실시하게 된 배경은 한 번 교장이 되면 정년까지 안주하는 풍토를 없애고 독선적 학교 경영에 대한 통제를 하며, 승진 적체와 학교경영의 민주화에 대한 요구에 부응하기 위한 것이었다.

교장의 임기는 4년으로 하고 1차에 한하여 중임하여 교장으로 임용되기만 하면 정년퇴직까지 교장으로 근무하게 된다. 교장이 되어 8년 중임의 임기 이전에 임기가 끝나는 이들은 교육청 등에 장학관으로 들어가거나 초빙교장으로 정년을 채운다. 이런 실정에서 교원승진제도 개선안에는 교장 임기 5년 단임제를 실시하여 교원의 승진 적체를 해소하고자 하는 논의도 대두되고 있다.

## 3. 외국의 교원임용제도

### 1) 임용에 관한 법령

임용은 법정주의, 실적주의에 따라 교원의 신분을 국가나 지방공무원으로 하는 경우와 계약 고용직으로 단위 학교 또는 학교 구에서 임용하는 경우로 구분된다. 미국, 영국은 주별 또는 지역구별로 임용에 관한 규준을 정해 운영하고 있으며 다른 비교대상국은 임용에 관한 법률을 별도로 정해 운영하고 있다. 우리나라는 교육법에 따라 각급 학교 교원을 배치하며 정원은 국가공무원법과 지방자치단체에 두는 국가공무원 정원에 관한 규정에 의해 배치하고 있다. 일본이 이와 유사하며 중국은 교사의 직무에 관한 조례와 그 시행규칙인 실시 방안을 마련, 운용하고 있고 이러한 법률 체계를 단계적으로 정비 중에 있다.

### 2) 임용제도

신규 임용의 방법과 절차는 비교 대상국 모두 크게 두 가지로 분류된다. 국가 또는 지방공무원으로 임용되는 경우(한국, 일본, 독일의 일부)와 계약직(미국, 영국, 독일의 일부, 중국)으로 임용되는 경우가 있으며 국가 또는 지방공무원으로 임용되는 경우에도 임용권자가 직접 임용 공고에서부터 배치까지 행사하는 국가(한국, 일본, 독일의 일부)와 임용 후보자 선발은 배치될 기관(학교) 단위로 하되 임용은 임명권자가 행하는 국가 등이 있다(미국, 영국, 독일의 일부, 중국). 교사의 자격증 유효기간을 설정하는 미국과 1년간 조건부로 임용하는 일본의 경우 그 목적은 교사의 전문성 및 인성이 대학의 교사 교육과정과 임용 과정에서 검증되지 못해 상당 기간 근무 상태의 평가와 보충 교육의 결과를 토대로 우수하다고 인정되는 경우에만 정식 임용해야 한다는 점에서 유사하다. 그러나 운영 방법은 미국의 경우 교사 교육의 부족한 점을 보충하는 차원에서 4, 5년간 기간을 주고 교사 스스로 요구되는 현직 교육의 실적을 쌓아 결과를 제시, 새로운 자격증을 취득해야 하는 반면, 일본은 반드시 1년 내에 소정의 과정을 수료하고 평가를 받아 우수하다고 판정되는 경우에 정식 임용하는 방식을 택하고 있다.

한국과 중국, 영국은 이런 제도가 없으며 독일은 교사 자격증 취득을 위한 과정에서 2년간의 시보 기간을 두고 있다. 독일의 2년간 시보 기간 운영은 전통과 이론, 실제의 통합을 통해서만 완전한 교사를 양성할 수 있다는 이론에 의해 정착된 제도이다. 양성 제도, 임용 제도와 수업 담당 교과 전공의 차원에서 가장 특이한 나라는 독일이다. 한 교사가 가르칠 수 있는 교과를 학교급별에 관계없이 2과목으로 정하고 있어 양성과 임용에서도 이 원칙이 적용되고 있다. 특히 신규 임용 시에 2과목을 어떤 과목으로 전공했는지에 따라 임용 후보자의 수가 제한된다. 양성 과정에서 2과목을 선택할 때 주요 도구 과목만을 전공할 수 없도록 규정하고 있어 학교에서 수업을 담당할 교사의 적절한 선택이 가능하다.

새로운 신규 임용 방법은 교사 초빙제인데 이 제도는 중국이 강력하게 추진하고 있는 방법으로서 채택하는 학교가 갈수록 많아지고 있다. 초빙제는 능력 위주의 인사제도 확립을 통해 학교교육의 질을 개선하겠다는 중국의 의지 하에 시행되는 제도로 성과가 있는 것으로 알려지고 있다.

# 2절 교원의 권리

## 1. 교권의 개념

교권은 교육권 혹은 교사의 권리를 의미한다. 교육권은 광의로는 교육에 직접 관계하는 어린이, 부모, 교사, 국가 등의 교육에 관한 권리, 의무, 책임과 권한 관계의 총합이다. 교육권은 그 주체별로 아동, 학생의 교육받을 권리, 교사의 교육할 권리, 부모(친권자)의 교육시킬 의무와 교육을 요구할 권리, 국가의 교육 환경을 조성하고 교육 시설을 설립·운영할 권리, 학교 설립자의 교육을 관리할 권리 등이 포함된다. 반면 협의로는 교육을 할 권리로 이해하여 교사의 교육권에 한정시킨다. 교사의 교육권은 교사는 아동, 학생의 교육받을 권리를 보장할 수 있는 능력과 자격을 국가로부터 인정받는 자로서 아동, 학생에 대해서는 교육할 의무를, 제3자에 대해서는 학생 교육을 위한 대리자로서 교육에의 부당한 개입을 배제할 권리를 갖는다.

유네스코, '교원의 지위에 관한 권고'에 의하면 이러한 교사의 권리로는 학교교육에 있어서 교육과정의 편성권, 교재의 채택·선정권, 교수내용 재조직권, 교육방법의 결정권, 학생 평가의 권한, 징계권, 자신의 전문성 향상을 위해 능동적으로 연구·연수할 권리를 갖는다. 교원의 권리는 크게 두 가지 측면으로 나누어질 수 있다. 첫째, 적극적으로 교원이 전문적 활동에 전념할 수 있는 여건 조성의 측면에서 자율적인 분위기 보장, 생활 보장, 근무 조건 개선, 복지후생 제도의 확충 등의 권리가 있다. 둘째, 법규적인 면과 관련하여 소극적인 측면에서 신분 보장, 교권침해사항 방지 등의 권리가 있다.

## 2. 적극적 권리

### 1) 자율성의 신장

교직이 전문직으로서의 직능 발휘와 업무 수행을 하기 위해서 그 전제조건으로 고도의 자율성이 강조된다. 교육 전문가들에게 있어서 자율성이란 교수와 학문 연구에 있어서의 자유를 누리도록 해야 한다는 것이다. 헌법 제29조 제4항에는 교육의 자주성과 정치적 중립성 보장, 교육의 전문성을 보장하고 있는데, 이것은 교육 현장에서 교사가 학생들을 바람직한 인간 형성을 할 수 있도록 도움을 주기 위해서는 그 활동이 자유로워야 하고 창의적으로 그 임무를 수행할 수 있어야 한다는 점을 강조하는 것이다. 그러나 현실적으로 교사의 자율성은 여러 측면에서 많은 제약을 받고 있다.

우리나라는 교육 활동의 중심이 되는 교육과정 편성권이 교육법상 국가(교육부 장관)에 있음을 규정하고 있기 때문에 교육과정 편성에 있어서 교사에게 자율성이 주어져 있지 않고 있다. 미국의 경우에는 학교의 교육과정 결정권이 학교를 운영하는 전문적 교사의 권한 내에 있음을 판례에서 보여주고 있고, 독일의 경우에도 교육과정 편성의 자유를 인정하고 있음을 볼 때 우리나라도 형식적으로 구색을 맞추기 위해 교육과정 편성 시 몇몇의 교사를 포함시키기 보다는 수업의 결과를 수시로 피드백을 하여 교육과정에 반영하는 노력이 필요하다.

교과서와 교재 채택권에 있어서도 교육법에 의하면 교과서의 편찬 과정부터 채택·보급에 이르기까지 그 권한이 철저하게 교육부에 집중되어 있다. 특히 초·중등학교 현장에서는 교사들이 교과서의 내용대로 의무적으로 가르치기 때문에 교실에서 가르쳐지는 내용은 곧 교과서의 내용이고 교사의 교수에 있어서의 자율성은 거의 인정되고 있다고 보기 힘들다.

### 2) 생활 보장

생활 보장은 교원이 안정된 생활 기반 위에서 가르치는 일에 몰두할 수 있는 여건을 마련해 주어야 한다는 것을 의미한다. 현재 교직은 기업체나 타 직종에 비해 봉급 수준, 근무 조건, 복지 후생 등이 떨어지는 것으로 나타나 교직의 사회적 직위를 상대적으로 하락시키는 주요 요인이 되고 있다. 교원의 생활 보장은 일차적으로 보수와 물질적 급부에 달려 있고 주로 교원에게 주어지는 것은 경제적인 대가인 보수라 할 수 있다.

보수 체계의 원칙 중 하나는 보수가 자격과 경력에 따라 결정되는 점이다. 여기에서 보수 체계라 함은 봉급·제수당 직무 수행에 소요되는 실비 변상, 질병, 부상, 사망, 재해를 입었을 때의 제급여, 정년 전 퇴직 시 공로 퇴직 수당 등을 호봉에 따라 지급하는 것이다. 이와 같은 보수 체계의 원칙 중 하나가 자격과 경력에 따라 보수가 결정된다는 점이고 우리나라는 현재 이러한 단일 호봉제를 채택하고 있다.

현행 교원 보수 체계가 갖는 주요 문제점과 이를 해결하기 위한 기본 방향을 살펴보면 먼저 현행 교원 보수 체계의 주요 문제점은 다음과 같다.

(1) 우리나라의 교원보수는 국내 다른 의사, 변호사와 같은 전문 직종에 비해 상대적으로 낮아져 교원의 사회경제적 지위가 낮고 그 결과 교직에 대한 매력을 떨어뜨려 유능한 인재들이 교직을 기피하고 있다는 것이 일반적인 지적이다.

(2) 타 직종 공무원에 비해 근속 연한이 길어질수록 상대적으로 증가율이 저하되는데 이는 호봉 간 승급액이 매우 낮게 책정되어 있고 최고 호봉의 직종 간 균형을 유지하지 못한 데 주요 원인이 있다. 이러한 문제는 교원 보수 제도에 교직의 특수성이 반영되고 있지 못하고 교육공무원 보수 규정이 공무원의 보수 규정에 통합 운영됨으로써 교원 우대의 입법 정신을 구현하는 데 경직성이 따르고 있기 때문이다.

(3) 승급 기간의 장기화로 최고 호봉에 도달하기까지 초등 교원은 35년, 중등 교원은 30년이 걸린다.

(4) 현행 보수 제도는 고학력자에 대한 우대 조치가 빈약하다. 대학원에서의 수학 기간을 연구 경력으로만 인정하고, 학력으로는 인정하지 않으므로 교육의 질 향상과 교직 발전을 위해 바람직하지 않다.

(5) 현행과 같은 교원 보수 체계는 호봉 확정의 방식이나 수당 체제 등에서 직선형 연공급 체계를 고수하고 있기 때문에 교원의 전문적 자질 향상을 저해할 뿐만 아니라 학교 행정이나 연구, 그 밖의 책무성 향상에 대한 유인가를 전혀 제공하고 있지 못하다는 체제상의 문제점도 크게 부각되고 있다. 그 밖에도 정부의 획일적인 교원 보수 정책은 다양한 의사결정 참여의 채널을 차단시키기 때문에 교원들의 실질적인 의사가 정책에 전혀 반영되고 있지 못하다는 것도 우리나라가 가진 보수 정책의 문제점이다.

이러한 문제를 해결하기 위한 기본 방향으로는 다음과 같다.

(1) 경력과 전문성을 고려하여 성과를 나타내는 교원을 우대하는 쪽으로 교원 보수 체계가 확립되어야 한다.

(2) 교단 교사 우위의 보수 체계와 상위 자격 취득자를 파격적으로 우대하는 방향으로 보수 체계가 개편되어 교사들이 승진보다는 교직의 전문성을 높이기 위한 노력을 기울여야 한다. 연수성적평점이 높아짐에 따라 교사들의 자율 연수가 활성화되고 있고 이러한 추세가 교직의 전문성 신장에 기여할 수 있다고 여겨지나 다양하고 질 높은 교육 연수 프로그램이 또 하나의 과제로 남아 있다.

(3) 승급기간 축소, 승급액 상향 조정이 필요하며, 우수 교원 확보를 위한 특별조치법을 제정 · 시행하여야 한다(서정화 외, 1992).

우리나라의 경우 교원 보수는 국제 비교에서 상대적으로 높은 수준인 것으로 나타나 있지만, 국내 타 직종의 평균임금, 1인당 GDP 등과의 관계를 분석해 보면 교원의 보수가 노동시장 상황에 걸맞지 않게 월등히 높거나 낮다는 근거를 발견할 수 없다. 따라서 교원 보수의 수준 자체에 대한 논의보다는 질 높은 교사의 유인과 국고 부담의 효율성에 대한 논의가 보다 바람직할 것이다. 교사의 호봉급에 있어서 우리나라의 직선형 연공급 체계는 중간 경력 교사의 이직이나 퇴직을 지나치게 방해하는 강한 유인가를 가지고 있고, 이러한 유인가는 교사의 전문성을 떨어뜨릴 수 있는 환경을 제공하기 때문에 직선형 연공급 체계를 곡선화할 수 있는 방안이 필요하다. 또한, 호봉 책정에 있어서 다양한 기준을 도입하는 것도 교사의 전문성 향상을 위해 제고되어야 할 문제이다. 이를 위해 교원에게 현장학습의 기회를 제공하고 호봉급의 승급 연령을 일정 정도 제한하거나 평가를 통해 승급하는 외국의 사례를 이용하는 것이 검토될 수 있다.

우리나라는 외국에 비해 교원에게 유인가를 제공하는 수당이 본봉과 같은 수준으로 인식되고 있어 이러한 문제점을 해결하기 위해서는 기존의 수당 중에서 본봉에 포함시킬 것과 수당 본연의 기능을 강화해야 할 것을 구분하여 전자는 본봉에 포함시키고 후자는 교사의 전문성에 의해 차등 배분해야 할 것이다. 보수

결정 방식에 있어서 지금까지 우리나라의 문제점은 본봉은 너무나 중앙집권적으로 결정되고 수당은 그 배분 체제의 불투명성으로 인해 관련 집단의 정확한 이해관계를 파악하지 않은 채 실시되고 있다. 국가의 소득 정책적 접근을 대체하기 위해서는 국가적 차원에서 '교사 평가기구'를 설립하여 교원 보수와 관련된 이해 집단들의 참여를 증대시켜 보다 민주적으로 교원 보수를 결정해야 하며 수당의 경우 교육청으로의 권한 위임 등을 통한 '분권화'가 시도되어야 할 것이다(한유경, 1999).

### 3) 근무조건 개선

근무조건 개선이란 교원이 교육 활동에 전념할 수 있도록 보장받아야 할 권리인데, 현재 교원들은 과밀 학급·과대 규모 학교·잡무 과다·과중한 수업 부담 등으로 교육 활동에 전념하기 어려운 상황이다. 구체적으로 교사들을 어렵게 하는 근무 여건에 대해 살펴보면 다음과 같다.

(1) 교사들의 학생 부담이 과중하다는 것이다. 이는 학급의 과밀화 현상에서 나타난다.

(2) 수업 부담이 과중하다는 것이다. 우리나라 교원들이 담당하고 있는 주당 수업시수는 대체적으로 과중하여 수업의 질적 개선을 위한 자율 연수나 교재 연구 시간이 상대적으로 소홀해지기 쉽다. 교사들은 정규 수업 시간뿐만 아니라 H·R, C·A, 자율 학습, 보충 학습 등으로 실제로는 이보다 훨씬 많은 시간을 부담해야 한다.

(3) 잡무가 지나치게 많다는 것이다. 잡무란 교과 지도 및 특별활동 지도 등의 교육과정 운영과 학급·학교경영, 기타 이외 직접 관련되는 교육 활동 이외의 업무를 말하는데 교사들에게는 교육 본연의 업무보다는 교육행정기관, 각종 단체들이 많은 잡무를 부과하고 있다. 교육과정 운영을 저해하는 업무로는 모임 동원과 같은 형식적인 실적 위주의 보고 업무, 교육 평가와 행정 지도의 잘못으로 빚어지는 업무, 교원이 아닌 사무 보조원이 처리해야 하는 업무, 수업 결손을 초래하는 업무 등이다.

구체적으로 잡무의 유형을 살펴보면 다음과 같다.

(1) 상부 기관의 불필요한 공문서이다.

(2) 타 기관의 교육과 무관한 협조 의뢰 공문서이다.

(3) 전언 통신문 남발이다.

(4) 교사와 학생 동원이다.

(5) 교내 비치 장부이다.

(6) 청소년 단체 조직과 사회교육 활동에 따른 잡무이다.

(7) 기타 단순 사무적 업무 과다이다. 이같이 많은 잡무 발생 원인은 학교를 각종 기관과 단체가 이용하려는 풍토, 전시 위주의 확인 행정, 학교의 자율적 운영 결여, 지시·통제 위주의 행정 풍토 때문이다. 교사들은 잡무 처리를 위해 1일 최소한 1시간 이상 소비하고 있다.

교원들의 근무 조건을 개선하고 안정된 교직 생활을 영위하기 위해서는 다음과 같은 개선방안이 요구된다.

(1) 과밀학급을 해소하고 소규모 학교 설립을 확대해야 한다는 것이다. 대규모 학교란 학교당 학급 수가 초등학교 36학급, 중·고등학교 24학급 이상을 말하는데 서울 지역 대부분의 학교가 이에 속한다. 이러한 대규모 학교는 교사들의 학습 지도에 과중한 부담을 안겨줄 뿐만 아니라 학교 조직의 관료화를 촉진시키는 요인이 된다.

(2) 수업 부담을 경감시켜야 한다. 교원의 근무 부담 중에서 가장 큰 비율을 차지하는 수업 부담은 과밀 학급, 과목상치 등을 감안하면 매우 과중하다 할 수 있다. 이를 해결하기 위해서는 법정 기준에 의한 교원의 확보를 통해 수업 부담을 경감시켜야 한다.

(3) 각종 잡무를 근절해야 한다. 이를 위한 과제로는 불요불급한 공문서와 전언 통신문 감축, 각종 장부와 일지 간소화, 각종 행사에 학생과 교사 동원 억제, 금전 취급 업무의 개선, 교무 업무 분장의 적정화, 학교 업무와 결재 절차의 간소화, 청소년 단체 업무의 관련 단체 이관, 문서 확인 위주의 장학 지도와 감사, 평가 지양 등을 추진해야 한다.

### 4) 복지후생제도 확충

복지후생이란 구체적인 정책, 제도, 사업, 활동 등을 통해 나타나는 것으로서 경제적인 면에서의 소득보장, 공공부조, 사회보험(연금 등)과 사회적인 면에서 의료, 주택, 교육, 교통, 교정, 직업재활, 정신적인 면에서 문화(스포츠, 오락, 예술), 사회적 서비스(상담 등), 환경, 시설정비 등을 포함하는 개념이다. 즉, 보수 이외에 받게 되는 편익으로 연금, 공제회제도, 휴가, 보건 및 안전, 복리관계 등을 말한다.

이와 같은 복지후생은 개인의 욕구충족의 계기가 되어 사기앙양과 근무의욕 향상을 가져올 수 있는 것으로 조직체로서는 유능한 공무원의 확보책인 동시에 행정능률 향상의 요인이 된다. 연금제도, 의료보장, 최저임금제, 복리후생시설 등은 이러한 취지에서 발전되었다. 복지후생제도의 의의는 조직원의 생활안정은 물론 가족에 대한 부양책임을 덜어줌으로써 성실한 근무를 할 수 있도록 여유를 주자는 데 있다.

교육공무원은 보수 이외에 편익으로 연금법에 의한 사회보장을 받을 수 있다. 연금제도는 교육공무원의 퇴직 또는 사망과 공무로 인한 부상 · 질병 · 폐질에 대하여 적절한 급여를 실시함으로써 교육공무원 및 그 유족의 생활안정과 복리향상에 기함을 목적으로 하고 있다. 연금법을 운영하기 위한 비용부담은 기여금과 부담금으로 충당하는데, 기여금은 교원이 부담하는 금액으로 소득월액의 8%(2016년), 8.25%(2017년), 8.5%(2018년), 8.75%(2019년), 9%(2020년)에 해당하는 금액을 매월 지불하며, 부담금은 정부에서 부담하는 금액으로 교원이 부담하는 기여율과 동일하게 매회계년도의 보수예산의 금액을 부담한다. 사립학교에서도 사립학교 교원연금법에 의하여 연금혜택을 받고 있다.

## 3. 소극적 권리

소극적인 측면에서 교원의 권리는 신분 보장, 쟁소제기권, 불체포 특권, 교직단체 활동권 등이 있다.

### 1) 신분 보장

공무원의 권리는 신분상의 권리와 재산상의 권리로 크게 구별될 수 있는데, 신분상의 권리는 신분보유권, 직무 집행권, 직명사용권, 쟁소제기권 등으로 구분된다. 모든 교원은 국가공무원법에 나타나 있는 신분 보장은 물론이고 교육공무원법에 의해 더 강력한 신분 보장의 권리를 보장받고 있다.

법규상으로는 교원의 신분 보장이 완벽하나 많은 교권침해사건이 발생하고 있고 발생 양태를 보면 다음과 같다(김종철 외, 1994). 첫째, 교원이 신분상 불이익한 처분을 받은 경우이다. 둘째, 무상재해 발생시 연금법 등에 의한 충분한 구제를 받지 못하는 경우이다. 셋째, 학생에 대한 징계권 행사에 관련하여 발생하는 책임 문제이다. 넷째, 교원의 생활보장권, 사회보장에 관한 문제이다.

### 2) 쟁소제기권

교육공무원은 위법 부당한 처분을 받았을 때는 소청, 기타 행정상 쟁소제기권을 가질 수 있다. 소청은 징계처분에 대해 재심을 청구할 수 있는 제도인데 징계처분권자가 징계위원회의 의결이 가볍다고 볼 때 재심을 청구하는 경우와 징계처분 대상자가 징계위원회의 의결이 너무 과중하다고 느낄 때 이를 불복하고 재심을 청구하는 두 가지 경우가 있다.

### 3) 불체포 특권

교원에게 이러한 특권을 인정하는 것은 학원의 자유를 보장하고 교원으로 하여금 교육과 연구 활동을 수행함에 있어서 권력 기관의 부당한 압력을 배제하려는 데 그 목적이 있다(김낙운, 1974).

### 4) 교직 단체 활동권

교사는 교사의 권리를 확보하고 교사로서의 직업을 효과적으로 수행하기 위한 단체 활동을 할 수 있다. 교원들은 단체를 조직하고 그 적극적인 운영을 통하여 회원들의 상호 유대강화, 회원들의 복지 향상, 회원들의 자질 향상, 경제적·사회적 지위향상에 관한 사항 등의 공동 목표를 추구한다.

이와 같이 교원의 단체 조직권은 단체 행동권을 법으로 인정한 것이나 정치적 활동을 목적으로 하는 정치단체 또는 정당과는 구별되며 파업과 같이 극단적인 쟁의 수단이 허용되지 않는 점에서 일반적인 노동조합과는 구별된다. 그러나 교육의 발전과 교원 자신들에 관한 제반 정책 형성에 있어서 압력단체라 할 수 있고 국민 모두에게 교육의 기능과 교육의 현안 문제 그리고 교육의 과제를 알리는 홍보 단체이기도 하다(김낙운, 1974). 이제까지 우리나라에서는 교원단체로서 한국교원단체총연합회만을 합법적인 유일한 단체로서 인정하다가 1999년 교원 노조 등의 단체를 인정하게 됨으로써 교원단체 간에도 서로 다른 방향성을 갖고 자신의 회원을 확보하도록 노력하고 있다. 지금까지 소극적인 측면에서의 교원의 권리를 살펴보았는데, 이 외에도 직무 집행권과 직명사용권, 후임자 보충 발령의 유예, 기타 재산상의 권리 등이 있다(김낙운, 1974).

## 3절 교원의 의무

교원의 의무도 적극적인 측면과 소극적인 측면으로 구분할 수 있는데 적극적인 의무란 주어진 일을 수행하는 측면에서의 의무, 소극적인 의무는 주로 해서는 안 되는 금지 사항에 대한 내용이다.

### 1. 적극적 의무

적극적 의무는 교사로서의 교육과 연구 활동의 의무, 공무원으로서의 선서·성실·복종의 의무와 비밀 준수의 의무, 전문직으로서의 사표, 즉 품위 유지의 의무 등으로 구분할 수 있다.

### 1) 교육과 연구 활동의 의무

교원의 역할 중 가장 중요한 것을 학생 교육과 연구 활동이라 할 수 있다. 교육법과 교육공무원법상 가장 중요한 교원의 의무도 '항상 사표가 될 품성과 자질의 향상에 힘쓰며 학문의 연찬과 교육의 원리와 방법을 탐구 연마하며 국민 교육에 전심전력하는 일이다.'라고 명시되어 있다. 이러한 법규 해석적인 관점에서 뿐만 아니라 교사 본연의 책무를 생각해 보더라도 교육과 연구 활동은 교사로서 수행해야 할 가장 본질적인 과업이며 임무이다.

### 2) 선서 · 성실 · 복종의 의무

국가공무원법 제53조에는 교원의 복무에 대한 사항을 동법에 모두 규정하지 않고 국가공무원법을 준용하도록 하고 있다. 따라서 교육공무원은 국가공무원법에 규정된 공무원의 모든 의무를 이행해야 한다. 이러한 의무가 선서, 성실, 복종의 의무이다. 먼저 공무원은 취임 전에 기관장 앞에서 선서를 하도록 되어 있다(국가공무원법 제33조). 이것은 공무원의 행동규범으로서 하나의 윤리적 강령인 것이며 국민의 공복으로서 솔선수범하겠다는 다짐의 표현이라는 데 그 의의가 있다. 또한, 모든 공무원은 법령을 준수하며 성실히 직무를 수행해야 한다(국가공무원법 제56조). 공무원은 고용주인 국가와 공법상의 근무 관계를 형성하게 되므로 일정한 권리뿐만 아니라 국가에 대하여 일정한 용역을 제공할 의무를 지닌다. 이러한 직무는 공무원 복무규정에서 근무시간, 시간 외 근무, 당직 근무, 출장 근무 등에 대해 세밀하게 규정되어 있다. 공무원은 직무를 수행함에 있어 소속 상관의 직무상의 명령에 복종해야 한다(국가공무원법 제57조). 여기서 소속 상관은 당해 공무원의 직무에 대해 지휘 감독권을 가진 직위에 있는 상관을 말하며 신분상의 상관보다는 직무상의 상관에게 의무를 지게 되는 것으로 통상적으로 해석된다.

### 3) 교원으로서의 품위 유지의 의무

공무원은 국민 전체에 대한 봉사자로서 공무를 성실하게 집행하는 위치에 있으므로 직무의 내외를 불문하고 그 품위를 손상하는 행위를 하여서는 아니 된다고 규정하고 있다(국가공무원법 제63조). 공무원의 품위는 국가의 위신과 명예에 직결되기 때문이다. 여기서 품위 손상의 형태는 방탕, 주벽, 축첩, 낭비, 과도한 부채, 경박 등으로서 공적 임무뿐만 아니라 사생활까지에 걸친 의무라 할 수 있다. 특히 전문직으로서 교직에 종사하는 교육공무원은 '항상 사표가 될 품성의 향상에 힘쓰며'(교육법 제74조)라고 규정하고 있는데, 이것은 교원은 언제나 교육자다운 인격과 품위를 지녀야 함을 규정한 것이다.

### 4) 비밀 엄수의 의무

공무원은 재직 중은 물론 퇴직 후에도 직무상 알게 된 비밀을 엄수하여야 한다. 직무상 비밀은 법령 또는 처분에 의해 결정되지만 사무의 성질상 국가적 이해 사항 등이 누설됨으로써 국가 안전보장상 유해한 사항이라 할 수 있다. 비밀 엄수 의무를 위반할 경우 징계의 사유가 될 뿐만 아니라 형법상의 범죄를 구성한다.

## 2. 소극적 의무

교원의 의무를 소극적인 측면에서 보면 정치활동의 금지(정치적 중립성), 영리 업무의 금지, 겸직의 금지, 집단 행위의 제한, 기타 등으로 나누어 볼 수 있다.

### 1) 정치 활동의 금지

공무원의 신분과 정치적 중립성은 헌법 제6조에 보장되어 있고, 이와 관련 공무원의 정치활동 금지 및 정치적 행위의 범위를 규정하고 있다. 공무원의 정치적 중립성을 보장하는 것은 직업공무원제의 확립에 따라 행정기술의 향상과 능률을 기하며 아울러 국민 전체의 봉사자로서 공평성을 유지하는 데 그 목적이 있다. 교원의 정치활동에 관한 제한은 학생을 직접 지도 교육하는 위치에 있음을 기회로 특정 정당을 지지하거나 배격하기 위해 학생을 잘못 지도할 우려가 있음을 배제하기 위함이다(한국교원단체총연합회, 1990).

### 2) 집단 행위의 제한

공무원은 노동운동, 기타 공무 이외의 일을 위한 집단 행위를 해서는 안 된다고 규정하고 있다(국가공무원법 제66조). 이것은 공무원인 근로자는 법률이 정하는 자에 한하여 단결권, 단체교섭권, 그리고 단체행동권 등 노동권을 가진다고 규정한 헌법 제33조에 근거를 두고 있다. 교육공무원의 경우도 예외는 아니어서 노동3권을 행사할 수 없게 되어 있다. 그러나 학생을 지도하는 교원들에게는 어느 정도의 단체행동은 보장해 주고 있는 셈이다. 그래서 교원은 상호 협동하여 교육의 진흥과 문화의 창건에 진력하여 경제적 또는 사회적 지위를 향상시키기 위해 군·시·도·중앙별로 교육회를 조직할 수 있도록 규정하고 있다. 또한 교원은 특별시·광역시·특별자치시·도·특별자치도 단위 또는 전국 단위로 노동조합을 설립할 수 있다.

### 3) 영리 업무와 겸직 금지

공무원은 국가공무원법 제64조에 공무 이외의 영리를 목적으로 하는 사업에 종사하지 못하며 소속 기관의 장의 허가 없이 다른 직무를 겸할 수 없다고 규정하고 있다. 공무원의 영리 업무를 금지하고 있는 것은 영리 업무에 종사하게 됨으로써 집무상의 능률 저해 또는 공무에 대한 부당한 영향을 야기할 우려가 있으므로 공직의 순결과 존엄을 보호하는 데 그 목적이 있다고 할 수 있다. 교육공무원의 경우도 일반직 공무원과 동일한 규제를 받지 않을 수 없다는 것이다.

공무원은 영리 업무를 종사할 수 없을 뿐만 아니라 비영리적인 타업무를 겸직하는데 일정한 제약이 따른다. 여기서 비영리 업무는 담당 직무수행에 지장이 없는 경우의 업무이다. 교육공무원이 겸직을 하려면 소속 기관장의 허가를 받아야 하는데 이 때 소속 기관장은 교원의 직급에 따라 교육부장관, 교육감 또는 임용권을 가진 학교장이 된다. 교원의 경우 겸직은 비영리 법인의 임원이 된다던가, 기타 대학의 시간강사나 겸임교수로서 강의를 담당하는 정도일 뿐 초·중등학교 교원의 경우에는 겸직은 거의 없다.

# 참고문헌


가영희 외. 성인학습과 상담. 서울: 동문사. 2008.

강기수 외. 교육학개론. 서울: 동문사. 2013.

강진령. 상담심리 용어사전. 경기: 양서원. 2008.

강인애 외. PBL의 이론과 실제. 서울: 문음사. 2003.

강태중, 이혜영, 김수영. 교육복지 투자우선지역과 타 지역 학교의 교육격차 분석 연구. 한국교육개발원. 2004.

강현석 외. 현대 교육과정과 교육평가. 서울: 학지사. 2004.

고재희. 통합적 접근의 교육방법 및 교육공학. 경기: 교육과학사. 2008.

교육부. 21세기 지식기반사회에 대비하는 교직발전종합방안(시안). 1999.

구병두 외. 교육평가. 경기: 양서원. 2015.

구병두 외. 교육학개론. 경기: 공동체. 2013.

권건일 외. 교육학개론. 경기: 양서원, 2006.

권낙원, 김동엽. 교수-학습이론의 이해. 서울: 문음사. 2012.

권동택. JA Comenius의 初等教育思想 研究. 초등교육학연구 5(1), 1997: 61-97.

권성호. 교육공학의 탐구. 경기: 양서원. 1998.

권순달 외. 교육평가. 경기: 양서원, 2016.

기순신. 교사론. 서울: 학지사. 2001.

김경희 외. 교육학개론. 서울: 집문당. 2009.

김계현. 상담심리학: 적용영역별 접근. 서울: 학지사. 1997.

김낙운. 교육공무원 인사법 요론. 서울: 교학사. 1974.

김대현 외. 교육과 교육학. 서울: 학지사. 2015.

김명한. 신간 교육행정 및 경영. 서울: 문음사. 1988.

김미숙, 김향지. 교사를 위한 특수아동의 이해와 교육. 서울: 창지사. 2014.

김미숙. 김향지. 증보 교사를 위한 특수아동의 이해와 교육. 서울: 창지사. 2014.

김병희 외. 교육사회학. 경기: 공동체. 2009.

김선양. 교육학개론. 경기: 한국학술정보. 2011.

김성훈. 교육과정 연구. 경기: 양서원. 2014.

김신일. 교육 사회학. 경기: 교육과학사. 1993.

김영정. 창의성과 비판적 사고. 인지과학. 13(4). 2002: 81-90.

김영정. 예술적 창의성과 과학적 창의성. 대한토목학회지. 53(8). 2005: 126-132.

김용태. 기독교 상담학. 서울: 학지사. 2006.

김용현 외. 평생교육론. 경기: 양서원. 2015.

김이영, 김선영 외. 특수교육학개론. 경기: 양서원. 2015.

김인식 외. 수업설계의 원리와 모형적용. 경기: 교육과학사. 2000.

김정희 역. 현대 심리치료. 서울: 학지사. 2004.

김종서. 평생교육의 모색. **교육문제연구**. 2. 명지전문대학 교육문제연구소. 1982.
김종서 외. **평생교육개론**. 경기: 교육과학사. 2000.
김종서, 황종건. **학교와 지역사회**. 서울: 익문서. 1973.
김종철 외. **교사론**. 경기: 교육과학사. 1994.
김진규. **교육학개론**. 서울: 학이당. 2008.
김창엽. **평생교육방법론: T · P · O에 맞춰 사용하는 126가지 방법**. 서울: 청목출판사. 2011.
김태오. **교육학개론**. 서울: 은유문화사. 1960.
김한중. **교육학개론**. 서울: 키메이커. 2016.
김호권. **현대교육과정론**. 서울: 교육출판사. 1977.
김회용 외. **교육학개론**. 경기: 양서원. 2014.
나일주, 정인성. **교육공학의 이해**. 서울: 학지사. 1999.
남정걸. **교육행정 및 교육경영**. 경기: 교육과학사. 2015.
노혜란, 박선희, 최미나. **교육방법 및 교육공학**. 경기: 교육과학사. 2012.
마송희. 코메니우스, 페스탈로찌의 교육사상과 기독교 유아교육. **유아교육학논집**. 5(1), 2001: 77-95.
박도순. **교육평가**. 경기: 교육과학사. 2007.
박병량, 주철안. **학교 · 학급경영**. 서울: 학지사. 2011.
박성익 외. **교육공학 탐구의 새 지평**. 경기: 교육과학사. 2001.
박성익, 임철일, 이재경, 최정임. **교육방법의 교육공학적 이해**. 경기: 교육과학사. 2015.
박성희. **상담과 상담학: 새로운 패러다임**. 서울: 학지사. 2001.
박숙자 외. **특수교육학개론**. 서울: 청목출판사. 2012.
박순희. **시각장애아동의 이해와 교육(3판)**. 서울: 학지사. 2014.
박영진. **교육철학 및 교육사**. 서울: 정민사. 2012.
박영태. 창의적 인성교육 프로그램 개발. **지방교육경영**. 7. 2002: 235-264.
박용헌. **학교사회**. 서울: 배영사. 1977.
박은숙. 스마트 교육 연구보고서. 한동대학교 한동교육개발센터. 2012.
박은숙, 송윤희, 유정아. **교육방법 및 교육공학**. 서울: 학지사. 2015.
박의수 외. **교육학개론**. 서울: 서현사. 2016.
박의수 외. **교육의 역사와 철학**. 서울: 동문사. 1993.
박의수. **교육의 역사와 철학**. 서울: 동문사. 2010.
박의수, 김동기 외. **교육학개론**. 서울: 서현사. 2016.
박종렬, 신상명. **신교육행정학개론**. 서울: 형설출판사. 2004.
박준영. **교육학개론**. 경기: 교육과학사. 2011.
배석영, 박성희, 박경호, 황치석. **미래사회를 위한 평생교육개론**. 경기: 양서원. 2007.
배장오. **학교경영과 학급경영**. 서울: 서현사. 2012.
백영균 외. **스마트 시대의 교육방법 및 교육공학**. 서울: 학지사. 2015.
변영계. **교수 · 학습 이론의 이해**. 서울: 학지사. 2006.
서명환, 서보준, 김우호, 송기영. **평생교육방법론**. 경기: 도서출판 공동체. 2016.

서보준, 김우호, 송기영, 서명환. **평생교육**. 경기: 도서출판 공동체. 2015.
서울대학교 교육연구소. **교육학용어사전**. 서울: 도서출판 하우. 1994.
서정화 외. **교육인사행정론**. 서울: 한국교육행정학회. 1995.
서정화 외. **주요국의 교원보수제도 비교 연구**. 서울: 한국교원단체총연합회. 1995.
성태제 외. **최신 교육학개론**. 서울: 학지사. 2012.
송인섭 외. **교육평가**. 경기: 양서원. 2013.
송준만, 유효순. **특수교육학개론**. 경기: 교문사. 2011.
신봉호. **교육학개론**. 서울: 동문사. 2015.
신창호. **인간, 왜 가르치고 배우는가**. 서울: 서현사. 2003.
신채호. **한국사연구초**. 서울: 을유문화사. 1974.
유네스코. **교원의 지위에 관한 권고**. 1966.
윤정일. **교육정책론**. 서울: 학지사. 1994.
이만규. **조선교육사1**. 서울: 거름. 1988.
이문연. **인성교육학 개론**. 경기: 교육과학사. 2015.
이성호. **교수방법의 탐구**. 경기: 양서원. 1986.
이소현. **장애영유아를 위한 교육**. 서울: 이화여자대학교 출판부. 1995.
이소현, 박은혜. **특수아동교육(3판)**. 서울: 학지사. 2011.
이승원 외. **새로 쓴 교육학의 이해**. 서울: 신정. 2015.
이승원. **새로 쓴 교육의 이해**. 서울: 신정. 2010.
이영덕, 정원식. **생활지도**. 경기: 교육과학사. 1994.
이용남 외. **교육 및 상담심리학**. 경기: 교육과학사. 2004.
이윤식 외. **교사 신규채용 및 전보제도 개선 연구**. 서울: 한국교육개발원. 1992.
이장호. **상담심리학 입문**. 서울: 박영사. 1986.
이장호, 전남운, 조성호. **상담심리학의 기초**. 서울: 학지사. 2005.
이재창. **생활지도와 상담**. 서울: 문음사. 2005.
이형행. **교육학개론**. 경기: 양서원. 2015.
이형행. **교육학개론**. 경기: 양서원. 2004.
이환기. **헤르바르트의 교수이론**. 경기: 교육과학사. 1995.
임한영. **존 듀우이의 생애와 사상**. 서울: 배영사. 1990.
임호찬, 송진숙. Colored Progressive Matrice(CPM) 지능검사를 통한 정상아동과 청각 장애아동의 비교연구. **한국영유아보육학**. 25. 2001: 243-259.
장봉석, 장성민, 신동로. **교육과정**. 서울: 형설출판사. 2016.
장원동, 이경화. **현대사회와 교육**. 서울: 도서출판 상조사. 1995.
전성연 외. **현대 교수학습의 이해**. 서울: 학지사. 2007.
정범모. **교육과 교육학**. 서울: 배영사. 1994.
정순례. **교육심리학**. 서울: 원미사. 2003.
정영수. 근대교육에 있어서 코메니우스의 위상. **교육철학**. 10. 1992: 169-181.
정원식, 박성수. **카운슬링의 원리**. 경기: 교육과학사. 1978.

정원식. 현대교육심리학. 서울: 교육출판사. 1986.
정윤경, 김나라, 남미숙, 정신칠. 초등교과통합진로교육교수 · 학습자료개발매뉴얼. 교육과학기술부 · 한국직업능력개발원, 2011.
정창우. 인성교육의 이해와 실천. 경기: 교육과학사. 2015.
정현숙, 유계숙. 가족관계. 서울: 학지사. 2001.
정황순 외. 교육학개론. 서울: 태영출판사. 2013.
조규락. 교육방법 및 교육공학: 교육공학의 3차원적 이해. 서울: 학지사. 2007.
조성일. 장학행정 이론과 실제. 서울: 학이당. 2004.
조윤경, 김수진. 유아교사를 위한 특수아동의 이해. 경기: 공동체. 2014.
조현춘, 조현재 역. 심리상담과 치료의 이론과 실제. 서울: 시그마프레스. 2003.
조화섭, 조화섭. 교육학 실천길라잡이. 서울: 혜담. 2007.
진원중. 교육사회학원론 2판. 경기: 법문사. 1979.
진원중. 교육사회학원론. 경기: 법문사. 1981.
차경수. 외국의 평생교육 및 사회교육. 교육문제연구 2. 명지실업전문대학. 1982: 43-51.
채선희. 교육과정과 교육평가. 서울: 동문사. 1998.
최미리. 서양교육사. 서울: 문예사조. 2016.
최정숙, 박용헌. 교육사회학. 서울: 한국방송통신대학교 출판부. 2004.
최정웅 외. 교육학개론. 경기: 양서원. 2004.
최호성, 박창언, 최병옥. 교육과정: 이론과 실천. 경기: 교육과학사. 2012.
피정만. 한국교육사의 이해. 서울: 하우. 2010.
한국교육평가학회. 교육평가용어사전. 서울: 학지사. 2004.
한국정신문화연구원 교학부편찬실. 전통적가치관과 새가치관의 정립. 서울: 한국정신문화연구원. 1980.
한상길 외. 교육학개론. 경기: 공동체. 2010.
한숭희. 학습사회를 위한 평생교육론(3판). 서울: 학지사. 2009.
한유경. 초 · 중등교원 보수의 국제비교. 교육재정경제연구. 8(2), 1999: 245-275.
홍두승 외. 사회계층·사회계급론. 서울: 다산출판사. 1993.
홍두승 외. 사회계층 계급론. 서울: 다산출판사. 2008.
황응연, 윤희준. 현대생활지도론. 서울: 교육출판사. 1983.
황일청. 한국사회의 불평등과 형평. 서울: 나남. 1992.
황정규. 교육학개론. 경기: 교육과학사. 2000.
황정규. 현대 교육심리학의 쟁점과 전망. 경기: 교육과학사. 2000.

Berlo, D. K. *The process of communication: An instruction to theory and practice*. New York: Holt, Rinehart and Winston. 1960.
Bigge, M. L. *Learning Theory for Teachers.* New York: Harper & Row. 1964.
Bobbitt, Frank. *How to make a curriculum.* Houghton Mifflin Company. 1924.
Brookover, W. B. *A Sociology of Education.* New York: The Dryden Press. 1955.

Bruner, J. S. *The process of education*. Harvard University Press. 2009.

Charters, W. W. Activity analysis and curriculum construction. *The Journal of Educational Research 5*(5), 1922: 357-367.

Chester, I. Barnard. *The Function of the Executive*. Harvard University Press. 1968.

Coombs, P. & Ahmed, M. *Attacking rural poverty*. Baltimore: Johns Hopkins University Press. 1974.

Corey, Stephen M. *Instructional design: Readings*, Englewood Cliffs, NJ: Prentice-Hall. 1971.

Counts, George S. Dare progressive education be progressive. *Progressive Education 9*(4), 1932: 257-263.

Dale, E. *Audiovisual methods in teaching*. New York: Holt, Rinehart and Winston. 1969.

Dave, R. *Lifelong and School Curriculum*. UNESCO Institute for Education. 1967.

Dick, W., & Carey, L. *The systematic design of instruction*(4th ed.). New York: Harper Collin Gustafson. 1996.

Dick, W., & Carey, L. *The systematic design of instruction*. Chicago: Scott, Foresman. 1978.

Egan, Kieran, What is curriculum? *Curriculum Inquiry 8*(1), 1978.

Elton Mayo. *The Human Problems of an Industrial Civilization*. New York: Macmillan. 1933.

Elton Mayo, Fritz, J. Roethlisberger, and William J. Dickson. *Management and the Worker*. Cambridge, Ma: Havard University Press. 1939.

English, Horace B., and Ava Champney English, *A comprehensive dictionary of psychological and psychoanalytical terms: A guide to usage*. New York: Longmans, Green. 1958.

Espich, James E., and Bill Williams. *Developing Programmed Instructional Materials, A Handbook for Program Writers*. Palo alto, California: Fearon Publishers. 1967.

Faure, Edgar. *Learning to be: The world of education today and tomorrow*. Unesco, 1972.

Fedrick, W. Taylor. *Principles of Scientific Management*. New York: Harper and Brothers. 1910.

Fleishman E. A. and Quaintance, M. k., *Taxonomies of human performance: The description of human tasks*. Orlando: Academic, 1984.

Fred, C. Lunenburg and Allan C. Ornstein. *Educational Administration; Concepts and Practices*(6th ed). Wadsworth, Cengage Learning. 2012.

Gagné, Robert Mills, *The conditions of learning*. New York: Holt, Rinehart and Winston. 1970.

Galbraith, J. Organization Design: An information processing view. In Jay W. Lorsch

& Paul R., Lawrence(Eds.), *Organization planning: Cases and concepts*. Homewood, III.: Irwin. 1972: 49-72.

Garry, Ralph and Kingsley, Howard L. *The nature and conditions of learning*(3rd ed.). Englewood Cliffs, NJ: Prentice-Hall. 1970.

Graham, C. R. Blended learning systems: Definition, current trends, and future directions. In: Bonk, C. J., & C. R., *The handbook of blended learning: Global perspectives, local designs*(pp. 3-21). San Francisco, Calif.: Pfeiffer. 2006.

Good, H. G., & Teller, J. D. *A History of Western Education*(3rd ed.). London: The Macmillan Company. 1969.

Heinich, R., Molenda, M., Russell, J. D., & Smaldino, S. E. *Instructional media and technologies for learning*. NJ: Prentice-Hall, 1996.

Herbert A. Simon. *Administrative Behavior*(3rd Ed.). New York: Free Press, 1976.

Hilgard, Ernest R., & Gordon H. Bower. *Theories of learning*. New York: Appleton-Century-Crofts, 1966.

Hoban, Charles F., Charles F. Hoban Jr, and Samuel B. Zisman, *Visualizing the Curriculum*, New York: The Cordon Company, 1937.

Holloway, Robert E. *Educational Technology: A Critical Perspective*, Syracuse, N.Y.: ERIC Clearinghouse on Information Resources, Syracuse University. 1984.

Illich, I. *Deschooling Society*. New York: Harper & Row Publishers. 1970.

Jackson, Philip W. *Life in Classrooms*, New York: Holt, Rinehart and Winston. 1968.

Kearsley, G. *Online education: Learning and teaching in cyberspace*. Canada: Wadsworth, 2000.

Kohlberg, L. Moral stages and moralization: The cognitive-developmental approach. In Lickona, T. (Ed.), *Moral development and behavior: Theory, research, and social issues*. 1976: 31-53. New York: Holt, Rinehart & Winston.

Lange, Phil C. ed. *Programed instruction*. No. 66. NSSE; distributed by the University of Chicago Press. 1967.

Lawton, M. Powell. The Philadelphia geriatric center morale scale: A revision. *Journal of Gerontology*. *30*(1), 1975: 85-89.

Lester, F. Ward. *Dynamic Sociology*. New York: D. Appleton and Company. 1883.

Lickona, T. *Character matters*, New York: Touchstone, 2004.

Mager, Robert F. *Measuring Instructional Results, or, Got a Match?*(2nd ed.). Belmont, Calif.: Pitman Learning. 1984.

Maslow, A. H. *Motivation and Personality*(3rd ed., revised by R. Frager, J. Fadiman, C. McReynolds, & R. Cox), New York: Harper & Row. 1987.

Max Weber. *The Theory of Social and Economic Organization, trans*, by A. M. Henderson and Talcott Parsons. New York: Ox-ford University Press. 1947.

Mayer, John D., and Peter Salovey. The intelligence of emotional intelligence.

*Intelligence* 17.4, 1993: 433-442.

McCormick, M., Brooks-Gunn, J., Buka, S., Goldman, J., Yu, J., Salganik, M., Scott, D. T., Bennett, F. C., Kay, L., Bernbaum, J., Bauer, C., Martin, Camilia, C. R., Woods, E., Martin, A., & Casey, P. Early intervention in low birth weight premature infants: results at 18 years of age for the infant health and Development Program. *Pediatrics. 117*(3), 2006: 771-780.

Morgan, C. T., & King, R. A., *Introduction to Psychology*. New York: McGraw-Hill, 1966.

Oakeshott, M. *Rationalism in Politics and Other Essays*. London: Methuen. 1962.

Overholser, James C. Socrates in the classroom. *The social studies. 83*(2), 1992: 77-82.

Parsons, T, *The Social System.* New York: Free Press. 1951.

Peters, R. S. *Ethics and Education.* London: Gorege Allen & Unwin Ltd. 1966.

____________ *Ethics and Education.* London: George Allen & Unwin Ltd. 1984.

Phenix, Philip H. *Realms of Meaning: A Philosophy of The Curriculum For General Education.* New York: McGraw-Hill. 1964.

Pinar, William F., & Madeleine R. Grumet. *Toward a poor curriculum.* Dubuque, Iowa: Kendall/Hunt. 1976.

Raymond, E. Callahan. *Education and the Cult of Efficiency: A Study of the Social Forces that Have Shaped the Administration of the Public Schools.* Chicago: University of Chicago Press. 1962.

Reigeluth, C. M. Meaningfulness and instruction: Relating what is being learned to what a student knows. *Instructional Science. 12*(3), 1983: 197-218.

Reiser, Robert A., and John V. Dempsey. Trends and issues in instructional design and technology. Upper Saddle River, NJ: Pearson Merrill Prentice Hall, 2007.

Robert A. Reiser, & John V. Dempsey. *Trends and issues in instructional design and technology*(2nd ed.). Upper Saddle River, NJ: Pearson Education. 2007.

Robert G. Owens, & Thomas C. Valesky. Organizational Behavior in Education: Leadership and School Reform(10th ed.). Boston: Pearson. 2015.

Roblyer, M. D., & Edwards, J. *Integrating Educational Technology into Teaching*(2nd ed.). Upper Saddle River, NJ: Prentice-Hall. 2000.

Saettler, P. *The Evolution of American Educational Technology.* Englewood, CO: Libraries Unlimited. 1990.

Schannon, C. E. & Schramm, W. *The mathematical theory of communication.* Urbana: The University of Illinois Press. 1964.

Scheffler, A. I. *The Language of Education.* Springfield, IL: Charles C. Thomas. 1960.

Seels, B. B., & Richey, R. C. *Instructional technology: The definition and domains of the field.* Washington DC: Association for Educational Communications and Technology. 1994.

Shertzer, B. & Stone, S. C., *Fundamentals of Guidance*(4th Ed.). Boston: Houghton Mifflin. 1981.

Smaldino, S. E., Lowther, D. L., & Russell, J. D. *Instructional Technology and Media for Learning*(9th Ed.). Upper Saddle River, NJ: Pearson/Merrill/ Prentice Hall. 2007.

Smith, B. O., Stanley, W. O., & Shores, J. H. Fundamentals of curriculum. Yonkers-on-Hudson, NY: World Book Company. 1957.

Stephen R. Hooper, & Warren Umansky. *Young Children with Special Needs(*5th Ed.). Upper Saddle River, NJ: Merrill/Pearson. 2009.

Zais, Robert S. *Curriculum: Principles and Foundations*. New York: Thomas Y. Crowell Co., 1976.

참고 사이트

국가법령정보센터(2018) https://www.law.go.kr

에듀넷 http://www.edunet.net

http://blog.naver.com/jinstpro/50188104711

http://blog.naver.com/jinstpro/50188110353

http://blog.naver.com/jinstpro/50188110576

http://blog.naver.com/jinstpro/50188110830

## 저자소개


**박균달**

국민대학교 대학원 교육학 박사
경인교육대학교, 공주교육대학교 교육대학원
아주대학교 교육대학원 강사
현, 국민대학교 교육대학원 겸임교수
서울한영대학교 대학원 객원교수
산현초등학교 교감

**정영교**

서울한영대학교 대학원 사회복지학 박사
한국상담교육원 겸임교수
한중대학교 상담심리학부 초빙교수
현, 덴버코리아이엔씨(주) 회장
한국열린사이버대학교 특임교수
순복음대학원대학교 겸임교수

**최종진**

국민대학교 대학원 교육학 박사
병영고충상담관 역임
교육부 특성화 사업 평가위원
범부처 지역돌봄협의체 컨설턴트 위원
한중대학교 교직학과 조교수
현, 협성대학교 초빙교수

**심은영**

국민대학교 대학원 교육학 박사
인천, 경기도 초등학교 교사
국민대학교 교육대학원 겸임교수
경인교대, 한국외국어대학교 대학원 시간강사
경기도교육청 논술형 평가문항 개발위원
현, 경기도교육청 장학사

**박세진**

국민대학교 대학원 교육학 박사
수원여자대학교 외래교수
한국대학교육협의회
고등교육연수원 통계활용프로그램 연수 실습강사
현, 임상심리사
국민대학교 출강

# 교육학개론

**초판 1쇄 인쇄** / 2021년 11월 25일
**초판 1쇄 발행** / 2021년 11월 30일

•

**공저자** / 박균달 · 정영교 · 최종진 · 심은영 · 박세진
**발행인** / 이 중 수
**발행처** / **동 문 사**

•

서울특별시 서대문구 홍제원 1길 12
(홍제동 137-8)
Tel: 02)736-3718(대), 736-3710, 3720
Fax: 02)736-3719
**등록번호**: 1974.04.27. 제9-17호
**가격**: 23,000원

•

ISBN: 979-11-6328-351-5(93370)
E-mail: dong736@naver.com
www.dongmunsa.com